广播影视新视角丛书
普通高等教育"十二五"规划教材

影视艺术概论

孙宜君　陈家洋　著

国防工业出版社
·北京·

内 容 简 介

《影视艺术概论》是一本视野开阔、观点新颖、内容翔实、论述严谨、理论与实践相结合的著作。本书的架构分为本体界定、语言阐释、艺术创作、艺术接受、历史发展等5编。其中包括影视艺术本体、概念、审美特性、分类与样式、语汇要素、构成方式、文本创作、导演与演员、受众接受、鉴赏与批评、评论写作、中外影视艺术发展等15章。本书既有扎实的基础理论论述，又有具体的影视艺术实践操作指导，还融进了媒体融合、数字电影与数字电视等学科前沿知识。可作为影视学、影视编导、广播电视编导、广播电视新闻学等专业本科生的教材，也可作为研究生以及影视从业人员的参考书。

图书在版编目(CIP)数据

影视艺术概论/孙宜君，陈家洋著．—北京：国防工业出版社，2024.8 重印
（广播影视新视角丛书）
ISBN 978-7-118-08036-0

Ⅰ．①影… Ⅱ．①孙… ②陈… Ⅲ．①电影-艺术 ②电视-艺术 Ⅳ．①J9

中国版本图书馆 CIP 数据核字(2012)第 066348 号

※

国防工业出版社 出版发行
（北京市海淀区紫竹院南路23号 邮政编码100048）
天津嘉恒印务有限公司印刷
新华书店经售

*

开本 710×960 1/16 印张 20¾ 字数 371千字
2024年8月第1版第6次印刷 印数 11801—13300册 定价 38.00元

（本书如有印装错误，我社负责调换）

国防书店：(010)88540777　　　发行邮购：(010)88540776
发行传真：(010)88540755　　　发行业务：(010)88540717

"广播影视新视角丛书"编委会

学术顾问：胡正荣　中国传媒大学副校长、教授、博导，
　　　　　　　　　　原中国传播学会会长
　　　　　　胡智锋　中国传媒大学《现代传播》主编、教授、
　　　　　　　　　　博导，中国高校影视学会会长

丛书主编：孙宜君　陈　龙

编委会成员：(按姓氏音序排列)
　　毕一鸣　（南京师范大学新闻传播学院教授）
　　陈　霖　（苏州大学凤凰传媒学院教授）
　　陈　龙　（苏州大学凤凰传媒学院教授）
　　陈尚荣　（南京理工大学设计艺术与传媒学院博士、副教授）
　　戴剑平　（广州大学新闻传播学院教授）
　　邓　杰　（扬州大学新闻与传播学院教授）
　　胡正强　（南京理工大学设计艺术与传媒学院教授）
　　金梦玉　（中国传媒大学南广学院教授）
　　李　立　（中国传媒大学《现代传播》编辑部编审）
　　李亚军　（南京理工大学设计艺术与传媒学院教授）
　　陆　地　（北京大学新闻与传播学院教授）
　　尚恒志　（河南工业大学新闻传播学院教授）
　　沈国芳　（南京师范大学影视系教授）
　　沈晓静　（河海大学新闻传播系教授）
　　沈义贞　（南京艺术学院影视学院教授）
　　孙宜君　（南京理工大学设计艺术与传媒学院教授）
　　王宜文　（北京师范大学艺术与传媒学院教授）
　　吴　兵　（南京政治学院新闻传播系教授）
　　杨新敏　（苏州大学凤凰传媒学院教授）
　　于松明　（南京晓庄学院新闻传播学院教授）
　　詹成大　（浙江传媒学院科研处教授）
　　张兵娟　（郑州大学新闻传播学院教授）
　　张国涛　（中国传媒大学博士、副编审）
　　张晓锋　（南京师范大学新闻传播学院教授）
　　张智华　（北京师范大学艺术与传媒学院教授）
　　周安华　（南京大学戏剧影视艺术系教授）

"广播影视新视角丛书"总序

胡正荣

20世纪末以来,数字技术、互联网技术及现代通信技术飞速发展,给广播影视等传媒带来巨大的影响,传媒和科技都呈几何级数发展速度变化与增长。年龄稍长的人,可能都经历了电视的视图从黑白到彩色,广电技术从模拟信号到数字信号,节目从单调到越来越丰富的过程。如今广播影视传播的数字化、网络化、互动化已经成为现实。就通信而言,20年前,传呼机还是新潮的通信工具,现如今手机已经非常普及并开始进入3G时代。手机向着微型计算机的方向快速延展,其功能之强大已现端倪。当然,近10年来互联网对人们社会生活的影响就更大、更为深远,其中网络电视、网络音视频等视听新媒体也起到了重要作用。广播影视需要技术作为支撑,技术的进步必将给广播影视的存在形态与发展模式带来新的嬗变因素。可以预见,在媒介融合趋势的主导下,广播影视事业必将获得更快的进步,其中既有机遇,也有挑战。

对广播影视事业另一个至关重要的影响来自体制改革与媒介管理层面。自20世纪90年代中期以来,国家出台了一系列广播影视事业的管理办法,有力推动了广电体制改革,鼓励人们探索、实践新的媒介经营与管理模式。外资的进入、民营影视机构的准入、电影院线制的实施、电视节目"制播分离"制度的浮现,都有效繁荣了广播影视市场,并促使中国的广播影视事业迈上国际化的道路。于是我们有了国产大片,有了许多叫好又叫座的电视节目,更为重要、也更为内在的是广播影视机构的专业人士在经营与管理方面逐渐获得了自我意识。2011年10月举行的中共十七届六中全会对文化产业予以了高度重视,全会提出了"推动文化产业成为国民经济支柱性产业"的战略发展目标,广播影视事业作为国家文化产业的重要组成部分,必定会在这一大背景下受到积极的引导与激励,从而获得健康的、长足的发展。

所有这些,都使得广播影视在技术、产业、文化等方面不断出现新现象、新问题、新态势、新思潮、新理念。从广播影视学术研究与教学的角度来看,则出现了许多新案例与新的研究对象。传统的广播影视研究的内容、方法与范式面临挑战。在此形势下,广播影视学者理应把握住时代脉搏,将广播影视传播实践中所发生的巨大变化——从技术到产业、从理论到实践、从现象到文化——注入教学内容之中,从而让广播影视教学能够"与时俱进"。在这前提下,孙宜君、陈龙教授任总主编的"广播影视新视角丛书"的意义很自然地就凸显了出来。这套丛书很明确地将自己定位在"新视角"上。所谓"新视角",不仅意味着丛书会瞄准广播影视业界出现的新现象、新问题、新态势、新思潮,突出新案例、新材料,也意味着丛书会吸收学术界的新观点、新思维。其总体脉络则是广播影视在技术进步与体制改革背景下的发展趋势。这一点充分体现出丛书编委在编写这套教材时的新理念。

在"新视角"的主导下,这套即将陆续推出的丛书全方位地建构了广播影视本科教学的教材体系。广播电视新闻、广播电视编导、影视艺术、广告学等方面的内容悉数涵盖,涉及新闻传播学、艺术学两个学科。在编写思路上则以满足广播影视的本科教学为目标,充分体现教学特点,兼顾学理性与实用性。在体系上也较为完备,从技术(比如《影视数字制作技术》、《电视新闻摄影教程》、《电视摄像技术与艺术》等)到美学(比如《影视艺术概论》、《影视美学》等)、从理论(比如《影视传播导论》、《影视文化概论》、《广告传播概论》)到实务(比如《广播电视实务》、《广播电视经营与管理》等),涉及的课程较为全面,构架则较为严谨。所设课程尽管较多,却都不出广播影视之大范畴,这在一定程度上确保了这套丛书在选题上的集中性、在特色上的鲜明性。

求"新"并不意味着一味地赶时髦,唯新潮之马首是瞻。一味地求"新"而无视传统,必将使所谓的"新"成为无源之水,最终失去生命力,徒留空洞的外壳。唯有推陈,方能出新;唯有继往,方能开来,这是"发展"之辩证法。对广播影视的学术研究与教学来说,求"新"并非是将传统理论弃之如敝屣,实际上,新现象、新问题并没有颠覆原来的理论观点,而是对之进行了充实和发展,或者是将原来的理论观点拓展到一个更大的范畴,从而使之具有当代适用性。总之,本丛书的编写理念遵循了唯物辩证法的发展规律,求新而不忘本、追求新视角却注意保持与传统的内在贯通,将"新"建立在深入理解传统的基础上。惟其如此,丛书所彰显出来的新观念和新思维,方能做到言之有据、顺理成章。

"广播影视新视角丛书"编委成员都是来自教学一线学者。他们具有丰富教学经验;同时又在广播影视学的不同学术分支里潜心治学,可谓术业有专攻。前者保证了这套教材的针对性和实用性,后者则保证了学理性。基础理论与前沿观念结合、理论阐释与实践案例结合、学与用结合,正是这套丛书的定位。

教材为教学之本。作为这套丛书的学术顾问,我们非常期待这套教材能够积极、有效地推动中国的广播影视的教学与研究的发展。谨以为序。

目录 Contents

绪论:"固本求新"的影视艺术研究　　　　　　　　　　　　　/1

第Ⅰ篇　本体编

第一章　影视艺术的概念及本体界定　　　　　　　　　　　/5
第一节　影视艺术的概念与范畴　　　　　　　　　　　　/5
第二节　影视艺术的本体属性　　　　　　　　　　　　　/9
第三节　电影与电视艺术比较　　　　　　　　　　　　　/15
第四节　影视艺术的价值与功能　　　　　　　　　　　　/19

第二章　影视艺术的审美特性　　　　　　　　　　　　　　/25
第一节　影视内容逼真性与假定性　　　　　　　　　　　/25
第二节　影视视觉造型性与运动性　　　　　　　　　　　/30
第三节　影视表现时间性与空间性　　　　　　　　　　　/34
第四节　影视艺术的审美差异性　　　　　　　　　　　　/37

第三章　影视艺术类别与作品样式　　　　　　　　　　　　/42
第一节　电影的分类及片种　　　　　　　　　　　　　　/42
第二节　故事片的常见类型　　　　　　　　　　　　　　/47
第三节　电视艺术的基本分类　　　　　　　　　　　　　/51
第四节　电视剧的主要样式　　　　　　　　　　　　　　/53
第五节　电视电影与数字电影　　　　　　　　　　　　　/57

第Ⅱ篇　语言编

第四章　语汇之一:影视画面的艺术构成　　　　　　　　　/65
第一节　影视画面与构图　　　　　　　　　　　　　　　/66

第二节　影视镜头与景别　　　　　　　　　　/71
　　第三节　影视的光线与色彩　　　　　　　　　/76
第五章　语汇之二：影视声音的艺术表现　　　　　　/82
　　第一节　人声及其表现功能　　　　　　　　　/82
　　第二节　音乐及其表现功能　　　　　　　　　/85
　　第三节　音响及其表现功能　　　　　　　　　/87
　　第四节　声音与画面的关系　　　　　　　　　/89
第六章　语法构成：影视蒙太奇与长镜头　　　　　　/92
　　第一节　蒙太奇理论发展、涵义和构成依据　　/92
　　第二节　蒙太奇的分类与形态　　　　　　　　/98
　　第三节　蒙太奇的主要功能　　　　　　　　　/106
　　第四节　长镜头的涵义、特征与发展　　　　　/109
　　第五节　长镜头的分类、形态与功能　　　　　/114

第Ⅲ篇　创作编

第七章　影视作品制作流程　　　　　　　　　　　　/124
　　第一节　前期筹备阶段　　　　　　　　　　　/124
　　第二节　正式拍摄阶段　　　　　　　　　　　/130
　　第三节　后期制作阶段　　　　　　　　　　　/134
第八章　影视文本的创作　　　　　　　　　　　　　/141
　　第一节　影视文本创作的总体构思　　　　　　/141
　　第二节　影视文本创作中的"影视思维"　　　　/146

  第三节 影视文本的写作要领 /152
  第四节 影视剧作改编 /160

第九章 影视制作主体的艺术创造 /165
  第一节 影视导演的创作 /165
  第二节 影视演员的表演 /174
  第三节 摄影(像)与剪辑创作 /182
  第四节 影视制作多种工序的协作 /189

第Ⅳ篇 接受编

第十章 影视艺术受众与艺术接受 /195
  第一节 影视艺术受众的角色定位与分类 /195
  第二节 影视艺术受众的审美需求 /199
  第三节 影视艺术受众的基本素养 /203
  第四节 影视艺术接受的心理机制 /206
  第五节 影视艺术接受的美学阐释 /210

第十一章 影视艺术鉴赏论要 /216
  第一节 影视艺术鉴赏内涵与特点 /216
  第二节 影视艺术鉴赏的多维层面 /220
  第三节 影视艺术鉴赏的基本策略 /229
  第四节 影视艺术鉴赏的一般方法 /236

第十二章 影视艺术批评与写作 /241
  第一节 影视批评的特性与功能 /241
  第二节 影视批评的原则与方法 /245
  第三节 影视批评的文体类型 /252
  第四节 影视批评的写作要领 /256

第Ⅴ篇 历史编

第十三章 世界电影艺术发展历程 /262
- 第一节 电影艺术的萌芽及初步形成时期 /262
- 第二节 电影艺术发展趋于成熟时期 /266
- 第三节 电影艺术多元交汇、综合发展时期 /275
- 第四节 21世纪世界电影艺术的新进展 /281

第十四章 中国电影艺术发展脉络 /287
- 第一节 现代中国电影艺术的发展历程 /287
- 第二节 当代中国电影近三十年的发展 /290
- 第三节 新时期电影艺术的复兴 /292
- 第四节 21世纪中国电影艺术的新进展 /295
- 第五节 港台电影艺术发展概述 /298

第十五章 中外电视剧艺术发展简述 /306
- 第一节 世界电视剧艺术诞生与发展 /306
- 第二节 中国电视剧艺术的发展轨迹 /309
- 第三节 电视和电影艺术竞争与合流 /314

参考文献 /319

后记 /321

绪论："固本求新"的影视艺术研究

21世纪以来数字技术与互联网技术飞速发展，不但给电影、电视等多个领域带来巨大的变革影响和发展挑战，而且还带来了融合拓展与种群新生的机遇。人们从来没有像今天这样充满对影视等视听艺术的渴求与热望；动漫、游戏、网络电视、IPTV等影视艺术新种类和新样式也从来没有像今天这样鲜活与跃动。在这种背景下，影视艺术的繁荣已显露端倪。相信人们都对影视创作的活跃、影视作品的丰富已有所感受和体会。我们可以预见它必将走向辉煌。

显然，在影视艺术步入繁荣、走向辉煌的发展过程中，现代科技发挥了强有力的助推作用。影视艺术是建立在科学技术基础上的现代艺术形式，它的每一次革命性变化都与科学技术密不可分，而对当代影视艺术创作与传播影响最著、改变最大的无疑当属数字技术与互联网技术。就影视艺术创作而言，当今数字技术已经渗透到影视创作的各个环节之中。数字技术在影视创作中的广泛运用，深刻地改变了影视艺术的审美特点和整体的美学面貌。比如，数字技术背景下产生的虚拟长镜头，就与长镜头的纪实美学传统有所背离，但却以其诗意的影像空间使长镜头的美学功能更为丰富。在这种形势下，影视创作者必须与时俱进，深入开掘数字技术的艺术表现潜力，在新技术背景下不断积累创作经验，丰富影视艺术的审美空间。数字技术对影视艺术的传播也产生了深远的影响。在数字技术背景下，影视的传播与接受不再单纯局限于影院/家庭观看的方式，网络在线观看、网络下载、光盘和移动硬盘传输等新的传播方式，都逐渐为人们——特别是年轻人逐一熟悉。这些传播方式扩大了影视受众的范围，使得影视传播呈无远弗届之势，最大程度地实现了影视艺术的"大众化"。

新的社会形势、文明形态以及具体的创作实践，对影视艺术理论提出了要求；同时，也为人们深入认识影视艺术提供了合适的文化语境。在这样的前提下，作为《广播影视新视角丛书》之一的《影视艺术概论》，可以说是应运而生、顺时而动。在写作之初，本书就将"固本"、"求新"作为基本的原则。所谓"固本",就是对传统的影视艺术理论话语加以强化。"固本"的目的是要在继承前人的基础上,为影视艺术建构一个稳定、完整的理论体系,只有"固本",影视艺术理论才能具有扎实的根基。所谓"求新",就是密切关注影视艺术的最新动态,对影视艺术活动中出现的新现象、新趋势进行分析和归纳;在具体的阐述中,并不局限于表面现象,而是结合具体的技术背景、产业背景与文化语境,对现象背后的规律性、本质性的内容进行探寻。"求新"的目的是要让影视艺术紧密贴近当下的影视艺术实践,对影视艺术活动保持理论的敏感,最终使影视艺术理论具有当代适用性。本书是将影视艺术实践中出现的新现象纳入到影视艺术的整体之中加以论述,因此,"求新"与"固本"并不冲突。"固本"使得"求新"不至于失之浮躁,而"求新"则使得"固本"具有开放性,不至于失之封闭和僵化,二者有机结合,共同建构了本书的理论视野。

我们知道,影视的艺术性最为直接地体现在影视作品之中,但影视作品并不是影视艺术的全部。从根本上说,影视艺术是人类的一种审美活动,它是由"世界"、"创作者"、"作品"、"受众"等环节构成的完整链条。按照这样的定位,本书从"本体"、"语言"、"创作"、"接受"、"历史"等五个方面建构了影视艺术的理论系统。"本体编"对影视艺术的概念、范畴进行了界定,对影视艺术的本体属性和审美属性进行了阐述,同时对影视艺术的类别和作品样式进行了划分与例释。"语言编"以详细的案例分析了影视艺术的语汇和语法构成。语汇包括影视的画面与声音;语法构成则包括影视艺术两种基本的视听形态,即蒙太奇与长镜头。"创作编"在对影视作品的制作流程进行概括性的介绍之后,分别对编剧、导演、表演、摄像、剪辑等环节的创作规律、创作方法进行了梳理与总结。其中,为了让学生能够熟悉影视文本创作、较为熟练地创作出影视剧本和影视拍摄脚本,本编有针对性地将影视文本创作单独列为一章。从思维到方法、从理论到实践,对影视文本的总体构思、影视文本创作中的"影视思维"、影视剧本的写作要领、影视剧作改编进行了全方位的论述。"接受编"先是对影视艺术接受进行了理论分析,从受众定位与分类、受众审美需求、受众素养、影视艺术接受心理、影视艺术接受美学等多个方面建构了受众分析视野;在此基础上,本编从原理和方法两个层面分别讨论了影视艺术鉴赏与影视艺术批评。本书的最后一编为"历史编",这一编在历时性的维度上讨论了中外影视艺术的发展,通过粗线条的勾勒,呈现中外影视艺术曲折起伏的发展历程,让学生对影视艺术发展史有个整体性的印象和框架性的把握。

本书的写作既保持理论的系统性、学术性、观点创新性等专著特点,又考虑到作为教材以满足教学需求。因此在体例安排、理论阐释、案例列举乃至文字风格上都遵循教学规律,努力体现教材特点。本书可作为影视学、影视编导、广播

电视编导、广播电视新闻学等专业本科生的教科书,也可作为研究生以及影视从业人员的参考书。在具体的教学中,读者可以在整体把握的基础上,根据专业、学分等方面的实际情况,对本书的五编内容各有侧重。影视艺术是实践性很强的学科,因此,作为一本概论性的教材,本书在具体的写作过程中努力贯彻"从实践中来,到实践中去"的指导思想。"从实践中来"是指本书的所有理论观点均从具体的影视艺术活动中抽象而来;"到实践中去"是指本书的理论最终必须能够用来指导实践,并在实践中受到检验。这一思想同样应该用来指导教学:将本书用于教学时,应该充分联系具体的影视艺术实践,最好能结合当下的影视艺术活动,对之进行讨论、分析和概括,从实践中产生理论,这就是"从实践中来"。"从实践中来"是学习影视艺术理论的必经阶段,但理论还必须用来指导实践,只有"学以致用",理论才具有生命力,我们才能更为深刻地认识理论。试想,当我们拿起笔来创作剧本、写作影评时,自然会增强对影视艺术理论的理解。同时,理论还须放在实践中加以检验,只有经得起实践检验的理论才是真正的理论,这就是"到实践中去"。只有经过"到实践中去"这个阶段,我们对影视艺术理论的学习与研究才能行之有效。

第Ⅰ篇　本体编

本编内容提要

第一章　影视艺术的概念及本体界定
第二章　影视艺术的审美特性
第三章　影视艺术类别与作品样式

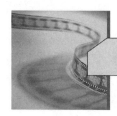

第一章 影视艺术的概念及本体界定

19世纪末和20世纪初,由于现代科学技术的迅速发展和工业化生产的支持,作为现代艺术的电影和电视相继问世,成为人类科技史和艺术史上的重大事件。为艺术家族——音乐、舞蹈、诗(文学)、美术(绘画和雕塑)、建筑和戏剧六大艺术门类——增添了新门类,因此有人把电影称为"第七艺术",将电视称为"第八艺术"。虽说电影诞生至今不过一百多年,电视诞生才70多年,但是它们却以璀璨多姿的作品成为人类的精神财富。

当今,电影和电视已深深地渗透进人们的日常生活。在媒体融合的背景下,人们除了走进影院观看电影外,还可以通过影碟机、电视机和互联网观看电影与电视,并且还会对其进行谈论、评价。可以说,观看影视剧已成为当代人重要的生活方式与生活内容。影视在一定程度上重构了人们的生活经验和情感体验。美国学者路易斯·贾内梯在其《认识电影》一书的开篇中,引用一位著名摄影师的话说:"在20世纪,一个人不懂摄影机等于不识字,也是文盲。"如果说这句话的背景尚限于20世纪的话,那么到了21世纪的今天,认识影视艺术、懂得鉴赏影视作品就显得尤为重要了。

认识影视艺术的前提是理解什么是影视艺术。"影视艺术"这一概念该如何界定?其本体属性是什么?影视艺术有何异同?影视艺术具有什么样的价值与功能?这些是我们在这一章要学习和掌握的主要内容。

第一节 影视艺术的概念与范畴

我们通常所说的"影视"包括电影、电视以及以电视为传播载体、电影为表现形态的"电视电影"。"影视"是根据"视觉暂留"的原理,运用摄影和录音手段,将影像和声音摄录下来,保存在胶片或磁带上,通过放映或远距离传输,在银幕或屏幕上形成连续运动的影像,从而表现一定内容的现代科技手段。影视艺术就是在这种现代科技基础上发展起来的新型艺术形式。

一、影视成为艺术

一百多年前,在电影问世之初,许多人认为电影只是一种机械复制现实生活的"活动照相","艺术"之桂冠是无法赠予电影的。然而,电影很快就以自己再现现实、反映生活、表达创作者生命体验和内心情感的巨大潜力和独特手段而迈入了"艺术"殿堂。1911年,意大利诗人和电影先驱乔治·卡努多以洋溢的激情宣告了"第七艺术"的诞生。在《第七艺术宣言》一文中,卡努多首次提出"电影是一门艺术"的主张,他将电影与建筑、音乐、绘画、雕塑、诗歌和舞蹈并列,称电影为"第七艺术",认为电影是其他诸种艺术样式的综合。匈牙利著名电影理论家巴拉兹·贝拉也向博学的美学和艺术史卫道士们提出要求:"一门新兴艺术已经站在你们高贵艺术殿堂的门口,要求允许进入。电影艺术要求在你们古典艺术中占一席之地,要求有发言权和代表权。你们最终会赞同电影艺术是有科学研究价值的!你们应当在你们从雕花桌腿到发型艺术都有一席之地而根本不提电影的庞大美学体系中,为它开辟一章。"①早在1910年,丹麦电影《白奴交易》就曾利用摄影时的多重曝光将三个不同场景结合在同一个镜头中;移动摄影也早在电影诞生之初就被电影创作者加以运用。除此之外,作为电影艺术极为显目的标志,特写镜头也在电影问世不久就出现在银幕上。到了电影大师格里菲斯和爱森斯坦那里,镜头组接艺术——蒙太奇——作为电影特有的叙事形式,使电影释放出巨大的艺术能量,并促使电影作为一门独立的艺术走向成熟。随着电影技术的不断进步,以及电影工作者对电影表现手段可能性的不懈探索,电影叙事的潜力不断被开掘出来,电影艺术的宝库逐渐变得越来越丰富。今天,人们不再会对电影是否能够被称之为一门独立的艺术而抱有疑问,在大量的优秀影片面前,人们只会盛赞它们的精妙与华美。

作为电影之后的"第八艺术",电视更为年轻,对"电视艺术"概念能否成立也有所争议。如果说电影问世之初,对电影是一种艺术的否认是因为电影只是一种机械复制现实的"活动照相"而未能体现创作者能动性的话,那么对电视是一种艺术的否认则主要是因为电视从发明之初便具有信息传播的功能。1926年,被誉为"电视之父"的英国科学家约翰·贝尔德应英国皇家学会之邀,在伦敦举行公开表演,通过电视播送运动的人体画面。1928年,电视画面在伦敦和纽约之间得以成功传输。1930年,经过英国广播公司(BBC)与贝尔德的合作实

---

① [匈]巴拉兹·贝拉:《可见的人 电影精神》,安利译,中国电影出版社2003年版,第3页。

验,有声电视图像面世,这与电影经过了很长时间的无声阶段有所不同。1936年,英国广播公司在伦敦市郊亚历山大宫建成世界上第一座电视台,开始正式播送电视节目。从1928年贝尔德在伦敦公开表演时的"一对一"传播,到1936年BBC的"一对多"传播,电视从发明之初就具有先天的传播便利性和强大的信息传播功能。《辞海》对"电视"作如此解释:"电视,传播图像的一种广播、通信方式。它是应用电子技术对静止或活动的影像进行光电转换,然后将电信号传递出去,使远方能即时重现影像。"也正因此,在电视普及之后,电影纪录和传播新闻时事的使命就逐渐交由电视来承担了,毕竟,相较电影来说,电视在传播新闻时事方面更快速、更及时、更便利,最主要的是,其受众面也更广。

正是由于电视作为传播媒介的优势和突出表现,有人认为电视并非艺术,而是一种非常有效的信息传播媒介。对此,学者高鑫指出:"电视既然是一种传播媒介,它可以传播信息,传播新闻,当然也可以传播高雅的艺术品,从而构成一种事实存在的'电视艺术'。"①换言之,通过电信号的传递,远方即时重现的图像既可以是信息和新闻,也可以是艺术作品。我们所看到的电视节目,实际上包含着多种形式,这些节目形式按照预先设定的顺序播放出来。英国著名的学者雷蒙·威廉斯因此称电视为"影像流(flow)"。在汇成"影像流"的所有电视节目中,我们大体上可以用两种倾向来概括:一类倾向于传播信息。比如新闻节目、体育赛事的直播和转播、重大会议和活动报道、法制节目、生活服务类节目等,并不是说这类节目没有体现出艺术性(即使是新闻影像的拍摄和编辑,也需要一定的艺术经验和艺术眼光),而是说这类节目不以艺术创造为要求。事实上,创作主体的情感、想象也无法较好地融入节目,这类节目与其说是"创作"出来的,不如说是"制作"出来的。质言之,传播信息乃是这类节目的根本要务。另一类则倾向于文艺创作。凝聚了创作者人生经验和情感体验的影像,经过电信号的传递,出现在荧屏上,最终感染受众,这类节目主要是电视剧、电视文艺片,还有一些纪录社会变迁和人生感受的纪录片。我们在说到这类节目时,往往更多的用"创作"一词而非"制作"一词。事实上,即使是以真实生活为对象的纪录片,也包含着创造性。英国纪录片大师格里尔逊就曾如此定位纪录片:"纪录片就是对真实事物作创造性的处理"。实际上,主要是因为此类节目才使得电视成为一门艺术,而我们在使用"影视艺术"这一概念时,往往是就这类节目而言的。当然,这两类节目并非决然两分,只是各据一端。其他尚有一些节目处于二者的过渡地带,比如一些自然类纪录片,既在传播生态知识,同时也具有一定的艺术创造性。总之,电视以其迅速发展的势头,早已证明自己不仅可以传播信息,也能成为一门艺术。

---

① 高鑫:《电视艺术概论》,学苑出版社1992年版,第7页。

总之，影视的发展已经使"影视艺术"无可争辩地在艺术殿堂中占据了自己的位置。既然影视艺术已经成为一门独立的艺术形式，那么人们就可以据此对"影视艺术"的概念进行界定了。

二、影视艺术概念

人们对"影视艺术"概念的界定主要是基于"影视艺术"的独特性。比如《电影艺术词典》就是如此界定"电影艺术"的：电影艺术是"以电影技术为手段，以画面和声音为媒介，在银幕上运动的时间和空间里创造形象，再现和反映生活的一门艺术"。《中外影视大辞典》则是如此界定"电视艺术"：电视艺术是"指以电视技术为手段，以画面和声音为媒介，在电视屏幕上运动着的时间和空间里塑造形象，再现和表现生活的一种视听艺术。"电视学者高鑫也给"电视艺术"下过一个类似的定义："所谓电视艺术主要是指——以电子技术为传播手段，以声画造型为传播方式，运用艺术的审美思维把握和表现客观世界，通过塑造鲜明的屏幕形象，达到以情感人为目的的屏幕艺术形态。"

参照上述关于"电影艺术"和"电视艺术"的界定，我们可以给本书所要探讨的对象——"影视艺术"做出如下界定：

影视艺术，是指以影视技术为手段，以画面和声音为媒介，遵循艺术规律并运用审美思维，在运动的银屏空间里创造形象，从而再现和表现生活的时空艺术。

三、影视艺术范畴

影视作品是影视艺术的直接存在形式，然而，影视作品却并不是影视艺术的全部范畴。这是因为，影视艺术创作同其他艺术创作一样，都是人类高级的精神活动。因此，我们应该将影视艺术视作一种活动，而不仅仅是影视艺术成品。美国文艺理论家 M·H·艾布拉姆斯在《镜与灯——浪漫主义文论及其传统》中所提出的关于文学活动四要素的著名观点，现在已经获得广泛认同。艾布拉姆斯认为，文学作为一种活动，乃是由作品、作家、世界、读者四个要素所组成，正是这四个要素互相作用构成了一个运动的过程，这个过程即是文学活动。在艺术活动的层面上，影视艺术与文学艺术具有相通性，因此，艾布拉姆斯谈的虽然是文学活动，但只要我们对几个要素的名称略加替换，艾布拉姆斯的理论完全可以用来说明影视艺术活动。

参考艾布拉姆斯的概括，影视艺术活动应该包括以下四个要素的相互作用，图示如下：

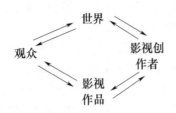

根据上图,不难发现影视艺术的范畴应该包括以下几个方面:

(1) 世界、影视创作者、影视作品、观众等四个要素的两两双向作用构成了影视艺术的整个活动,对这整个活动的阐述构成了影视艺术本体论,这是本书第一编的内容。

(2) 世界就是现实生活,包括外在的社会生活和内在的精神生活,它是影视艺术创作的源泉,所谓"艺术来源于生活"指的就是这一点;但现实生活本身仅仅是原材料,并不能直接构成影视的内容,它还需要经过影视创作者——包括导演、编剧、演员、摄影师、录音师、灯光师、服装师、作曲家,甚至还有武术指导和特效制作等方面的专业人员所构成的群体——运用艺术审美思维加以创造,才能成为影视作品的内容,所谓"艺术高于生活"指的就是这一点。对这一环节的论述构成了影视创作论,这是本书第三编的内容。

(3) 经过影视创作者创作出来的影视作品具有"形式美"。要把握影视作品的形式美,必须充分认识影视作品所使用的独特的语言,主要包括影视常用语汇——画面与声音、镜头与景别等,以及这些语汇的组合方式——主要是蒙太奇与长镜头。对这部分内容的阐述构成了影视语言论,这是本书第二编的内容。正如我们在前面所提到的,影视的美学形式是在动态的过程中逐步得到发展和丰富的,因此,要想把握影视作品的艺术性,必须在历时性的维度考察一下中外影视艺术的发展历程,这些内容构成了影视艺术发展论;这是本书最后一编的内容。

(4) 影视作品在传播过程中,只有被观众所观看,其价值和意义才能彰显。如果影视作品"秘不示人",就不会"活"起来。观众对影视作品的接受包括对影视作品的鉴赏和批评。对这些内容的论述构成影视作品接受论,这是本书第四编的内容。

总的来看,影视艺术本体论、影视创作论、影视语言论、影视艺术发展论、影视作品接受论,构成了影视艺术的基本范畴。

第二节 影视艺术的本体属性

以上我们对"影视艺术"概念进行了本体界定。我们知道,所有的本体界定

都是对本体属性的高度概括。为了深入认识"影视艺术"的内涵,有必要对"影视艺术"的本体属性进行梳理和论述。

与文学、绘画、音乐、雕塑、舞蹈等传统艺术形式相比,影视作为现代艺术形式显得较为复杂,比如影视创作对科技的依赖性比其他艺术形式强得多;它也无法像其他艺术形式创作那样完全个人化,而是需要发挥摄制组的集体智慧与力量。总的来看,影视艺术的本体属性体现在以下几个方面:艺术性、综合性、技术性、大众性、媒介性。

一、艺术性

艺术性是"影视艺术"的题中之义,它反映出影视作为艺术的共性特征。我们可以从三个方面来看影视的艺术性:

(1)再现性。从客体的角度来说,影视再现了现实世界——包括外在的社会生活和内在的精神世界。当然,这里所说的"再现"并非机械地复制,而是经过了创作主体人生感受与生命体验的投射与改造。我们常说,生活是艺术唯一的源泉,影视艺术家都置身于生活的洪流之中,即使独处一室或僻居一隅,也是生活的一种状态,所以无论是谁,都无法将自己从现实生活中拔出来。正因如此,影视艺术家只要创作影视作品,只能从自己所看到、所感受到的现实世界出发,这样,现实世界必定会通过种种艺术表达方式呈现在银屏上。比如奥逊·威尔斯的经典电影《公民凯恩》,从情节、人物和背景都反映出美国特定年代的社会生活,影片中凯恩的原型是当时的美国新闻业大亨威廉·兰道尔夫·赫斯特。

(2)表现性。从主体的角度来说,影视在一定程度上体现出创作者的志趣、情感、感悟和理想,创作者也试图以此唤起观众同样的感受。越是优秀的影视作品,越是凝聚了创作者的人生感受和生命体验。波兰著名电影导演罗曼·波兰斯基因为犹太人身份,母亲死于奥斯维辛集中营,父亲在奥地利毛特豪斯集中营也差点送命,年幼的波兰斯基侥幸逃出了克拉维夫犹太人居住区,在好心人的帮助下存活了下来。由于人生经历中的沉痛记忆,当美国导演斯皮尔伯格邀请他执导《辛德勒的名单》时,波兰斯基因为怕激起自己的痛苦回忆而拒绝。然而,童年记忆毕竟难以抹去,进入新世纪以后,波兰斯基终于根据同名小说,以冷峻的影像风格和强烈的写实性拍摄了著名影片《钢琴师》。

(3)形式美。从作品的角度来说,影视艺术品具有形式上的美感。美国电影学者大卫·波德维尔与克里斯汀·汤普森在合著的《电影艺术:形式与风格》一书中,对形式给予了高度重视,在他们看来,电影并不是一些元素的简单任意的堆凑,像所有的艺术品一样,电影也具有形式。那么什么是电影的形式呢?他们认为,广义的电影形式指的是,一部电影所有元素(诸如画面、声音、灯光、剪辑、特效等,都属于电影的元素)之间的相互作用和关系所形成的整体系统。波德维尔与汤普森从受众角度对电影的艺术形式进行了论述,"实际上我们的意识一直在寻找着秩序和意义,在这个世界习惯的经验模式中寻找着突破。"[①]其实从创作者的角度来说,又何尝不是如此呢?创作者必定会将自己对"秩序和意义"的把握投入到影视艺术创作之中,马克思在其《1844年经济学哲学手稿》中就曾如此指出:"动物只是按照它所属的那个种的尺度和需要来建造,而人却懂得按照任何一个种的尺度来进行生产,并且懂得怎样处处都把内在的尺度运用到对象上去;因此,人也按照美的规律来创造。"所谓"内在的尺度"和"美的规律",自然包含着对形式的把握。

二、综合性

影视艺术本质上是一种综合艺术,综合性是影视艺术的又一本体属性。具体来说,影视艺术的综合性体现在以下两个层面上:

首先是艺术上的综合。作为艺术殿堂中的后起之秀,影视是在各种已有艺术成果的基础上建立并发展起来的。正如李泱所说:"影视向文学学来了表现复杂的社会生活的叙事手段,向文学中的现代派作品学习了诸如意识流等创新技巧。影视向绘画、雕塑等造型艺术学来了造型结构与技巧,学来了光线、色彩和构图的原则和技法。当然影视艺术是动态的造型艺术。影视向音乐学来了由不同音响材料完成的节奏感、和谐感。音乐与画面的对位或对立,构成了新的声画蒙太奇手段。影视向戏剧这门古老的综合艺术、舞台艺术学到的东西显然更多,诸如导演、表演、舞台美术、结构形式、人物语言、通过动作显示的戏剧冲突等。"[②]影视吸取了诸种艺术元素,用自己的旺盛的生机改造和综合了它们,取消了它们进入影视艺术之前的各自的独立性,使它们相互配合,互相融合,渐渐凝聚成为一种新的有机综合。影视成了集造型艺术、表演艺术、语言艺术诸因素于一身,并且还有摄影、剪辑、录音等方面的艺术"工序"的新艺术。比如我国影片《城南旧事》,多方面吸取和融合了古典散文、诗、水墨绘画、戏剧、音乐、摄影等方面的浓郁气氛,表达了人性的美好,较充分地体现了电影艺术综合性的特点。

其次,影视的综合性还体现在创作力量的综合上。影视艺术不仅是艺术的综合,技术的综合,而且是以导演为组织者、领导者的艺术集体的智力的综合。严格地讲,每一部影视片都不是个别艺术家的作品,每部影片都是包括导演、编

[①] [美]大卫·波德维尔、克里斯汀·汤普森:《电影艺术:形式与风格》,彭吉象等译,北京大学出版社2003年版,第58页。
[②] 李泱:《影视艺术概论》,北京工业大学出版社1994年版,第103页。

剧、演员、摄影、美工、化妆、音响、灯光、布景等各部分力量劳作和智慧的成果。据统计,美国拍一部电影平均需要动用250人左右不同行业的人,也就是说需要这么多的人进行分工协作。如果要拍摄较大场面的电影或电视连续剧,那需要协作的人就更多了。据说拍摄《三国演义》、《突出重围》,光是扮演群众和士兵就借用部队上万人参加演出,其场面宏大、人物众多,拍摄之复杂,充分显示了创作力量综合的重要性和必要性。

综合不是简单的拼凑、相加,而是各种因素和力量的集合和融合。影视艺术的综合性,也要求影视鉴赏者必须具备多种艺术修养和审美能力。

三、技术性

电影史学家雷蒙德·菲尔丁曾对电影艺术的技术性特征作出如下论断:"电影——作为艺术形式,作为传播媒介,作为工业——的历史基本上是由技术革新及其报偿来决定的……就鲍特、英斯和格里菲斯的影片而言,投入使用的便携式摄影机、大胶片盒、替换式透镜和改进型感光乳剂所作的贡献一点不亚于这几位导演个人的艺术才华。"①这样的论断固然有不适当的"技术决定论"的倾向,但却深入表明了影视艺术的"技术性"。

首先,影视艺术的诞生有赖于现代科学技术。在电影的早期实验阶段,人们进行了不懈的探索,所有这些探索,都建立在科学研究和技术实验的基础上。比较重要的进展有:视觉暂留现象的发现——比利时物理学家约瑟夫·普拉多在1829年发现,一个物体在人眼前消失后,该物体的形象仍滞留于人的视网膜,这就是视觉暂留现象,它成为电影发明的生理学依据;"诡盘"的发明——普拉多在1832年最早发明了"诡盘",诡盘能够使画在锯齿形的硬纸盘上的画面在运动中"活"起来,美国人霍尔纳在两年后发明了与"诡盘"运动原理相类似的"活动视盘";摄影技术的发明——这是电影诞生最为重要的前提,早在1826年,法国人W·尼埃普斯就成功地拍摄了世界上第一张照片"窗外风景",对运动摄影的探索促成了"活动摄影机"的诞生,迄至1882年,法国人马莱经过多次实验,发明了"摄影枪",从事于连续摄影,此后马莱又结合另一位发明家强森所制造的"转动摄影器",发明了"活动底片连续摄影机"。卢米埃尔兄弟在前人的基础上反复实验,最终发明了"活动电影机"。1895年12月28日,卢米埃尔兄弟在巴黎一家咖啡馆,用他们发明的"活动电影机"放映了《工厂大门》、《火车进站》等12部短片,这一天成为电影的诞生日。在大洋彼岸的美国,爱迪生于1889年

---

① [美]罗伯特·C·艾伦、道格拉斯·戈梅里:《电影史:理论与实践》,李迅译,世界图书出版公司2010年版,第132—133页。

发明了电视视镜,成为电影史上另一位重要的奠基者。电视的诞生同样有赖于科学技术。1926年1月26日,被誉为"电视之父"的英国科学家约翰·贝尔德,向英国皇家学会演示了他所发明的"电视",成功发送了运动的人体画面。贝尔德经过了多年的实验,实验的基础则是马可尼远距离发射、接收无线电波的科学原理。总之,影视艺术的诞生缘于"活动电影机"和"电视"的发明,而这些发明则是基于光学技术、化工技术、电子技术等科学技术的进展。

其次,影视艺术的发展,有赖于现代科学技术。影视艺术从无声到有声、从黑白到彩色、从传统摄影术到计算机动画合成,其每一步发展和跨越都离不开科技的进步。摄影(像)机的自由运动、胶片和磁带的镜头剪辑,使蒙太奇得以产生并成为影视的一个特性。微型录音机、便携式摄影机、变焦组合镜头、高科技计算机合成等每一次技术新成果都可以丰富、增强影视艺术的表染力和感染力。尤其是20世纪80年代发展起来的数字技术,使用"计算机合成图像(Computer Generated Images,CGI)"取得了令人惊叹的视觉效果。在《星球大战》《侏罗纪公园》《真实的谎言》《玩具总动员》《终结者Ⅱ》《阿甘正传》《角斗士》《泰坦尼克号》《指环王》《哈利·波特》《阿凡达》等大片中,许多镜头和场景都是采用"CGI"完成的。譬如《侏罗纪公园》影片中那头重9000磅(1磅=0.4536千克),长40英尺(1英尺=0.3048米)的恐龙在银幕上狂奔捕猎,就是计算机技术的杰作,足可以让人惊叹不已。《阿凡达》不仅用数字技术制作出了"纳威人",还用数字技术制作出"潘多拉星球"上的高山、奇树、飞禽、猛兽,其逼真的程度足以让观众产生身临其境的感觉。今天,几乎所有的电影创作都会在后期制作中运用数字技术,而数字摄影(像)机也越来越多地运用于影视拍摄。对于影视创作来说,数字化时代已然到来。

四、大众性

影视艺术的大众性与它的物理构成特性与传播特性密切相关。影视艺术作品创作与传播的根本目的就是为了让广大受众接受。一方面,影视艺术是视听结合的产品,一般来讲只要接受者具备正常的视觉和听觉的能力,不管你是耄耋之年的老太太还是天真无邪的青少年,也不管你是知识渊博的教授,还是不识字的文盲,都可以收看影视艺术作品。影视艺术作品的受众面广量大、人数众多。影视艺术是一种大众文化,具有天然的大众性。

另一方面,影视艺术的大众性与影视的工业化生产与产业化运作有关。在产业化运作中,由于模式化的情节与类型化的故事能够吸引大量的观众,影视制作者非常看重类型片。有学者指出:"片厂制的流水线生产方式,能够保证固定的人力资源,便于将受欢迎的片种发展成类型电影,然后作公式化的生产。"①在这种背景下,影视艺术的大众性主要体现这样几方面:

一是故事的通俗性。影视擅长讲述通俗的故事,这些故事戏剧性很强,起伏很大,甚至有些戏剧性带有编造的痕迹,违背了生活的逻辑与情感的逻辑(特别是电视连续剧,因为连续剧往往很长,而每一集又都需要有起伏,所以电视连续剧的戏剧性经常会脱离生活的真实性,而带有生硬的编造痕迹)。从口传文学时代开始,人们就喜欢听故事。作为一门通俗性较强的艺术,影视也经常强化故事的戏剧性和传奇性。但对影视创作者来说,通俗并不代表庸俗,那些靠色情与暴力来吸引观众眼球的做法已经越过了"通俗"这道线,而陷入了"庸俗"的泥淖。

二是影视叙事的"母题"往往带有二元对立的元素。善/恶、爱/恨、分/合、友情/背叛、勇敢/怯懦等"二元对立"的结构构成了影视叙事的基本母题,通俗性越强的电影,其二元对立的架构越是明显,所叙述的母题也越是具有普遍性。人类学家列维—施特劳斯曾将叙事与神话联系起来加以考察,列维—施特劳斯指出,"神话的特征在于它建立在相互冲突的两组元素的'二元对立'基础之上。"②从这一点上来说,影视艺术的通俗性暗合了人类理解世界的基本思维。相反,世俗性的"神话"也建构了影视艺术的大众性。

三是表现手段的大众性。为了使观众能够非常容易地进入影视作品之中,影视作品的表现手段往往趋于通俗。比如在讲述故事时尽量单线化,不使情节枝节蔓生;在剪辑时则尽量做到"无缝剪辑",让观众感觉不到画面的断裂,于是观众就能够非常流畅地跟着情节往前进。

五、媒介性

影视艺术的"媒介性"指的是影视作为大众传播媒介所具有的本体属性。电影与电视刚一诞生,人们就发现了它们强大的传播功能;随着影视艺术走向丰富,影视成功地将"意义"融合在艺术之中传播给广大的受众,受众则在获得娱乐的同时接收信息、受到积极的教化或消极的影响。影视艺术的"媒介性"具有以下两方面的特点:

(1)覆盖面广。一部影片会吸引大量的观众走进电影院。在全球化背景下,一部影片——特别是好莱坞大片,会在全球范围内吸引受众。电视则通过卫星将节目传送到千家万户。在网络环境下,影视作品的传播尤其迅捷、广泛,影

---

① 郑树森:《电影类型与类型电影》,江苏教育出版社2006年版,第10页。
② [澳]格雷姆·特纳:《电影作为社会实践》,高红岩译,北京大学出版社2010年版,第101页。

视传播借助于网络平台,其覆盖面得到了最大程度的扩展。

（2）直接性。影视与物质现实有着天然的"近亲性"。很多理论家都对此有过精辟的论述,比如认为电影本性在于其照相性的巴赞就如此说过,"摄影得天独厚,可以把客体如实地转现到它的摹本上。最逼真的绘画作品可以使我们更了解被描绘物,但是,不论我们怎样雄辩,它终究不会像摄影那样具有异乎寻常的威力,以博得我们的完全信任。"①匈牙利著名电影理论家伊芙特·皮洛也说过:"电影是直接的记录,不必译成可以供大家检验的密码语言。""电影引导我们钻入生活的树林,仿佛去采集标本。这个世界的未分化状态,纷杂印象的集合,符合我们日常的感知特点。"②可见,由于影视作品的基本构成要素——画面和声音,直接来自物质现实,并诉诸我们的视觉和听觉,因此在所有艺术样式中,影视最为"符合我们日常的感知特点"、它天生就能够"博得我们的完全信任"。其他艺术样式来说都需要观众具备一定的基础,才能进入其门槛,比如阅读文学作品不能是个文盲;观看绘画,也需要具备一定的欣赏基础。尽管要想欣赏影视艺术,也需要具备一定的专业素养;但影视并没有设置进入的门槛,一个人就算一个字不认识,也照样可以看得懂影视所讲述的故事,会被影视故事所感染。可见,与其他传播手段相比,影视传播具有直接性的特点。

第三节　电影与电视艺术比较

在与文学、绘画、音乐、雕塑等其他艺术形式相提并论时,电影和电视艺术由于二者的共性特征常被视为一个整体,我们将这一整体统称为"影视艺术"。然而,在具体的层面上,电影和电视仍存在差异,电影艺术与电视艺术也相应地存在差异。

一、电影与电视异同

电影和电视都是根据"视觉暂留"原理、依托现代科技而产生的大众传播媒介,传播的载体都是画面与声音;相应地,观众都是通过"看"和"听"的方式来接受电影和电视所传播的信息与意义的——正是在这一点上,电影和电视才常被合称为"影视"。

---

① ［法］安德烈·巴赞:《电影是什么?》,崔君衍译,江苏教育出版社2005年版,第7页。
② ［匈］伊芙特·皮洛:《世俗神话:电影的野性思维》,崔君衍译,中国电影出版社2003年版,第81页。

但电影与电视是在不同时期、依托不同的现代科学技术而产生的,因此二者在许多方面存有差异。具体来说,首先是拍摄工具的不同,电影利用摄影机进行拍摄,而电视的拍摄工具则是摄像机与录像机;在存储介质上,电影利用感光胶片存储信息,而电视的存储介质则是磁带;在放映地点与放映方式上,电影是通过放映机在电影院里放映,电视则是通过远距离传输的方式,在每家每户的电视机上播放影像与声音;观众的观影体验也有所不同,电影院是封闭的环境,坐在黑暗中心无旁骛地观看电影,而节目也是固定的,这就使得观众的注意力非常集中,观众观看电视则往往是在家庭中,环境是开放的、明亮的,观看时观众的注意力因为经常被干扰而难以像在电影院里那么集中,而且节目也可以根据自己的兴趣进行选择,这样的观影方式带有一定的随意性。

二、影视艺术的异同

电影艺术和电视艺术都是通过画面与声音、诉诸于观众的视觉与听觉的时空艺术,因此,二者经常被合称为"影视艺术"。在第二节,我们讨论了影视艺术的本体属性,这些本体属性对电影艺术和电视艺术来说都是适用的,这是二者的共同特点;但二者仍存在一些差异,具体来说,主要体现在以下几个方面:

(1) 观影环境的不同使电影艺术与电视艺术与日常生活的关系有所不同。由于黑暗的电影院具有一种封闭性,观众在观看电影时注意力高度集中;观众收看电视则往往是在家中,与家人一起观看,这是一种日常生活环境,观众的观看方式较为随意,收看电视也成为日常生活的一部分。这种不同使电影艺术和电视艺术与日常生活的关系产生了差异。学者尹鸿对此有形象而精辟的概括:"如果说电影是一个'梦',那么电视更像是一扇'窗',电影提供的是超日常经验,那么电视提供的则更多的是一种日常经验。"①尽管"超日常经验"并不能脱离日常生活经验——毕竟电影艺术像其他艺术形式一样,也来源于生活,但的确带有一定程度的"玄想"色彩。可以说,电影乃是日常生活经验在银幕上的投影,而非日常生活经验本身。法国电影学者让－路易·博德里发现观众在黑暗、封闭的电影院里的观影体验与柏拉图著名的"洞穴"比喻很相似。柏拉图的"洞穴"比喻说的是一群囚徒被困在地下洞穴中,他们无法动弹,只能看着面前的墙壁;囚徒身后有一堆火把,在火把与囚徒中间是人形与兽形的木偶,在火光的照射下,木偶的影子投射在囚徒面前的墙壁上,囚徒以为这些影子就是真实的世界。博德里认为电影放映机、黑暗的大厅、银幕等元素惊人地再现了柏拉图的

---

① 尹鸿:《当代电影艺术导论》,高等教育出版社2007年版,第35页。

"洞穴"。① 可见电影所展现的只是现实世界的投影而已,也正因此,我们经常将电影称作是"梦",将电影艺术称作"造梦艺术",将好莱坞称作"梦工厂"。电视则不然,按照尹鸿的比喻,它乃是现实世界的一扇"窗",我们从这扇窗户看到的仿佛就是我们每天都生活于其中的日常生活世界。"所以,电视剧一般来说不追求场面的奇观、不追求故事的复杂和精巧、不追求叙事空间和画面空间的张力、不追求人物和事件的超日常性,多数的电视剧都以我们日常的生活空间为背景,以人们的日常生活为素材,即便是帝王将相,也要还原其普通人的生活状态,通过时间的延续、信息的反复刺激、情节的曲折变化和人物的命运变迁来吸引观众。"②

（2）媒介特性的不同使电影艺术和电视艺术在呈现方式上有所差异。电影最早是作为一种复制现实的照相性技术出现的,它很快被用来进行商业运作,即面对公众放映拍摄出来的活动画面。这种放映起初带有"杂耍"的性质,但很快,当电影成为一门艺术时,电影作品就在电影院里被人观赏。作为一种媒介,它是以其画面传播信息、使观众获得审美享受的,而电影院这个特定的场所则确保了其画面效果。这种媒介属性使得电影非常重视画面的美感,从观众这个角度来说,在封闭的电影院中所播放的影片具有一种"整体感"。再来看看电视的情况。作为一种媒介,电视的发明受到马可尼发送无线电波的启示。像马可尼发送无线电波一样,电视成功地通过光电转换发送出活动的图像。电视最初就是传播信息（图像）的新型媒介,这种新型媒介传播信息极为快捷、便利,电视台瞬间就能将信息传播到千家万户。而对受众来说,足不出户即可收看到电视节目。这种强大的威力使得电视新闻很快取代了新闻电影。作为艺术作品的电视剧也很快借助于电视媒介进入千家万户。基于这样的媒介特性,电视长于播放电视连续剧,设想,假如电影也按照连续剧的集数来拍,那么有多少人能够连续地进入电影院观看呢？此外,迄今为止,电视仍是传播信息的重要媒介。电视传播信息的功能对人们观看电视剧有所影响,最主要的影响是电视剧不时会产生中断,比如不时插入的广告信息（不仅是商品广告,也有节目预告信息）,有时人们在观看电视剧时还会注意到屏幕最下方有播报新闻信息或广告信息的跑马字幕,此外还有电视台的台标等与电视剧无关的信息,所以从观众观看电视剧这个角度来说,电视表现出一种"碎片感"。电影则不会如此,虽然电影播映前可能也有不少广告,但一旦开映,大银幕上除了影片本身的内容,不会出现其他冗余

---

① [法]让-路易·博德里:《基本电影机器的意识形态效果》,李迅译,见李恒基、杨远婴主编《外国电影理论文选》（修订本）下册,三联书店2006年版,第562页。
② 尹鸿:《当代电影艺术导论》,高等教育出版社2007年版,第35页。

信息,因此,电影往往具有一种整体感。"整体感"与"碎片感"是影视艺术由于媒介特性不同所带来的直接差异。

(3) 技术特性的不同使得影视艺术在画面表现力方面有所差异。电影和电视从诞生之日起,便具有各自的技术特性。比如从存储信息这个角度来看,电影依靠胶片,电视则依靠磁带。电影胶片基于化学感光技术,其影像色彩具有油画般的质感,我们在观赏电影作品时,经常能感觉到这一点。电视作品的色彩则更逼近现实生活,在生活还原度上做得比较好,但在色彩的主观性上则逊电影一筹。值得一提的是,今天,技术——特别是数字技术——的进展,使得影视有合流的迹象。数字技术比较广泛地用于影视后期制作,即使是用胶片拍摄的电影素材,也往往会转化为"数字中间片(Digital Intermediate,DI)"进行后期制作,以便更好地进行色彩调校、特效处理等。两种存储介质——胶片和磁带——将最终统一为硬盘存储介质。数字式摄像机也开始用于前期拍摄,有些数字式摄像机运用了"伽马(γ)曲线"技术,这种技术有助于拍摄出胶片般的色彩效果,尽管它尚不能真正达到电影胶片的效果,但的确是在向胶片效果努力迈进。数字电影、电视电影、网络剧等新生影视艺术形态的出现,是影视合流趋向的直接体现。此外,电视机的屏幕也逐渐变得比以往更大,在播放一些电影时,视听效果大为提高。尽管如此,要想使电视屏幕达到电影银幕那么大的面积,显然也是不现实的。这一点使影视画面表现力仍存在很大差距。

(4) 产业特性的不同使电影艺术与电视艺术在视听形态上有所差异。尽管电影和电视艺术都具有大众性特征,但由于二者在媒介特性上有着具体的差别,电视艺术的大众性特征要比电影艺术更为突出一些。这种不同使得电影艺术和电视艺术在产业策略上有所不同。电视剧非常看重剧情发展,而剧情发展在很大程度上依赖片中的人物对话,电视机屏幕面积又抑制了大场面效果,这样一来,电视剧在制片时就不用太多考虑搭建宏伟的场景,所以电视剧常将剧情安排在室内(比如宅内、办公室内、医院内等;情景剧则更是完全安排在室内),即使在室外,也常安排在街头、广场上,这样的场景在制片时可以就地取材。电影则不同,对背景的逼真效果的营造,往往要花费很多资金,比如《泰坦尼克号》为了"真实",专门建造了"泰坦尼克号"轮船模型;李安导演的《色,戒》努力"还原"出民国时期的城市景观;陆川导演的《南京!南京!》则专门搭建了南京大屠杀期间的"南京城"部分景观(包括城墙、城门、街道、建筑物等)。由于当前电影对"奇观"的重视,电影成本越来越高。相比起来,电视剧的成本则普遍较低。总之,由于产业特性上的不同,电影比电视更为重视场景和"奇观"效果。

第四节 影视艺术的价值与功能

影视艺术通过具体的影视作品进行传播,创作者对社会人生的理解和体验、对艺术的领悟与把握,最终都通过影视作品传达给观众;而且由于影视艺术所具有的大众性特征,它对受众的影响比其他文化产品来得更直接,更广泛,更为潜移默化。影视艺术由此发挥了自身的功能。在宏观的层面上,影视艺术乃是社会生活必不可少的组成部分,它自然会对时代意识与社会观念产生影响。可见,无论是从具体的层面,还是从宏观的层面,影视艺术都以审美的形式参与了受众价值观念与社会价值观念的建构。

一、影视艺术的价值

(1) 审美价值。审美价值是影视作为艺术的题中之义。根据马克思主义实践观,人类的生产分为物质生产和精神生产,艺术生产正是精神生产不可或缺的组成部分。就此而言,审美是人们把握世界的一种特殊方式。影视艺术同其他艺术形式一样,都是为了人们的审美需要而创作的;影视艺术对不断提升人们的审美能力和艺术创造能力做出了自己的贡献。影视艺术的审美价值由此可见。由于影视艺术是综合性的艺术,影视审美的途径也是多方面的;这里既要通过感官经视听享受获得审美快感,也要通过理性思维对影视作品的意义进行深度解读获得审美愉悦;由于画面、叙事、演员的表演、对话、音乐、运动镜头、蒙太奇手法、精妙的剪辑都建构了影片在形式上的美感,所以影视审美还要通过对上述各种元素的把握从总体上建构作品的艺术风格,唯有通过这些审美活动,才能使得影视艺术的审美价值浮现出来。影视艺术具有多方面的价值,审美价值只是其中之一,但审美价值却是其他价值实现的前提条件。毕竟影视作为一种特殊的精神产品,所有的价值都需要在观众获得审美快感与审美愉悦的基础上才能得到体现。

(2) 文化价值。作为一种独特的精神文化产品,影视作品很自然地具有文化价值。创作者所取材的现实生活包含着特定的文化元素,创作者本人的创作思维也具有特定的文化构造,这些文化因素都汇聚在影视作品中,使其文化价值得以凸显。在不同的语境中,影视艺术的文化价值体现在不同的层面上。比如在我国地域广阔、多民族共居的环境中,影视艺术毫无疑问会体现出特定的地域文化,这种特定的地域文化能让其他地域的观众产生审美上的餍足,比如《黄土地》、《双旗镇刀客》、《人生》这样的影片,都带有中国西部地域文化的印记;而

《五朵金花》、《黑骏马》、《花腰新娘》这样的影片，则带有少数民族特有的文化印记。在全球化的语境中，人们关注的则是影视作品体现出来的民族文化特征及其民族文化价值。比如以民族寓言作为创作兴趣的第五代导演，有不少影片都带有鲜明的民族文化特征，这些民族文化特征让影片在西方获得大奖或备受好评，尽管不乏一些学者从"后殖民文化"的角度对这些影片进行批评，但不可否认的是，这些影片中的民族文化特征确实使影片的文化价值得到了提升。《红高粱》、《大红灯笼高高挂》中炽烈的红色就鲜明地表征着民族文化；而《黄土地》中的求雨、腰鼓、民歌，《红高粱》中的酿酒、颠轿，《菊豆》中的染布、葬礼，《大红灯笼高高挂》中的点灯、灭灯、封灯，《盗马贼》中的天葬等，以鲜明的民俗文化符号使影片的文化价值凸显了出来。然而，这些民俗文化符号对民族文化来说，还只是较为外在的层面，基于民族历史和民族性格的民族精神才是民族文化最为核心的内容，这一民族精神既是民族的、也是世界的，换言之，这一民族精神既显示着民族特有的印记、包含着民族特有的体验，也具有一定程度的普适性，从而能够很容易地被其他民族的人接受。在全球化语境中，影视艺术的民族文化价值是提升国家文化软实力的重要指标。对创作者来说，如何对传统文化进行创造性地继承，并将之融入到影视艺术创作中去，是一个重要而迫切的课题。

（3）商业价值。影视艺术作为一种产业，具有商业性的背景与商业性的目标。从诞生之初，影视就与商业性有着密切的关联，随着影视艺术的表现手段逐渐多样化、影视艺术的语汇逐渐丰富，影视不仅没有摆脱或消除其商业性，反而由于观赏性的不断提高使其对观众的吸引力越发增强，经济效益也愈益凸显，有些影片虽然投资规模很大，但一旦把握了市场的规律，其收获的利润也是相当巨大的，《星球大战》、《泰坦尼克号》、《加勒比海盗》等好莱坞大片，其商业效益都达数亿美元，有的甚至高达近二十亿美元。近年来有些国产大片也获得了高额回报，张艺谋导演的《英雄》、姜文导演的《让子弹飞》票房都非常可观。从商业规律来说，影视艺术应该也必须具有商业价值，因为如果无法获得回报，影视制作就会缺乏再生产资金，更遑论扩大再生产了。因此，影视艺术如果要得到更好更快的发展，影视制片方与创作者就不能忽视其商业价值。另一方面，影视作品虽然具有商品的属性，但却是一种特殊形态的商品，一部影片的价值也并非完全取决于商业价值。在中外影视发展史上，不乏一些导演，为了追求商业利益，一味地迎合观众，放弃了自己独立的艺术追求，更遑论艺术探索了。由于影片中渗透了感官刺激与低级趣味，对社会价值的建构产生了负面的影响。因此，尽管影视艺术具有商业价值，但创作者仍应该将影片的社会影响放在首位。事实上，许多取得了很好的商业效益的影片并不缺乏艺术性，像《辛德勒名单》、《天堂电影院》等影片，《兄弟连》、《大宅门》等电视剧都获得了艺术与商业的共赢，这样的例子举不胜举。值得一提的是,在中国当下语境中,影视艺术被纳入"文化产业"之中,被提升到国家发展战略的层面上。作为文化产业,影视其实是艺术、文化与商业的统一体,在国家的文化产业发展构想中,影视的商业价值并没有脱离其他维度的价值而被孤立地看待与衡量。

  (4)伦理价值。由于影视艺术的大众性特征,影视作品参与到社会道德观念与社会主流价值的建构中来,而这正是由于影视艺术具有道德伦理维度的价值。对影视创作者来说,应该将积极、健康的道德观念渗透到创作之中,使影视作品提升观众的道德素养,对社会价值的建构起到正面的作用。比如在中国当下较为浮躁和混乱的道德语境中,一些影视作品就以严肃的态度和批判性的立场对人们的道德困境进行了揭示与思考,从而对社会道德观念的重构起到了积极的作用。比如根据同名小说改编的电影与电视剧《手机》,在幽默与讽刺之中对当下人们的婚姻状态进行了反思;电视剧《蜗居》则对婚恋的物质性倾向进行了反思。正是因为爱情的不可靠性在逐步增加,电影《将爱情进行到底》和电视剧《裸婚时代》传达了人们对纯真爱情与稳定婚姻的呼唤;正是由于当前诚信问题所遭遇的危机,根据真实故事改编的《信义兄弟》才以对诚信的彰显而赢得了许多观众的喜爱。在中外影视发展史上,以色情和暴力等感官刺激吸引观众眼球的影视作品屡见不鲜,这些影视作品的创作者一味地追求商业利益而忘却了自己作为艺术工作者的社会责任;或者是因为这些创作者的道德伦理观念本身就是非常腐废或非常落后的。具有道德良知的影视工作者往往会对这种创作趋向进行批评与反拨,比如20世纪三四十年代中国的"左翼电影运动"除了以阶级的视野对底层加以关注外,也以进步的道德伦理观念对当时创作中流露出的封建道德观念进行了反拨。法国著名电影演员德帕迪约则在巴黎的一次公众集会上"点燃大火,把充斥色情、暴力和吸毒镜头的近百部好莱坞商业片化为灰烬,所表达的'不仅是法国和欧洲的愤怒'。"[1]这些都表明了道德维度的价值观念在影视艺术创作中的重要地位。

二、影视艺术的功能

  (1)认识功能。影视作品中既有波澜壮阔的史诗画卷,也有坎坷曲折的人物命运、复杂幽微的内心世界。在观看影视作品时,观众能够从中获得大量的知识信息,可见影视艺术作为对现实生活的再现,具有一定的认识功能。当然,观众从影视作品中获得的知识信息是有很多层面的。首先,观众可以通过影视作品了解特定时代的景观。除了科幻影片,任何故事都发生在特定的历史时期,由

---

[1] 潘源:《影视艺术传播学》,中国电影出版社2009年版,第230页。

于影视媒介具有直接性的特点——也就是说,影视再现了物质现实,观众能够通过观看的方式极其直观地"看见"某一历史时期的风貌。即使是科幻作品,观众也能够"看见"创作者想象中的"未来"世界。比如通过《角斗士》,观众就能够了解到古罗马时期的景观,特别是角斗士在古罗马大斗技场残酷厮杀的景象;通过《拯救大兵瑞恩》,我们仿佛亲眼"看见"了成千上万的盟军在诺曼底登陆的场景;在观看《侏罗纪公园》时,我们好像置身在侏罗纪时代,四周全是高大的恐龙。观看《芙蓉镇》和《阳光灿烂的日子》,我们能够从不同的侧面对"文革"有所了解,观看《甲午风云》,我们则会对"甲午战争"的来龙去脉以及中日黄海海战的场景有所了解。其次,观众可以通过影片了解特定地域的风光和风情。任何故事都发生在特定的空间里,影片中的不同地域能给观众带来"异域"见闻。当我们在观看影视片时,虽然足不出户,但影像画面却能够让我们神游四海。比如我们在观看黑泽明的《罗生门》、《七武士》、《影武者》等影片时,能够对日本的武士道文化有所了解;《流浪者》、《阿育王》等片则让我们了解到印度风情;电影《中央车站》、电视剧《卞卡》等片则带给我们南美的风情和"见闻"。再次,由于取材于现实生活、并对现实生活进行了典型化处理,影视作品再现了人类复杂的社会关系,反映了人类社会的变迁,同时也将剧中人物的内心世界曲折地表现了出来。"世事洞明皆学问,人情练达即文章",影视作品也可作如是观。通过影视作品观众能够对"世道人心"产生一定的认识,从而间接地增加自己的社会阅历和人生经验。这是影视艺术认识功能中最为重要的一点。比如意大利影片《天堂电影院》就反映了时代的巨大变迁在人物心理上的投影;而通过《秋菊打官司》和《被告山杠爷》,观众则可以看到中国社会从人治到法治的艰难转型。观众还可以通过演员的精彩表演感受人物的心理,从而提高自己的情感认知能力。

(2)教育功能。通过影视作品,创作者将所要传达的"意义"以娱乐的方式传递给受众,而受众在接收到"意义"的同时会在不知不觉中受到影视作品价值观念的影响,从而受到教育。这是影视艺术教育功能的体现。影视教育功能的特点是"寓教于乐",它是潜移默化式、润物细无声式的,正如瑞典电影大师英格玛·伯格曼所说:"没有哪一种艺术形式能够像电影那样,超越一般感觉,直接触发我们的情感,深入我们的灵魂。"美育的积极提倡者、我国现代著名的教育家蔡元培也曾说过:"电影虽为一种娱乐,但对于教育,实有莫大的影响。"其实,一些政治领袖早就意识到影视艺术强大的教育功能和潜移默化式的教育效果,比如列宁就非常重视电影在教育民众方面的作用,他曾严肃地指出:"当电影在庸俗的投机者手中时,它常常以恶劣的内容的剧本将群众引入堕落之途,它所带来的害处比益处多。但是,当群众掌握了电影时,它就是教育群众最强有力的工具之一。"周恩来也曾对新中国电影的教育作用寄予厚望,他说:"电影的教育作用很大,男女老少都需要它,它是大有作为的。"电视也同样如此。许多传播学者都注意到影视节目——特别是电视节目对少年儿童的消极影响,因为少年儿童抽象思维能力还没有发展成熟,社会阅历也很浅,在这种情况下,影视节目很容易渗透到儿童小小的心灵中去。为此,社会应该高度重视影视作品对少年儿童的教育功能,为少年儿童合理安排影视节目;在为少儿创作影视作品时,应该以积极的价值观念、健康的人生态度引导他们。影视艺术的教育功能对成年人同样发挥作用,尽管成年人的价值观念趋于稳定,但影视艺术作品仍会对成年人产生一定的影响。比如,很多人在看了电影《离开雷锋的日子》以后,都受到感染和教育,表示应该向主人公乔安山学习,调整自己的人生态度,在浮躁的社会环境中坚守自我。也有人在看了美国电影《阿甘正传》后受到激励,认为不管身处何种逆境,也应该像阿甘那样坚持不懈地向前方跑去,最终跑出困境。这都是影视艺术教育功能的具体体现。

(3)娱乐功能。不管影视作品传达出多少知识信息,也不管它们包含着多么深奥的意义和多么积极向上的价值观念,影视作品首先是以娱乐产品的形式出现在观众面前。观众观看影视作品并非是为了接受抽象的说教,而是为了从中获得愉悦和消遣,因此,娱乐功能可以说是影视艺术最为外在、也最为直接的功能。在观看影视作品时,观众会被曲折的故事情节、丰满的人物形象、多姿多彩的造型与画面、优美的音乐打动,一句话,视听享受让观众在"忘我"的观影过程中接受到信息与意义,这个过程本身就是一种娱乐。此外,观众获得娱乐,也缘于在影视作品中会出现一些具有"特殊魅力"的明星。在观看影片时,明星会带给观众感官上的娱乐与心理上的亲近感。"一些文化学者,研究大众的明星消费心理时,认为通常男性明星被看做一种理想自我,也就是'完美人格',可以在想象层面补充观众的某种'欠缺'。相反,女明星则是一种'色情盛宴',在电影和其他娱乐报道中,可以给观众一些诱人的刺激。"①在影片之外,观众则通过关于影视明星的新闻报道或八卦消息获得娱乐。银屏内外的娱乐互相作用,共同构建了影视艺术的娱乐功能。归纳来看,影视艺术娱乐功能具有不同的层面,低级层面的娱乐体现在感官的愉悦与享受上;高级层面的娱乐则体现在观众对影片"意义"的接受、解读与建构上,特别是根据自身的经历与影片产生了共鸣,这样的娱乐就属于高级层面。

思考题

(1)如何根据影视艺术的独特性对影视艺术概念进行界定?

---

① 尹鸿:《当代电影艺术导论》,高等教育出版社2007年版,第151页。

(2) 如何认识影视艺术的本体属性?
(3) 电影艺术与电视艺术在本体属性上有何具体差异?
(4) 简述影视艺术的价值与功能。

拓展阅读

(1) [澳]格雷姆·特纳:《电影作为社会实践》第一章"电影产业",高红岩译,北京大学出版社2010年版。

(2) [法]安德烈·巴赞:《摄影影像的本体论》,参见《电影是什么?》,崔君衍译,江苏教育出版社2005年版。

(3) 高鑫:《电视艺术概论》"导论",学苑出版社1992年版。

(4) 潘源:《影视艺术传播学》第五章"影视艺术传播价值论",中国电影出版社2009年版。

(5) [英]尼古拉斯·阿伯克龙比:《电视与社会》第二章中的"电视与电影",张水喜等译,南京大学出版社2007年版。

(6) 宋家玲:《影视艺术比较论》"代绪论",北京广播学院出版社2001年版。

第二章 影视艺术的审美特性

电影艺术和电视艺术在其形成和发展过程中综合了诸种艺术的元素,从而形成了大致相同的审美特性。了解和把握这些审美特性,无疑将有利于提升我们对影视艺术的审美感悟能力。

第一节 影视内容逼真性与假定性

影视艺术逼真性与假定性是其审美特性中相互对立、相互统一、相辅相成的两个侧面。

一、逼真性

逼真性是影视艺术基本美学标准。真实是艺术的生命,任何艺术都要求真实地反映生活。但在逼近生活程度上,文学、音乐、舞蹈、戏剧、摄影等艺术都有其自身的局限性,唯有影视反映生活的真实程度最高。对此我们将用逼真性来概括影视艺术的审美特性。苏联电影艺术家普多夫金认为:"电影是这样一门艺术,它为力求现实主义地再现现实提供了最大的可能性"。[1] 我国著名戏剧理论家谭霈生曾对电影逼真性作过明确的诠释:"所谓'逼真性'并不是'真实性'的同义语。虽然两者所表达的都是艺术与现实的关系,但它们却有不同的审美内容。'逼真性'或者说是'酷似实际生活',或者用巴赞的话来说,叫做'几可乱真',是有特定含义的。艺术作品中绘画、音响的环境、人物,如果同实际生活中的'原型'相近的,甚至'原物体'与'再现物'是等同的,我们就可以称之为具有'逼真性'。"影视的逼真性实际上就是指更逼真地再现生活,影视能够创造最大

---

[1] [苏]普多夫金:《普多夫金论文选集》,罗慧生等译,中国电影出版社1982年版,第170页。

的逼真感。①

影视艺术的逼真性,首先是视觉的逼真感。银(屏)幕上的一切视觉元素都要真实、具体和生活化。影视创作者不仅重视思想内容和故事情节的真实,而且对人物的造型、服饰、道具、场景、环境等"细节"的真实以及演员的表演都刻意求真。演员扮演的人物形象,无论是造型、动作、表情和对话,都要求准确、细致、自然,接近真实生活。影视环境形象,无论是实景拍摄,或棚内搭景,或场地外景,都要不露人工痕迹;银(屏)幕形象从沧海桑田、千军万马的巨大场面,到人物表情的特定镜头和生活细节,都要给观众完全可信的和身临其境的感受。影视剧的导演们总是坚持从真实出发,利用一切造型手段,力图"缩短银幕和生活的距离"。比如影片《邻居》的导演在面对一条没有什么景色可大显身手的"筒子楼"的情况下,用了一个128英寸(1英寸=2.54厘米)的镜头,来展示杂乱拥挤繁忙的楼道。洗菜、做饭、搭讪、借东西、碰翻油瓶等,都表现得和实际生活一样逼真。

影视艺术逼真性的另一方面是听觉的逼真感。自从电影这个"伟大的哑巴"开始讲话之后,电影原有的三个维度,又增加了声音维度,有声片给观众的感受是更加真实可信、生动自然。越来越先进的音响录制技术所创造的枪炮声、呐喊声、啜泣声、讲话声、风雨声……声声入耳,使观众得到了声色并茂、耳目共悦的视听享受和审美体验。上面提到的影片《邻居》中不仅人物、场景、服装、道具等视觉形象有生活实感,其听觉信息表现也是如此,影片中的对话、吵闹声甚至连喜队长家里的夫妻夜话和在双人床上翻身弄得床板咯咯作响的声音等,也酷似现实生活。

影视视听的逼真性并不排斥艺术虚构和创作想象。虽然有些影视片中的人物、情景和故事是虚构的,但仍给人以逼真性。这其中的关键在于创作者能否真正体现和把握生活的实质,片中塑造的人物,叙述的故事,描绘的环境以及表达的感受是否体现生活本质的真实。影片《红高粱》中的"颠轿"一场戏,是导演张艺谋精心编造的场面,有人曾将它说成是"伪民俗"。但它以热烈奔放的视觉造型运动,酣畅淋漓地礼赞和表现了婚嫁习俗中的迎娶,仍给人以逼真感受。人类的婚嫁习俗形式和种类很多很多,但各式各样的婚俗都有一个共同特点:热闹。气氛热烈、情绪的欢快是婚俗的本质特征。正因为"颠轿"场面从气氛和情绪上符合婚俗的本质特征和一般特点,所以我们不在乎是否确有过"颠轿"的习俗,仍感到它是真实可信的。再如,意大利影片《警察局长的自白》描写一位有正义感的警察局长运用法律武器同黑手党头目进行长期艰难斗争的故事。由于黑手

---

① 谭霈生:《电影美学基础》,江苏人民出版社1984年版,第333-334页。

党头目罗蒙诺贿赂了政府与司法部门的高层官员,警察局长屡遭失败。最终警察局长对现行法律制度失去信心,于是迫不得已挺身而出枪杀了罗蒙诺,以非法的手段惩治了邪恶势力。自己也因此入狱,最后在狱中遇害。这个故事是虚构的,本身具有很强的戏剧性,但故事的背景却是符合生活真实的。因为在当时意大利,黑手党猖獗,政府和司法官员受贿丑闻时有披露,这就使影片讲述的故事有了生活依据。其次,影片对主人公性格变化和超乎常理的行为与结局提供了合情合理的逻辑依据。所以,这部影片虚构的人物和事件就使人觉得非常逼真,观众观赏后会受到强烈的震撼。

影视作品的视听逼真性与作品体现内在本质的真实性是辩论统一的。两者共同作用,使影视艺术在逼真性方面远远超过其他艺术。

二、假定性

与影视艺术逼真性相对立又相联系的是假定性。虽然影视的逼真性是其基本的美学特性,但仅靠逼真性并不能使影视上升为艺术。影视所以成为艺术,除了具有逼真性,还需要假定性的提升。影视可以而且应该逼真地再现客观世界的影像和声音,但它不是也不可能是对客观现实及实际生活中所发生的事件做完全镜子式重复再现。正如普多夫金所说:"实际发生的事件与它在银幕上的表现是有显著区别的。正是这个使电影成为一种艺术。"[①]假定性也是影视的重要美学特性。所谓假定性,就是艺术虚构,艺术虚拟。假定性是艺术家用以反映客观现实和表现情感的特殊手段与需要。苏联电影理论家Б·日丹曾解释说:"假定性首先是艺术认识的一个一般的、极其重要的范畴,它规定着艺术现象和生活本身现象之间内在的、极其微妙的相互联系。艺术真实的概念本身,也包含着把生活真实变成艺术真实的手段和条件的假定性的概念。"[②]日丹举了影片《战舰波将金号》中的一个例子:军舰上的反动军官要枪杀水兵,蒙在水兵眼睛上的,是爱森斯坦赋予其象征性夸张了内涵的"巨幅黑布",这一假定性"黑布"加强了银幕形象、电影场面对观众视觉感染力和冲击力。

影视艺术的假定性首先是由它的本体属性决定的。影视作品塑造的艺术形象和表现的客观现实都有别于实际生活中具体的事物,形象并不等于原型。把实际生活中的具体事物创造成艺术形象,必然要集中、加工、改造、甚至"变形"。同时,创作者的主体意识(包括价值判断、道德判断、审美判断等)必然渗透在影视作品中,并通过作品表现出来。我们在影视片中看到的一切,往往并不是完全

---

① [苏]普多夫金:《论电影的编剧、导演和演员》,何力译,中国电影出版社1957年版,第55页。
② [苏]Б·日丹:《影片的美学》,于培才译. 中国电影出版社1992年版,第104页。

客观的东西。其次,影视的假定性也是由它的表达方式和观众接受方式所决定的。影视通过光电技术将演员表演或摄影机捕捉的人物和事件展现在银幕或屏幕上,观众无法看到银屏幕之外的东西。影视又是在一个时间序列中反映生活的,一部电影的放映时间通常在90分钟~120分钟左右。像《阿甘正传》这样150分钟左右的影片,却表现了阿甘几十年的生活经历。而如果按实际时间,150分钟不够反映阿甘一生中任何一次有意义的经历,因而影视要借助艺术的假定性将现实生活的人与事进行取舍、提炼和集中。从影视观众角度来看,观众观赏影视剧并不是真正要进入故事发生的时间,也不希望从银幕上看到现实的全部细节。他们有生活和审美方面的知识和经验储备,他们能够将艺术的假定性景性与现实区分开来,从而进入审美的境界。

　　影视艺术的假定性表现在许多方面。首先是人物(可称为角色)的假定。影视中的人物形象是由编剧、导演、演员共同塑造的。在塑造人物过程中,编剧、导演和演员对人物的理解和把握不一定完全相同。他们会分别对角色有所假定,在创作实践中,角色又总是被不断修改、调整、完善。同样是表现领袖毛泽东的影视片,《毛泽东的故事》、《毛泽东和他的儿子》、《开国大典》的演员表演和细节的选用是不一样的。即使是当事人出演的影视片,如电影《一个都不能少》、电视剧《9·18大案纪实》等,当事人也必须按照导演的要求,以最终符合影视特性的方式去表演,而不能以最符合事实的方式去表演。再说,当事人面对摄像机的情境和心态与实际破案是有着质的不同的。一个演员经过化妆,可以从人物的青年演到老年,这其中也包含着艺术的假定性。

　　其次是故事情节的假定。它指影视作品通过艺术的虚构和虚拟叙述历史、描绘现实、憧憬未来。一般地说影视作品的故事情节大多有基本的生活依据,并直接或间接地从现实生活中采集素材。但出于艺术表现的需要,编导们要对素材进行提炼、取舍、加工和改进,使它更符合影视特性。如《南昌起义》、《过年》、《红樱桃》、《祝福》、《这里的黎明静悄悄》等影片。有的影视片虽然取材于真人真事,如影片《非常大总统》、《李四光》、《巴顿将军》、《辛德勒的名单》、电视剧《辛亥革命》、《牛树琴和她的树》等,这些影片仍要根据艺术逻辑对真人真事进行集中和加工,以利于在有限的放映时间内进行表现。至于像《星球大战》、《侏罗纪公园》、《骇客帝国》等科幻式、寓言式影片,其故事情节完全依靠的是虚构和想象,其艺术假定性就更为突出。

　　再次是场景的假定。场景是人物活动的环境,是事件发生的空间依据。影视创作者根据人物或故事的叙述需要设计场景。一般说场景设计应符合生活的真实。但影视创作的拍摄过程中要选择实景或进行美工布景。这一过程就体现了假定性。有的影片因不可能找到剧情的实景,只能用人工布景或虚拟场景。

如影片《泰坦尼克号》，导演卡梅隆为了再现当年的沉船实景，就按照原船大小的1/10比例建造了一艘豪华游轮，在一个特大的游泳池内模拟海洋的实景，再加上一些特技手法，以假定手法再现了历史的真实；美国影片《龙卷风》中惊心动魄的风暴场面，《洛杉矶大地震》中的地震情景，《阿甘正传》中广场聚会、阿甘与三位总统握手见面的场面等，都是运用计算机虚拟技术或模型仿真手段将无法实现的场景生动地展示在观众眼前；影片《大红灯笼高高挂》的故事背景是在江南，可拍摄时外景却选在山西。电视剧《三国演义》的大部分场景是在无锡外景基地拍摄的，这些场景的假定不仅是出于拍摄技术和成本的需要，而且往往也是影视美学表现的需要。

此外，影视的假定还体现为影视时间、空间、声音、色彩、艺术结构等方面的假定，呈现丰富复杂的艺术形态。随着艺术实践的发展，影视艺术的"假定性"的美学特性必定会发生这样那样趋于复杂的丰富的变异。

三、逼真性与假定性的辩证关系

在影视艺术的美学特性方面，逼真性与假定性具有对立统一的辩证关系。影视的逼真性强调反映与再现注重外在的真实；假定性强调创造和表现，追求本质的真实。逼真性与假定性互为依存。影视的假定性寄于逼真性之中，没有逼真性，也就不存在假定性。影视的假定性，是以不损害影视的逼真性为条件，二者缺一不可。影视中的逼真并不同于"全真"，而是尽量以假代真，这就使影视中的摄影、美工、道具、音响、服装、特技等有了用武之地。这些都是在遵循"假定性"原则的前提下，更好地为逼真性服务的，比如杀人、沉船、撞车、飞机坠毁、救火等。拍摄时不可能是真的杀人，或毁掉一架飞机，或烧一场大火，以给观众一个逼真的、形象的感受。在影视中，不能实际拍摄这样的镜头，但又要把逼真性呈现给观众，因而影视就得借助于假定性的艺术表现手法，运用道具、模型、化妆、烟火、特技等种种手段以假代真，使观众如临其境、如闻其声，得到逼真的感受。一切优秀的影视作品，都是逼真性与假定性的完美结合。处理影视艺术的假定性与逼真性方面，好莱坞堪称典范。从20世纪三四十年代的类型片到20世纪90年代运用高科技手段制作的"大片"，好莱坞利用艺术概括的"假定性"，充分发挥艺术创造的功能，将"假"巧妙地缝合在真实性的细节中，制作了无数令人痴迷、亦真亦假、如真似幻的影像奇观。《泰坦尼克号》、《阿甘正传》、《辛德勒的名单》、《角斗士》等获奖影片就是假戏真做的典范。例如《泰坦尼克号》这部引起世界轰动的影片。它将一位贵族小姐与流浪汉的爱情故事，放在冰海沉船这一真实的重大历史事件中表现，便使这部影片成了20世纪电影史上最感人的爱情绝唱。影片中爱情故事的假定性是显而易见的，而沉船的过程却是逼真再现的。尤其是导演卡梅隆仿造的仅为原"泰坦尼克号"游轮1/10的模型,从外部结构到内部构造所有的设施都酷似原样。这部影片将"假"与"真"这对对立元素推到极至而又使之完美地统一起来,使观众受到强烈的艺术感染。

影视艺术的逼真性与假定性决定了其作品具有再现与表现,纪实与写意的美学功能。出于不同的审美意图,作品在处理逼真性与假定性的关系时可以呈现出不同的艺术风格。有的采用纪实手法,追求最大程度的逼真性,如《偷自行车的人》、《罗马11时》等;有的采用虚幻手法追求充分调动假定性,如《侏罗纪公园》、《帝国反击战》等。在接受这些影视作品时,我们应对其中逼真性与假定性的关系、特点、处理方法、表现形态等进行探究以准确体验影视作品不同的美学风貌。

第二节　影视视觉造型性与运动性

一、视觉造型性

视觉造型性是影视艺术最主要的审美特性。影视艺术虽说是视听相结合的银屏艺术,但却是以视觉为主的银屏艺术。因为影视诉诸观众的主要还是直观的视觉形象。影视所调动的一切手段,无论是借用文学的、绘画的、建筑的手段,还是音乐的、戏剧的手段,或者是影视特有的蒙太奇手段,都必须创造鲜明而生动的视觉符号。"影视所运用的一切技术手段,如摄影、灯光、化妆、道具、服装、特技等,都主要是为实现和加强视觉效果服务的。影视艺术在画面的有限空间内,通过直观而生动的视觉形象塑造人物、叙述事件、抒发情感、阐释哲理,完成对生活的再现和表现、反映与创造。"[1]人们之所以常说"看电影"、"看电视",而不说"听电影"、"听电视",这正好说明了影视艺术是以视觉为主的这一本质特性。影视艺术最本质的重要的美学特性之一,就是它们的视觉造型性,即视像性。

影视视觉造型性的核心因素是画面构成的造型,画面是构成影视的基本单位,是影视的语汇,就如文学中的文字、戏剧中的台词、绘画中的线条、音乐中的声符。没有画面,就没有影视艺术的存在。影视艺术是直接给观众"看"的艺术,它诉诸观众的是具有造型表现力的形象,无需观众更多的想象。观众观看

---

[1] 彭吉象主编:《影视鉴赏》,高等教育出版社1998年版,第105页。

《王子复仇记》,看到的就是由著名演员劳伦斯·奥立弗扮演的哈姆莱特。影视的这种直观形象是由银屏画面的造型决定的,所以法国电影理论家马尔丹说:"画面是电影语言的基本元素"。①

影视画面是由人、影、物、声、光、色等各种元素组合起来的综合造型形象。在电影默片时代,电影完全是靠视觉造型形象的独特魅力征服观众,而被接纳进艺术殿堂的。电影史上的著名影片,如格里菲斯的《一个国家的诞生》、爱森斯坦的《战舰波将金号》、卓别林的《淘金记》、《大马戏团》等无声影片。它们不仅为电影争得了缪斯女神的桂冠,而且成为视觉造型艺术长廊中熠熠闪光的精品。在这些影片中,视觉形象占据独一无二的统治地位。

有声电影发明后,声音虽然也被当作一种造型手段,在影片中占有一定的比例和分量,但比起视觉造型来,比例仍然小得多。"科学实验告诉我们,人感知世界、认识世界主要靠的六大感官中的视觉和听觉器官。据统计,人与外部世界的交流60%~80%靠视觉,10%~20%靠听觉。人靠它们实现与自然的交流,完成人际间的沟通,而且也必须通过它们才能获得审美体验。"②在有声影片中,尽管声音有着很重要的作用,但是优秀的艺术家们总是在画面的构图、色彩、光线等方面进行精心地设计和创造,千方百计地突出画面造型,加强视觉效果。美国影片《公民凯恩》里有四个镜头被誉为世界电影史上经典性的画面。这四个画面分别表现凯恩与妻子分别在春夏秋冬四季共用早餐的情景。第一幅是两人亲昵地相互注视;第二幅是两人互不理睬;第三幅是各自急于离开饭厅;第四幅是对方怒目而视。这里没有一句对话和旁白,却清楚地交代了两人一年之间感情裂变的过程,让观众受到了强烈的感染。再如,日本影片《裸岛》,表现的是一位贫苦劳动妇女阿丰和她的丈夫千太在海岛上艰辛劳动和生活,其中包括他们悲切地失去8岁的孩子太郎等剧情。而整部影片没有一句台词,全部内容依靠配有音乐和音响的形象画面来表达。在有声影片中,没有声音的画面和镜头是很多的,但只有声音而没有画面的情况是极为罕见的。这些事例说明,在有声影视片中,视觉造型形象仍旧是占主导地位的,视觉造型形象是影视艺术创作最基本、最主要的审美特性之一。

二、视觉运动性

从某种意义上说,影视又是运动的视觉艺术。因此,运动性是影视的又一主要特性。影视通过运动着的画面用以表现运动着的人和事物的状态。影视画面

---

① [法] 马塞尔·马尔丹:《电影语言》,何振淦译,中国电影出版社2006年版,第1页。
② 朱典淼:《艺术鉴赏*戏剧影视》,华东师范大学出版社1997年版,第13页。

虽然与绘画、摄影等造型艺术又有本质的区别。绘画和摄影是以静止的、凝固的、完整的构图来结构画面，以造型隽永的典型形象来表现自然和社会生活。由于绘画、摄影艺术呈现的是瞬间动态造型的凝固画面，这和影视艺术连续的、瞬间即逝的画面和"一次过"的欣赏方式显然是不一样的。影视艺术通过摄像机连续不断的画面表现出影片中人物连续不断的动作过程及人物的内心的矛盾冲突，从多方面展示人物的个性和命运，塑造出真实而生动的艺术形象。当我们坐在漆黑的影院或自家的电视机前观赏影片时，我们便会真切地感受和清楚地看到，场景不断地变换，人物不断地活动着，事件在不断地发展，时间不断地流逝，一切都处在运动中。即使是一个"静止"的镜头画面，也不过是全部运动旋律中的一个视觉"休止符"。它在连接前后运动画面的节拍中也在运动。可以说，视觉运动性是影视艺术最富魅力的美学特性。那么，影视的运动性主要表现在哪些方面呢？

第一，影视拍摄对象的运动性。拍摄对象主要是指画面上人或物的运动。无论是故事片、歌舞片、动画片或者风光片等，它要求所拍摄的对象必须是运动的，而不是静止的，只有运动着的人和事物才具有连续吸引观众的魅力。人们行走与奔跑、手势和眼神、工作与说话、说与追逐、海浪翻腾、树叶飘落、细雨霏霏……这一切都是运动，都可以造成动感和动势，给观众带来视听感受和心理刺激。美国的《宾虚》、《与狼共舞》、《阿拉伯的劳伦斯》等一些影片都是以强烈的大幅度的动作性在世界电影史上著名的。当然，影片的动作性的强烈和幅度的强弱并不完全是与对人的心灵冲击大小成正比。美国影片《西线无战事》的结尾，战场的硝烟已散尽，一个天真的小士兵发现战壕边有只蝴蝶，便悄悄伸手去捉，这时画外一声枪响，士兵的手颓然垂落，手掌缓缓松开，最后僵直。这一系列动作是轻微的，但给人的心灵冲击却胜过某些炮弹横飞的火爆场面。因为这一系列运动拨动了人们强烈的情感弦律。

第二，摄影（像）机的运动。摄影（像）机的运动可以是机位运动，也可以是焦距变化造成的运动，还可以是机位和焦距的综合运动。影视可以通过摄影（像）机的推、拉、摇、移、跟与变焦等手段，改变摄影（像）机同所摄对象的视角和距离，从而扩大时间和空间。在影视时空中，摄影（像）机运动的美学意义是丰富复杂、深刻而微妙的。它不仅可以制造动感和动势，而且可以制造节奏和韵律，在表现功能上起到叙述、描写、议论、抒情或渲染气氛等作用。如关于摩托车与汽车的追逐场面，在现实生活中，人们只能看到摩托车、汽车由近而远或由远而近再到远两种场面，但在电影中却可以扩大时间范围。在电影《渡江侦察记》中有一段摩托车汽车的追逐场面，摄影师不断变换拍摄形式，或平视、或俯视、或仰视、或由远而近、或由近及远或跟踪追击……从而把整个追逐过程的紧张惊险淋漓尽致地表现出来,收到很好的效果。

第三,被摄对象与摄影(像)机复合运动。即在同一画面中,人或物与摄影(像)机同时运动。这种复合运动比单纯的被摄对象运动或摄影运动复杂,可以制造出更加丰富的画面动态,表现出更为复杂而深刻的内容。如我国影片《被爱情遗忘的角落》开头表现的"角落里的一家人",就是一家之主菱花在家几次场景中的运动,配合一系列的摇、移镜头来完成的。这段戏一开始,就是菱花边点灯边喊女儿起床上工,接着到里屋舀了一瓢玉米面,在三个女儿喊着"我要起床"的嘈杂声中,烦躁地训斥两句又急忙走到灶房,从灶房出来后再打开鸡窝门,边放鸡边催女儿起床。然后又赶回灶房拿篮子装鸡蛋,安排荒妹去赶集,一边又从腌菜坛里抓咸菜,草草梳了几下头发……在灶房、堂房、里屋的三角形地带里,由于演员的走动和摄影(像)机的运动,场景不断变化和接连出现的生活动作,很恰当地营造了菱花"一家人"在苦难中挣扎的紧张、急促和家庭生活氛围和节奏,达到了表情达意的目的。

第四,蒙太奇运动。蒙太奇运动是指在运用蒙太奇手法时,画面衔接和转换、分切组合所产生的运动。就衔接而言,有两种情形:一种是静态画面的衔接。如在爱森斯坦导演的影片《战舰波将金号》中,沙皇军队在敖德萨台阶上屠杀平民,激怒了水兵,波将金号向沙皇军队开炮。这时,影片将三个静态的画面组接起来:卧着的石狮子、抬头的石狮子、跃起的石狮子这组隐喻蒙太奇在观众心理上造成了很强的动态,表现了石狮子从沉睡到奋起斗争的过程。另一种是动态画面的衔接。影视通过蒙太奇分切组合,在运动中寻找画面衔接和转换点,从而产生连贯、对比、呼应、联想、悬念等效果,构成一个连续不断的艺术整体。比如在《闪闪的红星》中,潘冬子把大米要运走的消息传出去,愤怒的人们抢了大米,米店老板气愤地说:"这是谁干的?"镜头一转,游击队员大笑说:"是冬子干的。"从而把两个场面连接起来,造成一种呼应的效果。

以上这四个方面运动在一部影视片中常常是混合运用的。通过多种运动形式的运用,中外影视艺术家们创造了姿态万千的银(屏)幕奇观。早在20世纪初电影大师格里菲斯就在《党同伐异》中创造了"最后一分钟营救"的扣人心弦的运动场面;爱森斯坦在"敖德萨阶梯"(《战舰波将金号》)大屠杀的段落中,运用杂耍蒙太奇手法营造了激烈、动荡的节奏。到了20世纪末,好莱坞制作的火爆全球的动作片则把电影的动作特性发挥到了极点。那袭击人类的奔、跑、蹿的形象逼真的大小恐龙(《侏罗纪公园》)、那生死攸关的汽车行驶速度(《生死时速》)、那令人提心吊胆的空中搏斗场面(《空军一号》)等运动画面无疑都是最吸引人的银幕景观。

第三节　影视表现时间性与空间性

从某种意义上讲,影视是时空的艺术。时间与空间,无疑是影视主要的可见的表现手段与审美特性之一。与同样是时空艺术的戏剧相比,影视在逼真、直观地体现时空关系方面,具有极大的自由度和丰富性。

一、影视表现时间性

影视艺术表现的时间,既指影片放映的时间,也指影片内容的时间。"电影的时间,不只是电影的一种运动,也是电影艺术思维和电影运动存在的一个范围,一种形式,一个基础,一个高度。倘若真的'摆脱'了电影的时间,也就会真的失掉了电影的生命线,亦即失去正确意义的电影思维和电影艺术。"[①]影视内容的时间一般是与实际时间有出入的,如影片《阿甘正传》两个多小时放映时间,却表现了阿甘从少年到中年的几十年的经历;一个多小时的影片《李小龙传奇》表现了功夫巨星李小龙超群武艺和丰富多彩的一生。

影视作品的表现时间也可以说是变形的:或浓缩与延伸,或流动与凝固,或割碎与颠倒,一切都按剧情和艺术表现的需要而创造。于是,影视作品中的时间一下子可以自由控制了,特别是影视作品的后期处理,可以让时间停顿:比如我们在看动作电影时,后期剪辑经常让动作突然停顿,一个优美而舒展的踢腿姿势可能在空中作刹那间的停留,然后猛地踢向对手。可以让时间倒转:这一点我们有时也可以在影视作品中看到,比如某一人物先是走进了饭店,接下来一个镜头则是让这个人物快速倒退回原地,这就让"时光倒流"了。可以让时间减速:这就是我们常说的慢镜头,比如为了让画面具有抒情的效果,人物的奔跑动作就可以被处理为慢动作,在张艺谋导演的《英雄》中,一滴水珠就被放大、放慢,从而创作出影像的奇观。还可以让时间加速:这就是快镜头,比如为了让画面具有喜剧效果,就可以让人物动作变快,画面于是就被卡通化了。

影视作品中的时间也可以在不同镜头之间的组接中进行创造性处理。英国影片《简·爱》中,简·爱的成长只用了由短发变为长发的两个镜头,这两个镜头转换浓缩了十年的时间,且人人都能看得明白。在影片《阳光灿烂的日子》里,年幼的马小军将书包扔向天空,等书包落下来被接住时,马小军已经长成一个大小伙了。在经典的科幻电影《2001 漫游太空》中,前一个画面是猿人将骨头

---

① 潘秀通、万丽玲:《电影艺术新论》,中国电影出版社 1995 年版,第 67 页。

扔向天空,紧接其后的则是在太空漂浮的太空船,时间跨度不可谓不大。苏联影片《乡村女教师》中的"地球仪",代替了多少个冬去春来。影片《野草莓》中时序颠倒,老教授现在的状况遭遇与他往事回忆、意识流动交错出现,美国影片《骇客帝国》让人物超现实地飞越到未来时,构造出那个时代人物的思想和生活。这种巧妙的时间结构,显示了影视独特的优势。

二、影视表现空间性

有人说,戏剧的空间是舞台,而影视的空间则是整个世界、宇宙。戏剧观众只能从固定的视角观看演出,在同一场戏里,舞台一般只能提供剧情中的一个侧面;影视的空间"基本是影像三维立面与银幕二维平面的虚实交叉的复合体。"[①]影视观众不仅从银幕获得空间的形象,而且可以随着摄影(像)机不断转换视点。对于人物,摄影(像)机既可正拍展现人物的正面相貌,又可侧拍使人物具有纵深感,还能反拍、仰拍、俯拍,达到不同的效果。影视还可利用剪辑和蒙太奇技巧,获得不同的空间表现。影视作品中上一个画面中的人物在北京,下一个画面人物可以转换到纽约。影片《法国中尉的女人》的故事在两个不同的时空中交叉展开:一个是19世纪中期维多利亚时代,在海滨小镇莱姆,地质学家切尔斯和莎拉之间的恋情;另一个是20世纪80年代,在电影摄制组里,男演员迈克(扮演切尔斯)和女演员安娜(扮演莎拉)之间的恋情。

影视艺术对空间的处理有两种方式,分别形成两种类型的空间形式,一种可以称之为"再现性空间",一种是"表现性空间"。"再现性空间"指的是利用摄影机的记录功能,逼真地再现出某一真实的场景,完全没有使用剪辑手段对空间进行艺术处理。根据镜头是否运动,"再现性空间"有静态与动态两种,将真实的场景用固定镜头表现出来,就是静态的再现性空间,台湾导演侯孝贤的电影中就经常会有对风景和场景的固定拍摄,这样的画面空间就是静态的、再现性的。倘若利用运动镜头,那么观众的视线就会被镜头引导着去感受空间,在这样的感受中,空间不断被延展,比如在经典影片《四百击》的一开始,我们就可以跟着运动的镜头逐步去感受影片的画面空间,这一空间于是就处于不断延展的过程之中。

"表现性空间"是利用观众视觉的连续性而形成的错觉创造出的虚拟空间,法国电影理论家马赛尔·马尔丹曾经举库里肖夫的实验来说明"表现性空间"——马尔丹称之为"观念的空间"或"空间的观念化"。库里肖夫曾汇集了以下五个镜头:①一个男人自左向右走去;②一个妇女自右向左走去;③男子与女

---

① 潘秀通、万丽玲:《电影艺术新论》,中国电影出版社1995年版,第45页。

子会面,握手;④一座宽敞的白色大厦,前有宽大的石级;⑤两人一起走上台阶。这些镜头都是在相距很远的地方拍摄下来的,其中镜头④不过是取自一部美国影片的白宫镜头,镜头⑤则是在莫斯科的大教堂前拍摄的,然而通过"蒙太奇"手法,库里肖夫却将这些镜头组合为一个具有统一感的空间,这种空间便是"表现性空间"。其实影视作品经常会创作出这样的空间,特别是利用"正反打"手法,将人物的视线与相距很远的另一空间组合在一起,从而形成"表现性空间"。比如在希区柯克的经典影片《后窗》中,男主人公用照相机对准后窗外的一幢建筑物拍摄,在无意中发现了一桩命案。观众并没有感觉到画面的空间有什么问题,但事实上窗外的建筑物与男主人公所在的楼房却是在相距甚远的两个地方。更为典型的例证还有《战舰波将金号》中"敖德萨阶梯"的场面处理。市民为声援水兵起义来到敖德萨港口的防波堤上。接着沙皇的军警也赶到开始镇压。这时影片中反复出现人群从台阶上往下奔走,和军队从上向下射击,给观众造成了敖德萨阶梯的心理空间。这个虚拟的空间造成了敖德萨阶梯走不尽的感觉,强化了影片揭露沙皇军队暴行的表现力。

值得一提的是,在影视制作技术进入数字时代以后,3D 拍摄和播映技术对电影的空间形态带来很大影响。如《阿凡达》、《爱丽丝梦游仙境》、《超人特工队》、《龙刀传奇》等 3D 电影画面的表现空间已经初具立体感了。这些影片已体现为三维空间艺术。

三、影视空间与时间的相依共存

影视的空间与时间常常是相依共存的。空间给人以外观的表象,让人觉得事物的存在。而时间则能表现过程。空间的更替,情节的展开,人物的活动都要靠时间的延续得以显现。

随着科技的进步、社会的演变,影视艺术表现力日趋丰富。影视创作者们逐渐抛弃了以单一时间为序的线型思维模式和手段,而代之以时空交织的多线型、多方位的思维模式和手段。这种既重时间、又重空间的立体思维对表现现代人的复杂心理,反映社会生活的丰富形态,更为得心应手。于是他们创作了一部部形式新颖、内容丰富的影视作品。法国影片《广岛之恋》首次使用"闪切"作为重建时空的尝试。它一反传统电影的线型叙述方式,在表现法国女演员和日本工程师邂逅相爱时,穿插了法国女人断断续续与德国士兵痛苦的初恋的回忆。影片中 1958 年的广岛和 1944 年纳维尔两个时间层面、两个空间交替组合,回忆与现实交叉融合,表现了主人公心理的真实以及战争给人们带来的梦魇。英国电影《苦海余生》采用了密集的网状结构,以"圣路易"号船上犹太人为轴心,人人都有一根过去、现在、未来的命运线,船上的活动与岸上的活动联结。船的航向又牵着德国和古巴等国的微妙关系。错综复杂的国际背景、社会背景、人际关系组成了一条条纬线与人物的命运经线纵横交织。通过一条船反映了纳粹德国社会的一个侧面。此外，像《美国往事》、《这里的黎明静悄悄》、《老枪》、《苦恼人的笑》等影片人物故事都是在两个、甚至两个以上的时空中交叉。影视在创造艺术时空上的极大自由度，是其他艺术难以企及的。从而它也带来了题材选择的广泛性、造型处理的可变性以及表现手段的多样性。

第四节 影视艺术的审美差异性

我们以上讲影视艺术有许多共同的审美特性，如形象逼真性和假定性、视觉造型性与运动性、表现时间性与空间性等都属共性的方面。然而，电影与电视毕竟是两种艺术，它们之间在审美方面还有一些个性差异。电影与电视艺术的审美差异大体表现为以下方面：

一、电影和电视的画面感染力不同

就画面效果而言，电影画面的感染力要比电视画面的感染力强得多。电影画面的感染力得力于它的高清晰度，特别是宽而大的银幕。一般来说，电影银幕约为27平方米，而29英寸（1英寸=2.54厘米）的电视机屏幕的面积还不足0.3平方米。两者相差90多倍。银幕和屏幕的大小不同，会影响到电影和电视的创作，使之拍摄方式、场面处理和景别运用等方面都会出现相应的差别。总的来说，电影要求创作者对画面予以高度重视，实际上，画面在叙事中的重要性构成了影视作品的根本差别，大体而言，电影叙事最重要的手段是画面，而电视剧叙事最重要的手段是剧中人物的对话。对"画面叙事"与"语言叙事"的不同侧重，使得画面在影视艺术中的地位高低不同。进一步来看，电影和电视画面有以下方面不同：

（1）色彩。一直以来，电影创作者都非常看重色彩，并以对色彩的创造性运用不断丰富着电影语言。这样的例子真是举不胜举，比如张艺谋导演，从《红高粱》起，他一直将色彩主观化、情绪化甚至是主题化，对色彩的创造性运用成为张艺谋电影一个醒目的标志，无论是《红高粱》中奔放的红色、《菊豆》中惨烈的红色、《大红灯笼高高挂》中压抑的红色，还是《英雄》中蓝色之阴郁、红色之悲情、白色之纯净，色彩都被完全主观化，体现出创作者对剧情的深刻理解，而色彩则是创作者将这种理解加以外化的重要手段。波兰导演基耶斯洛夫斯基则直接用《红》、《白》、《蓝》作为影片片名，并将这"三色"作为一种抽象的人生隐喻。

色彩不仅可以表达创作者的创作意图,从影片内在的角度来看,色彩也与人物的情绪、心理相契合。创作者还将不同的色彩加以对比,以凸显某种情绪和价值,比如《我的父亲母亲》、《辛德勒名单》、《阳光灿烂的日子》等片都将黑白与彩色并置,从而将创作者的价值观念外化,《辛德勒名单》中还刻意安排了一个场景,在该场景中一群犹太人将要赴死,这时影片中一个小女孩被用彩色加以凸显,她所穿得红色衣服一下子揪住了观众的心,让观众感到极大震撼。电视画面的色彩则尽量贴近并还原现实生活,它并没有作为一种具有创造潜力的视觉元素出现在电视画面中,从创作者的角度来说,色彩也并没有成为一种表情达意的重要手段。

(2)造型。电影画面非常重视造型。我们在观看影片时,经常会对电影画面中的造型产生深刻印象,比如《泰坦尼克号》中男女主人公在船头张开双臂,显示出对自由无限向往的造型,就能让第一次观看该片的观众记忆深刻。电影既然倚重画面,而画面造型则深具表现力,那么创作者就一定会在画面造型上下功夫,影片在利用造型传递情感、深化主题的同时,也使得影片充分具有形式上的美感,从而给观众留下深刻印象。比如希腊安哲罗普洛斯导演的《雾中风景》中一群人站立在广场上的造型、澳大利亚彼得·威尔导演的《死亡诗社》中的学生一起站上课桌的造型、香港杜琪峰导演的《枪火》中枪战的造型、中国大陆张军钊导演的《一个和八个》中多次出现的被押解的囚犯参加战斗的造型,都具有这样的效果。电视剧由于更看重剧情,而且剧情的发展可以倚重于剧中人物的对话,因此画面较少延滞和停顿,实际上,电视剧经常采用短切镜头,摄影机的角度、位置也经常变换,画面进展极快,这样就难以出现一些让人印象深刻的造型。

(3)空间。电影画面经常会给人以纵深的或开阔的空间感。纵深的空间感在电影中主要体现为景深镜头的运用。法国著名电影理论家马尔赛·马尔丹对景深镜头有非常多的论述,在他看来,景深镜头涉及场面调度问题:"所谓纵深的场面调度,那就是将人物(或物件)安排在不同景位上,使他尽可能在以纵度为主的空间(即摄影机的光学轴心)内表演。景深越大,前后景之间的间距就越远,前景离光学镜头就越近。"①提到景深镜头,人们经常会提到奥逊·威尔斯在《公民凯恩》中对景深镜头创造性的运用,在那个经典片段中,小凯恩的父母在镜头前景处签订协议,在雪地上玩耍的小凯恩则在镜头的远景处。其实如果我们加上中间所隔的窗户,则该镜头正好包含了前景——凯恩父母在签订协议;中景——窗户;远景——小凯恩在雪地上玩耍。这样一来,电影画面的纵深感就很好地营造了出来。电视画面则很少运用景深镜头,因为电视剧经常通过人物对

---

① [法]马赛尔·马尔丹:《电影语言》,何振淦译,中国电影出版社2006年版,第157页。

话来推动剧情发展,或者将场景安排在比较小的空间里,这样就比较不适合运用景深镜头。而在人物对话时,即使两个人处在前景或远景处,电视画面在表现时也往往通过变焦手段,A 说话时镜头聚焦于 A、虚化 B;反之亦然。

　　开阔的空间感在电影中主要体现为大全景、大远景的运用,许多战争场面,就常用大全景或大远景的方式表现出来,比如影片《大决战》开头那冰河解冻、咆哮万里之势以及千军万马的宏大战争场面就是如此。这与电影银幕有着巨大的面积有关。比如《日瓦戈医生》中有个大远景画面,一列火车在茫茫雪原上穿过,这个大远景让人心胸顿时为之开阔。而电视由于屏幕较小,它的拍摄方式,比较多地使用中景、近景和特写镜头,这样就难以表现出辽阔、浩大的场面,艺术感染力就要相对减少。拿电视连续剧《三国演义》来讲,赤壁之战的战场本应是宏伟阔大的,但由于电视自身的小屏幕所限,选取的绝大多数是局部的战争情景,场面不够开阔,显然减弱了这场戏的效果。看完电视剧后总会有一种遗憾之感。如果这场赤壁之战用电影来表现,放在宽银幕上,震撼人心的效果马上就会显示出来。我们看吴宇森导演的《赤壁》,就有这样的效果。

　　当然,我们也看到随着数字技术与大视频制造技术的发展,高清晰度、大视频电视与电影画面的感染力的审美差距正在缩小,乃至趋于弥合。

二、电影和电视受众的观影环境不同

　　从观众的角度来说,由于观影环境不同,电影和电视给予观众的审美感受有所不同。具体来看,二者差别有以下几个方面:

　　(1) 电影观赏的被动性与电视观赏的主动性。电影观赏是一种群体性观赏活动。它一般都是在几百人、上千人的电影院里进行的。电影院是一种比较封闭的欣赏环境,欣赏具有被动性,因为一旦进入电影院,你便无法选择影片,谁也无权让影院更换片目。同时,影院有严格的纪律约束,不允许哪个观众乱说乱走,影响大家的观赏秩序。观众呈现出默默无声的被动接受状态。观赏者在一种群体意识制约下,依靠自己的主观经验和人生体验,感受影片所表现或反映的社会内容和情感。因此,在电影院观看电影,有种情感的压抑性与相互感染性,并被一种群众意识所制约。有时极严肃的影片,因为部分观众的瞎起哄,导致观赏效果的倾斜;反之,影院中良好的精神状态,创造的艺术氛围,也可裹挟部分水平低的观众达到一种超常的欣赏。观赏是集体性的,情绪是可以互相感染的,但个体欣赏者的心灵却是属于自己的。观众坐在漆黑的环境中,可以任思想放纵驰奔,无拘无束地暴露内心的情绪。他们可以忘掉自我,进入银幕世界,与银幕人物同呼吸共甘苦,甚至陷入自恋式的心理状态。所以有人说剧院很像教堂,可以把心中沉积的失意、沮丧、歉疚等通通洗刷掉,以清新的自我回到生活中来。

这种如痴如梦的境界在观赏电视时是很难企及的。欣赏电视节目虽然同时播放给千百万人观看,但最终每台电视机前只能坐着两三人或四五人,属于个体观赏性质。观众一般在自己温暖的家庭气氛中欣赏。欣赏者可以根据自己的审美爱好,自由选择收看。从这个环境对观众的心理影响来看,具有很大的随意性。在欣赏过程中,由于人数少,并且是亲属或相熟的同志,可以毫无顾忌地发表自己的意见,对作品评头论足。这种观赏和评论方式已经成为许多电视观众的习惯。同时,这种评点或欣赏还可发挥指导家庭成员或他人的作用。由于家庭伦理关系、血缘关系,在过程中,观赏角度和评论的观点极可能达到某种一致性。

（2）审美的心理距离不同。所谓审美心理距离是指审美主体对审美对象所持的一种特殊的心理态势。电影艺术欣赏多是在影院中,欣赏者左邻右室大部分都是陌生的,无法与之相互沟通,这样在欣赏影片时,个体观众容易直接与影片达成精神交流,进入影片设定的情境中,往往会处于"忘我"和"入境"的状态。鉴赏者会因作品中人和事而喜怒哀乐,被作品欣然感动,这时鉴赏者与作品心理距离就很近。欣赏电视剧却很少出现这种情况。我们知道,人们一般在家里欣赏电视作品,随意性较大,观众不容易进入专注的艺术欣赏情境之中,常常受到多种因素的干扰:或有不速之客来访,或有电话干扰,或有其他家事要做,而且在观赏电视中常伴有相关的评论和交谈,甚至伴有完全无关的聊天。电视节目可以躺着看、坐着看,可以随时更换频道、开机或关机。电视观众有很大的选择范围和选择特权,他们对电视剧的忍耐力较低。据调查,一部电视剧如果演了五分钟观众还没有被吸引进入剧情,那他就会换频道。电视观众不容易像电影观众那样进入"忘我"的境界。电视观众与电视作品通常都保持着一定的心理距离。在种种干扰的环境中,观众保持清醒的现实意识。过去曾发生的在芝加哥剧场上演《奥赛罗》时,扮演恶汉的演员被观众当场击毙的现象决不会在电视机前发生。

（3）观众的参与程度不同。虽然影视艺术因其完成后难以修改而被称为"遗憾"的艺术,但观众对两者的参与度即批评影响力是不同的。电影拍摄完成后,具有较强的独立性。观众对于电影作品的批评意见,电影导演和演员只能是吸取经验,在拍摄或表演下一步电影时弥补不足。而观众对于电视剧的批评意见,往往可以左右整部剧性的发展。特别电视连续剧可能边拍边放,甚至边拍边按观众的要求改动。比如在电视剧连续剧《渴望》的播放过程中,观众就参与了电视剧的剧情演变,很多观众就提出要修改该剧的结尾,改变刘慧芳的命运,"愿好人一生平安"。再如电视连续剧《还珠格格》播出后收视效果很好,特别是青年观众十分关心"小燕子"和"紫薇"的命运。于是剧组立即拍续集,续集放完了,观众余热未退,电视台还想三续貂尾。当然,拍摄电视短剧和拍摄电影相比较,在观众参与或给予的影响方面,已经是差别不大了。

思考题

(1) 影视艺术的审美共性有哪些?
(2) 什么是影视逼真性、假定性?它们之间的关系如何?
(3) 什么是视觉造型性?什么是影视运动性?
(4) 举例说明影视作品的时空艺术。
(5) 电影与电视艺术的审美差异主要有哪些?

拓展阅读

(1) 尹鸿:《当代电影艺术导论》第一章"作为艺术的电影",高等教育出版社 2007 年版。

(2) [法]马赛尔·马尔丹:《电影语言》第一章"电影画面的基本特征"、第十二章"空间"、第十三章"时间",何振淦译,中国电影出版社 2006 年版。

(3) [法]安德烈·巴赞:《摄影影像的本体论》,见《电影是什么?》,崔君衍译,江苏教育出版社 2005 年版。

(4) [德]齐格弗里德·克拉考尔:《电影的本性》之"Ⅰ 一般特征",邵牧君译,江苏教育出版社 2006 年版。

(5) [法]亨利·阿杰尔:《电影美学概述》第一章"梦幻的促进",中国电影出版社 1994 年版。

(6) [美]诺埃尔·伯奇:《电影实践理论》"第一篇 基本元素",中国电影出版社 1992 年版。

(7) 宋家玲:《影视艺术比较论》第五章"视听语言的艺术表现优势",北京广播学院出版社 2001 年版。

第三章 影视艺术类别与作品样式

影视艺术主体是影视作品,即影视艺术家创作出来供受众接受的影视艺术作品。影视艺术作品包括多种不同的类别,每一类别又可区分为多种样式。因为虽说一切影视艺术都是遵循艺术的共同规律形成和发展的,但由于形象塑造、构成手段、表现方法等方面的差异,影视艺术作品会呈现不同的形态,产生不同的类别和样式。不同的影视艺术作品类别、样式也有其自身的特殊性与规定性。了解和把握影视艺术作品类别与样式的划分原则和各自特点,有助于影视受众和评论者按照不同类型、样式的特点去探讨其成败得失,从而获得更深入的审美感受和评价。

第一节 电影的分类及片种

电影作为艺术作品与作为文化工业产品,有着不同的类型、样式区分,分析类型与样式对于理解电影艺术和认识电影传播机制,都有重要的意义。

一、电影的分类原则与分法

电影艺术经诞生以来一百多年的发展和演变,已经形成了繁富的类别和样式。由于分类标准和审视的角度不同,对电影的分类实际上也存在着许多种。电影学者往往根据不同的标准给影片分类,如鉴于电影组成元素的比例多少,可分为美术电影、音乐电影、歌舞电影、戏曲电影等类别;鉴于电影对象的区别,可分为儿童电影与成人电影;鉴于电影的流通方式或发行渠道,又可分为商业电影、艺术电影、实验电影等类别。

通行的电影分类原则和方法,是根据使用材料、工具、创作手段、表现对象以及审美功能等方面综合考虑的,称之为片种。最为常见的类别划分有两种,一是国外学者根据表达方式分为:故事片(fiction/feature film)、非剧情片(nonfiction film)、动画电影(animated film)和先锋实验电影(avant—garde film)①。中国电影学者则倾向于将电影分为故事片(也称剧情片)、新闻纪录片、科学教育片和美术片四个类别②。这两种分类结果很相似,因为新闻纪录片与科教片同属于非剧情片。唯一的不同在于后者并未将先锋实验电影作为一个类别。我们赞成后一种类别分法。下面就简要谈谈这四大类别。

二、故事片概述

故事片也称剧情片,它是指由职业或非职业演员扮演有关角色,具有一定故事情节,包含一定主题的艺术影片。这是电影艺术中数量最大、成果最丰富、社会影响最为广泛的核心片种,也是衡量一个国家电影水平的主要标志。故事片以其反映复杂多样的人类社会生活和人的内心世界而显得丰富多彩;又因取材、构思创作思想、创作方法和艺术格调的不同而有千差万别。故事片的片种里又可划分出喜剧片、历史片、惊险片、传记片、少儿片、歌舞片、武打片等样式(对此下节将作专门阐述)。从电影史看,由卢米埃尔《工厂大门》等生活实录到梅里爱导演舞台记录式影片《月球旅行记》,再到格里菲斯《一个国家的诞生》等故事片的形成,其间经过了相当长一段时间的酝酿和发展。故事片充分发挥了叙事的灵活性和时空表现的自由性。只有在故事片诞生后,电影才真正在艺术领域站稳脚根,并逐步提高其地位和水平。在电影的四大片种里,故事片始终占据龙头的重要地位。

故事片有三个基本特点:其一,片中的人物由演员扮演,这是故事片区别于其他片种的重要特征,也是在角色构成上故事片与其他片种的显著区别。在美术片中,人物并非由活生生的真人来扮演,而是动画人物、木偶人物、剪纸人物等。科教片中往往不出现人物,即使出现人物也不是演员。在纪录片中出现的是真人真事,不存在扮演的问题。而故事片的角色通常由演员扮演。如故事片《周恩来》中的周恩来就是由王铁成扮演,而纪录片《周恩来外交风云》中周恩来却是其本人,片中素材都是过去的真实的历史文献。其二,有完整生动的故事情节。这里的故事情节指经过作者加工、有因果联系的故事,或者是在生活基础上编撰出来的人物性格发展的历史。故事情节是故事片吸引观众的重要原因。影片中的故事情节不论是现实的、历史的,或是科学幻想的,大都能给观众以启迪、教育和娱悦。如国产影片《秋菊打官司》就设置了一个生动而简单的情节:故事

---

① [美]布鲁斯·F.卡温,《解读电影》,李显立等译,广西师范大学出版社 2003 年版,第 67 页。
② 《电影艺术词典》(修订版),中国电影出版社 2005 年版,第 941 页。

发生在中国西北一个小山村。秋菊的丈夫王庆来与村长发生了争执,被村长踢中要害。秋菊怀着身孕去找村长说理,村长不肯认错。秋菊又到乡政府告状,村长答应赔偿秋菊家的经济损失。村长把钱扔在地上,受辱的秋菊没有捡钱,而又一次踏上了漫漫的告状路途。秋菊先后到了县公安局和市里,最后决定向人民法院起诉。除夕之夜,秋菊难产。在村长和村民的帮助下,连夜踏雪冒寒送秋菊上医院。秋菊顺利地产下了一个男婴,秋菊与家人对村长感激万分,官司也不再提了。可当秋菊家庆贺孩子满月时,传来市法院的判决,村长被拘留。望着远处警车扬起的烟尘,秋菊感到深深的茫然和失落……影片借一个"民告官"的故事,赞颂了农村女性的自尊、自强、自信以及法制观念的觉醒。同时也显示了张艺谋对弱势群体的关注。其三,运用蒙太奇思维进行典型化的艺术加工。这是故事片在艺术构思方面的特点,蒙太奇不仅是电影镜头画面组接与分切的构成手段,也是体现电影特性的一种思维方式。运用蒙太奇思维,特别适宜故事片创作对有关素材进行提炼、概括、加工,最终塑造出典型化程度较高的人物形象,表达丰富的社会内容和思想意蕴。

三、科教片概述

科教片全称科学教育片,电影的四大类别之一。是以传播科学知识和推广新技术经验为基本目的的影片。科教片既要有严格的、精确的科学性,又要讲究完美的、精湛的艺术性。科教片的选题范围非常广泛,基础科学和应用科学的各个领域都有大量的题材被拍成影片。科教片的观众对象是广大人民群众。人民群众对科教电影提出的要求多种多样,因而科教电影的任务也是多方面的:普及科学知识,扩大技术经验,传授工艺方法,配合课堂教学等,都是科技电影应尽的责任。新中国成立后,科教片的制作得到了一定的重视。我国先后建立了上海科学教育制片厂、北京科学教育电影制片厂和中国农业电影制片厂等三个专业机构。在科教电影工作者的努力下,先后摄制了许多优秀影片,对提高广大群众的科技水平、促进生产起到了较大的作用,得到城乡广大群众和国外人士的好评,如《激光》、《蜜蜂王国》、《没有外祖父的癞哈蟆》、《防治沙漠化》等。"据1984年统计,我国已拍科教片近3000部,国内获奖162次,国外获奖45次。"[1]

20世纪90年代,由于电视业的迅猛发展以及机构改革的需要,中国农业电影制片厂等单位大部分人员相继并入了中央电视台及省、市级电视台,他们运用电视媒介继续从事传播科学知识的工作。

科教片的样式很多,根据宣传目的和社会作用的不同,科教片可以分成以下

---

[1] 李泱:《影视艺术概论》,北京工业大学出版社1994年版,第48页。

几种样式：

（1）科教普及片。指为普及科学知识而摄制的影片。大凡自然科学、社会科学、军事科学等各种知识都在表现的范围之内。它要求在解释自然现象和社会现象时能准确、通俗、形象生动,力求做到科学性与艺术性结合。如《灰喜鹊》、《中国猿人》等影片。

（2）科技推广片。它指为推广先进科学技术和经验而制作的影片。对各行业中具有推广价值的科学理论、先进技术和经验作形象化介绍,使观众能得其要领。如《地膜覆盖》、《安全帽的故事》、《椴木栽培黑木耳》等。

（3）科学研究片。它是为协助科学研究工作而制作的影片。供专业科学人员观察研究,如《体外循环》、《分子的形成和化学链》等属此类影片。

（4）科学教学片。它为配合科学教学制作的影片。帮助教师进行教学,以弥补其他教学手段和实物教材不足,增强学生对某门学科知识的理解。如《中药治疗马骡结症》、《人的胚胎发育》等。

四、纪录片概述

纪录片又称新闻纪录片、文献纪录片。这是电影的一个主要片种。其特点是以真人真事为表现对象,不经过虚构,从现实生活本身的形象中选取典型,提炼主题,直接反映生活。纪录片一般不受新闻性的限制,可以纪录当前的现实,也可以重现过去的历史;题材十分广泛,影片可以反映举世瞩目的重大事件,也可揭示日常生活中不被人注意的某个例面。可从社会生活中发掘题材,也可表现自然风光景物、珍禽异兽等。

纪录片以真实生活为制作素材,但它不是不加选择和剪裁只把生活消极地、原封不动地纪录下来加以报道。相反要通过艺术手段,加强艺术的逼真感和感染力。纪录片的基本特性决定它不能虚构情节,不能用演员扮演,不能随意改换地点环境、变更生活进程等。在上述前提下,它可以运用对比、联想、象征、比拟等各种艺术手法,通过摄影、解说、美术、音乐、音响等各种视觉和听觉的表现手段,最大限度地保持生活的光彩、生活的气息、生活的节奏,以此来影响观众。电影始于纪录电影,1895年卢米埃尔拍摄的《火车进站》、《婴儿的午餐》等短片都属纪录电影的性质。我国电影史第一部影片《定军山》,就是戏曲艺术纪录片。

纪录片按其体裁样式又可细分五种：

（1）文献纪录片。亦称文献片。记录的人物和事件要求保持历史的本来面目,可以介绍文物、考古、历史、典籍、档案等方面的知识、资料等,具有长期保留的价值。如《云冈石窟》、《辛亥风云》、《罗汉奇观》等。

（2）时事报道片。亦称新闻片,侧重报道当前国内外重要时事、新闻,如

《新闻简报》、《国际见闻》等。独立报道性影片如报道女排比赛的《拼搏》,报道1984年国庆阅兵的《国庆阅兵》等属此类影片。

(3) 传记纪录片。也称传记片,指纪录历史或当代人物生平或某一方面事迹的影片。它不同于故事片中的人物传记片,不允许以演员扮演,也不可虚构。如《毛泽东》、《叶剑英》、《鲁迅》、《诗人杜甫》等。

(4) 地理景观纪录片。亦称旅游风光片。表现特定地理范围的自然景观、城市风光、风俗民情、地理名胜、旅游热点等。如《黄山观奇》、《长城》、《土族风情》等。

(5) 舞台纪录片。指运用电影艺术手段,忠实地纪录在舞台上演出的歌舞、戏剧、曲艺、杂技等。其拍摄对象具有一定的特色,如代表某种传统、流派、反映某一方面艺术的新成就、新倾向,反映国际文化交流等。拍摄中可对节目进行必要的选择、剪裁、删节,如《姹紫嫣红》等。我国的戏曲片也属舞台纪录片的一种。戏曲是中华民族的艺术瑰宝,享有很高的国际声誉。戏曲片的主要价值就在于保存民族戏剧精华,促进戏曲改革。据不完全统计,新中国以来,已有50多剧种戏曲的近千部剧目被搬上银幕。代表作有京剧《杨门女将》、昆曲《十五贯》、越剧《红楼梦》、黄梅戏《天仙配》等。戏曲片还具有影戏结合,用电影手段增强戏曲魅力等特点。

五、美术片概述

美术片是指运用各种美术手段创作的一种片种,也是动画片、剪纸片、木偶片、折纸片等类影片的总称。它以绘画或其他造型艺术形式作为人物造型和环境空间造型的主要表现手段,不像故事片追求逼真性,不需用真人实景拍摄,而运用夸张、神似、变形的手法,借助于幻想、想像和象征,反映人们的生活、理想和愿望,是一种高度假定性的电影艺术。美术电影一般采用逐格拍摄方法,把一系列分解为若干环节的动作依次拍摄下来,连续放映时便在银幕上产生活动的影像。美术片的主要服务对象是少年儿童,但不少成年人同样喜爱。美术片取材广泛,真人不宜表演的童话、神话、幻想题材,美术片都可以得心应手地加以表现。美术片可分为四种样式:

(1) 动画片。也称卡通片,是美术片中的主要类型,它以各种绘画形式作为人物造型和环境空间造型的主要表现手段,运用逐格拍摄的方法把绘制的人物动作逐一拍摄下来,通过连续放映而形成活动的影像。一般采用单线平涂方法,也有用其他方法绘制的。动画电影对于生活的反映,不求外在生活形态的逼真,而具有夸张性、象征性等特殊的艺术特征。近年来国外优秀动画片,有美国的《米老鼠和唐老鸭》、《狮子王》、《花木兰》、《勇闯黄金城》等,日本的《灌篮高手》、《一休》等。中国的动画电影吸取了丰富多采的民族绘画和其他民族艺术的营养，逐步形成了自己所特有的艺术风格，被称为"中国学派"。我国优秀动画片代表作有《大闹天宫》、《白雪公主》、《龟兔赛跑》、《宝莲灯》等。

（2）木偶片。是在借鉴木偶戏的基础上发展起来的一种电影样式，富于立体感。木偶采用木料、石膏、橡胶、塑料、海锦和银丝关节器制成，以脚钉定位。木偶的种类不同，有关节活动的、提线的、布袋的、杖头的。前一种可逐格拍摄，后三种需要连续拍摄。木偶片立体感强，戏剧性强。《神笔马良》、《孔雀公主》、《阿凡提》等都是我国木偶片代表作。

（3）剪纸片。是在借鉴民间剪纸艺术和皮影戏基础上发展起来的一种美术电影样式。它以平面雕镂给人物、动物造型，用绘制的纸天片及贴在玻璃板上的前后景构成环境空间，玻璃板之间相隔一定距离以便分层布光。拍摄时，把纸偶放在玻璃板上，用逐格摄影方法把分解动作逐一拍摄下来。1958年我国摄制了第一部剪纸片《猪八戒吃西瓜》。《人参娃娃》、《金色的海螺》等是其代表作。

（4）折纸片。是在折纸和手工劳作基础上发展而成的，适宜于表现各种童话和民间故事题材，尤其适合低幼儿童观赏。折纸在造型和场景设计上，色彩鲜丽、明快，具有浓厚的装饰风格。1960年摄制成我国第一部折纸片《聪明的鸭子》。之后拍摄的《鳄鱼、巫婆和小姑娘》等影片，颇受儿童观众欢迎。

第二节 故事片的常见类型

作为电影核心片种的故事片，还可细分若干样式。所谓样式指的是题材、结构、技巧、风格相近的影片。美国电影理论家梭罗门曾说："我们在谈到电影的样式时，是把这个词泛用于各种范畴的。不同的国家流行不同的样式：在日本，'武士片'是指同武士时代有关的和许多包括大量武打的影片；在美国，'西部片'也是既指特定的时间和地点，又指特定的风格。各个国家的主要电影公司通常努力生产一定样式的影片。如果某部影片受欢迎，电影公司就希望把这部成功的影片尽快变成一种样式，以保持公众的兴趣。"[①]故事片样式会因影片题材、创作者、文化背景的不同，以及影片自身结构、侧重手法等方面差异而有不同的划分和归类。下面介绍几种常见的样式：

一、写实片

写实片又叫社会现实片，又指正剧、生活剧。这是故事片的主要样式，面广

---

① [美]梭罗门：《电影的观念》，齐宇译，中国电影出版社1983年版，第215页。

量大。写实片主要取材于社会现实生活,多采用现实主义创作方法,真实细腻地描绘现实,注重塑造典型环境中的典型性格,精心巧妙地安排故事情节,运用蒙太奇的构成手段组接镜头画面,造成引人入胜的艺术魅力。从题材和内容来讲,写实片还可以细分为爱情片、伦理道德片、政治片、社会问题片、警匪片等,所谓"主旋律"影片也大多属于这一类。写实片体现了电影作为艺术所应具有的审美教育功能、认识功能和娱乐功能的统一,表现了一个民族的主流意识形态和价值观念,展示了该国度电影文化水平所达到的高度和发展的主导方向。在不同社会制度和文化传统的国家里,社会现实电影在数量上所占的比例并不相同,但是将其放在重要的地位上予以推崇却是相似的。从我国历届金鸡奖、百花奖和政府奖获奖影片的名单上,可以看出社会现实片的重要地位。从世界上一些重要的国际电影节获奖的情况看,重视思想内容和艺术形式统一的社会现实片也占了绝大多数。即使在以娱乐型的商业片生产较多的美国,获得历届奥斯卡奖的影片也不是《星球大战》、《未来水世界》、《明日帝国》、《玩具总动员》之类的娱乐片,而是像《克莱默夫妇》、《巴顿将军》、《金色池塘》、《普通人》、《辛德勒的名单》、《阿甘正传》、《美国美人》等有一定现实意义和哲理内涵的社会现实影片。

二、喜剧片

喜剧片是以产生笑的效果为特征的故事片。在总体上有完整巧妙的喜剧性构思,创造出喜剧性的人物和背景。主要运用夸张、讽刺、自相矛盾等艺术手段,发掘生活中的可笑现象,达到真实和夸张的统一。其目的是通过笑来颂扬美好、进步的事物和理想,讽刺和嘲笑落后现象,在笑声中娱乐和教育观众。矛盾的解决常是正面力量战胜邪恶力量,一般来说结局是比较轻松欢快。卓别林是世界闻名的喜剧大师,他的《淘金记》、《城市之光》、《摩登时代》、《大独裁者》等,脍炙人口。

喜剧片的样式多种多样:有抒情喜剧片,如《五朵金花》等;有讽刺喜剧片,如国产片《新局长到来之前》、苏联影片《钦差大臣》等;有轻喜剧,如国产片《迷人的乐队》等;有音乐喜剧片,如《刘三姐》等;滑稽片(闹剧片),如《小小得月楼》等。

三、惊险片

这是描写人们在异常情况下经历各种现实的或虚构的险情的故事片。其特点:一是情节紧张富于悬念,情境奇特,引人入胜;二是主人公常常处于千钧一发、惊心动魄的危险境地,而又能安然脱险。狭义的惊险片又称探险片或冒险片,通常讲述主人公进入蛮荒地域,同严峻的自然环境和野蛮部落遭遇后的故事,如苏联影片《马可莱探险记》、美国影片《冰峰抢险队》等。

广义的惊险片的涵义相当宽泛,包括侦探片、西部片、探险片、恐怖片、间谍片、推理片、灾难片等。下面择其要者介绍:

(1)侦探片。以侦破错综复杂的犯罪案件为题材的故事片。常以正义与犯罪之间的冲突为核心,而以正义战胜邪恶为结局。如《福尔摩斯探案》、《女侦探》、《对一个不受怀疑的公民的调查》等影片。

(2)西部片。它是美国好莱坞特有的一种影片类型。多以19世纪美国西部开发时期为背影,表现拓荒者生活,西部开发过程中各种势力之间的斗争,以及白人驱赶并屠杀土著印第安人的血腥活动。在美化殖民主义、种族主义的同时,宣扬"英雄救美人"、"英雄除暴虐"。1939年摄制的《关山飞渡》是其成熟之作,其优秀之作还有《红河》、《黄牛惨案》、《正午》、《太阳浴血记》等。

(3)恐怖片。指专以离奇怪诞的情节、阴森恐怖的场景制造感官刺激,吸引观众好奇心的故事片。如德国影片《蜡人馆》、美国影片《吸血僵尸》、《化身博士》、《惊声尖叫》,英国影片《幻影》,日本影片《午夜凶铃》,国产片《夜半歌声》等。

(4)谍战片。又叫间谍片,是专门描写间谍与反间谍斗争的影片。如法国影片《豺狼的日子》,埃及影片《走向深渊》,美国影片《海狼》、《007》系列片;国产影片有《羊城暗哨》、《永不消逝的电波》、《风声》等。

(5)推理片。是在侦探片基础上发展起来的一种样式。大多以侦破案件为内容,但更侧重逻辑推理分析,最终揭明案情。较著名的推理片有《尼罗河上的惨案》、《东方快车谋杀案》、《人证》等。

(6)悬念片。这种影片情节曲折,悬念迭出,又有若干社会学、犯罪学、心理学等内容蕴含其间,对观众有很大吸引力。希区柯克因拍摄了一批高水平的悬念片,如《爱德华大夫》、《蝴蝶梦》、《后窗》、《群鸟》等,享有"悬念大师"的美誉。

(7)灾难片。是以自然或人为的灾难为题材的事故片。其特点是表现人处于极为异常状态下的恐怖心理,以及灾难所造成的凄惨景象,并通过特技摄影造成感官刺激和惊悚效果。这类影片很多,如《卡桑德拉大桥》、《日本沉没》、《新干线大爆破》、《龙卷风》、《山崩地裂》、《完美风暴》、《活火熔城》等。

四、改编片

这是指由文学名著改编而成的一类故事片。改编是电影创作的一条重要途径。把文学名著搬上银幕,既可以普及优秀的文学作品,又可以丰富故事片的内容。改编是一种既带有限定性又带创造性的艰苦劳动。成功的改编经验是:忠于原作主题,保留原作精华,一般不改变原作的情节骨架、主要人物和艺术风格。

但由于电影与文学之间的各自特性,为了银幕表现的需要,在不伤筋动骨的前提下,允许对原作进行必要的增删、变通或通俗化。1902年梅里爱改编的《月球旅行记》是世界上最早的改编片。有人统计,目前世界年产故事片三千部到四千部,改编片要占20%～40%。外国影片《巴黎圣母院》、《哈姆雷特》、《简·爱》,我国的影片《祝福》、《子夜》、《骆驼祥子》等都是优秀的改编片。

五、历史片

它指根据历史上曾经发生过的历史事件或历史人物的事迹创作而成的影片。一般取材于历史上曾发生过的重大事件并涉及重要的历史人物。在创作上,要求忠于史实,也允许有一定的艺术虚构。历史片要求运用电影艺术对生活作逼真地再现,展示特定历史时期的社会风貌和人物精神面貌,具有历史的真实感,并揭示出某些历史发展的规律。由于编导者的政治立场、历史观的不同,这类影片的质量、价值也不相同。历史片是形象化的历史教科书,生动地记载了重要历史名人业绩与历史事件。国外历史片佳作有法国的《拿破仑》,美国的《莫扎特传》、《甘地传》,苏联的《列宁在十月》,我国的《孙中山》、《秋瑾》、《林则徐》等。在我国,反映建国前中国共产党领导的革命斗争生活影片,通常称革命历史片,如《南昌起义》、《开天辟地》、《大决战》等。

六、科幻片

它是科学幻想片的简称,指以科学幻想为内容的故事片。科幻片的特点是从今天已知的科学原理和科学成就出发,对未来世界或遥远的过去的情景作幻想式的描述。其内容既不能违反科学原理凭空臆造,也不必拘泥于已经达到的科学现实,创作者可以充分展开自己的想像。违反基本科学原理的幻想式的或神话式的影片,不是科幻片。科幻片不同于一般科教片,它并不直接担负着普及科学知识的任务。世界驰名的科幻片有《未来世界》、《星球大战》、《外星人》、《超人》、《第三类接触》、《骇客帝国》等。

七、武打片

它是我国武侠片、功夫片、武术片的统称。起源于20世纪20年代末期的上海,最初拍摄的神怪武侠片如《火烧红莲寺》等。五六十年代以后,台湾、香港影坛出现了武打片热。80年代后,大陆又掀起了武打片一阵热潮,佳作不断。武打片能体现出传统武术的精华,注意把武术与人物性格紧密结合,多以表现中华民族气节、爱国主义精神以及高尚武德为题材内容。著名的武打片有《黄飞鸿》、《精武门》、《醉拳》、《少林寺》、《武当》、《武林志》、《笑傲江湖》等。

八、儿童片

亦称少儿片,主要指以少年儿童为观众,侧重表现少年儿童生活及他们所关心的题材的影片。此类影片必须考虑少年儿童的年龄、特征、兴趣爱好、心理状态、接受能力、审美情调,要适合他们的欣赏特点和理解能力,以利于对他们进行思想教育。儿童片是一个复合概念,若按年龄划分可分为三个档次:①幼儿片,给学龄前孩子(3～6岁)看的,如《小刺猬奏鸣曲》;②儿童片,给7～11岁孩子看的,如《应声阿哥》、《小铃铛》、《熊猫历险记》等;③少年片,给12～15岁少年看的,如《小兵张嘎》、《红衣少女》、《草房子》等。儿童片主要是故事片,但不仅是故事片,还包括适合少年儿童观赏的音乐片、歌舞片、科幻片、童话片、探险片等。如《英俊少年》、《霹雳贝贝》、《击鼓少年》、《大气层消失》、《汤姆历险记》、《火车司机的儿子》、《"下次开船"港》等。

第三节 电视艺术的基本分类

电视艺术的问世,是人类文化史上的一件大事,也是一场革命。它不仅改变了人们传统的审美方式,由剧院、影院回到了家庭,而且改变了以往的社会文化结构,使得本来在人类文化生活中占据重要地位的文学、戏剧、电影等文化形态,开始降为次要地位。那么什么是电视艺术?"电视艺术,是以电子技术为传播手段,以声画造型为传播方式,运用艺术的审美思维把握和表现客观世界,通过塑造鲜明的屏幕形象,达到以情感人为目的的屏幕艺术形态。"①电视艺术也有人称为电视文艺。电视艺术诞生时间要比电影艺术晚近40年,由于二者都属综合艺术,且电视艺术在基本词汇和构成手段等多方面借鉴、吸收电影艺术的营养,因而,电视艺术分类也必然会受到电影艺术的影响。电视与电影艺术分类在共性方面可以互为参照,在个性方面各呈其不同的形态和样式。

事实上,电视的审美形态要比电影复杂得多,要对电视进行科学的分类并非一件易事。然而,电视艺术作为新兴的、系统的艺术形态,科学的分类又是必须进行的。因为,它对探讨电视艺术不同类型的本质,寻求其内部构成规律,以及把握各类电视艺术作品的创作特征,都有着重要的价值和意义。

一、电视节目的分类

从较大方面讲,电视是20世纪诞生的一种新传媒,更是一种新型文化。整

---

① 高鑫:《电视艺术概论》,学苑出版社1992年版,第11页。

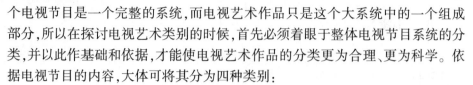

个电视节目是一个完整的系统,而电视艺术作品只是这个大系统中的一个组成部分,所以在探讨电视艺术类别的时候,首先必须着眼于整体电视节目系统的分类,并以此作基础和依据,才能使电视艺术作品的分类更为合理、更为科学。依据电视节目的内容,大体可将其分为四种类别:

新闻类——电视新闻片,指用电视方式对正在或新近发生的事实报道。它可以从不同领域,用不同手段传播世界的各类新闻信息,以满足观众了解国内外大事的需求。诸如"新闻联播"、"午间新闻"、"晚间播报"、"今日世界"等栏目播出的新闻作品。

教育类——电视教育片,指的是一种知识性的电视教育节目,具有纪录片的特色,声画结合地解说科教知识和信息。如《对虾养殖》、《话说长江》、《艾滋病预防》等。还有《百家讲坛》、《世界之窗》、《法制园地》、《动物世界》等。

服务类——电视专题片或电视报道片,其内容主要为民众和社会日常具体的需要,提供生活服务的栏目,如《交换空间》、《为您服务》、《华人世界》、《体育之窗》等栏目。还有根据真人真事拍摄的纪录片和报道片。如《钱学森》、《西欧见闻》、《深山养路工》、《运河人》等。

文艺类——电视文艺片(即电视艺术片),指艺术性的、娱乐性强的节目,包括电视剧、音乐、戏曲、舞蹈、杂技、电影、绘画等内容。当然,它们不再是原有的艺术形态,而是经过"电视化"的电视艺术新样式。

二、电视艺术的节目种群

真正意义上的电视艺术,是根据电视艺术创作特有的思维方式和审美意识进行创作的艺术作品,从内容到形式都具有电视艺术的独特美。电视艺术在电视屏幕已经自成体系,形成一个色彩缤纷的电视艺术世界。那么,花团锦簇的电视艺术类别如何划分呢?依据屏幕上已经涌现的电视艺术作品的客观实际,我们可以将电视艺术分为四个种群。

(1) 电视文学种群。它指运用电视的技术和艺术手段,将文学作品电视化,从而给人以文学审美情趣的电视艺术作品。其中包括:电视小说、电视散文、电视诗、电视文学专题等。

(2) 电视艺术种群。它指运用电视艺术特有的思维方式和审美意识,兼容其他艺术样式所构成的,着重体现屏幕艺术美的电视艺术作品。其中包括:电视歌舞艺术片、电视音乐艺术片、电视戏曲艺术片、电视风情艺术片、电视文艺专题片、电视民俗艺术片等。

(3) 电视剧类种群。它指运用戏剧的构成方式,或电影的时空转换,通过电视的传播媒介、制作方式和艺术手段,独立制作的、充分电视化的屏幕艺术作品——电视剧。电视剧包括：电视小品、电视短剧、电视单本剧、电视连续剧、电视系列剧等。

（4）电视综艺种群。它指以文艺演出为基本构成形态，但经过电视艺术的二度创作，其总体结构、表现方式和艺术手法，均具有电视艺术审美形态因素和形式美的电视文艺节目。但是由于它基本保留了原有的艺术形态，所以只能算是电视艺术的一种"亚艺术"形态。其中主要包括：电视节日晚会、电视专题晚会、电视音乐节目、电视曲艺杂技节目、电视舞蹈节目及电视文艺竞技节目等。如《春节文艺晚会》、《星光大道》、《曲艺杂谈》等。

第四节 电视剧的主要样式

电视剧是电视艺术中的主要品种、核心样式。它是以电视录像手段录制而成的，通过电视传播媒介播映声音、图像的一种新的叙事艺术形式。电视剧是一种新的独立的综合艺术，它综合了文学、戏剧、电影等艺术形式的许多艺术原则和表现方法，如它分别吸收了文学的人物性格塑造、心理描摹，戏剧的情节设置、冲突处理，电影的摄制技巧和镜头组接等原则和方法。它具有制作周期短、选余地大、观赏家庭化等优点。当今，电视剧艺术在世界大多数国家都有了长足的发展，其接受范围之广，社会影响之大已非戏剧、电影所能匹敌。在当代人的文化生活中占有越来越重要的地位。电视剧的艺术成就已成了衡量一个国家电视艺术发展水平的主要标志。对于电视剧的样式，从播出时间和篇幅长短的角度来划分，则可分电视短剧、小品、单本剧、连续剧、系列剧等。

一、电视短剧、小品

电视短剧和小品是篇幅最短的电视剧，是电视屏幕上的小小艺术品，类似于"微型小说"。我国电视艺术理论家高鑫同志认为："所谓电视短剧，有时亦称'电视小品'，主要是指那些撷取生活海洋中的一滴浪花，来反映大千世界，截取社会生活中的一个小侧面，来展现整个社会生活，一般只有一两个情节，一两个人物，播放时间较短的小戏。"[1]电视小品与电视短剧具有"短小"这个共同特征，都是电视剧中最为精悍的艺术样式，因而人们常把它们共同看待。但是它们毕竟是两个概念，细加推敲可以发现它们有不同之处：第一，电视短剧演播时间一般十几、二十几分钟；电视小品篇幅更短小，播出时间一般几分钟，多则十几分

---

[1] 高鑫：《电视剧创作概论》，北京十月文艺出版社1986年版。

钟。第二，电视短剧较为重视"情节"，仍以塑造人物形象为其中的任务,其结构方式基本与电视单本剧相同，只是篇幅短小一些;电视小品一般说来较为重视"意境"，它通过对社会生活诗情画意的意境表现,阐明耐人寻味的生活哲理,或提出生活中引人注目的现象、问题,不大重视情节,是尚未完全构成"剧"的小品、片断。

电视短剧和电视小品艺术特征主要有三点:第一，短小隽永，以小见大,电视小品和短剧播放时间短,表现内容多为社会生活的横断面、人物性格的某个侧面、有关事件的某些片断,但思想内容是深刻充实的,意境是新鲜的,能给人以启迪。如电视小品《找石花的小姑娘》虽只有一两百字,但通过小姑娘寻找"石头开的花"的经过,以小见大表现了她天真无邪、纯洁善良的心。第二，主题单纯、明朗。电视短剧、小品因短小而不适合主题杂芜有歧义,追求主题单一鲜明,讲清一个道理,提出一个问题都可。如电视小品《超生游击队》的主题就很单纯,就是讽刺"超生"的不良现象。第三，情节凝炼，诗意盎然。电视短剧和小品要求情节高度凝炼和集中,犹如沙里淘金,海水炼盐般提纯、凝聚。要求揭示生活中蕴含的优美与诗意。如电视短剧《窗口》就是一部充满浓郁诗情的优秀作品。

二、电视单本剧

电视单本剧是由一个完整的故事或情节所构成的,有情节的发生、发展、高潮、结局的完整脉络,而且是一次将戏演完的电视剧艺术样式。从结构和情节来看,相当于文学作品中的"短篇小说",戏剧中的"独幕剧"。

电视单本剧，其播出形式不一定就是一集。根据全国电视剧"飞天奖"的评奖规定与目前中央电视台播出的规定:二集以下(每集约50分钟)均称电视单本剧,也就是说,电视单本剧最多可由"上、下"两部构成,三集以上就属于电视连续剧,电视单本剧播出时间通常是在90分钟以下。

由于电视单本剧播出时间相当于一般电影的长度,所以它可以像拍摄"电影"那样去进行艺术上的精雕细刻,表现手法上开拓创新,造型语言上探索和追求。电视单本剧的艺术特征表现为:第一，人物集中，不宜过多,单本剧虽然叙述的故事比电视短剧要复杂,但剧中的人物较为集中,不宜过多。一般只要集中力量塑造好一两个性鲜明、真实可信,有血有肉的人物形象,就会给观众留下深刻的印象。如《新岸》，全剧集中塑造了失足女青年刘艳华这一艺术形象。但由于作品细腻地揭示了刘艳华复杂的内心世界,生动地描绘了她走向新岸的人生历程,所以尽管人物不多,情节较为单一,仍能使观众大为感动。第二，情节紧凑，场景适中。电视单本剧的情节较紧凑,通常是围绕一条矛盾主线来展开戏剧冲突的,人物、场景都不宜过多。要竭力避免头绪繁多、矛盾纷杂。像《萤火虫》写的是模范团员、中学生刘彦如何与骨癌作顽强斗争的,情节十分紧凑。再如电视剧《秋白之死》,其情节的时间跨度虽然比较长,矛盾冲突也较为复杂,涉及面也较广泛。但是由于作品始终围绕瞿秋白的生活和斗争的主线,所以故事情节显得紧凑,有利于人物形象的塑造。第三,结构完整。就结构而言,电视单本剧不像连续剧那样可以长期续下去,一集只写全部事故一部分,而是要叙述一个完整的故事。因此它的结构要求有头有尾,整肃完全。像《明姑娘》、《女友》、《新闻启示录》、《有一个青年》等电视单本剧都很好地体现了这一特征。

三、电视连续剧

电视连续剧是分集播出的多部、集电视剧。电视连续剧根据其集数多少又可分为中篇电视连续剧(3~8集)和长篇电视连续剧(9集以上)。电视连续剧中主要人物和情节是连贯的,每集只播出整个故事的一部分,但它也可以单独成立,只是在结尾时留下悬念,以待下集时人物和情节再继续发展。它类似我国的"章回小说"和"长篇评书"。从播放长度来讲,电视连续剧不少于3集,多可达数十集、数百集,个别的有长过千集的。如《人间正道是沧桑》长达50集;日本的《阿信》、《卞卡》都达200多集;美国的《佩顿·普赖顿》、英国的《加冕典礼街》等都长达千集。电视连续剧的出现,标志了电视剧艺术的成熟,也显示出了电视艺术不同于其他艺术的优势、特色。

电视连续剧目前已构成了电视屏幕上的主要艺术形式,也是电视艺术家们热心追求,努力制作的主要艺术形态,当然更是广大电视观众喜闻乐见的艺术样式。电视连续剧能满足观众长期收看一部长剧的审美兴趣。电视连续剧为什么能长期连续下去?大概与它的艺术特征有关。电视连续剧的艺术特征有三:第一,作品容量大,表现时空自由,有贯穿始终的主要人物和连续不断的动人故事,能够反映丰富复杂的社会生活,尤其适合表现重大事件和历史人物。像我国的《三国演义》、《红楼梦》、《渴望》、《雍正王朝》、《武则天》,英国的《居里夫人》,苏联的《卡尔·马克思的青年时代》等都体现了这个特征。第二,具有开放性的多样化结构,适应长期播放。电视连续剧往往从一个情节一个线索发展下去,将众多的人生细节勾连起来,然后一集集地演义下去。虽然故事中可能交织着若干附线,但是任何一集都不是一个已经完结的故事,因此可以长期地连续。如日本的连续剧《阿信》,本来是讲阿信的故事,后来她结婚,当然要讲她丈夫的故事;后来她又生了孩子,又讲孩子的故事;之后又有孙子,又要讲孙子的故事;再后来她又领来别人家孩子,于是又讲义子、义女的故事。这种连环式、开放性的情节结构,为电视连续剧的连续性创造了有利的条件。第三,全剧各集既有连续性、统一性，又保持相对独立性，注意设置悬念承上启下。电视连续剧是一种大型电视剧。作为艺术整体，它要求各集之间要有连续性统一性。然而，它是分集播放，这又要求具有相对独立性。不仅如此，各集间还要有悬念链相连接，激发观众兴趣，促使观众不断收看下去。如在日本电视连续剧《血疑》中，身患白血病的少女幸子一次次地"犯病"，也就形成了一个个的"悬念"，观众担心她的命运，就一集一集地收看下去。

四、电视系列剧

电视系列剧也是一种分集播出的电视剧，但又与电视连续剧不同。它虽由几个主要人物贯穿全剧，但故事本身并不连贯。电视系列剧的每一集都是一个新的、完整的故事，但是这一集的故事与下一集的故事没有内容上的联系。也就是说，人物保持着连贯性，而每一集的情节却是独立的。观众在观赏电视系列剧时，既可以连续地看，也可以断续地看，就是偶尔看一集，也能看得懂。由此可见，电视系列剧是充分发挥电视断续性观赏特征的电视剧形式。在我国播出的外国电视系列剧：美国的《神探亨特》(54 集)、《这就是生活》(21 集)，德国的《探长德里克》(36 集)、《老干探》(52 集)，英国的《复仇者》(6 集)等；国产电视系列剧：《济公》(12 集)、《聊斋》(80 集)、《编辑部的故事》(25 集)、《我爱我家》(120 集)等。

电视系列剧的艺术特征主要表现在以下三方面：第一，有贯穿始终的主人公，有共同的背景。如我国电视系列剧《济公》，贯穿全剧的主人公是济公，每集共同的背景是济公解困济贫、除暴安良的善意行为和游历。像美国的《神探亨特》，全剧有一系列独立成篇的由亨特与女搭档麦考尔联手破案的故事，背景也是相同的。第二，剧中每集有相对独立性，每集故事都是首尾完整的，类似电视单本剧。如南斯拉夫的电视系列剧《在黑名单上的人》，由 12 个故事组成，都讲的是第二次世界大战期间南斯拉夫与德国法西斯斗争的惊险故事。德国的《老干探》，讲的都是慕尼黑警察局探长欧文·考斯特侦破案件，同犯罪集团作斗争的故事。我国的《我爱我家》每集讲述一个完整的生活故事(长一些的故事则分成上、下两集)，小到家长里短，大到国策大略。每集结束之前还会有数分钟的"我家花絮"(NG 镜头剪辑)和"我爱我歌"(主题 MV 作品)。第三，情节取胜，惊险新奇。电视系列剧为了达到引人入胜，吸引观众长期看下去的目的，多在故事情节的曲折、离奇惊险上下功夫。在以情节取胜方面，《探长德里克》是有突破和创新的作品。该剧一反"警匪片"的常规，它不回避观众，总是在开头就将凶手明明白白地在观众面前"曝光"，让观众了解人物"底细"。像《加里森敢死队》《在黑名单上的人》等电视系列剧多以现实生活为基础,情节曲折,都带有某种"惊险片"的特点,非常有吸引观众的艺术魅力。

第五节 电视电影与数字电影

电视、电影相互依存、竞争与发展的需求,催生了一种新的艺术样式——电视电影。电视电影兼有电影和电视的艺术特性与传播特点,但又不完全与这两者相同。而现代数字制作技术与数字传输技术,又促使另一种电影样式——数字电影产生。以数字技术为支撑的数字电影深刻地改变了电影的物质形态、艺术形态与美学体系。电视电影与数字电影这两种新的影视艺术形态给人们带来了更为便捷的艺术接受和更高质量的视听享受。

一、电视电影发展脉络与审美特点

1. 电视电影发展脉络

顾名思义,电视电影即是为电视播放而拍摄的电影,其英文为"Movie made for TV",直译即是"为电视而制作的电影",有时也直接称之为"TV Movie"。电视由于观众数量巨大、传播范围广,因此需要大量的资源,当资源匮乏时,电视台必然会想到要与电影公司合作或者独立制作适合电视播出的电影,以满足观众对故事片的需求。另外,电视电影的出现也与电影与电视的竞争有关系。电视台出于自身生存和发展的考虑,自然会竭尽全力扩大受众群,在电视上播放电影就是扩大受众群的一个重要途径。从电影这一边来看,电视的出现与普及,给电影带来了很大的威胁,为了应对电视所带来的威胁,电影也会进军电视,电影产业有许多方式来开发电视市场,其中之一就是为电视台制作电影,比如美国最早出现的电视电影就是擅长低成本制作的环球公司与美国全国广播公司(National Broadcasting Company,NBC)合作制作的。可见,电影与电视的竞争促成了电视电影的出现并促进了其发展。

电视电影最早是由美国电视网推出的。1964 年 10 月,NBC 播出了他们与环球影业公司合作拍摄的电视电影《无处可逃》,该片被视为电视电影发展历史上的第一部作品。接下来 NBC 与环球合作生产了多部电视电影,这批电视电影成为电视电影发展初期的重要作品。由于电视电影成本低、周期短,又多取材自当下社会现实,表现方式非常灵活,因此很快就显示出其勃勃的生命力。其他电视网自然不甘落后。不过当 ABC 想要按照 NBC 的路子与环球合作拍摄电视电影时,却遭到了环球公司的拒绝。在这种情况下,ABC 开始自主拍摄、制作电视电影。随着自制作品的增多,电视电影得到了快速发展,从上世纪七、八十年代开始,电视上原先所播出的下线的影院电影被大量的电视电影替代。此后美国电视电影一直保持着繁盛的状态。美国电视电影在形态上有两个比较突出的特点:一是由于拍摄周期相对较短,电视电影经常取材于当下现实,特别是从人们广为关注的新闻事件中寻找拍摄题材,因此美国电视电影对现实社会保持着高度的敏感和直接的对应。比如,世纪之交引起国际关注的古巴小男孩埃连事件就很快被CBS(哥伦比亚广播公司)看中并被改编为电视电影。同样,备受关注的美国橄榄球明星O.J.辛普森因妻子遭残杀而被起诉、后又被判为无罪的"辛普森案"也被改编为电视电影《辛普森的故事》。在这些根据新闻事件改编的电视电影中,其故事与真实事件保持着高度的相似,甚至地名、人名也都是真实的,带有鲜明的"实录"风格,因此被称为纪录剧(docudrama)。二是美国电视电影在形式上非常灵活,尽管一般而言电视电影成本较低,但有时为了提高影片的收视率,美国电视网也常投入巨资,以使其成为"精品"。灵活性也体现在集数上,为了获得一定的容量,讲述系列故事或是较为复杂的故事,从而不断地将观众吸引到电视机前,美国电视电影不仅具有单集的形式,也经常以多集形式出现。而多集形式出现的电视电影虽然每一集仍具有电影的美学特性,但整体而言则更接近电视连续剧。人们一般将这种在1集与20集之间的电视电影称之为"迷你剧集"(mini series,或译为微型剧)。在美国,这种迷你剧集出现了很多堪称"力作"的作品,比如我们所熟悉的由斯皮尔伯格监制、HBO制作的《兄弟连》,斯皮尔伯格监制的另外一部迷你剧集《西部风云史》,反响也很大。此外像间谍片《合伙人》、科幻片《百慕大之夜》都是故事精彩、制作精良、影响很大的迷你剧集。

　　中国电视电影出现得比较晚,一般认为,CCTV-6电影频道1999年3月2日播放的《岁岁平安》是中国第一部电视电影。电影频道每天二十四小时轮番不停地播放电影,对电影的需求量可想而知。正是在这样的基本背景下,电影频道开始自制电视电影,当然,有时也与电影厂合作拍摄(如《共和国名将》系列电视电影就是与八一电影制片厂合作拍摄的)。所有拍摄的电视电影均以电影频道为基本的播放平台,这些电视电影极大地丰富了电影频道的播出内容,同时又以其多样化的题材带给观众新鲜感。自1999年推出第一部电视电影以来,这十来年电影频道已经生产了一千多部电视电影作品,平均下来,每年产量在一百部以上。电影频道的电视电影制作经常以一个大的选题为框架,拍摄系列电视电影,比如《共和国名将》、《女神捕》、《水浒英雄谱》、《火线追凶》都是系列片,这种系列片与美国的"迷你剧集"有相似之处,但又不完全等同于"迷你剧集",而是有电影频道自己的特色。

2. 电视电影审美特点

由于电视电影以电视作为播放平台,它必须考虑电视的媒介属性与电视观众的审美期待。总的来说,电视电影以电影语言为其表现手段和艺术追求,同时又必须符合电视的传播特性;具体来说,我们可以从以下几个方面简单概括电视电影独特的审美特点:

(1)电视电影在题材与画面选择上必须照顾到电视观众的需求。相较而言,电视电影禁忌较多,而影院电影则相对自由一些。由于电视观众年龄、职业、地域等都分布广泛,而且观看时大多是家人聚集一堂,所以,电视电影不能像影院电影那样在题材和画面方面表现暴力和色情。在美国早期电视电影发展史上,NBC曾与环球影业公司合作拍摄了黑帮题材的电视电影《杀手》,但制作完成后却无法在电视上播出,最后只能在影院放映。像中国的电视电影,就多为喜剧、救援、武侠等题材,比较适合家庭集体观看。

(2)电视电影成本低,制作周期较短。这有利于电视电影取材于当下发生的热点事件,而这恰好符合电视的传播特性。在这一点上,美国电视电影积累了大量经验。如前所述,许多重大社会事件——比如埃连事件、体育与广告明星O.J.辛普森案件——都很快被美国电视网改编为电视电影。美国电视电影对新闻事件的敏感足以为中国电视电影创作借鉴。另外,由于制作周期较短,且电视传播较广较便捷,所以许多电视电影作品往往以"迷你剧集"的形式出现,中国央视六套的电视电影则经常以系列片的形式出现。无论是"迷你剧集",还是电影频道的系列片,都在一定程度上具有电视连续剧的外在特征,而这正是电视电影的独特表现形态。

(3)受众观看方式也比较随意。由于电视观众在观看节目时不像在影院里那样凝神注目,而是处于一种较为生活化的环境之中,心态较为放松,观看方式也比较随意。观众在很大程度上是通过初步印象决定是否继续观看某一节目,在不喜欢的情况下,手中的遥控器会随时将电视转到另外的频道。电视电影需要符合这样的观赏环境和观众的观看方式,因此在情节设置上入戏要快,不能像影院电影那样耐心地交待故事发生的环境、通过大全景画面让观众渐渐沉入影片故事之中,而是立即通过影片展现的戏剧性事件吸引观众,否则就是通过悬念、通过非常精彩的台词、通过激烈的矛盾冲突吸引观众,入戏快也决定了电视电影的故事性一般都比较强。此外,人物性格也要非常鲜明,不能像影院电影那样让人物性格有个逐渐发展的过程,让人物性格逐步清晰地展现在观众眼前,而是性格鲜明、个性色彩浓厚,这样才会在人物出场的第一时间给观众留下深刻印象。总之，对电视电影来说，迅速展开情节非常重要。相应地，在剪辑时也要注意节奏不可太慢。

（4）在画面制作上向电视剧看齐。由于传播平台是电视，因此电视电影在画面制作上向电视剧看齐，不追求大场面效果。相对于画面效果，电视电影更需要在人物对话上下功夫。由于电视屏幕较小，即使投入巨资拍摄出大场面来，对观众的冲击力也远不如影院电影，所以电视电影往往扬长避短，少用大全景画面，多用近景和特写镜头，但在造型、画面构图方面却仍需遵循电影创作规律。在用光方面，电视电影往往多用轮廓光，以使人物形象鲜明；对于夜景画面，也不可像影院电影那样追求艺术美感，而是应该尽量偏亮，否则由于电视屏幕较小，夜景画面往往模糊不清，影响电视观众的观看。

总的来看，电视电影在创作上处于电视与电影之间，需要创作者根据电影的优势和传播平台的限制扬长避短，这样才能发挥电视电影的艺术优势，使电视电影得到良好的发展。

二、数字电影的概念、功能与美学嬗变

数字技术在影视创作中的运用和不断发展，使得电影和电视从拍摄到后期制作再到发行放映等各个环节都受到影响。"数字电影"作为一种新的电影形态随之出现在人们的视野中，并日益受到重视。

1. 数字电影的概念与功能

对电影创作来说，数字技术的发展首先改变了后期剪辑方式。传统的电影剪辑是一种物理性的手工操作，剪辑师首先需要用摇片机摇动工作样片，找到剪切点剪断，然后在接片机上粘接。有了数字技术以后，剪辑依赖于计算机平台上的非线性编辑软件，非线性编辑可以直接在视频轨道和音频轨道上添加素材，自由地按照需要来对影片进行剪辑。不仅如此，无论是视频，还是音频、字幕都可以进行特效处理。如果需要添加动画，还可以将已经完成的2D或3D动画直接添加到视音频轨道上进行处理，最终合成为数字格式的影像作品。非线性编辑的灵活与其拥有的强大功能对胶片拍摄的素材也具有非常大的吸引力。在今天，传统的用胶片拍摄的电影也转化为数字中间片（DI），然后进入计算机上的非线性编辑系统，进行后期加工，包括添加特技效果、调色、配光、音效处理与合成。"数字中间片"制作增加了电影制作的成本，所以人们逐渐开始尝试运用高清数字摄像机拍摄电影。传统的电影摄像机是用胶片作为感光材料，而数字摄像机是用CCD/CMOS作为感光材料，由于胶片机的对比度曲线要优于数字摄像机，胶片机拍摄出来的画面更柔和、更具艺术质感。所以直到今天，

电影创作者依然愿意将胶片机拍摄出来的影片转化为"数字中间片",然后进行特效处理,而不愿意直接使用数字摄像机。但是,随着数字技术的不断发展,一些高清摄像机通过电影伽马技术调节对比度曲线,使得拍摄出来的画面逐渐逼近并最终达到胶片机的拍摄效果。在这种情况下,电影创作逐渐开始运用高清数字摄像机进行拍摄,比如张艺谋导演的《三枪拍案惊奇》就是如此。传统电影在制作完成后要制作成拷贝,然后运送到电影院放映;而数字技术运用于电影发行,则只要通过硬盘、磁带等介质存储影片,或直接通过卫星传输手段将数字格式的成片传到电影院。数字技术也运用于电影放映过程之中,数字放映一般是用服务器配合数字放映机进行。数字存储与数字放映丝毫不会影响影像质量,不像胶片电影那样每复制一次、每播放一次都会对影像质量带来损伤。

可见,数字技术已经广泛地运用于电影创作、发行和放映的整个过程。在数字技术刚运用于电影创作时,人们就为其强大的功能及其便捷性而振奋,而"数字电影"的概念也应运而生。《电影艺术词典》对数字电影作了如下界定:数字电影"是指在电影的拍摄、后期加工以及发行放映等环节,部分或全部以数字处理技术代替传统光学、化学或物理处理技术,用数字化介质代替胶片的电影。"① 显然,这一概念着眼于数字技术给电影带来的革命性变化。但是,这一概念也存在问题。严格说来,数字电影并不是一个电影类型,因为凡是运用了数字技术的电影都可以称之为数字电影;同时,数字电影也并非一个恒定的存在,在数字技术刚运用于电影创作时,人们赋予这个新生事物以"数字电影"的名称,并使之与传统电影相区别。但是,随着数字技术在电影创作、发行与放映过程中的广泛运用,越来越多的电影创作都运用了数字技术,比如冯小刚导演的《集结号》,片中的战争场面就运用了数字技术,但我们在观看电影时却不一定会留心到。那么《集结号》是不是可以称之为数字电影呢?所以,倘若按照《电影艺术词典》对数字电影的界定,那么总有一天,所有的电影都可以称之为数字电影;如果一个概念可以指称全体,而没有具体的针对性,那么这一概念也就没有存在的必要了。我们完全可以预计,随着数字技术不断发展,随着数字技术在电影创作中的广泛运用,"数字电影"必将成为一个历史性的存在。当前,如果从狭义上去界定"数字电影",那么我们不妨认为在创作中的每一个环节——拍摄、剪辑、音效制作等——都运用了数字技术的电影,才堪称"数字电影"。

---

① 许南明等主编:《电影艺术词典》,中国电影出版社 2005 年版,第 24 页。

2. 数字技术背景下的影像美学嬗变

数字技术有力地促进了电影的发展,同时也使得电影在审美属性方面产生了变化。具体而言,以下几个方面应该被提及:

首先,从根本上来说,数字技术在影视作品中的运用促使虚拟影像得以生成,而虚拟影像的出现则使得电影的纪实美学观念受到考验,由此带来一种新的美学呈现方式。我们知道,法国电影理论家巴赞与德国电影理论家克拉考尔对电影持纪实美学的观念。巴赞认为,电影美学的基础是电影再现事物原貌的独特本性;克拉考尔也认为电影是物质现实的复原,他甚至认为电影的本性使得电影不适合表现历史题材,因为历史片所表现的世界是"一个从生活的时空连续中硬切出来的人工产品",一旦观众感觉摄像机的方位偏了一丁点儿,历史片的假定性便露出了马脚①。然而数字技术却能够创作出虚拟影像来,这些影像完全是现实中不会存在的事物,比如在《阿甘正传》中阿甘与三位已然不在人世的历史人物握手:猫王、约翰·列侬、肯尼迪总统;再比如《侏罗纪公园》中的恐龙也非现实中存在的事物。可见,数字技术使得电影中出现了大量的虚拟影像,他们并非现实存在物,电影也不完全是物质现实的复原了。不仅历史题材能够在影片中真实地表现出来,就是魔幻题材现在也能够以让观众感到逼真的大量影像在银幕上表现出来了,这在很大程度上丰富了科幻大片或魔幻题材影片的表现空间。这样的例子举不胜举,像《侏罗纪公园》就再现了恐龙世界,《阿凡达》则创造出外星上的奇观景象,其他像《加勒比海盗》系列、《哈利·波特》系列、《指环王》系列等电影也都利用数字技术创造出亦幻亦真的视觉奇观。1988年美国影片《谁陷害了兔子罗杰》开始将真人表演和动画结合在一起,此后的《指环王》、《纳尼亚传奇》等影片中也可以见到真人与计算机制作出来的形象结合在一起的画面。同样,李少红导演的新版《红楼梦》运用数字技术将小说中所写到的女娲补天、贾宝玉梦游太虚幻境等奇幻景观以逼真的视觉形象表现了出来。虚拟影像的出现给影视创作者的想象力插上了翅膀,正所谓"只有想不到的,没有做不到的";同时,虚拟影像的出现也给影视美学带来了焕然一新的面貌。

其次,数字技术的发展有助于电影拍摄出极其壮观的画面,从而营造出电影"奇观"。创作者利用数字技术再现历史宏大景观——特别是大全景画面,从而创造一种"逼真性",极大地满足了人们对"奇观"的渴望。比如,《拯救大兵瑞恩》开头的诺曼底登陆,就通过数字技术以几百个人创造出千军万马的战争场景;《角斗士》中也有一个大全景画面,画面中无数的人从许多条街道涌向巍然

---

① [德]齐格弗里德·克拉考尔:《电影的本性》,邵牧君译,江苏教育出版社2006年版,第108页。

高耸的大斗技场,这同样拜数字技术所赐。金铁木执导的纪录片《大明宫》、《圆明园》等片也通过数字技术"还原"了气势恢宏的大明宫和圆明园。现在一些电视剧也用数字技术营造出全景式的大场面,李少红导演的新版《红楼梦》在表现"元妃省亲"一节时就运用数字技术,展现出大观园的壮观景象。通过数字技术营造出的全景式、大场面效果,让观众充分感受到历史场景的"逼真性",同时也让观众获得视听上的餍足。"奇观"的生产影响到电影产业,比如现在许多影业公司都将希望寄托在所谓的"票房炸弹"上,在极少的影片上,影业公司投入巨资,其中就包括利用数字技术生产出影像"奇观"来,以之吸引观众的眼球,从而获得高票房。

此外,数字技术的发展还使得DV普及开来,这给民间创作者的影像创作带来了机遇。影像制作门槛的降低,使得越来越多有想法的年轻人拿起DV进行表达,电影创作不再是少数人的专利,这些DV创作者给影视艺苑带来了清新的空气。同时,数字技术也推动了电影在网络上的传播,人们不仅可以在网络上在线观看影片、下载影片,还可以将自己拍摄的作品上传到网络上,通过网络让更多的人观看到自己的作品。因此,数字技术与网络的结合,不仅改变了人们的观影体验,而且影响到影像时代人们的生存方式。

思考题

(1) 电影作品可分为哪些片种?
(2) 什么叫故事片?它的特点有哪些?
(3) 什么叫纪录片?它可以分为哪几种类型?
(4) 电视剧可分为哪几种样式?它们各有哪些特点?
(5) 举例说明电视电影的审美特点。
(6) 举例说明数字电影的审美趋势。

拓展阅读

(1) 郑树森:《电影类型与类型电影》,江苏教育出版社2006年版。
(2) [美]路易斯·贾内梯:《认识电影》第八章中的"类型片与神话",胡尧之等译,中国电影出版社1997年版。
(3) 胡智锋:《电视审美文化论》"上篇",北京广播学院出版社2004年版。
(4) [英]尼古拉斯·阿伯克龙比:《电视与社会》第三章"电视的类型",张水喜等译,南京大学出版社2007年版。
(5) 张文俊主编:《数字时代的影视艺术》,学林出版社2003年版。

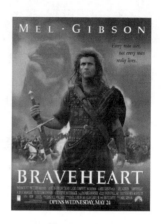

第 II 篇　语言编

本编内容提要

第四章 语汇之一：影视画面的艺术构成
第五章 语汇之二：影视声音的艺术表现
第六章 语法构成：影视蒙太奇与长镜头

第四章 语汇之一：影视画面的艺术构成

任何一门艺术都有其独特的语汇要素以及将这些要素组合在一起进行表情达意的语法规则，比如绘画，就是通过颜色、构图、光影等语汇要素进行创作的；音乐则是借由旋律、节奏、节拍、音区、音色、和声、复调、调式、调性等语汇要素感染听众。作为一门独立的艺术形式，影视自然也不例外。尽管将"语言"概念用于影视也引起过争议，但电影语言、视听语言等称谓仍是对影视艺术进行深入分析时行之有效的手段。实际上，当我们在谈论电影语言、电影语汇、电影语法时，"语言"一词乃是一种隐喻，而非其字面意义。法国著名电影理论家马赛尔·马尔丹就将其论述电影艺术的著作命名为《电影语言》，马尔丹指出："由于电影拥有它自己的书法——它以风格的形式体现在每个导演身上——它便变成了语言，甚至也从而变成了一种交流手段，一种情报和宣传手段。"[①]马尔丹宣称自己在对电影艺术的研究中，"将有系统地同文字语言相提并论"，但同时马尔丹又极力凸显电影语言的独特性："事实上，我们是无法从文字语言的类目出发去研究电影语言的，而将两者的原则进行任何类比等同也是荒谬和徒劳的。我相信必须首先肯定电影语言是有其绝对的独创性的。"[②]同样，法国巴黎第三大学电影专业教材《现代电影美学》也强调了电影语言在电影美学中的重要性及其独特性："实际上，电影语言这个概念是电影美学提出的一切问题的交汇点，而且自电影问世以来即如是。这个概念战略性地用于设定电影作为艺术表现形式的存在。为了证明电影确实是一门艺术，就应当赋予它一套有别于文学和戏剧的独特语言。"[③]

那么，影视"有别于文学和戏剧的独特语言"是什么呢？总的来看，画面、声

---

① ② ［法］马赛尔·马尔丹：《电影语言》引言，何振淦译，中国电影出版社2006年版，第4页；第9页。

③ ［法］雅克·奥蒙等：《现代电影美学》，崔君衍译，中国电影出版社2010年版，第131页。

音等构成了其基本的语汇要素。每一语汇要素又是不同方面的合力作用而成，比如画面就涉及构图、镜头、光影、色彩等。而将这些语汇要素组合起来的"语法构成"则是蒙太奇与长镜头。

第一节 影视画面与构图

一、影视画面的涵义与特性

影视画面是影视艺术语言的基本元素，也是最主要的构成元素。我们通常把借助于电影摄影机或电视摄像机记录在感光胶片（电影）或磁带（电视）上，最后在银幕或屏幕上还原出来的视觉形象称之为影视画面，或叫影像画面。影视画面利用人类的视觉生理、心理特性（视觉暂留和透视原理），通过光影将一个二维的、由静止画面构成的平面视觉形象转化为具有三维立体感的运动图像。它成了影视艺术形象的载体，不仅指某个孤立的人或物，而且指人或物之间所形成的关系，以及由这种关系所表现的特定的时空。作为影视作品语言的构成要素，它与另一个构成要素——声音在互渗中达到和谐统一。但画面在影视艺术中却占有更加重要的地位。因为从接受心理方面讲，人所接受的外界信息，绝大部分来自视觉；从艺术角度看，画面在艺术表现力上也大大超过了声音。

影视画面虽说是直接作用于人的视觉感知，但它并不是客观的物像，而是借助物质材料的光影技术手段，为了一定的艺术目的和按照一定的规律，将现实物像进行记录、改造和加工而成的。影视画面中影像既是对现实物像的记录，也是对现实物像的重新制作。因而，影视画面具有一定的符号性。它既是某个事物"客体化"的感知，又超越影像本身而指称某种意义。也就是说，它既记录现实而又超越现实，是被人赋予了意义的"现实"。

影像画面的这种符号性本质决定了它具有以下基本特性：

第一，视觉感受直观性。这里所谈到的"直观性"，指的是在空间中再现客观现实的造型艺术所共有的特质。严格地说，时间艺术一般都不具有这种特征。比如文学创作，作家可以用语言或文字去叙述事件的过程，描写客观事物的外形，可是对于读者来说，这种叙述和描写无论多么准确、细致，仍然必须通过自己的联想和想象，才能把握住具体的形象。再比如音乐也是一门时间艺术，有人称之为"心灵的直接语言"。音乐家可以通过音调、旋律等手段创造出音乐形象，表达人的感情、情绪，从而产生震撼心灵的艺术效果。然而，任何一种音乐形象都不可能具备视觉的直观性。影视影像的视觉直观性同"照相"的纪实性及其客观性、逼真性紧密联系在一起。就艺术欣赏者来说，对这种造型形象的感受，不需要像欣赏文学、音乐那样，需要较为丰富的想象力和联想力。例如当我们读到像"红杏枝头春意闹"这样的诗句时，不仅需要具有古诗文的修养才能弄懂它的意思，而且，即使搞清了字面的含义，假如没有一定的生活经验，没有丰富的联想和想象力，也无法把它在大脑中化为形象的画面。可是在电影中，艺术家们却可以根据诗句拍摄出直观的几幅画面：一片盛开的杏花，成群的蜜蜂在花丛中或飞翔或采蜜；天空澄碧，江水清澈见底，岸边青枝摇曳，连远方的船只也是绿的。对于这样的画面，我们甚至无须以自己的生活经验去联想，去想象，它本身就使我们得到一次直观的艺术感受。

第二，客观现实的再现性。影视画面是对客观现实的一种再现，一种自然的现实主义的再现。它强调和突出的客观现实在空间和时间中各种具体的、肯定的、单独的面貌。尽管这种客观现实本身有可能是被人有意识制作的，如画面中的人物是由演员按照剧本的规定扮演的，场景是由人工搭建的，故事是经过精心编造的等，但胶片或磁带上的影像都来自于摄影机或摄像机对这些客观物像的记录。从这个意义上讲，影视画面在再现现实时，比任何其他艺术载体都更为逼近真实。影视画面作为符号不同于一般符号之处，在于它不是以一种具体事物去标示另一种与它不同的事物，而是以自身的影像去标示自身，如用茶杯的影像标示茶杯，以月亮的影像标示月亮等。而且影视画面中事物必定是某一特定的时空的某一具体事物。

第三，主观心智的表现性。影视画面不仅是对客观现实的简单记录，而且是影视创作者根据自己对世界人生以及艺术理解所作出的对客观物像重新建构。这种包含着影视创作者主观意识的影视画面，作为一种符号就体现了主观心智的表现性。"从这个意义上，我们可以说影视影像是一种'缺席的在场'：它让观众产生一种逼真的'在场'感，但同时观众面对的又是一种经过艺术和技术处理的光影图像，真正的现实是'缺席'的。借助这一特征，一方面影视艺术比其他艺术样式都具有更逼真的复制再现力，另一方面，它也比任何其他艺术样式具有更潜在的主观表现力。"[①]影视画面的符号性很难从某个孤立的影像上完全显示出来，它的深刻意义更取决于观赏者对影像之间的关系、上下文之间关系的领悟与阐释。如果青松作为孤立影像只是指称一棵青松而已，一旦青松的影像出现在英雄牺牲的画面之后，它便获得并显示出坚强不屈，万古长青的意义。

第四，画面涵义的模糊性。影视画面是有涵义的，但其涵义的表现并非单个画面涵义之和，而是画面组合之后产生的新涵义。影视画面涵义的理解，会受影

---

① 彭吉象主编：《影视鉴赏》，高等教育出版社1998年版，第74页。

视上下文关系、观众的思想观念与生活经验等方面的制约。不同的观众会因为自身的审美趣味、文化修养、人生观等的不同,而对同一种影视画面及画面组合产生不同的看法。这就是影视画面涵义的模糊性。这种模糊性将会导致观众对影视画面涵义的多种理解,有些是正确合理的,有些也许是偏见甚至是错误的。这也说明,影视画面在拥有形象的确定性的同时,还有极大的灵活性和含混性。影视画面涵义的模糊性并不妨碍影视思想内容的表达和理解,只要观众进行内在的思考和审美评判,就能准确地理解影视作品的内在意蕴。

二、影像画面造型性与构图

影像画面构成的一个重要元素是造型。造型表现的是影视内容的空间感,是影视画面创造的结果。所谓造型,是指在特定视点上,通过形、光、色等空间元素来表现人物、事件、景致,塑造视觉形象的活动。造型并不是影视的专利,而是它从绘画、雕塑、舞蹈、戏剧、摄影等艺术借鉴而来的。影视造型包括摄影造型(光线、色彩、取景等)、美术造型(布景、服装、化妆、道具等)和演员造型(外形、动作)等多个方面。而这些方面的造型又取决于构图、光与色等主要造型元素和造型方法的运用。下面我们来着重讨论构图。

构图原是绘画用语,指的是构成图形的方式。它被借用到影视艺术中意指影像的构成。影视构图处理的是画面中影像之间的关系和组合,具体说来是指人、景、物的位置关系以及形、光、色的搭配关系。影视构图的复杂就在于它不是如绘画、摄影这样的瞬间艺术仅有空间问题,而是引进了时间的因素。因此,在影视构图中出现了运动。由于时间和运动,特别是长尺度的运动,被摄对象在画面内的位置、它与前后景的平面和透视关系便会发生连续的或间断的变化。影视的表情达意不再以单个画面为单位,这也迫使创作者必须从上下镜头的关系,从场与场的关系中对每个画面的图形作连贯的、统一的处理。也因此,著名电影理论家库里肖夫才把电影的构图称为"动态构图"。

影视构图可谓千变万化,但不管怎么变,一个画面图形总由三个基本部分组成,即主体——构图的中心,陪体——主体的陪衬物,环境——主体或者包括陪体所处的环境。这三部分中,陪体和环境都与主体形成一定的关系,对主体起修饰和映衬作用。这些作用通常是由它们的面积大小、位置经营、光线明暗、色彩配置、动静处理、透视效果以及视点等方面实现的。所有这些方式的调动和运用,最终要达到目的应该是:通过构图各部分间相应关系的建立,有利于视觉注意中心的确定和转移,引导观众更深入更准确地达到对画面表情达意的读解。我们不妨以影片《一个和八个》为例。该片创作者非常有意识地通过画面构图来强化形象的某些特征,构图的造型意味很强。片中表现科长的矛盾心理时,与科长的内心独白相配合的是科长从旷野走来。画面的前景是一些石头,科长被置于画面左侧,其右侧没有景物,这就造成了画面重心的倾斜,这与科长内心的不稳定相同构。碾房里的一场戏,三个土匪在议论老金,画面的前景又置放了一个石碌子,以广角镜头有意夸大了它在画面中所占的面积,三个土匪的身子都整个被碌子遮住,只剩下三个光光的脑袋被逼到画面的边角处。这样的构图安排,既反衬了土匪内心的局促,也显示了创作者对其评判的态度。影片结尾时的镜头也很有意味:精疲力竭的科长扶起受伤的老金,形成一个类似三角支撑的图形,镜头缓慢拉开,出现了地平线,随着《太行山上》的无字歌吟响起,画面逐渐虚化。在此,画面图形以地平线和向中间倾斜的两个人所构成的三角形,形成了十分简洁、有力而稳定的图形,再配以激昂的音乐,能使观众产生很强烈的情感冲击力。在《一个和八个》中,诸如画面的不均衡构图、石头在前景的大量使用,户外空间借助地平线,户内空间大多显得局促等,便形成整部影片有机统一的造型风格。像《一个和八个》这样顾及整个影片的造型构思和造型风格来处理构图,在中国第五代导演创作的如《黄土地》、《红高粱》、《菊豆》等影片中也十分常见。这些影片的共同特征就是都把构图真正当作一种造型手段来运用。

三、影视构图的主要类型与方法

对影视创作来说,电影银幕和电视屏幕都可以被视为矩形的取景框,或者说是"画框"——不过画框内的景物具有时间的维度,它们或者是动态的,或者是静态的,而即使是静态的,也会持续一定的时间。无论是一个人喁喁私语,还是千军万马奔涌向前,都是在特定的景框内展现给观众。通过这一景框,创作者对物质现实和虚拟影像进行选择、提炼和创造,所以,与其说景框是一种限制,毋宁说是一个创作平台,没有这一平台,所有的影视创作都无法存在。以景框为界限,我们可以将影视构图分为两类:一类是封闭式构图,一类是开放式构图。

封闭式构图指的是创作者以景框作为界限,把所要表达的内容全部组织在这一景框内。苏联电影导演与电影理论家库里肖夫曾经说过:"决定画面时,一定要规定出拍摄对象与画面四边的关系。"[1]我们在观看影视作品时,最为常见的便是封闭性构图。

在封闭的画面空间内,构图大致有两种处理方式,一种是平衡构图,另一种是不平衡构图。平衡构图是按照均衡的设置与组合方案对画面中的景物——包括主体、陪体与环境——进行处理,景物所占面积、景物的大小甚至是景物的"分量"要匀称、适中;不平衡构图则有意打破这种均衡的画面景物设置与组合

---

[1] [苏]库里肖夫:《电影导演基础》,志刚译,中国电影出版社1983年版,第233页。

方案。平衡与不平衡不仅体现在画面的结构中,而且诉诸观众的视觉心理——观众的审美习惯具有潜在的心理依据,因此,会对平衡与不平衡有着基本的感受。比如,根据德国著名电影理论家爱因汉姆对视觉心理的研究,观众会有一种中心感,所以当创作者将画面主体放在景框中央,并尽量简化其他有可能会吸引观众注意力的元素时,观众就会感觉画面很均衡,很稳定;反之则会感觉到不平衡,不稳定。在爱因汉姆看来,画面中的景物具有相应的"分量",比如,当创作者将两个人物安排在画面一左一右两端时,由于左右的"分量"均等,观众就会感觉构图很平衡;假如画面左边是一个或几个人物,而右边没有任何景物,只是一片浅色调的环境,那么观众就有失衡的感觉,此时,倘若创作者将右边换成一株大树,观众就会获得平衡感。再比如,在景深构图中,前景的人物或景物显得很大,后景的人物或景物显得相对较小,此时观众会觉得平衡;假如将前景与后景人物的大小比例颠倒过来,观众就有种不平衡的感觉。有时为了更好地表情达意,创作者会有意采用不平衡的构图方式,这种不平衡构图,由于需要打破常规,更能反映出创作者的艺术感受力与艺术创造力。比如《黄土地》中有这样一个场景,送亲的队伍排成一字形,从塬上走过,按照平衡构图的原则,送亲的队伍应该占据画面的主体;但《黄土地》使用的却是不平衡的构图方式:占据了画面绝大部分面积的是黄土山梁,送亲的队伍在画面最上端,每个人都显得非常小,整个送亲的队伍似乎只是黄土地上的点缀。影片用这种不平衡的构图将"黄土地"的古老、沧桑、厚重凸显出来,具有出色的表意效果。再比如库布里克导演的经典恐怖电影《闪灵》的一开头,就凸显了山峰的高大,画面上的公路像一条线,而主人公所驾驶的汽车则像一只小小的甲虫。特别是,画面左半部分是高大的山峰,"分量"极重;画面右半部分的景物则极其稀疏,位置又极低。这样的不平衡构图在影片的叙事还没有开始的时候就给观众制造了一种威胁感。

　　开放式构图与封闭式构图相反。对于开放式构图,创作者一方面要用景框来选择、提炼现实生活;另一方面又打破景框这条界线,将画面内的内容与画面外的内容进行关联性处理,在这种关联性中创造叙事张力,从而激发观众的想象力,让观众联想画面外的内容,最终参与到画面意义的建构过程中来。对于开放式构图中的景框,需要用艺术的辩证法来看待。如果说景框内的内容是可见的,那么景框外的内容则是不可见的;如果说景框内的内容是实的,那么景框外的内容则是虚的。另一方面,景框内的内容虽然是可见的、实的,对于观众的想象来说则是一种限制;而景框外的内容由于是不可见的、虚的,其内容和意义需要观众的想象才能得以生成,反倒解放并促发了观众的艺术想象。"虚实相生"成为开放式构图的创作要领。与封闭式构图相比,开放式构图虽然不是很多,但也时有所见。比如我们经常会看到这样的构图:画面内是某一人物身体的局部——

胸部、腰部、受伤的腿、流血的手等,这种不完整的构图将人物的表情留在了画面之外,引导观众进行想象;有时我们也会看到人物遭到画面外伸进来的一只手、一条腿、或一根木棍的猛击,但却无法看到画面外的袭击者,此时观众的想象也会被激发出来。有时景框外的声音传进画面内,但观众却看不到说话者或者音响的制造者,此时观众会根据剧情对景框外的内容加以联想。在美国喜剧明星金·凯瑞主演的影片《变相怪杰》中,主人公斯坦利在戏弄匪帮时,突然有一只手从景框外伸进画面,将一尊奥斯卡金像塞进斯坦利手中,想象力不可谓不丰富。所有这些,都说明了开放式构图所具有的艺术魅力。

有人说构图是"听不见的旋律"。它不仅传达一种认知信息,而且也传达一种审美情意。从影视作品的构图中观众能够感受到或含蓄蕴藉,或明快简洁,或安祥凝重,或热烈奔放的不同风格。随着影视美学的日益成熟,影视构图的表现力也越来越受到重视。

第二节 影视镜头与景别

影视画面从内容上讲,主要是由人物、自然和社会环境等构成;而从技术形成上看,影视画面则由镜头拍摄才确定下来的。可见,镜头如何运用直接关系到影视画面的审美价值。景别、运动方式、焦距、拍摄角度和视点都对镜头的表意效果具有直接的影响。

一、影视镜头

镜头是影视语言的基本组成单位,它是影视记录的工具。镜头主要是一个时间概念。一个镜头就是摄影机或摄像机从开拍到停止所拍下的全部影像。镜头由画面组成,有时一个画面就是一个镜头,但一个镜头又可以包含多个画面。

影视镜头的类型有很多种,参照不同的划分依据,我们可以将影视镜头进行不同的分类:

1. 根据镜头是否运动分类

据此我们可以将影视镜头分为两大类,即固定镜头与运动镜头;运动镜头根据运动方式的不同,又有推、拉、摇、移、跟等五种基本形式。

固定镜头指的是在摄影机机身与机位都不变的条件下所拍摄的镜头,在固定镜头中,摄影机的机位不变,即摄影机没有进行任何的运动;镜头的焦距也没有任何变化。固定镜头是一种静态造型方式,它最大的特点就是画面的范围和视域的面积始终保持不变,在这一点上,固定镜头与绘画有相似之处;但在固定镜头中,人物可以运动,可以入画出画;画面的光影也可以有所变化,从这一点来看,固定镜头又不同于绘画。固定镜头适合表现静态的环境,而从审美心理的角度来说,固定镜头能够让观众的注意力较为集中,以"凝视"的态度观看电影,就此而言,固定镜头可以给观众带来宁静感、深沉感,适合表现比较严肃的场景或主题。

运动镜头是相对固定镜头而言的,它是通过摄影机机位的变化、机身的变化以及焦距的变化来进行影视拍摄,使得画面产生运动感。运动镜头是影视画面拍摄的一个重要手段。运动常被用来加强改变物像之间的空间关系,产生运动感,从而引导观众注意力的变化,构成对观众心理上不同形式的冲击。运动镜头包括推、拉、摇、移、跟五种形式,其他运动方式则是这五种形式的组合或变化。

(1)推——指摄影机通过移动,逐渐接近被摄对象的运动镜头,随着摄像机的前推,一方面被摄对象在画面中所占的面积越来越大,细部特征越来越醒目;另一方面,环境和陪衬物越来越少,画面中心越来越突出。推镜头常被用来引导观众注意力,强化视觉的冲击效果。

(2)拉——指摄影机通过移动逐渐远离被摄对象的运动镜头。随着摄像机的后移,一方面被摄对象在画面中所占的面积越来越小,细部特征越来越模糊;另一方面,环境和陪衬物越来越多,画面中心相对淡化。拉镜头往往用来提醒观众对环境、环境与人物之间关系的注意。

(3)摇——指摄影(像)机位置固定,而镜头借助三角架作上下、左右或旋转摇动的运动。这种镜头犹如人的目光顺着一定方式对被摄对象巡视,可以起到改变拍摄对象、拍摄角度以及追踪拍摄对象的作用。

(4)移——指摄影(像)机沿着水平方向作左右横移的拍摄的镜头。移动镜头是机器自行移动,不必跟随被摄对象,它类似生活中人们边看边走的状态。移镜头同摇镜头一样,能扩展画面的空间容量,但因机器不是固定不变,所以比摇镜头有更大自由。特别是当与物体同时运动时,由于背景的变化可以造成强烈的运动效果。

(5)跟——指摄影(像)机与运动着的被摄对象保持等距离纵向运动的镜头。这种镜头因始终跟随运动着的拍摄对象,有特别强的穿越空间的感觉,适宜于连续表现人物的动作、表情和细部的变化。如导演黑泽明在影片《罗生门》里表现强盗多襄丸在灌木丛中奔跑的场面,就运用了许多高速跟拍的镜头,充分展示了剧中人在山坡疾驰、迅捷的动作,生动刻画了自恃武艺高强、狡狯残忍的山贼本性。

以上五种基本的镜头运动形式,在拍摄过程中可以相互结合,同时借助于不同的操作方式和一定的辅助手段还能派生出其他运动镜头,如升降镜头、跟拉、跟推、摇摆、环移镜头等。镜头运动也可借助于升降机、轨道以及汽车、飞机、船等机械手段来完成。推拉运动还可通过镜头焦距的变化来实现。运动镜头在影视作品中被频繁使用，不仅可以用来描写人物、环境、叙事故事，而且还可以创造节奏、风格、意蕴，是一种很重要的艺术表现手段。

2. 根据焦距进行分类

影视画面的拍摄效果与焦距运用有关。从镜头外射进的光通过透镜后会被聚合成一点，这个点被称为焦点，从焦点到镜头中心点的距离便叫焦距。焦距的长短直接决定着镜头的视野、景深和透视关系，使影视影像产生不同的视觉效果。根据焦距的差别，可分为标准镜头、短焦距镜头、长焦距镜头和变焦距镜头。

（1）**标准镜头**——指焦距为 40 毫米～50 毫米的镜头。用该镜头拍摄的画面接近于人眼的感觉和视野，其获得的影像与原来的客观物像有逼真的还原程度。这是影视片通常采用的镜头。

（2）**短焦距镜头**——指焦距小于 40 毫米的镜头，又称广角镜头或鱼眼镜头。该镜头比标准镜头广，可达 180 度的视角范围，视野广，景深也大。它能造成深远的纵深感，夸大前景中物像的尺度，使前后景物大小对比强烈，近景有明显的变形感。这种镜头有利于表现横向上宏伟壮观的场面，增加纵向上动作运动的速度感。如《鸦片战争》中焚毁鸦片的大场面就使用了短焦镜头。

（3）**长焦距镜头**——指焦距大于 50 毫米的镜头，可以把距离很远的景物处理成近景的镜头，又称为远望镜头。该镜头视野小，景深也小。它能压缩纵深感知，使纵向空间显得扁平，所以能把远距离物像拉到近处。这种镜头既有利于在远处偷拍，又因为纵向感知迟钝，而使被摄物体横向运动速度加快，纵向运动速度产生缓慢感。

（4）**变焦距镜头**——指焦距可以发生变化的镜头，即一个镜头同时可以根据不同需要调整焦距，当作标准镜头、短焦距镜头或长焦距镜头使用。这种镜头因变焦，可以造成画面纵深感和物像体积、运动速度的变化，也可造成推拉镜头的效果。焦距对于镜头来讲，不仅是用来记录和复制现实的技术手段，同时也是一种具有表现力的艺术手段，它对于影像造型、气氛营造、人物刻画、思想和情感表达等都起着一定的作用。

3. 根据镜头角度进行分类

摄(像)机镜头与被摄对象水平之间形成的夹角被称为镜头角度。人们一般将镜头角度分为平视、俯视和仰视镜头三种，角度不同拍摄的视觉效果也不同。

（1）**平视镜头**——指镜头与被摄对象保持基本相同水平的镜头。这种镜头接近于常人视线的感受，是影视中心最常用的。

（2）俯视镜头——指镜头低于水平角度，朝下俯拍的镜头。这种镜头能使被摄对象的体积看似压缩以至于形状奇异，使被摄物体呈现一种被压抑感，使观众产生一种居高临下的心理，常用来表现遭受危险或威胁情况。有时俯视拍摄景物，也能展示比较开阔的场面和空间环境。

（3）仰视镜头——指镜头高于水平角度，朝上仰拍的镜头。这种镜头能夸大影像的体积，使被摄物体更显高大、英武、强悍、威严等，观众会产生一种压抑感或崇敬感。有时仰视镜头也被用来摹仿儿童的视角，如《城南旧事》中就摹仿女主人公英子的视角，采用了大量稍稍仰视的镜头。

4. 根据镜头的视点进行分类

镜头的视点指的是镜头所模拟的观察者的视野。镜头视点主要有以下几种：

（1）主观镜头——指从影视作品中人物的视点出发来叙述的镜头。这种镜头把摄影机镜头当作剧中人的眼睛，直接"目击"生活中其他人、事、物的情景。带有明显的主观色彩。当观众接受主观镜头时，无形中使自己处于剧中人物的位置，产生身临其境、感同身受的效果。

（2）客观镜头——指从导演或观众的视点出发来叙述的镜头。这是影视中最常见的镜头视点。

（3）正反打镜头——指模拟作品中人物对话时各自视点的镜头。一般表现为从听话人的视点观看说话人，并因此不断变动对话双方的视点。这种镜头可以是不出现听话人而以其视点看说话人的主观镜头，也可以是框入听话人的头或肩部，从听话人背后看说话人的客观镜头。

（4）空镜头——指画面中没有人物而只有景或物的镜头，这是特殊的镜头。这种镜头通过景物或道具来揭示某种思想，或抒发某种感情，起到介绍环境、叙述事件、传情达意等作用。空镜头的内容并不"空"，也有称之为景物镜头。

除了上述类型的镜头外，还有景深镜头、叠印镜头等。影视镜头的运用，对影视画面的创造和审美方法具有重要影响。"从某种意义上讲，影视作品是用镜头来说话的，所以，如果说词汇是文学语言的基本元素的话，那么，镜头则是影视画面的核心元素。"①

二、景别

景别主要指摄影机与被摄物体距离的远近而形成的视野大小的区别。不同景别使影视画面具有不同的叙事功能并使观众产生不同的视觉效果，普多夫金曾形象地指出过这一点，他说："让我们举一个从街上走过的示威游行队伍作为

---

① 彭吉象主编：《影视鉴赏》，高等教育出版社1998年版，第80页。

例子。我们试想一下一个观察者怎样来看这个示威游行队伍。为了要得到一个清楚而明确的印象,他一定要采取某些行动。首先,他一定要爬上房顶,这样就可以俯瞰游行队伍的全貌并估量游行的人数;然后,他就要下来,从第一层楼的窗口向外看游行者举起的旗帜上的口号;最后,为了要看清楚参加游行者的面貌,他还得跑到游行队伍中去。""这个观察者变换他的视点已经有三次了,他之所以时而从近处看看,时而又跑到远处望望,就是要从他所观察的现象得到一幅尽可能完整而无遗漏的画面。"①普多夫金通过这个例子,形象地说明了不同的景别乃是为了更全面地观察眼前的对象,毫无疑问,倘若将这位观察者换成摄影师,用摄影机来取代观察者的目光,那么影片叙述这个示威游行队伍从街上走过就有了三个景别:远景;特写;中景或近景。

景别的划分没有严格的界限,一般分为远景、全景、中景、近景和特写。为了使景别划分有个较统一的尺度,通常以画面中人物(成年人)的大小作为景别划分的参照物。如画面中无人物,就按景物与人的比例参照划分。

(1)远景——指摄影机远距离拍摄所形成的视野开阔的画面。这种景别主要用来介绍环境,渲染气氛,抒发情感,创造某种意境,能够充分展示人物活动环境空间和宏大场面。例如影片《黄土地》中远景镜头,人物放在大背景下都处理很小,表现了人对自然环境的一种受制和无奈。电视连续剧《三国演义》用了不少远景,恰当地表现了千军万马激战拼杀的宏大战争场面。

(2)全景——指能够摄入人物全身的形象或场景全貌的镜头。这种景别的视野比远景相对小些,观众既可看清人物又可看清环境。因而它可以表现人物的整体动作以及人物和周围环境的关系,展示一定空间中人物的活动过程。常用来拍摄人物在会场、课堂、集市、商场等一些区域范围中的动作,是塑造环境中人或物的主要手段,如影片《红衣少女》中,安然在课堂上站起来纠正老师读错的字,这一行动,立即招来了她前后左右同学们的惊奇目光,可安然却神态自然。这一全景在环境对比中突出了安然的举动,表现了这个入世未深、敢于追求真理的中学生的可贵品格。

(3)中景——指被拍摄主体的主要部分构成的画面,如由人物膝盖以上部分所构成的镜头。在这种景别中,被摄主体成为画面构图中心,环境成了一种背景。这种景别主要用以表现处在特定空间环境中被摄主体的状态。观众通过中景将注意力集中于被摄主体上,能看清人物的形体动作。在影视的叙事中,中景一般用在全景与近景或特写之间,这样,观众在观看影视作品时才不会产生突兀感。根据无缝剪辑的原则,中景具有使画面平稳过渡的功能,时长较短;此外,中

---

① [苏]普多夫金:《论电影的编剧、导演和演员》,何力译,中国电影出版社1957年版,第52页。

景比较接近人们在日常生活中的视点,因此出现的频率较高。

(4)近景——指由被拍摄主体的局部所构成的画面,如人物的胸部以上的镜头。这种景别中,环境变得模糊而零碎,主体局部占据大部分画面。就人物而言,观众注意中心往往在人物肖像和面部表情上,近景常用来表现人物的感情、心理活动。它的作用相当于文学作品中的肖像描写,适宜于表现人物对话、突出人物神情和重要动作,也可用来突出景物局部。近景同中景一样,比较符合人们在日常生活中的视点,具有感情上的亲和性,所以也是影视作品中大量运用的景别。

(5)特写(大特写)——指由被摄主体某个不完整局部所构成的画面,如人物的面部甚至眼睛,景物的细微特征等。特写是视距最近的一种景别,能把表现的对象从周围环境中强调、突出出来,迫使观众去注意某些关键性的细节,主要用来创造一种强烈的视觉效果。当视距特近时,就称为大特写,诸如惊愕的眼睛、欲滴的泪水、颤抖的睫毛等。特写镜头与远景镜头被称为"两极镜头",一个极近,一个极远,二者都是非常规的视点,人们在日常生活中既难以具有远景那样广阔的视野,也无法具有特写——尤其是大特写那样集中的视野,因此,摄影机通过特写展现了人们经常在日常生活中忽略的细微景观,是对生活的"发现"。匈牙利著名电影家巴拉兹·贝拉曾如此盛赞电影中的特写镜头:"特写镜头是电影最独具特色的表现手段。它展示了这门新兴艺术的一个特点。……摄影机镜头放大了织成生活之布的纤维,拉近了现实。它还展示了你从来都不会发现也不会准确观察的事物:你做了什么动作,你自己的手怎么拍打或抚摸。"①

景别的运用对影视作品的风格、节奏和效果会产生较直接的影响。一般地说,如果以"中景——近景——特写"景别运用为主,那么它的节奏感就较为紧张、急近,画面对观众注意力更强,如好莱坞动作片类型电影;而如果影片多使用"远景——全景——中景"景别,其节奏则较为舒缓,观众视觉感知的自由度较大,如纪实性影视片通常如此。另外,由于电影和电视在观赏方式上的差别,银幕与视屏在面积上的差别等原因,电影作品可以频繁使用远景、全景、中景,而电视作品则往往以中景、近景、特写为基本叙事镜头。

第三节 影视的光线与色彩

光线和色彩是影视画面造型中的两个重要元素,二者都具有相当丰富的层次。光线与阴影是一对相反相成的概念,在影视艺术中常被并称为"光影"。光

---

① [匈]巴拉兹·贝拉:《可见的人 电影精神》,安利译,中国电影出版社2003年版,第51页。

影对照相与摄影具有相当重要的作用,人们甚至直接将摄影艺术称之为"光影艺术",可见光影对影视画面造型的意义。光影在明暗对比、方向、柔和程度、基调等方面具有丰富的层次。色彩对影视的画面造型同样有重要的影响。当彩色电影取代黑白电影以后,人们终于可以用影像来直接表达我们所置身的物质世界了,而色彩所具有的表意效果也逐渐地丰富起来。色彩在搭配、基调等方面具有丰富的层次。对光影与色彩的创造性运用和处理,是影视画面获得艺术质感的重要手段。

一、影视的光线

影视影像是以光线(光影)成像的。光是摄影(像)机的物质对象。影视画面上的光既出于自然光源,也来自人工光源。

1. 光线的造型效果

光线又称光影,可以通过光的质量、光的方向、光的亮度、光的基调等四方面参与建构影视画面的造型效果。

(1) 光的质量——主要指光线相对集中的程度。光的质量可分为柔光和硬光。柔光是指光源较分散,方向性较弱的布光,射在画面上的光均匀、和谐。受光区域模糊,光和阴影的反差小。这种光适合表现欢快、明亮的气氛和情绪,描写人物的清纯。硬光是指光源较集中,方向性较明显的布光,射在画面的光不均匀,各个区域分割明显。这种光效果强烈,适合表现紧张、恐惧、焦虑等气氛,描写人物的阴险。在影片《蝴蝶梦》中,德温特太太是一位诚实而钟情的女性,拍她时多用柔和明亮的光,衬托出人物的清新纯美;而对那位管家——丹佛斯太太,拍摄时则多用硬光,使她脸上的凹凸部分周围充满阴影,给人一种来自地狱般的阴森恐怖感。

(2) 光的方向——光源的位置与被摄体形成的不同连线,也就形成了不同的光的方向。以此划分,它又可分为以下五种:其一是前置光,光源直射被摄体,它的效果是消除阴影,使影像显得扁平、呆板;其二是侧光,因光源在被摄物侧面,所以能使被摄物层次分明,具有一种严峻感;其三是背光,光源在被摄物后面,大部分光被遮挡,边缘的光亮就勾勒出被摄物体的轮廓;其四是底光,光源在被摄物的下部,它会在垂直方向拉长物体,造成变形感,常用来表达恐惧或狰狞的效果;其五是顶光,光源在被摄物的上部,也会造成大片的阴影,同样有一种异样的效果。

(3) 光的亮度——即控制不同光量。根据光量的不同,光可被划分为强光和弱光。强光使被摄物体明亮清晰,轮廓的细节分明;弱光则使被摄物体阴暗模糊,轮廓细节不明显。这两种用光具有不同的造型作用,在影视作品中可以产生

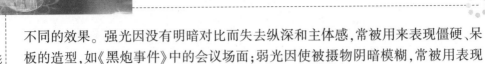

不同的效果。强光因没有明暗对比而失去纵深和主体感,常被用来表现僵硬、呆板的造型,如《黑炮事件》中的会议场面;弱光因使被摄物阴暗模糊,常被用表现压抑或悲剧性的氛围,如《祝福》结尾主人公祥林嫂死在凛冽的寒风冰雪之中。

(4) 光的基调——又叫光调,一般来说,一部影片拍摄前,摄影师要根据导演所确定的整部影片的造型风格来确定用光的风格,使影片形成特定的互有区别的光影的基调。光的基调除正常外,还有高调与低调之分。高调用光柔和、明亮,画面显得悦目;低调曝光度低,采用硬性光,明暗对比强烈,画面比较阴沉。高调和低调作为两种基本的用光方式,对影片的摄影基调的形成有举足轻重的影响。它甚至由此区分出不同的影片类型。比如好莱坞的爱情喜剧片、音乐歌舞片大多采用高调照明,而凶杀片、恐怖片、"黑色"剧片则大多采用低调照明。因此,光的基调,并不只是起简单的照明作用,而是影视作品造型的一种因素。

2. 用光观念

对光线的布设与运用大体上有两种观念,并因此形成两大风格,一种是现实主义的观念与风格;一种是表现主义的观念与风格。

现实主义的用光观念力求逼真地再现现实生活,在用光时让画面显得很自然,不让观众感觉画面偏离了日常生活经验。值得一提的是,现实主义的用光观念并非完全照搬生活,毕竟光线对摄影相当重要,特别是室内摄影,当摄影机架设起来后,如果对光线不作任何处理,画面可能显得模糊不清。在拍摄外景时,则尽量利用现场光。现实主义的用光观念只是希望尽量还原生活的本来面貌,让用光符合生活的逻辑,观众感觉不到创作者是在刻意地用光线来表情达意。比如在拍摄室内场景时,现实主义的用光观念会找到一个光源,这样的光影处理就显得比较自然,因为根据人们的日常生活经验,一个家庭一般是不可能将所有的灯都打亮的。如果是室内的拍摄用光,程式化的处理方式是"三点布光"。"三点布光"就是将"主光"设置在摄影机的一侧,直接照射在人物身上。当人物被照亮的同时,阴影也就随之而产生,此时在另一侧布设"副光",消除人物的阴影,从而使画面看起来更真实。再于人物背后布设"逆光",将人物与背景分离,增强人物的立体感。对摄影师来说,现实主义的用光观念一方面要让人感觉不到光线的突兀,另一方面又要确保画面的效果。总的原则是力求自然。

表现主义的用光观念致力于创造唯美的画面,光线除了带有实用性——即通过布光使画面层次清楚,空间感强;更带有表意性——即通过布光使得画面能够表达情感或带有隐喻色彩。相对于现实主义的用光观念,表现主义的用光观念更具个性化色彩,光影也在最大程度上成为影片创作的重要手段。比如经典影片《公民凯恩》的用光观念就是表现主义的风格。在青年时代,凯恩与同伴致力于报业改革,此时的凯恩意气风发,影片用的主要是高调光;然而,当凯恩年老时,越来越孤僻、独断、玩世不恭,光线也随之越来越暗,凯恩的"上都"庄园一片黑暗,观众不难感受到其间的阴冷之气。影片中凯恩面部的特写镜头也常被人提及,在这一镜头中,凯恩的脸一半被强光照亮,一半隐没在黑暗之中,这毫无疑问是在隐喻凯恩的双重性格。

二、影视的色彩

影视片的色彩运用和光影运用一样,它并不只是五彩缤纷的现实世界自然的再现和还原,而是被看作是有助于深刻表达内容和情绪上感染观众的重要画面造型因素。在影视拍摄中,创作者可以通过色彩的配置组合、色调的设计确定等途径产生造型作用。

1. 色彩的配置组合

在影视作品中,色彩的配置组合主要取决于画面中不同色彩的比例、面积、位置之间的搭配关系。这种搭配可以导致画面不同的浓与淡、暖与冷、明亮与晦暗、丰富与单纯等视觉感受。在这里,导演和摄影师的才干不仅表现在使自然的色彩在银幕或屏幕上得到准确还原,更表现在如何利用色彩的配置所造成的不同效果来为造型服务。如影片《黄土地》常常在大面积的土地的黄色中点缀一小块红色来,表现恶劣自然环境中人的生命顽强与旺盛;香港导演王家卫在《重庆森林》等影片中用红色、蓝色的交相变化来表现现代都市的灯红酒绿;美国影片《飞越疯人院》里的主要色彩,采取让白色带上一点黑,而黑色带上一点白,在色彩的对立中去营造一种特殊的关系;影片《一个和八个》前半部以黑色为主,表现压抑和苦闷的情绪,后半部以红色为主,表明血与火的较量,使人性得以升华。色彩在不同情景下的配置,恰当地表现了不同的思想内容和情绪氛围。这也从一方面说明,色彩的造型表现力不在于颜色的绚丽,而在于通过恰当的配置和组合,使之显出层次的变化和关系的和谐。以之介入剧情内容,做到更充分有力的表达。

2. 色调的设计确定

影视作品的色彩造型作用,不仅体现在局部的色彩配置组合和具体的场面镜头之中,而且体现在总体的色彩基调设计之中。所谓色彩基调,是指确定某种基本的色彩效果作为整体作品布光和用色的准则。色彩基调规定了影视片用色的基本方案。影视作品每一局部的色彩处理都要受色调总的设计所支配。如影片《红高粱》的色彩基调设计上确定以红色为主,从"我奶奶"那张充满生命力红润的脸,红轿子,红棉袄和占满银幕的红盖头,一望无垠的红高粱地,红色的炉火,鲜红似血的红高粱酒,血淋淋的人体,一直到红太阳下通红的世界……红色基调在影片中表达了一种旺盛的生命力,热烈的节奏和粗犷悲壮的风格。

色彩的基调通常有两种设计和处理方式:一是在镜头前加滤色镜,通过对不同光线的阻挡来产生特定的色彩效果;二是在画面中有意以某种色彩为主或突出某几种色彩的面积、位置和使用频率,从而使影视作品在整体上构成特定的色彩特征。如《菊豆》、《喋血黑谷》等以青灰色为主要色调,《开国大典》以金黄色与暗蓝色为国共双方的对比色调。这些影视作品的色彩基调的设计都起到了加强审美感染力的作用。

可见,在一部影视作品中,色彩的意义不仅体现在视觉效果上,它同样具有强烈的表意效果,这种表意效果从感性上来说能够激发观众的情感;从理性上来说则可以暗示影片的主题。在中外电影史上,不止一部影片利用色彩将过去与现在进行对比,比如在《辛德勒名单》中,整部影片基本上是用黑白色调来表现的,但影片最后是当下人们对浩劫的纪念,此时影片就变成彩色了。对残酷的大屠杀的记忆与表现,冷峻的黑白色调是非常合适的。同样,陆川导演的《南京!南京!》也是用黑白色调来拍摄的。然而,黑白同样可以表示当代人对父辈的温情记忆,尹力导演的"主旋律"影片《铁人》并列叙述了两代"铁人"的故事,关于王进喜的故事融入了当代人对"父辈"的记忆,影片使用的是黑白色调;对开发塔里木油田的新一代"铁人"刘思成的表现使用的则是彩色,苍黄的沙漠、穿着鲜红工装的石油工人,使得影片的色调非常鲜明、耀眼。影片中有个长镜头,"铁人"王进喜的部下、刘思成的父亲刘文瑞因为吃不了苦,最终坐着火车离开了大庆油田,此时镜头渐渐抬升,画面中的火车缓缓远去;当镜头缓缓降下时,时代已经转换到当下,刘思成正在火车旁边的电话亭里打电话,从电话里他得知了父亲刘文瑞的死讯。这一长镜头不着痕迹地将过去与当下联结在一起,巧妙的是,过去的画面是黑白的色调,而当下的画面则是彩色的,无论是刘思成所穿的工装、还是电话亭的颜色都是鲜红鲜红的。色彩的对比将两个时代并列在一起,引导人们思考"父辈"的价值观在当下社会的困境与意义。相比起来,姜文导演的影片《阳光灿烂的日子》与张艺谋导演的影片《我的父亲母亲》则将过去处理为彩色的,而当下却是黑白的,如果我们结合剧情来看,两部片子中的"过去"都包含着怀旧式的温情:在影片《阳光灿烂的日子》里,"文化大革命"承载了少年的记忆;而在影片《我的父亲母亲》中,过去的时光则承载了"父亲"与"母亲"的浪漫爱情。用色彩来表情达意的例子,在影视片中几乎随处可见,这充分说明了色彩的表意效果。

总之,色彩的基调不仅仅是色彩的处理问题,而且往往与影视画面造型密切相关,并由此影响到整部作品的艺术风格和审美效果。

思考题

(1) 影视艺术画面的特性表现在哪些方面?
(2) 影视艺术中景别的涵义和主要内容是什么?
(3) 影视画面有何主要造型元素?举例说明这些造型元素的表意作用。
(4) 影视作品中通过光线的哪些方面达到造型的效果。
(5) 举例谈谈色彩运用对影视审美风格的作用。

拓展阅读

(1) [法]马赛尔·马尔丹:《电影语言》第二章"电影摄影机的创造作用",何振淦译,中国电影出版社1992年版。
(2) [英]欧纳斯特·林格伦:《论电影艺术》第二部"七、电影摄影论",何力、李庄藩、刘芸译,中国电影出版社1979年版。
(3) [美]布鲁斯·F.卡温:《解读电影》上册第二篇第2章"景框"、第三章"黑白与彩色",李显立等译,广西师范大学出版社2003年版。
(4) [美]路易斯·贾内梯:《认识电影》第一章"摄影",胡尧之等译,中国电影出版社1997年版。
(5) 陆绍阳:《视听语言》第3～6章关于光线、色彩、构图、镜头处理等内容,北京大学出版社2009年版。

第五章 语汇之二：影视声音的艺术表现

影视艺术的声音，是指声音在影视中的艺术存在。它与画面一道共同成为现代影视的基本语汇，创造银屏形象，展现影视时空。影视的声音主要分为人声、音乐和音响等类型。这几类声音在银屏上是不可分离的，它们错综地交织在一起，"一方面，记录、移植的逼真的声音形态再现和还原了有声世界的真实感；另一方面，经过美学处理的非原生态的声音形态又表现和外化了创作者对世界的艺术感知和体验"。① 因此，影视的声音，既是对现实世界声音的摹仿和记录，同时又是参与影视审美创造的基本材料和因素。

第一节 人声及其表现功能

人声，也称"人物语言"。影视作品叙述形象的主体都是人，或者拟人化的动物。对于人来说，人的语言声音是交流信息、表达思想和感情的基本方式。语言与思维同在。人的思想有时要通过语言表达的，正如马克思指出的："语言是思想的直接现实"。影视作品要表现丰富多彩的社会生活和事件，要描写丰富复杂的人物情感与人物性格，就必须借助于人物的声音。在影视作品中，人声主要由对话、独白、旁白组成。人声作为影视语言的一部分，能够起到叙事、抒情、描写、议论等各种作用，再与表情、动作相结合，还能反映丰富的内心世界。因此，人声是影视声音中最积极、活跃、信息储存量最大的因素。

一、对话

影视作品中的对话是指两人或者两人以上相互交流的声音。对话是人声的

---

① 彭吉象主编：《影视鉴赏》，高等教育出版社 1998 年版，第 87 页。

重要组成部分。在影视作品中,对话在实现传递信息、表达情感、描写环境等日常生活功能的同时,又按照其特殊的规律运行:对话与画面结合,人物与动作结合,发挥其独特的审美创造功能。从影视的特性上讲,运动的画面造型是影视艺术表现中心。根据心理学测定,人们的注意力往往最先被运动的事物所吸引。因而,影视观众的注意力也是始终被视觉运动所吸引住。银幕、屏幕上的大量信息是通过演员的动作造型传递的。恰当地运用对话,可以加深观众对运动造型的理解。然而,声音也是运动的。往往在静态环境中,人物对话将会喧宾夺主,妨碍影视其他视听因素的表现。因此,对话必须有一个适当的"尺度",必须是视觉内容的一个组成部分。影视作品中好的对话,应具有以下三个特性:

第一,动作性。这里指对话要能有利于演员在说话的同时,进行相应的形体动作,要与人物的表情相配合,要能传达人物的思想感情,要揭示人物的内心世界。如影片《城南旧事》中,英子放学后去看望病倒的爸爸,爸爸问:"考得怎么样?""你自己看呗!"英子的回答透露出高兴和自豪,又表现出儿童的活泼和机灵,爸爸又问:"那天你想赖学,爸爸打你,还痛吗?"英子回答更为精彩:"打得好痛好痛啊,想忘也忘不了!"英子回答既充满真实情感又略带俏皮。在这段对话里,父女俩的动作、表情和心理都得到充分的表达。

第二,个性化。人们在一定的社会环境中生活,他的出身、经历、职业、文化、教养、社会地位、性格特征,均可以由语言表现出来。什么样的人就会说什么样的话,人物对话符合自己性格和身份,可谓"闻其声而知其人"。在一些以塑造人物形象为主要目的影视作品中,人物语言的性格化、个性化更为重要。下面请看影片《巴顿将军》里的一段对白:

> 翻译:"将军,朱可夫将军问您,愿不愿意为打败纳粹军队干杯?"
> 巴顿:"不,告诉他,我不愿意和任何一个俄国混蛋干杯。"
> 翻译:"我不能转告。"
> 巴顿:"你就这么翻。"
> 朱可夫:"告诉他,他是个混蛋。"
> 翻译:"朱可夫将军说你也是个混蛋。"
> 巴顿:"哈!哈!就为这个干杯!混蛋和混蛋干杯!"

这段对话生动而有情趣地反映出骁勇善战的巴顿率直粗鲁、刚烈暴躁、不拘小节的个性。

什么样性格的人说什么样的话,有时还应与特定的情景场合有关系。如影片《骆驼祥子》中,祥子被军队拉去充当苦力好多天,当他逃回车厂时,虎妞和车主刘四正在吃饭。因父亲刘四在场,虎妞虽对祥子有好感但又不宜说出过分亲昵、直露的话。这时虎妞便放下筷子,冲着他说:"祥子,你是让狼叼去了,还是上非洲挖金矿去了?"这句冲劲很大的话于逗笑责问之中流露出关切和愁思,既反映出虎妞的火爆性格,又切合特定的情境。

第三,口语化。由于影视是非常逼真性的,影视中的人物对话,应是来自生活,力求生动鲜明口语化、朴素自然、富于表现力。力戒"学生腔"、书卷气,更不能艰涩难懂。上面举的几个例子里的对话,都符合生活化、口语化的要求。

二、独白、旁白

独白、旁白是指画外音中的人声。所谓画外音,就是指声源不在画面内的声音。声源不在画面内,声音和形象就产生了分离,这种分离是形式的并非本质上的。声画分离使声音更加独立,从而和画面互相衬托,互相补充,塑造人物形象,丰富作品内容,构建画面空间。画外音中的人声主要有独白和旁白两种。

1. 独白。又称"内心独白",是指画面中人物单独说话的声音。在话剧里,一般是让演员对白而在影视里,往往处理成"第一人称"画外音,为的是揭示人物的内心世界。上面我们提到,影视中的对话是动作性的对话,它的表达功能很广泛,但在展示人物的内心世界时,对话就可能显得有一定的局限性。这时我们就需要作品中人物以第一人称站在屏幕(画面)之外呈现自己的内心世界。因此说,独白的实质是影视中的人物主动向观众敞开心扉直接表达,以画外音形式出现。在影片《天云山传奇》里,宋薇虽然和吴遥结婚,但内心却一直想着罗群,尤其是在"文化大革命"运动结束后,宋薇通过吴遥阻挠平反冤案、错案更看清了他的真面目。这时宋薇来到天云山的竹林,耳畔响起的是当年罗群的声音:"你们这两个疯丫头,玩捉迷藏吗?哈哈……"这段画外音,展示了宋薇惆怅、悔恨的复杂心情。再如影片《乡音》中,陶春染重病在身,自己已有所觉察。妹妹杏枝担心告诉她会加重负担便强装笑颜安慰她:春姐,你的病已经好了。"这时用了陶春内心独白的画外音:"我白带你几年,到现在还哄我……"影片表现了陶春善良、贤慧和含蓄不露的内向性格。

2. 旁白。它指由画面时空以外的人所发出的声音。旁白通常是一种"第三人称"的客观叙事或抒情方式,也可用第一人称的主观叙事方式。影视中旁白只对观众交代、说明有关情况,不与影片中人物交流,和戏剧里的旁白在这点上有相似之处。旁白的作用和功能是多方面的。在纪录片中,旁白的作用是非常重要的,如果没有解说员的解说,纪录影片的"记录"意义将被消解。在故事片中,旁白可以对事件的发生地点、时间、时代背景以及结局作扼要的介绍,如《泰坦尼克号》、《大决战》等影片的开头和结尾；可以对登场人物的经历作简明的交代，如《邻居》、《巴顿将军》等；可以对片中有关人物进行评价或相关人物自我反省或抒情，如《天云山传奇》中宋薇躲在松树后眼见罗群、凌云、周瑜贞三人给冯晴岚扫墓之后的一段旁白。此外，旁白还可以直接引导观众进入规定情景，如苏联影片《两个人的车站》开头旁白：

> 我们这部影片的故事，要从刑事犯劳改村这个叫人不愉快的地方讲起，大家看了不必大惊小怪。常言道："天有不测风云，人有旦夕祸福"，自个儿的命运，自个儿能料到吗？

旁白是人声的一种，对影视片的内容表达起的是"辅助"作用，但这种"辅助"并非可有可无。因为往往它与人物塑造、情感表达乃至作品的整体艺术风格的营造都息息相关。

第二节　音乐及其表现功能

影视音乐是一种与影视视觉影像相联系的特殊的音乐形式。从发音种类上讲，影视的音乐包括器乐和声乐两部分。器乐，即使用各种乐器所演奏的音乐；声乐，即人使用自身发音器官唱出或哼出的乐音。从音乐形态上讲，影视音乐又可分为有声源和无声源两大类。有声源音乐也称画内音乐、客观音乐，即画面内的声源提供的音乐，如画面中人在唱歌或者演奏钢琴等。这种音乐具有现场感和逼真感，有的音乐本身就是影片的内容部分，比较容易引起观众共鸣，如电影《刘三姐》中刘三姐的对歌，《红高粱》中姜文唱的那首《妹妹你大胆地往前走》的歌曲，《国歌》中聂耳弹奏的义勇军进行曲等都采用了有声源的形式。无声源音乐也称画外音乐，主观音乐，指音乐来自画面叙述场景以外，创作者根据影片需要提供的音乐。这种音乐主要用来烘托、补充或者丰富画面的造型效果，加强艺术感染力。如我国影片《地道战》，电视剧《红楼梦》、《西游记》等里面的插曲。再如《保镖》中由著名歌唱演员惠特尼·休斯顿演唱的《我将永远爱你》歌曲，对男女主人公的至诚爱情起到了很好的渲染和烘托。

影视音乐与一般音乐相比既有共性一面（即通过乐音的排列组合，形成音乐形象，表情达意）又有个性一面。正如我国电影音乐家王云阶所说："音乐一进入电影综合艺术之后，有变化和不变化两个方面。一方面，它保持着本身所具有的艺术表现的特殊性和基本规律,另一方面,在表现形式上发生了重大的变化。"①影视音乐的个性特征表现为:第一,作曲家要以影视文学剧本和导演阐述为基础进行创作,音乐形象要融于银幕、屏幕形象体系之中,要为之服务协调,而不要游离抵触。第二,音乐受到严格的时间控制,不能保留独立音乐的连贯性,自成体系;在伴随影视片总体进程的前提下,间断出现,灵活服务;要与画面、人声、音响相协调配合。第三,作为影视声音总体的一个分部,要通过录音等必要的技术制作和处理,组成视听美感。

影视音乐在影视作品中的表现功能主要体现为四个方面:

(1) 抒发情感。音乐的内在本质,就是情感的起伏、运动,细腻、直接地表达情感是音乐的特长。因而,抒情也是音乐在影视艺术中的突出功能。在许多影视作品中,往往在人物情感发生激烈变化或剧中情节可能会给观众情感带来很大冲击时,使用音乐来渲染强化情感力量。譬如,影片《天云山传奇》的开头和冯晴岚拉着板车(上面躺着病重的罗群)这两处都响起了《雪地摇篮》的合唱曲声,很好地抒发了冯晴岚、罗群不畏困难,立志开发天云山的志向,赞颂了冯晴岚忍辱负重、舍己为人的高尚品德。美国影片《魂断蓝桥》中那首《友谊地久天长》的歌曲和舞曲将剧中男女主人公的生离死别表现得令人柔肠寸断,淋漓尽致。

(2) 深化主题。影视音乐作为音乐手段可以表达影片的主题,深化影片的主题思想。如影片《城南旧事》精心选用了《送别》作为贯穿全片的主旋律,片中多次出现,表达了海外游子对北京、对童年、对祖国的深切思念的主题,音乐整个风格与影片导演强调的"淡淡的哀愁,沉沉的相思"的基调是十分融洽的。再如我国影片《上甘岭》中《我的祖国》是一首旋律优美、感情真挚的主题歌曲。它那充满激情诗意的歌词,明朗悠扬淳美的旋律,热情歌颂了我们伟大的祖国大好河山,充分表达了志愿军指战员用生命和热血保家卫国的决心和信心。

(3) 推进剧情。音乐还可以用来表现时间和人物的变化,反映人生事件,从而推动剧情的发展。如影片《大红灯笼高高挂》中有两个片断:一个是颂莲观看三姨太唱京剧,开始对三姨太有了了解,知道她出身戏子,而且是个不好对付的女人;另一个片断是颂莲目睹三姨太被害死,精神上受到巨大打击,她来到三姨太房间,用留声机放起了三姨太唱的那段京戏,音量渐渐大了起来,在整个灯火辉煌空荡荡的房间里萦绕回荡,幽怨凄凉。致使那些佣人以为是三姨太屈魂不散而吓得抱头鼠窜。这段音乐起到了推动剧情的作用,既表现了三姨太的悲惨命运,又预兆了颂莲的未来。再如在电影《冰山上的来客》中,插曲《花儿为什么这样红》就成为推动阿米尔和古兰丹姆爱情发展的直接因素,同时它又成了阿

---

① 王云阶:《论电影音乐》,《电影艺术》1983年第12期。

米尔识别假古兰丹姆的重要线索。

（4）展示环境。音乐在影视作品中还有展现特定环境氛围、地方色彩的功能。一首特定的乐曲或歌曲可以比布景、道具、服装甚至台词更生动展示故事所处的空间环境、时代背景等。影片《黄土地》中那悠长高远的信天游，能够使人感受到黄土高原的纯朴民风及人民顽强乐观的生命力；《红河谷》中具有西藏民间音乐特色的配乐，能使人领略到藏族文化的民族氛围；《阳光灿烂的日子》中的"文化大革命"音乐，也使人仿佛回到那个特殊的年代；而印度影片《大篷车》中优美歌舞则生动地表现了吉普赛人的精神面貌和风情。

第三节　音响及其表现功能

音响指的是影视片中除去人声和音乐之外的各种声音。当人声和音乐作为背景、环境音响出现时也可纳入音响的范畴。音响也是影视声音中的一个重要艺术元素。音响创造的是一个声音的环境，音响可以被划分为多种类型，主要可分为：自然音响（如风雨雷电声、草木虫鱼声、水声、动物声、脚步声等）、机械音响（如汽车、火车声、机器运作声等）、武器音响（如枪、炮、刀各种武器声等）、社会环境音乐（如电视、收音机、叫卖声等）、特殊音响（如电子合成音响等）。在影视艺术中，音响不是简单地摹仿自然声，重复画面上已出现的事物的声音状态，而是作为一种艺术元素纳入影视片，成为艺术创作的一种表现手段，发挥着独特的作用。音响在影视中的独特作用主要有以下几方面：

一、还原和创造逼真的环境效果

影视是逼真的艺术，银屏上的人物要有真实感，环境要有真实感。这些光靠画面造型、人物语言、影视音乐等逼真是不够的，一定要有真实的声音环境。自然界的万事万物都以各种不同的方式发出声音，而人不仅通过视觉而且要通过听觉来感知和了解世界。因而音响对于还原和创造影视中的逼真感非常重要。诚如美国电影理论家波布克所说，在电影中"一旦没有了声音，无论画面拍得多好，剪辑得多好，仍然不再有真实感，因而也失去了感染力。"[1]认识到音响对影视环境感染力的重要性，如今导演们都努力在影视片中利用音响创造逼真的环境。就拿中国影片《邻居》来说，影片开头画面未现声音先出：收音机报时声、刘兰芳的说书声，与筒子楼道里的炒菜声、剁馅声、说话声……交织成为别具特色

---

[1]　[美]波布克：《电影的元素》，中国电影出版社1986年版，第91页。

的"厨房交响曲"。这自然音响的巧妙运用,大大突出了20世纪80年代初建工学院教职工宿舍里的环境真实性。许多观众一下子就被这种熟悉的真实生活图景所吸引。

二、表现人物的心理和情绪

在影视作品里音响与画面、人声、音乐等要素一样,是能够表现人们的心理和情绪的。心理学告诉我们客观世界的自然音响一旦进入人的听觉器官,会由人的意识、注意、意志等心理因素进行筛选,使之适应人的主体接受状态。对于专心致志学习的人,身居闹市也会充耳不闻;而对心烦意乱的人,壁上的挂钟声也会搅得心神不宁。影视作品中声音的处理,并不在于是否与生活中的声音相一致,而是要与作品的表现性相一致。所以,影视作品的音响经常被用来强化和表现人物的情绪和心理,如用时针放大的声响效果表现人的焦灼感;用火车轮的轰鸣声表现人的内心冲突;用雷鸣电闪、风雨交加、蝉声鸟语等来表现人物特殊的心理活动和心理状态。影视作品中用音响来表现人的特定情绪和心理的例子很多。如《沙鸥》里,当沙鸥得知沈大威死于雪崩的噩耗后,悲痛欲绝。她痴痴地依门而立,神情木然,红肿的眼睛饱含泪水,此时顺着屋檐落下的"滴答、滴答"的秋雨声,既加强了画面环境的凄凉意境,又烘托了沙鸥悲痛至极的心理状态。再如,电视剧《走向远方》中有一场体育馆里谈心的戏,导演为了强调两个人物内心的情绪,特地选定这一空荡的体育馆,利用它的空间混响来加强两人的声音,赋予人声以特殊的情绪氛围。

三、交代行为过程,推动剧情的展开

一般地讲,人的行为动作是通过视觉感知的,而其中有些动作行为是可以通过听觉感知的。因为,我们有时根据听觉可以判断出别人在干什么或其动作行为方式和结果。运用音响来交代行为动作不仅能使得动作行为显得逼真有实感,而且还可以省略那些不便于诉诸形象的或难以拍摄的镜头画面。譬如,以手术器械的碰撞声、刀剪的"嚓嚓"声来说明手术进度,无需展现开肚剖腹的画面;以"砰"地枪响来说明英雄人物被杀,而无须展示血淋漓的场面;以"啪啪"作响的皮鞭声、惨叫声、呻吟声来取代毒刑拷打的场面等。

同时,影视片中的音响,还能以其听觉形象来替代直观的视觉形象,达到交代事件过程,推动剧情发展的目的。国产影片《雅马哈鱼档》中个体户阿龙失足的过去,就是用哨子声、警车声和镣铐声来交代的。美国影片《百老汇的旋律》中的女主人公与她爱人关系破裂,她爱人决定离她而去,但影片并没正面表现她爱人的愤然而去。这时我们看到女主人公站在窗户边,窗外传来汽车的关门声、马达发动声、车轮的磨擦声。而画面上只是女主人公痛苦的面部表情,但观众都能明白发生了什么事。这样用音响交待事件,简洁而富有意味。

四、产生象征、隐喻等意蕴

自然音响虽是客观事物发生的一种声音状态,有固定的含义。但当我们把这种声音状态转化为组成思想过程的因素,也就是说将音响的固定含义与影视作品中某些内容相联系时候,那么音响就具有语言式的表意功能,产生象征、隐喻的意蕴。以影片《乡音》为例,影片多次出现榨油房老式机械所发出的沉闷的撞击声,它反映了山村的原始和落后,似乎也象征着小农生产的方式和水平,象征着当时山村人们的生活节奏。

影视作品中音响的象征隐喻,是以声音与画面之间,声音与声音之间的横向或纵向组合等手段完成的。日本影片《人证》的结尾,画面上八杉恭子开车来到悬崖,打开车门,车门由快变慢,发出"嗒—嗒—嗒"的响声,这响声隐喻暗示出八杉恭子的绝望心情。国产影片《大红灯笼高高挂》中的象征,隐喻的意味也很浓。当年轻貌美、桀骜不驯的四太太颂莲假装怀孕的事情败露后,老爷派人封了她院里的灯笼,以示四太太将永远失宠。从此后,颂莲便日复一日地听着老爷在其他三房太太那儿捶脚的声音此起彼伏,内心忍受着失败和孤独的折磨。在这里,被夸张后如雷贯耳的捶脚声就已经不仅仅是这个封建家庭古老仪式的自然声音了,它实际上是封建统治和男性权威的象征。在许多优秀影视片中,音响所造成的象征、隐喻的意蕴是深邃和耐人寻味的。

第四节　声音与画面的关系

声音和画面是影视艺术的两大元素。这两大元素既相互独立又互相联系,既能交融相处,又存在一定矛盾。如何认识这两大元素并处理互相之间的关系,一直是影视理论家们长期争论不休的话题。有人认为当今已进入影像进代,把画面元素强调到独一无二的地位;有人虽不完全否定声音,但把声音作为画面的附属;也有人认为随着科技进步,声音的影视影响已接近或将超过画面。这些单方面强调哪一元素的观点都是偏颇的、错误的。实际上,在影视作品中,画面和声音既相互依存又相互独立。就现代的银幕或荧屏而言,是由画面和声音共同构筑的视听形象空间。画面需要声音的配合,同时声音也离不开视觉形象。自然,声音与画面相结合并不只是简单画面加声音,而是一种新的审美创造。声音和画面的结合方式主要有以下类型:

一、声画合一

声画合一又叫声画同步,指画面中的视像与它所发出的声音在时间上吻合一致,即声音是由画面中的人或物体、环境所产生的。声音加强画面的真实感,画面为声音提供声源,形象使声音具有可见性,声音又使画面具有可听性。由于声音和画面形象同时作用于观众的感官,在观众心理上引起视听联觉的反应,两种不同感觉印象互相渗透,有力地强化了影视作品的逼真性和可信性,从而也达到加深观众对影视艺术的审美感受力度的效果。声画合一是影视作品中使用最多、最普遍的一种审美创造手段。

二、声画分立

声画分立又叫声画分离,它指画面中声音和形象不同步,相互分离,即声音不是由画面中的人或物体、环境所产生的。这时,声音是以画外音的形式出现的。声画分立意味着声音与形象具有相对的独立性,它们可以通过分离的形式在新的基础上求得统一。声画分立的直接结果是突出了声音的功能,使声音成为独立的艺术元素,承担起更多的审美创造的任务。

声画分立的功能是多方面的。其一,它能有效发挥声音主观化作用,以表现作品人物的思念或回忆。如美国影片《泰坦尼克号》、法国影片《情人》中,女主人公画外音不断出现,对往事进行回忆和叙述,直接将自己的经历和感受用声音表达出来,使人觉得真实可信。其二,它能发挥声音衔接画面,转换时空的作用。如影片《牧马人》中,继解放军占领南京后,剧情迅速地跨到20世纪50年代后期的许灵均生活。这时运用声画对立,以许灵均的画外音作两个时空间的衔接,观众就不会感到突兀了。其三,它能深入地揭示人物的心理活动。如法国影片《广岛之恋》中的女主人公在日本与一工程师作爱时,心里却潜意识想到20年前在法国与一德国士兵相爱的生活。这时影片通过声画分立的手法,将女主人公的内心活动揭示得十分细腻。

三、声画对位

声画对位这一概念最初是由爱森斯坦和雷纳·克莱尔等著名导演在有声电影早期提出来的。所谓声画对位是指声音和画面各自独立,分头并进而又殊途回归,从不同方面表示同一含义,是对立统一的辩证关系。"声画对位与声画分立的区别在于分析问题的角度不一。前者是指内容上的对列,后者指形式上的差别。声画对位的结果,产生了某种声画原来各自并不具备的新寓意,通过观众的联想达到对比、象征、比喻等效果,给人以独特的审美享受。"①如《天云山传奇》中宋薇同吴遥举行婚礼的场面,画面上是新郎吴遥的笑脸、碰杯及客人的祝福,而声音却是代表宋薇心情的沉郁的音乐,声音和画面在情绪上的巨大反差形成一种对比效果,揭示了吴遥与宋薇结合的悲剧性。声画对位还可使影片具有象征的意义。如法国导演雷纳·克莱尔拍摄的影片《百万法郎》中有一著名的声画对位的段落:画面上几个人在歌剧院后台争夺一件装有中奖彩票的破大衣,这时传来的声音不是这些人的哄抢声,而是一场橄榄球赛中人们的欢呼和口哨声。影片把形式不同而本质相同的声音和画面对接在一起,相互融合。声音以它的独特的象征性深化了画面的涵义,使影片的嘲讽意味更加深刻。声画对位为影视作品表现力开辟了新的空间。

思考题

(1) 影视艺术中声音由哪些要素构成?
(2) 影视作品中对话有哪些表现功能?
(3) 音乐在影视的主要作用是什么?
(4) 音响在影视作品中有那些作用?
(5) 以影视作品为例谈声音和画面的关系如何?

拓展阅读

(1) [法]马赛尔·马尔丹:《电影语言》第七章"音响效果",何振淦译,中国电影出版社1992年版。
(2) [英]欧纳斯特·林格伦:《论电影艺术》第二部"六、音响论",何力、李庄藩、刘芸译,中国电影出版社1979年版。
(3) [美]布鲁斯·F·卡温:《解读电影》上册第二篇第四章"声轨",李显立等译,广西师范大学出版社2003年版。
(4) [美]路易斯·贾内梯:《认识电影》第五章"声音",胡尧之等译,中国电影出版社1997年版。
(5) 陆绍阳:《视听语言》第十二章"声音",北京大学出版社2009年版。

---

① 王光祖等主编:《影视艺术教程》,高等教育出版社1992年版,第70页。

第六章 语法构成：影视蒙太奇与长镜头

影视艺术的构成同文章构成在学理上有相似之处。一篇文章是由许多字和词，按照一定语法修辞规则，组织连缀而成的。如果我们把影视的画面、声音比喻为文章的字和词的话，那么将这些影视的"字"和"词"组织成为一个整体的"语法修辞规则"就是蒙太奇。蒙太奇(长镜头也可视为蒙太奇的一种特殊形式)是影视画面、声音实现其叙事功能的一种"语法修辞规则"，也可以说是电影和电视能够成为独立而富有魅力艺术的基本构成手段。从某种意义上讲没有蒙太奇，便没有影视艺术。

第一节 蒙太奇理论发展、涵义和构成依据

一、蒙太奇理论的产生与发展

蒙太奇理论从本质上讲，是一种实践性理论。它孕育在19世纪末到20世纪20年代二十多年电影创作实践探索的基础上。

早期的电影，影片很短只有几分钟到20多分钟，以单镜头为主，情节单一，形态非常简单。一部影片往往只需按照时间发展顺序将各个镜头接在一起就可以了。随着影片内容日渐复杂，出现了多条线索和多个时空叙事的情况，为了不使观众感到混乱，就需要对画面、镜头等影片内容加以整理与组接。这项工作到了格里菲斯手中基本成型。格里菲斯在导演的伟大影片《一个国家的诞生》中，首先将镜头作为基本叙事单位，再由镜头组成场面，进而组成段落、全片，逐层推进，环环相扣，非常流畅地展现了事件的来龙去脉。他将平淡无奇的一个场面镜头分成若干个不同角度和景别的镜头，并放手地使用切回、平行、交叉或其他形式的手法，把分割的镜头连接起来，以加强它们之间的戏剧关系。他在影片中多

次使用了今天被称为"平行蒙太奇"和"交叉蒙太奇"的手法,即把同一时间里不同地点发生的有联系的事件交替展现,按照由慢而快的节奏,随着事件进展,各条线索交汇于一处,造成叙事的高潮段落。如影片中"最后一分钟营救"的经典段落。在此后影片《党同伐异》里也有许多精彩的实践。不过,格里菲斯从未表示过他意识到这些蒙太奇原则的存在,更谈不上将它们条理化、概念化。他只是使用那些他认为是最适合于解决他遇到的问题的办法。实际上,格里菲斯开创的分镜头原则(叙事蒙太奇原则)为真正的叙事蒙太奇作好了充分的实践准备。这时,蒙太奇的作用已经超出"组接",而获得了叙事、表情、营造气氛等功能,初步具备了美学上的价值和意义。

真正将蒙太奇实践上升到蒙太奇理论,并将其地位提升至电影核心的高度,则是以爱森斯坦、普多夫金、库里肖夫为首的一批苏联电影艺术家的贡献。苏联蒙太奇学派在实践和理论两个方面都多有建树,影响极大。

电影史上著名的"库里肖夫实验"对蒙太奇理论发展具有实践和理论两个方面重要的意义和价值。实验是这样的:电影导演列夫·库里肖夫为了弄清楚蒙太奇的作用,从某一部影片中选了俄国著名演员莫兹尤辛的几个特写镜头(都是静止的没有任何表情的特写)。然后,他把这些完全相同的特写与其他影片的小片断连接成三个组合。在第一种组合中,莫兹尤辛的特写后面紧接着一张桌上摆了一盘汤的镜头。这个镜头显然表现出来:莫兹尤辛是在看着这盘汤。第二个组合是,使莫兹尤辛面部的镜头与一个棺材里面躺着一个女尸的镜头紧紧相连。第三个组合是这个特写后面紧接着一个小女孩在玩着一个滑稽的玩具狗熊。当他把这三种组合放映给一些不知情观众看的时候,效果非常惊人。观众对艺术家的表演大为赞赏。观众从那盘忘在桌上没喝的汤,看出了莫兹尤辛的沉思的心情;观众看到他看着女尸时那副沉重悲伤的面孔,也跟着异常感动;而看到他在观察女孩在玩耍时的那种轻松愉快的微笑,观众也跟着高兴起来。因此,库里肖夫认识到,造成观众情绪反应的并不是单个镜头的内容,而是几个画面的组接:单个镜头只是电影的素材,蒙太奇的创作才是电影艺术!

除实验以外,库里肖夫还拍摄了《西方先生在布尔什维克国家的奇遇》、《死光》、《伟大的慰问者》、《我们从乌拉尔来》(1944)等影片。这些影片反映了库里肖夫对电影艺术特性的独到见解。他在总结自己艺术实践和深入研究美国影片,特别是格里菲斯的影片特点的基础上,提出了蒙太奇理论,认为电影艺术的特性就是蒙太奇。他还指出,通过蒙太奇可以体现时间的运动,表达作者的态度,启发观众的感受。他的理论经过普多夫金和爱森斯坦的改进和阐发对整个电影艺术的发展产生了重要影响。

相对于格里菲斯、库里肖夫这两位开创者来说,普多夫金的蒙太奇理论已较为系统完整。普多夫金的蒙太奇理论与格里菲斯的叙事形式保持了本质的关联，即重视叙事连贯性。在《论蒙太奇》中，普多夫金说：蒙太奇的作用是"把各个分别拍好的镜头很好地连接起来，使观众终于感觉到这是完整的、不间断的、连续的运动"。他强调"连接"就是叙事蒙太奇理论的特点。他还指出蒙太奇在分解和重组过程中存在的"顺序"、"节奏"与"分析描述"的作用。他认为，对于导演而言，蒙太奇不仅是连接镜头、场面、段落等的技法，还是一种分析的逻辑。它不仅致力于推进故事，而且更重要的是详细地叙述故事，绘声绘色地抒发，墨酣情切地渲染。由此，他首创了"抒情蒙太奇"，在保证叙事连贯性的同时，利用这种连贯性表现超越剧情之上的艺术美。在普多夫金代表作《母亲》中，这种艺术上的铺陈和渲染比比皆是。其中有一个父亲与母亲冲突的动作用了十六个分切镜头。这样的处理显然是为了赋予事件一种理想的表达形态，展示叙事的艺术。此外，普多夫金还提出的一种语言形式——"联想蒙太奇"，把没有直接物质联系但却具有密切主题联系的影像并列起来，产生类似视听象征的隐喻效果，扩展了主题的含义。因此，在普多夫金这里，电影经由蒙太奇超越了简单的现实再现或生活复制，成为一种真正的艺术创造。

总而言之，"普多夫金叙事蒙太奇理论不仅仅是将先前所进行的叙事技法的探索加以了理论化的提炼和概括，而且把叙事蒙太奇变成了基本语言原则，进而将视听叙事提升到了一个新的艺术高度——不只是叙述什么的艺术，而且是怎样叙述的艺术；不只是叙述事件本身，而且是揭示事件的本质含义。正是在这个意义上，我们说普多夫金的叙事蒙太奇理论标志着视听叙事语言的成熟，也标志着电影艺术理论时代的真正来临——一种新的叙事蒙太奇学说已形成了独立的理论体系。"①

苏联蒙太奇学派的又一代表人物、电影艺术大师是爱森斯坦。爱森斯坦把蒙太奇理论提高到电影本体地位。爱森斯坦把蒙太奇的作用比喻为"1＋1＞2"，也就是说，两个镜头组接所产生的意义要大于原来孤立的两镜头之和。他的蒙太奇理论核心观点是"蒙太奇就是冲突"。他说，"我认为蒙太奇是一种冲突：由两个元素的冲突而'涌现'出某一观念"②，成为表情达意的方式和手段。爱森斯坦所倡导的蒙太奇主要适于表现内在的理念与情感。他的理念往往成为其时苏维埃政策的图解。当然，由于时代的需要，他的宏大话语拥有坚强的现实基础，宣扬了政府的思想同时也表达了人民的心声，作品拥有强大的宣教、召唤魅力。

---

① 王丽娟：《视听语言传播艺术》，中国广播电视出版社2006年版，第90－91页。
② 邓烛非：《蒙太奇理论研究中的若干问题》，北京广播学院出版社2000年版，第82页。

爱森斯坦在蒙太奇理论中创造性地提出了"杂耍蒙太奇"和"理性蒙太奇"两个重要的概念。爱森斯坦对所谓杂耍蒙太奇曾这样表述:"杂耍(从戏剧的角度来看)是戏剧的任何扩张性因素,也就是任何这样的因素,它能使观众受到感性上或心理上的感染。这种感染是经过经验的检验并数学般精确安排的,以给予感受者一定的情绪震动为目的。"①杂耍作为戏剧的基本因子,是使观众产生感染的基本元素。在戏剧的感染中观众获得身心的愉悦。而当电影艺术吸收了这一概念并将其作为一种创作方法使用的时候,也就产生了所谓的杂耍蒙太奇。爱森斯坦还说:"把随意挑选的、独立的(而且是离开既定的结构和情节性场面起作用的)感染手段(杂耍)自由组合起来,但是具有明确的目的性,即达到一定的最终主题效果,这就是杂耍蒙太奇。"②在爱森斯坦的电影创作中这一理论得以多次实践。如在《罢工》里,工人罢工被沙皇军队追赶镇压时,爱森斯坦插入了屠宰场中牛被宰杀的镜头,用来作对比,取得了震撼人心的效果。尽管这种蒙太奇方式在一定程度上损害了戏剧真实——剧情与屠宰场毫不关联——但思想表达十分明确,完全达到了表达观念与写意目的。

另一重要概念"理性蒙太奇"是爱森斯坦1928年提出的,其主要含义是通过画面内部的造型安排,将一定的视觉形象转化成一种理性的认识。典型的例子是《十月》里亚历山大三世雕像从座基上倒落下来,表现了沙皇专制的覆灭;而当临时政府走上沙皇老路时,雕像又重新竖立起来(运用倒放的方式),以象征反动势力的反扑。显然,镜头在这些地方已成为某种符号,当它们组合起来便产生某种意义,从而代替一般的艺术形象,唤起观众内心理性的思考。

总之,理性蒙太奇和杂耍蒙太奇都是以视觉形象的象征性和内在含义的逻辑性为根本的。爱森斯坦致力于通过蒙太奇的组接方法创造思想效果。无疑这种理论尝试不失为一种大胆的探索。他突破了传统的蒙太奇叙事的功能,进入到蒙太奇写意构建的领域。他创造了新的视听写意形式,并且把这种新形式建立在蒙太奇理论的基础上,这使它呈现出具有本质意义的方法论特色。事实也是如此,"当爱森斯坦把上述蒙太奇学说作为蒙太奇的唯一理解的时候,他显得偏激而自相抵牾;但当爱森斯坦意识到这种错误并加以修正的时候,即爱森斯坦把杂耍蒙太奇和理性蒙太奇作为整个蒙太奇理论的重要组成部分的时候,爱森斯坦就成为一个伟大的理论家和思想家。他的蒙太奇理论与普多夫金的叙事蒙太奇理论一起,构成了完整的蒙太奇思想体系,"③进而也建构了完整的电影语言理论系统。从叙事写意两个方面提出了系统的理论规范,并成为指导当时及

---

①② [苏]爱森斯坦:《蒙太奇论》,富澜译,中国电影出版社2003年版,第447页;第448页。
③ 王丽娟:《视听语言传播艺术》,中国广播电视出版社2006年版,第93页。

后来视听艺术实践的理论纲领。

二、蒙太奇涵义的界说

蒙太奇是法语 montage 的译音,原本是建筑学上的一个用语,意为装配、构成。最早是由路易·德吕克借用到电影理论中来,意指电影作品创作过程中的剪辑组合。现已成为世界电影、电视中通用的术语。对蒙太奇这种解释似乎过于简单。其实,中外电影艺术家们从各个层面和角度对蒙太奇涵义曾作过许多大同小异的阐释,尽管这些阐释并没有经过统一认定。如:

苏联电影艺术家库里肖夫解释说:"把动作的各个镜头在一定顺序下连接(装配)成一个完整的艺术品,这就叫做蒙太奇。"①

苏联电影艺术家普多夫金认为:"以若干镜头构成一个场面,以若干场面构成一个段落,以若干段落构成一个部分等等,这就叫蒙太奇。""把各个分别拍好的镜头很好地连接起来,使观众终于感觉到这是完整的、不间断的、连续的运动——这种技巧,我们惯于称之为蒙太奇"。②

苏联著名电影大师爱森斯坦则认为,这运用蒙太奇方法"把无论什么镜头对列在一起,它们必然会联接成从这一对列中作为新质出现的意象。"③"我认为蒙太奇是一种冲突:由两个元素的冲突而'涌现'出某一观念"④。

匈牙利电影美学家巴拉兹曾说,蒙太奇是电影艺术家"按照预定的顺序把许多镜头联接起来,结果就使这些画格通过顺序本身而产生某种预期的效果"。⑤

我国著名电影艺术家夏衍曾作过十分通俗的解释:"蒙太奇,实际上就等于文章中的句法和章法。""所谓蒙太奇就是依照情节的发展和观众的注意力和关心的程序,把一个个镜头合乎逻辑地,有节奏地连接起来,使观众得到一个明确的印象和感觉,从而使他们正确地了解一件事情的发展的一种技法"。⑥

我国著名电影导演张骏祥则认为:蒙太奇是"电影艺术的主要叙述手段和表现手段之一。"⑦

从以上众多电影艺术家的言论来看,虽说对蒙太奇的本质理解没有多大出入,但对其含义认识还是有层次和角度差别的。概括起来有三层意思:

---

① [苏]库里肖夫:《电影导演基础》,志刚译,中国电影出版社 1986 年版,第 27 页。
② 普多夫金:《论蒙太奇》,见《普多夫金论文选集》,罗慧生 等译,中国电影出版社 1982 年版。
③④ [苏]爱森斯坦:《蒙太奇在1938》,《蒙太奇论》,富澜译,中国电影出版社 1999 年版,第 6 页。
⑤ [匈]贝拉·巴兹拉:《电影美学》,中国电影出版社 1986 年版,第 103 页。
⑥ 夏衍:《写电影剧本的几个问题》,中国电影出版社 1961 年版,第 55 页。
⑦ 《中国大百科全书·电影》,中国大百科全书出版社 1991 年版,第 282 页。

第一,蒙太奇作为影视艺术的基本构成手段,根据一定的创作目的对画面声音进行有机组合。

第二,蒙太奇作为影视剪辑的具体技巧和技法,用于画面剪辑之中。

第三,蒙太奇作为一种独特的思维方式,贯穿从影视开始一直到作品完成的全过程。

那么,什么叫蒙太奇呢?我们认为蒙太奇是一个不断发展和丰富着的艺术范畴。若要作全面准确的概括,它实际上包括了狭义和广义两个层面的含义。狭义的蒙太奇,是作为影视语言符号系统中的范畴出现的,专指对镜头画面、声音、色彩诸元素编排组合的手段。即在后期制作中,将摄录的画面声音等元素根据文学剧本和导演总体构思进行编排组合,形成一部影视作品。其中最基本的意义是声画的组合。广义的蒙太奇不仅指画面声音及色彩的组合方式,也指从剧本构思到整个作品完成过程中,艺术家的一种独特审美创造的思维方法。

对于当今影视理论来说,蒙太奇是一个非常重要的问题,也是一个存在争论较为复杂的问题。影视艺术从某种意义上说,是以蒙太奇作为它们的美学基础的。蒙太奇是影视艺术反映生活独特的潜力很大的艺术构成手段,也是影视艺术区别于其他艺术的显著标志之一。

三、蒙太奇成为构成手段的依据

蒙太奇为什么能成为影视艺术的基本构成手段呢?其构成依据主要有四点:

第一,依据人们视觉感知的规律。人类生活在一个运动的世界里,当我们对周围的事物进行观察时,常常不会把目光固定在某一点上,而是依据视觉感受和心理感受的需要,不断地变幻视距和角度去观察世界。而且这种运动又往往不是同一速度进行的。当一个心境处于平静安适时,眼睛的转动是缓慢的;而当某人处于内心激动或受到突然刺激时,目光变换的节奏就会加快。影视画面转换的节奏和镜头调度,便是基于人们这种感受的基本规律而产生的。

第二,依据艺术创作的美学原则。影视艺术不能自然主义地反映生活,需要寻找能使生活素材典型化和富于美感的艺术思维和方法,蒙太奇则体现了影视艺术家的美学建构。

第三,依据影视的物质条件。就影视物质材料运用来讲,电影采用的胶片,电视采用的可录制和抹去影像的磁带,这些材料和技术手段为影视艺术家运用蒙太奇理论、思维和手段,创造了安排影视作品结构的方便与可能。

第四,依据人们思维活动中的联想习惯。客观事物间常常有着某些相互的内在联系。因此,在人们的思维活动中便常常作出某些触类联想,蒙太奇则是人的这种思维在影视中的反映。

作为影视构成手段的蒙太奇,将两个画面组接在一起,它所表示的含义就会远远超过两个画面本身之和,"更像两数之积",这是为什么呢?这主要是两个画面组合,其内在联系会对观众心理造成冲击,由此而产生联想和思索,进而引伸出"新的意义"的理解。

爱森斯坦曾举笑话《无法安慰的寡妇》为例:它描写一个全身素服的妇女在坟前放声大哭,旁边有人同情地劝她:"想开一点吧,太太,上帝的慈悲是广大无边的,在这个世界上除了你丈夫,你一定还能找到使你幸福的男人。"那妇人说:"是啊,是找到了。唉!这就是他的坟"。

如果把这段话分成三个镜头就是:

(1) 全身素服的女人站在坟前放声大哭。

(2) 旁边有人同情地劝她:"还可以找到使你幸福的男人"。

(3) 妇人说:"找到了,这就是他的坟"。

把这三个镜头组合在一起,蒙太奇的新意就产生了——那妇人哭的不是她的丈夫,而是情人!这在每个独立画面中是无法了解的,只有将三个画面组接一起时,观众通过对每个画面内涵联想和思索才得出这个结论。可见一个镜头不仅显示自身的意义,而且要与它上、下面的镜头互相作用,生成新的含义。所以爱森斯坦说,这个故事整个效果在于坟墓和站在墓旁全身丧服的妇女按一成不变的规格在我们想像中,自然是为悼念亡夫的寡妇,其实她所哀悼的却是情夫。这里联想和思索在蒙太奇中占有重要的地位。

第二节 蒙太奇的分类与形态

一、蒙太奇的分类概述

蒙太奇的表现形态是多种多样的,因此,关于蒙太奇的分类历来众说纷纭,至今还没有统一的分类标准和公认的分类实践。对此,电影理论家波布克深有感触地说:"在电影中没有一个名词像蒙太奇那样如此地被曲解和滥用。每一次当电影剪辑师把两个镜头或两个以上的场面切成一系列镜头并在一起时,他就可以说是创造了一个蒙太奇"。①

对于蒙太奇的分类,就是那些杰出电影艺术家与理论家们的分类差别也较

---

① [美]J 波布克:《电影的元素》,伍菡卿译,中国电影出版社 1986 年版,第 136 页。

大。如,爱森斯坦分为五类:节奏蒙太奇、长度蒙太奇、音调蒙太奇、理性蒙太奇、谐调蒙太奇;普多夫金亦分成五类:对比蒙太奇、平行蒙太奇、比拟蒙太奇、交替蒙太奇、主题蒙太奇;巴拉兹分成四类:隐喻蒙太奇、诗意蒙太奇、讽喻蒙太奇、理性蒙太奇;让米特里却分成:叙事蒙太奇、抒情蒙太奇、思想蒙太奇、理性蒙太奇等四种。近些年来,我国出版的大学电影理论教材和影视理论书籍中的分类也不一致。有的主张分成两类:叙事类蒙太奇、表现蒙太奇(在此类下再分若干形式,如平行式、交叉式等);①有的主张分成五类:对比式蒙太奇、象征式蒙太奇、平行式蒙太奇、情绪式蒙太奇;复现式蒙太奇;②还有的学者主张分成三类:叙事蒙太奇、表现蒙太奇、理性蒙太奇(或叫修饰蒙太奇)等。③

以上这些分类大多从形式上进行分类,有的类下又细划若干种。我们赞同王光祖、彭吉象等人以功能结构为标准的划分,将蒙太奇划分为叙事蒙太奇、表现蒙太奇、理性蒙太奇三大类。这样可以较好地解决蒙太奇分类混乱的问题。

二、蒙太奇的基本类别

以功能结构划分蒙太奇的基本类别,就是以蒙太奇作为电影表现手段的使用功能为标准。这样分类,既可以在一定程度上避免语义逻辑的混乱,又为蒙太奇在电影创作中的实践运用提供了便利条件。依据结构功能为标准,以及几十年的电影实践和理论研究成果,我们拟将蒙太奇划分为叙事蒙太奇、表现蒙太奇、理性蒙太奇三大基本类别,类别下再细分几种方法与技巧。

1. 叙事蒙太奇类

叙事蒙太奇又叫叙述蒙太奇,是影视艺术中最常用、最基本的一种叙事方法。它以交待情节、展示事件和人物为主旨,按照事件发生、发展的顺序和逻辑来分切组合镜头、场面和段落,引导帮助观众理解剧情。这种蒙太奇组接要求时间构成脉络清楚,情节展开自然连贯。叙事蒙太奇有以下几种:

(1) 平行蒙太奇——指将两条或两条以上不同时间或空间的情节线索并列出现,分别叙述,而又最终统一在一个完整结构的蒙太奇技巧。它与我国古典小说中的"花开两朵,各表一枝"的结构手法颇为相似。这是电影中使用最早,也是使用最多的一种。平行蒙太奇应用广泛,首先是因为用它处理剧情可以删节过程以利于概括集中,节省篇幅,扩大影片的信息量。如电视连续剧《中国命

---

① 舒其惠等:《影视学教程》,湖南师范大学出版社 1994 年版,第 126 页。
② 张成珊:《电影与电影艺术鉴赏》,同济大学出版社 1986 年版;
③ 王光祖等主编:《影视艺术教程》,高等教育出版社 1992 年版;彭吉象主编:《影视鉴赏》,高等教育出版社 1998 年版;周星主编:《影视艺术概论》,高等教育出版社 2007 年版。

运的决战》中有许多平行蒙太奇的使用。其中一条情节线是叙述毛泽东为首的中共领袖们运筹帷幄,另一条线是叙述以蒋介石为首国民党上层的负隅顽抗。两条线索平行推进,为作品提供了一种双重视点和复调结构。它们互相连接互相独立,增强影片的叙事能力和表现能力。其次,由于这种手段是几条线索平行表现,相互烘托,形成对比,易于产生强烈的感染效果。如美国影片《正午》中,小镇执法严格的原警长在他婚礼的那天正午前,被他送进监狱的一名恶棍出狱,即将回来报仇,他积极迎战,影片就采取平行蒙太奇的手法,营造扣人心弦的紧张气氛。再如国产影片《铁道游击队》里刘洪飞马救助芳林嫂那场戏,也是这方面的典型例子。值得指出的是,正如不少蒙太奇手法的界定并非排头一样,平行蒙太奇常常与交叉蒙太奇等相交兼容。如许多影片中经常出现的所谓"最后一分钟营救"的叙述,既是交叉蒙太奇也可看作是平行蒙太奇。

（2）线性蒙太奇——指将各镜头、画面按照时间顺序或事件进展逻辑进行组接,逐次交代事件的叙事方法。往往故事简单、情节单一,这也是最基本的蒙太奇,常见于情节不复杂的影片或单个场景中。如日本影片《裸岛》,讲述了在一个周围仅有五百米的赤贫的岛上,农民千太一家人艰苦劳作的生存故事,全片没有一句台词,情节也较为简单,全片用的是线性蒙太奇的组接方法。另外,儿童片、科教片等也大多采用线性蒙太奇的技巧,如《熊猫历险记》、《葫芦娃》等。

（3）复现蒙太奇——又叫重复蒙太奇、反复蒙太奇。它指相同(或相似)的镜头在影视作品反复出现的组合方式。这种蒙太奇在影片中是经常使用的,它要求用一定的道具、事件、场面作线索,作依托,有意识地让它们在作品的适当地方反复出现,以便理清作品的层次、段落,起一种强调的作用。在《魂断蓝桥》里,玛拉赠给罗依的那个象牙雕的"吉祥符",在影片中反复出现,它是爱情的象征,也是罗依对玛拉的思念之物。影片《被爱情遗忘的角落》中那件毛线衣的反复出现,它作为物质贫困的象征,买卖婚姻的凭据,起到了揭示主题思想的作用。在影片《平原游击队》里,小宝儿拾了一颗子弹,游击队员向他要,他不给,说要留着打鬼子。后来,小宝儿被松井杀害了,死时小手里还攥着那颗子弹。李向阳忍着悲痛,从死去的小宝儿手里拿起了那颗子弹,一直带在身上,几经较量,最后他又用小宝儿留下的子弹,严惩了罪恶多端的松井。这个复现蒙太奇,用得非常精当、有力,收到了加强观众印象、深化主题的特殊效果。

在影视作品中,复现蒙太奇在不同部分重复出现,还能起到一种暗示和提高作用。如影片《秋菊打官司》中多次重复出现山道弯弯的相同镜头,这一蒙太奇手段使用暗示着秋菊打官司的经历和过程将是艰辛而曲折的。复现蒙太奇还能带来叙述上的照应和视觉感受上的对称,形成结构的完整,这在影片中常常表现为首尾的重复照应。如影片《老枪》的结尾复现了序幕中于连一家骑自行车郊游的变焦镜头,加强了观众对法西斯匪徒破坏人类幸福的历史罪恶的憎恨,且首尾相扣,表现出一种完美的结构美,使观众获得艺术上强大的感染力。

（4）交叉蒙太奇——又称交替蒙太奇,是将同一时间内发生的两条或若干条线索交替剪接在一起,它们之间有密切的因果关系,相互推进,交替频繁,最终汇合在一起。这种组接技巧极易引起悬念,造成紧张激烈的气氛,加强矛盾冲突,是激发观众情绪的有效手段。惊险片、恐怖片和战争片常用此法造成追逐和惊险的场面。美国影片中经常出现的所谓"最后一分钟营救"是典型的交叉蒙太奇,剪辑在一个岌岌可危的场面和一个飞速驰援的场面之间交替进行,镜头时长渐短,节奏渐快,从而营造出极其紧张的效果。最后,在千钧一发之际营救成功。格里菲斯在《党同伐异》里就精彩地运用了这种组接方法：一个无辜的工人被误判押赴刑场,他的妻子驾车急追火车上的州长并获得了赦免令,当绞索已经套在无辜的工人脖子上时,工人的妻子赶到救下了丈夫。这就是著名的"最后一分钟营救"。交叉蒙太奇的组接效果往往与平行蒙太奇组接效果有异曲同工之处。

（5）叫板式蒙太奇——这种蒙太奇技巧是借用中国戏曲中的"叫板"的方式而得名的。因此绝大多数出现在国产影视片中。具体的手段是,上一个镜头提及或呼喊某人或某物,下一个镜头开头就是那人或那物的出现,就像俗话说的"说曹操,曹操就到"。它的作用是前呼后应、承上启下、简洁明快地推进剧情的发展。例如影片《乡情》中,前一镜头是幼年的翠翠到村外给田桂送饭,她边走边喊："哥哥,你在哪里？"紧接着的便是故意躲在牛背后的田桂的镜头。影片《地道战》中,汉奸孙进财冒充区小队的人来到八路军武工队驻地,当武工队问他是什么人时,他假装镇静地说："区小队,是赵区长派我来的……"话音未落,赵区长出现了,一下子戳穿了骗局。这种组接,不仅前呼后应、简洁明快,而且给观众一种痛快淋漓的感觉。

（6）颠倒式蒙太奇——这种蒙太奇类似于文学中的倒叙、插叙。与线性蒙太奇、平行蒙太奇相比,它通常打破情节展开时间的自然顺序,对情节内容的展开进行重新的结构安排。被颠倒展现的情节内容总是强调将过去的放到前面来先叙述,并且也总有足够的情节量,因此,它和影视艺术中的"闪回"不一样。"闪回"主要从属于作品的表现需要,颠倒式蒙太奇则主要从属于影视作品的叙事需要。颠倒叙述有时往往要影响到影视作品的整个结构。如影片《末代皇帝》(获奥斯卡奖)、《老枪》(1976获凯撒金像奖)、《广岛之恋》等,均是以精彩地运用颠倒式蒙太奇而取得较高艺术成就的优秀代表作。从这些代表作对颠倒式蒙太奇的成功运用来看,这种蒙太奇不仅能造成作品叙事结构方面的独特性,而且可以打破平铺直叙的单调呆板、增强情节设置的悬念性,可以在时空大跨度交叉及现实、过去的巧妙掺合中,创造出影视叙事的独特魅力。

2. 表现蒙太奇类

表现蒙太奇是指以镜头队列为基础,通过相连或交叉镜头,在形式上或内容上相互对照、冲击,产生单个镜头所不具有的丰富含义,以表现某种情感、心理或思想。表现蒙太奇不仅具有展示客观外在运动的叙述功能,同时又具有强化心理世界、强化情绪感染力的艺术功能。它能激发观众的联想,启迪观众的思考,并给人以独特的审美感受。表现蒙太奇主要包括以下几种:

(1) 心理蒙太奇——又叫情绪蒙太奇,即通过画面镜头组接或声画有机组合,形象地展示人物的心理和情绪。常用于表现人物的回忆、梦境、闪念、暇想、幻觉、思索乃至潜意识活动等。这种蒙太奇在剪辑技巧上多用交叉、穿插等手法,其特点是形象的片断性、叙述的非连续性和节奏的跳跃性。

它是现代影视艺术进行心理描写的一个重要手段。例如《广岛之恋》描写一个法国女演员到日本广岛拍片,认识了一个日本工程师,两人发生了暧昧关系。女演员在和他接触过程中,很自然地想到过去的情人——一个德国士兵。影片运用许多心理蒙太奇来表现她的内心活动。如早晨的旅馆,女演员从阳台回到房子,看到工程师还睡着,他的一只手在蠕动,下面一个镜头,就是那个德国士兵躺在地上,临死前一只手痉挛的情景。观众从这里看到了女演员的心理和情绪。又如在影片《喜盈门》中,强英因虐待公公而遭到周围群众的批评指责后,感到孤立,内心惶恐,于是在睡梦中梦见自己从高处跌落到了万丈深渊,从一声惊叫中醒来,原来是一场噩梦。

(2) 抒情蒙太奇——这种蒙太奇是影视艺术中一种注重诗意和抒情的手法。它通过画面镜头组接,在既保证叙事和描写的连贯性的同时,又侧重于抒发情感和情绪的渲染。如日本影片《生死恋》在表现大宫和夏子来到大宫家乡的一个樱花园禁不住热情拥抱接吻情景后,以摇镜头拍摄樱花团团簇簇竞相怒放,在丽日蓝天的映衬下显得生气勃勃格外娇美。这种抒情蒙太奇绝大多数运用空镜头画面来实现。奥斯卡获奖影片《走出非洲》结尾拍摄男女主人公从飞机上所看到的非洲自然美景,不仅具有自然的美感度,而且与人物内心情态高度吻合。有的影片运用抒情蒙太奇不用空镜头画面,而是用与展现故事情节内容关系密切的镜头、画面,在表现故事的同时以借景抒情、情景交融的方式来进行强烈的表情达意。例如,《城南旧事》的结尾所传达出的依依惜别之情,《黄土地》中翠巧到黄河边打水声(歌)画蒙太奇场面所传达出古人所云的"思归"之情,《泰坦尼克号》在罗丝登上救生艇离开杰克时响起《我心永恒》歌声那个片断所传达出的生离死别之情,都达到了很好的抒情效果。

（3）隐喻蒙太奇——也叫比喻蒙太奇、相似蒙太奇、象征蒙太奇。指通过镜头和画面的连接，将不同的形象加以并列，或以甲比乙，或以此喻彼，从而产生暗示、比拟、象征的作用。隐喻蒙太奇要求相关镜头画面之间，存在某种微妙的类比联系，要求抓住"相似点"、"具象点"，以便突出事物之间相同或相似的特征，促使观众进行联想，领会其中内在的深层的意思。比如，在《摩登时代》中，卓别林把从羊圈里拥挤而去的羊群与放工出厂的工人加以并列；在《罢工》中普多夫金把枪杀工人和屠宰场宰牛的镜头并列，都是以工人失去自由，任人宰割这一点来勾起观众的联想的。观众可以从全然不同的事物身上找到内在相通的东西。在《母亲》中，普多夫金将工人示威游行的镜头与春天冰河水解冻的镜头组接在一起，用以比喻革命运动势不可挡。影片《秋瑾》的开头，古老的北京城烟雾弥漫，一队队洋鬼子在践踏我们的国土。在这些镜头中不断地穿插着几个愤怒的石狮子的特写，象征着中国人民的愤怒和反抗。

隐喻蒙太奇手法在影视片中用得很广泛。比如以青松象征坚定和崇高，以红旗象征革命，冰河解冻象征春天或新生，花开并蒂、鸳鸯戏水比喻恋人相爱，咕咕叫的鸭子比喻喋喋不休的长舌妇……几乎形成一些固定的程式。我们在观赏影片时要注意两个不同事物画面的联系，注意寻找和理解其中隐喻的意义。

（4）对比蒙太奇——也称对照蒙太奇。指将内涵截然不同的镜头画面组接在一起，通过画面间的对比、衬托，显出新的含义。这种手段类似于文学中"朱门酒肉臭，路有冻死骨"的对比描写。对比蒙太奇不仅可以用在短镜头的场景、人物表情之间，也可用在长镜头的情节之间。如影片《一江春水向东流》就有许多处运用：一个女孩领着一个瞎老头在街上卖唱，一曲"月儿弯弯照九州"的悲惨歌唱，与阔佬们在高楼大厦里寻欢作乐形成了强烈的对比；素芬母子和婆媳的苦难，与张忠良堕落后纸醉金迷的腐化生活的对比贯穿全剧，成为剧情发展的动力，使影片获得了强大的悲剧力量。又如苏联影片《这里的黎明静悄悄》利用不同色彩的胶片画面组接。导演将战前富有诗意的乳白色高调画面、战时单调冷酷的黑白画面、战后温暖和煦的彩色画面的对比处理，达到深化反战主题的目的。再如在《白毛女》中，恶霸地主黄世仁糟蹋喜儿的画面与黄家"积善堂"匾额画面相连接，形成强烈对比，把地主阶级满口仁义道德，一肚子男盗女娼的丑恶本质揭露得入木三分。

3. 理性蒙太奇类

理性蒙太奇与表现蒙太奇同属表意范畴，但它比之表现蒙太奇，是一种更注重理性、更抽象的蒙太奇形式。它意图通过在画面之间建立关系来传达特定的抽象思想，从而引发观众的理性判断与思考。理性蒙太奇与一般叙事蒙太奇的区别在于，即使它的画面是属于实际经历的事实，但也是作为主观视象出现的。

理性蒙太奇多指向对某一社会学和哲学命题的抽象思维，强调观众的主动参与和思考，有时由于过于艰涩，让人较难理解。如爱森斯坦在《战舰波将金号》结尾处，用三只造型各异的石狮并列，力图传达一种革命爆发的意义，这组镜头被认为是蒙太奇理论的最突出代表。但它和整部影片的叙事偏离太远，以致后来受到了许多电影学家的质疑和批评。理性蒙太奇主要包括以下几种：

（1）杂耍蒙太奇——这是爱森斯坦创建的一种蒙太奇手法。这里的"杂耍"，有综合的意义。它要求把短而杂的镜头作闪电式分切，使画面与画面间产生强烈的冲击力。爱森斯坦给杂耍蒙太奇下的定义：就是"把随意挑选的、独立的（而且是离开既定的结构和情节性场面起作用的）感染手段（杂耍）自由组合起来，但是具有明确的目的性，即达到一定的最终主题效果。"①这种手法在内容上可以随意选择，不受原剧约束，促使造成最终能说明主题和编导意图的效果。爱森斯坦在其代表作《战舰波将金号》里，在举世闻名的"敖德萨阶梯"那个段落，成功地运用杂耍蒙太奇手段，取得了震撼人心的效果。

在国产片中有的表现"文化大革命"十年动乱的场面，也是采用了杂耍蒙太奇的手法。如在影片《枫》里，导演把林彪在天安门城楼声嘶力竭地喊叫的镜头和高速飞驰的列车时而穿过隧道、时而越过大桥的镜头相组接，在拍摄时又故意使镜头歪斜，造成一种不平衡的效果。在激烈而富有动态的节奏中，真切而生动地再现那个时代的动荡和不安定。而在众多的后现代电影之中，杂耍蒙太奇成为常用的电影手段。如周星驰的《大话西游》、《九品芝麻官》、《唐伯虎点秋香》等电影中的台词为众多"星迷"津津乐道。这些电影多是古装片，但是片中台词却出现了现代香港人的街头俚语。古代和现代的时空冲突构成了杂耍蒙太奇，"无厘头"噱头效应，令人忍俊不禁。

（2）垂直蒙太奇——这是爱森斯坦提出的一个重要概念，也是一种蒙太奇手法。爱森斯坦认为，垂直蒙太奇"从图像的蒙太奇组成的角度来说，这里已经不仅是一个镜头接一个镜头在水平方向上的'延伸'，而且还要按垂直方向在每一图像片段上方'附加'一个另一向度的新片段——声音片段，也就是说，这个新片段不是与它连续相接，而是同时出现。"②

垂直蒙太奇在一定程度上是爱森斯坦关于有声电影画面与音乐性结构的继续，爱森斯坦用大量的例证说明了垂直蒙太奇的音乐性结构的规律，认为色彩、声音和时代风格都具有一定的韵律和节奏的对应，能够让画面和音乐做到同步的深层原因，在人类情绪感觉层面上都有一致之处。在具体的作品中，色彩、音乐、光线等元素会化合形成具体的审美体系。这种内在的深层次和谐使得电影

———————
①② ［苏］爱森斯坦：《蒙太奇论》，富澜译，中国电影出版社2003年版，第425页；第333页。

观众容易引起情感的共鸣和审美的愉悦。"垂直蒙太奇触及了艺术的深刻本质,在电影的立体结构中形成可诗意的表意空间。音乐诉诸听觉,能够直接引发观众的情绪波动;镜头展示空间,身体的行为动作和形象可以表现在银幕上。音乐与形象的结合能够营造纯净的审美境界,使观众获得直接的情绪体验和理性感悟。"①在英国杰出影片《迷墙》中视听元素得到了诗意的完美结合。《迷墙》是一部表现欧洲著名摇滚乐队——弗洛伊德乐队的电影。全片很少出现台词,主要以弗洛伊德乐队的具有极强思想性的摇滚歌词构成影片的题旨,以音乐的曲调和节奏构成影片内在的艺术氛围和韵律。导演将平克·弗洛伊德的生平诗意地揉碎,重新以垂直蒙太奇结构、诗歌的方式展现。现实空间的事实按照导演的意图重新拼贴,展现出来的是精神时空中的平克·弗洛伊德,童年的依恋、青春期的冲动、成年的烦恼,与欧洲过去一代战火中的父辈青春、子一代叛逆的青春的交集与纠缠,按照摇滚歌曲提供的艺术氛围和旋律剪接在一起,构成了完美的诗意电影杰作。在当今传媒文化风行的时代,MTV、艺术电影、PTV、网络艺术中视听感觉的结合已经司空见惯,图像和音乐的结合也印证了爱森斯坦倡导的艺术规律以及垂直蒙太奇手法的可行性。

(3) 反射蒙太奇——这种蒙太奇手法是在符合逻辑的情况下,插入可以理解和意会的事物。叙述与"描绘的事物与用来做比喻的事物同处一个空间,它们互为依存,或是为了与该事件形成对照,或是为了确定组接在一起的事物之间的反应,或是为了通过反射联想揭示剧情中包含的类似事件,以此作用于观众的感官和意识。"②如普多夫金在影片《母亲》中,为了形象地表达剧中人得知自己即将获得自由的喜悦之情,导演在儿子兴奋的双手和嘴角的微笑画面之后,组接了一些其他镜头:一条涨满春水的小溪;闪耀着阳光的水面;水鸟在乡村小池塘里戏水;最后是一个笑嘻嘻的小孩。这些镜头的插入之所以不像杂耍蒙太奇那样生硬,是因为它们都是影片中背景的应有部分——是以"外面是春天了"这个字幕作为开端的,而且这些物象和"囚犯的喜悦"都属于同一个可以明了的主题意象。所以观众看了能够理解而不感到意外。

(4) 思想蒙太奇——这是由苏联纪录电影的奠基人维尔托夫提出的蒙太奇手法。主张利用新闻影片中的文献资料重新编排表达一个思想。这种蒙太奇形式是一种更为抽象的形式,它只表现一系列思想和被理智所激发的情感。观众冷眼旁观,在银幕和他们之间造成一定的"间离效果",其参与完全是理性的。

---

① 周星主编:《影视艺术概论》,高等教育出版社2007年版,第113页。
② 袁玉琴、谢柏梁主编:《影视艺术概论》,中国电影出版社2005年版,第151页。

苏联米哈依尔·罗姆导演的《普通法西斯》便是典型之作。本片运用了大量新闻资料,并作出极富智慧和人道力量的撷取。按罗姆所说,他要探讨的是为什么20世纪中期竟会出现法西斯这种可耻的现象,并考量普通人如何会变成"普通的法西斯主义者"这一历史根源。影片很容易拍成政论性的纪录片,但罗姆却赋予这部影片罕见的思考力度和且深且痛的诗意表达。纪录片的解说词在这部影片里得到近乎完美的运用。幽默、机智,并流溢着朴素而深遂的哲理。本片在苏联被称为人类必看的一部电影。美国导演迈克尔·摩尔2004年拍摄的《华氏9·11》,也是一部较恰当运用思想蒙太奇手法创作的影片。

以上我们论述的是最常见蒙太奇类别与手段,各有其特点与功能。了解这些影视艺术构成手段,不论是对于我们从事影视艺术创作,还是进行影视评析都是有帮助的。

第三节 蒙太奇的主要功能

蒙太奇作为影视艺术的构成手段和思维方式,它的功能是多方面的,归纳起来主要有以下几个方面:

一、保证叙事连续,结构完整的作品

我们知道,一部影视片是由一系列画面、镜头构成场面,由场面组接成段落,再由若干段落,构成整个影视作品。在组接过程中,影视创作者必须从拍摄的素材中精心选择最适合表现的镜头画面,然后将它们组接成连贯流畅的叙事。没有蒙太奇的组接,单个画面镜头就像以表形表意为主的单个方块字一样,往往不能表达出一个完整的含义,构不成完整的形象。必须把若干的字、词、词组,按照语法修辞学的规律和规范,组成句子、段落,才能形成文章,起到交流思想,沟通感情的作用。单个画面或镜头虽然也能展示某种意义并具有一定的形象性,但它表现的意义往往是零碎的不完整的,或者是较模糊的。只有将各种画面、镜头、声音按照蒙太奇的组接方式加以组合,才能使影视成为一种叙事艺术。因此,蒙太奇在影视中的作用,就如同文章中的语法修辞一样,其基本的功能就是使电影和电视获得叙事手段。恰如爱森斯坦所说:蒙太奇的基本目的和任务"就是条理贯通地阐述主题、情节、动作、行为,阐述整场戏,整部影片的内部运动。"①一部100分钟标准长度的故事影片,通常镜头(画面)的数量在500~800

---

① [苏]爱森斯坦:《爱森斯坦论文选集》,中国电影出版社1962年版,第347页。

之间。蒙太奇的首要功能就要将这些众多分散的镜头(画面)有机地组合起来,保证其连续性,使之成为一部体现编导创作意图、表达一定内涵、并能为观众所理解的影视片。

二、使镜头画面产生出新的含义

在影视作品中,叙事蒙太奇主要是为了叙述交代剧情事件的,而表现蒙太奇则更多地注重通过镜头的组接,使原来蕴藏在各个镜头里的含义,产生另外更为深刻的新的含义。爱森斯坦提出的 1+1>2(即两个镜头的对列不是二数之和而更像二数之积)的原理,更显示了蒙太奇具有巨大的表现功能。有时甚至只改变一个场面中镜头的顺序而不用改变镜头本身,就足以改变一个场面的意义。普多夫金曾经举过这样的实验例子。镜头一:一个人在笑;镜头二:一把手枪直指着;镜头三:同一个人脸上露出惊惧的样子。照这样顺序排列的镜头使观众感到那个人是懦夫;但如果把顺序倒转过来,就会使观众感到那是一个勇敢的人。这实验说明,两个镜头一经组合,就会产生两个镜头单列时未曾有过的新含义。可见,镜头的组接顺序制约并决定着镜头表现的内容和新义。

有时候我们会看到两个似乎风马牛不相及的镜头被组接在一起,而在组接之中所创造出的含义恰恰是创作者所要表达的主观意念和思想。如爱森斯坦在他执导的影片《罢工》中,把士兵用来福枪扫射一群工人的镜头和牲畜围栏中正在屠杀一头牛的镜头组接在一起,以此表达他对镇压工人的看法和评论——工人如同牲口一样被杀戮。

三、创造出独特的影视时空

影视艺术中的时间和空间并不是真实时空的简单记录,而是按照一定需要,根据一定的条件和采用特殊手段重新创造出来的银屏空间与时间。运用蒙太奇手段把现实生活中的时间和空间不相同的片断有机地组合起来,能创造出与现实生活不相同的影视时空,推动影视情节按一定逻辑顺序向前发展。影视作品中的时间可以通过蒙太奇手法进行压缩和延长。苏联影片《乡村女教师》里表现时代的更替、时间的流逝,分别用了旋转的地球仪、成长中的青松以及女主人公瓦尔瓦拉在青年、中年、壮年和晚年时期的形象叠印来表示,热情讴歌了一位女教师献身教育事业的不平凡一生。在影视作品中,压缩时间相当于文学创作中的虚写、略写;延伸时间相当于文学创作中的渲染和详写。有些内容琐碎、冗长或者难以直观呈现,通过蒙太奇可以跳跃式省略、简化许多内容流程。例如影视中妇女角色生孩子,实际所需时间可能要几小时,但用蒙太奇方法,把两三个镜头剪辑在一起(产妇进产房,家属在外等候,护士抱出婴儿)就表现清楚了。

在压缩空间,再造不同于实际空间的银屏空间方面,蒙太奇的神通似乎更为广大,简直无所不能。为了剧情表现和创作意图的需要,蒙太奇可以把相距"十万八千里"的画面剪辑到一起,创造出只有在银屏上才得以存在的影视空间。如国产片《少林寺》,导演将在浙江天山、杭州等地拍摄的镜头同河南嵩山少林寺的真实镜头相组合,银幕就出现了一个美于嵩山少林寺的新的电影空间,增强了影视表现力。

四、形成影视片的不同节奏

节奏主要指一种连续而有间歇、轻缓或者重急的运动韵律感。在影视作品中,节奏也是个十分重要的问题。影视节奏是故事情节发展的脉搏,是内容与形式的统一韵律,是感情气氛的一种调整修饰,是镜头造型的特定配置,是镜头长短的精心搭配。一部影视片如果一味平铺直叙,可能使观众兴味索然,昏昏欲睡;而过多的紧张、跳跃,也会使观众疲于应付、麻木不仁。蒙太奇手段的运用,可以通过镜头画面的搭配、时间和空间的运动形成不同状态,造成影视作品或快或慢或紧张或松弛的节奏。美国好莱坞的制片商深谙此道,他们十分注意作品的节奏。20世纪90年代引进我国的大片,如《亡命天涯》、《真实的谎言》、《泰坦尼克号》等,其中的情节安排都能做到张弛有致、刚柔相济,使观众情绪随剧情起伏变化,受到感染。

蒙太奇节奏既是画面节奏,同时也是一种叙事节奏,它直接影响影视作品的形成。如《黄土地》用缓慢沉郁的蒙太奇节奏创造了一种苦涩的电影风格;《红高粱》用跳跃紧凑的节奏创造了一种热烈奔放的电影风格;《城南旧事》、《红色恋人》等影片则用舒缓流畅的蒙太奇节奏创造一种诗情画意的电影风格。

五、综合各种元素产生特殊艺术效果

作为影视艺术构成手段的蒙太奇可以把诉诸视觉的人、物、影、光、色和诉诸听觉的人声、音乐、音响等元素综合成完整的银幕形象,来表达思想和感情。自有声电影问世以来,电影艺术家们便不断探索声音与画面之间的关系。人们习惯上常把影视艺术中声音与画面的组合方式称为声画蒙太奇。声画蒙太奇的最基本最常见的形式是声画合一,如画面上两人在对话,听到就是他俩的说话声。这种蒙太奇形式观众很容易接受,但毕竟局限于告诉观众已经知道了的东西。于是,声画蒙太奇就通过"声画分立"和"声画对位"的形式来充分调动声音这一元素,从而产生特殊的艺术效果。

第四节 长镜头的涵义、特征与发展

在论述影视艺术的基本构成手段蒙太奇时,不能不提到长镜头。长镜头是与蒙太奇并列的概念。可是曾有些电影理论家在相当长时间都把它们视为对立物,甚而形成两种不同的美学观念和艺术观念。实际上,长镜头与蒙太奇这两个概念既相反,又相成。

一、长镜头的涵义与美学特征

所谓长镜头,就是影视作品中时值较长(长镜头的时间并没准确定值,通常不少于30秒)的镜头,也就是在一个单镜头内通过场面调度(主要是演员调度和镜头调度),在画面上形成多种景别和构图的镜头。

对于长镜头的理解,有学者说"传统观念认为蒙太奇是指镜头与镜头之间的组合,因而它是与长镜头相对比的概念。但如果从广义上来看,蒙太奇作为影视艺术的一种结构表现方法,它不仅与镜头与镜头的时空转换和连接有关,而且也与镜头内部的时空转换和连接有关。在长镜头中,也许没有镜头与镜头之间的组合关系,但却存在画面与画面之间的组合关系。因此,我们也可以说长镜头是蒙太奇的一种特殊形式,是一种镜头内部蒙太奇,或者说是单镜头的蒙太奇。"[①]

从形式上讲,长镜头拍摄的时值较长,单个镜头长度少则几十秒,多则十几分钟。而在内容上,一个较长的镜头里往往包含一个完整的意义的段落(所以有人将之称为"镜头内部蒙太奇")。这段落以基本上等同实际时间的镜头画面来表现所摄对象的全过程;同时又由于长镜头可以保持时间的连续性和空间的相对完整性,因此能达到一种没有经过加工的真实。

长镜头理论是从强调真实性、反对滥用蒙太奇手法开始的,本质上具有纪实性电影美学特征。所以长镜头理论又叫"纪实派理论"。法国电影理论家安德烈·巴赞是长镜头理论的最终总结者和极力倡导者,他的长镜头理论的理论基础就是其"照相本体论"。

巴赞认为长镜头优于传统的蒙太奇结构,具体说来是因为具有三个重要的美学特征:第一,它本质上符合现实;第二,有些事件要求影片作逼真的处理,长镜头可以满足;第三,它让我们在一个通常不加深察的现实面前感到震惊。

---

① 彭吉象主编:《影视鉴赏》,高等教育出版社1998年版,第101页。

从功能上讲,长镜头拍摄除了能保持时空的连续从而增强银幕形象的真实感之外,某些长镜头片断还可能产生某种独特的艺术表现力。如:以环视全景角度拍摄可以充分展示事件的规模;通过镜头的某种方式运动,反映人物主观精神状态,揭示内在的情绪和感受;将冲突双方置于同一镜头的不同景别,有可能更加震动心弦地展示冲突;摄影机灵活运动,以主动适应演员的表演,可以为演员创造情绪连贯的表演条件,充分发挥演员的表演力,等等。总之,长镜头与普通镜头相比具有独特的美学优势与特点。

二、长镜头发展简况

在电影发展史上,梅里爱在无意中"发现"了蒙太奇手法之前,电影拍摄手法基本上都是"一镜到底",按照长镜头的字面意思,像卢米埃尔兄弟拍摄的短片都是长镜头,即摄影机从开机到关机就构成了一个完整的短片,比如《工厂大门》《水浇园丁》等都是如此。然而这种长镜头手法之所以尚未进入人们研究视野,是因为它们都是无意识的,并没有明确的艺术创造意图,基本上也不涉及场面调度,而且在美学上也没有一定的理论可以作为支撑。

蒙太奇的运用在电影史上具有革命性的意义,特别是经过格里菲斯、爱森斯坦等人的实践努力,才使电影真正成为"艺术"。然而凡事物极必反,蒙太奇的大量运用甚至滥用也使得电影虽然叙述了完整的故事,但影像却被碎片化,遮蔽了世界的完整性与生活的复杂性、神秘性;特别是蒙太奇美学一旦成为垄断性的艺术创作方式,就必定使得多元化的艺术追求被限制在单一的途径上。在这样的背景下,长镜头理论得以被提倡。可见长镜头理论是从强调真实性、反对滥用蒙太奇手法开始的,本质上具有纪实性电影美学特征。这是一次有意识的对长镜头的强调与张扬。在这次浪潮中,有几点值得注意:第一,法国电影理论家安德烈·巴赞是长镜头理论的极力倡导者;第二,巴赞的长镜头理论与其时的意大利新现实主义电影运动相互借力,意大利新现实主义运动中的电影导演,比如德·西卡、罗西里尼、费里尼等都从巴赞长镜头理论中找到了精神鼓励与观念支持,而这些导演的作品则给了巴赞具体的样本去阐释纪实美学理论,可以说巴赞的纪实美学理论与意大利新现实主义电影运动是相互借力;第三,长镜头手法在电影中的运用也离不开电影技术的发展,特别是巴赞所赞扬的景深镜头,需要摄影机在光学上的技术革新,尤其是需要广角镜头;第四,一些能够促使摄影机"运动"的设备与手段(比如重型摇臂)也需要及时跟上。从这一点上来说,长镜头在电影中有意识地使用也是电影技术发展的必然产物。

巴赞在建构其长镜头理论时,也尝试为长镜头梳理出一个谱系,他盛赞了奥逊·威尔斯在《公民凯恩》中所运用的景深镜头:在该镜头中,小凯恩的父母和其监护人在画面的前景、在窗外玩雪的小凯恩处于后景,这是个持续时间较长的长镜头。巴赞认为,倘若要找一位奥逊·威尔斯的先驱者,那么就应该是法国导演让·雷诺阿。因为"在雷诺阿的影片中,影像尽量采用景深结构,等于是部分取消了蒙太奇,而用频繁的摇镜和演员的进入场景取代。这种拍摄方法是以尊重戏剧空间的自然连续性还有时间的延续性为前提的。"①巴赞特别对意大利新现实主义电影钟爱有加,在巴赞所评析的导演和作品中,大多属于意大利新现实主义电影运动的健将和他们的电影杰作。而这些电影杰作则经常运用长镜头。比如巴赞就指出,罗西里尼和德·西卡的手法"旨在消除蒙太奇,让存在于现实中真实的连续性转现于银幕上。"而"就连新现实主义中最严格的'唯美派'维斯康蒂"所拍摄的《大地在波动》,也"差不多全由镜头段落组成,景深镜头和连续的摇镜体现出维斯康蒂把握事件整体性的意图。"②

除了意大利新现实主义,法国新浪潮电影运动也对长镜头偏爱有加,比如深受巴赞影响的新浪潮导演弗朗索瓦·特吕弗就爱用长镜头。我们在他的经典作品《四百击》中随处可以看到。如影片最后安托万一路奔跑的长镜头已成为经典,被人反复提起:从安托万冲出足球场、钻出篱笆洞开始逃跑,摄影机一直在侧面跟拍,直到他跑到海边,蹚进海水里,又忽然转过身走到岸边,镜头对准他推过去突然定位不动,成为定格,全部动作终于停止。这一个连续长镜头的运用,不仅有力地表现了安托万的悲剧命运,揭示了其恐慌和急于摆脱这种命运的复杂心理,而且深深震动了观众的心灵。

长镜头理论的成功运用,带来电影表现手段的一次革命,造就了新的银幕形态,也给当时注重形式主义风格的影坛吹来一股清新气息。巴赞的长镜头理论与当时意大利"新现实主义"的创作实践遥相呼应,从而也促使电影史上的纪实主义时代的到来。

长镜头作为一种创作手法,需要导演有着丰富的场面调度经验和很强的场面调度能力,同时对摄影师的体能、经验和艺术感觉也有较高的要求。因此,许多导演都对创作出好的长镜头充满期待,在这样的情况下,自然也不乏一些导演对长镜头创作进行实验。1948年,希区柯克就以极大的兴趣拍摄了《绳索》,该片时长80分钟,希区柯克却只用了一个镜头就完成了整部影片,这是电影史上有名的长镜头作品。由于当时技术条件的限制,一卷胶片只能拍10分钟的片子,希区柯克希望"一镜到底",所以就将前一镜头摄影机前推挡住镜头造成黑屏,后一镜头占据前一镜头的机位,并接续前一镜头拍摄,从而制作成为一个连

---

①② [法]安德烈·巴赞:《电影是什么?》,崔君衍译,江苏教育出版社2005年版,第70页;第74页。

续的长镜头。无独有偶,2002 年,俄罗斯导演索科洛夫同样以"一镜到底"的艺术探索勇气,拍摄了 90 分钟但只有一个镜头的影片《俄罗斯方舟》,摄像机穿越了 35 个房间,涉及 850 名演员,这对导演的场面调度来说是个巨大的挑战。为了拍好此片,摄制组排练了 7 个月,摄像机如何行进、演员如何站位、走位,都一而再再而三地排练,最终成就了电影史上最长的一个长镜头。

随着长镜头实践的日益增多,长镜头作为一种创作手法渐渐为影视创作者所熟悉,并积极运用于实践之中。尽管在不少导演那里,长镜头依然是形成风格的重要手段(比如安哲罗普洛斯、贾樟柯、侯孝贤、田壮壮等导演就以长镜头闻名,而长镜头也确实赋予他们的作品独特的风格)。但总的来看,长镜头已经融入主流创作观念之中了。20 世纪 60 年代初期,在中国影人对长镜头还没有深入认识的时候,影片《小兵张嘎》就创造性地运用了长镜头手法。由于条件限制,摄制组为了拍好长镜头,专门制作了简易的木轮滑车,摄像机由木轮滑车承载,镜头随人物而运动。电影中有个被人津津乐道的长镜头:罗金保带着嘎子去寻找队伍,只见两人进了院子,上房下房,再进入另一院子,再上房下房,如此曲折回环,终于找到了游击队。在今天,即使是商业电影,有时也会运用长镜头,比如香港影片《大事件》中,导演杜琪峰就在开场先声夺人地运用了一个时长 6 分 55 秒的长镜头。许多演员出现在这个长镜头中,有警察、劫匪、电视台记者,他们彼此交错,在这个镜头里,空间显得开阔,气氛显得紧张,充分显示出导演高超的场面调度艺术。

长镜头的拍摄需要一定的技术支持,而斯坦尼康(图 6-1)的运用使得长镜头更为复杂与多样化。近年来,随着数字技术的突飞猛进,一些在现实中无法实拍的长镜头通过虚拟影像出现在银屏上,比如美国影片《阿甘正传》开头那飘飞的羽毛,让画面充满诗意,然而这根飘飞的羽毛倘若在现实中用摄影机加以拍摄,根本没有实现的可能;但是借助于数字技术,在后期制作中却可以将这个流畅的长镜头合成出来。可见,虚拟的长镜头脱离了原先巴赞所阐述的纪实美学

图 6-1　斯坦尼康稳定器

理论体系,但却更加富有想象力;而长镜头作为创作手法和创作观念,则在新的时代语境中有了更加开阔的生长空间。

三、长镜头与蒙太奇的互补性

巴赞倡导的长镜头理论是以"照相本体论"为基石的,他提出电影的本性是复制和还原现实的真实性。因而,他认为爱森斯坦的蒙太奇理论违背了电影的本性,割裂了现实时空的完整性,提供了一种虚假的影像造型,破坏了真实生活,在删节之中,损害了生活的"多义性";用编导的思路去影响观众,妨碍他们自由、独立的思考。所以,巴赞提出,电影应该是现实的"渐近线",为了无限地接近现实,应当按照长镜头(镜头——段落)和影深镜头的原则构思拍摄影片,这样才能保证事件过程受到尊重,能够让观众看到现实空间的全貌和事物实际联系,富有真实感。因而,他提出用长镜头来与蒙太奇相抗衡。

在巴赞、克拉考尔等理论家的长镜头理论鼓动下,20世纪50年代有许多国家的导演都热衷于运用长镜头。甚至在一段时期内,有的导演将长镜头和蒙太奇对立起来,主张用长镜头代替蒙太奇。显而易见,这种以长镜头来否定蒙太奇的看法是极端偏颇的,也与实际应用相悖。后来,这种理论偏颇受到了法国电影理论家让·米特里和汉德逊为代表的"综合美学"派的匡正。让·米特里认为,首先即使运用长镜头连续拍摄下来的镜头,也仍然是安排好的场景,而非"完整地再现现实";取景、布光、演员走位、设计好移动摄影,表明在影片中导演意图随处可见。其次观众欣赏一部艺术作品时的"自由"并不在于从作品诸元素中剔抉取舍,而仅仅在于对整个作品作出个人的判断。汉德逊等人则主张兼而取其长,把蒙太奇理论和长镜头这两种理论综合起来,形成"长镜头和剪辑技巧相结合的风格"。

事实上,长镜头尽管不涉及镜头与镜头之间的组接,但却存在画面与画面、场景与场景之间的过渡与转换。所以,我们也可以说长镜头是蒙太奇的一种特殊形式,是镜头内部蒙太奇,或者说是单镜头的蒙太奇。而在具体的操作层面上,我们则可以说长镜头是无需剪辑的蒙太奇。

可见,蒙太奇和长镜头是影视艺术构成手段的两大形态,它们之间存在着相互融合、相互补充的需要和可能。在拍片实践中,单纯使用长镜头、完全排斥蒙太奇分镜头,或是单纯用短镜头、完全排斥用长镜头的情况,是相当稀少的,而且艺术上也未见其佳。现代影视发展的一个明显趋向,就是综合性日益增长,蒙太奇镜头显著拉长,移动摄影、景深镜头运用大量增多。长镜头和蒙太奇的兼而运用、相互补充,已经成为当代理论修养较好的影视编导们刻意追求的结构技巧和表现手段。

第五节 长镜头的分类、形态与功能

一、长镜头的分类

由于蒙太奇体现为镜头与镜头之间的组合,所以我们在对蒙太奇进行分类时,可以依据镜头间的组合方式,但长镜头无论其内部涉及多么复杂的场面调度,它却只是一个独立的镜头。所以长镜头的分类就不像蒙太奇那样眉目清楚。不过,这并不是说长镜头没有显示出它的类型来。既然长镜头表现为一个完整的独立镜头,那么我们不妨根据镜头内部摄影机与画面主体之间的相对关系,将长镜头划分为两大类:固定长镜头与运动长镜头。

1. 固定长镜头

固定长镜头是指摄影机占据着固定机位,没有发生位移,没有视角的运动(俯、仰、斜等);镜头也没有发生推、拉、摇等方式的运动。不过固定长镜头可以拍摄景深画面,也可以运用变焦手法,将小景深空间中前景或后景虚化处理。由于镜头时间较长,无论是大景深空间,还是小景深空间,都能让观众耐心品味画面含义。

固定长镜头有两种情况:一是镜头中的主体不动;二是镜头中的主体在运动。当然,对镜头中的主体来说,运动是绝对的,静止是相对的。所谓主体不动实际上指的是镜头中的主体不曾发生位移。台湾导演侯孝贤就特别钟爱固定长镜头,而且多为大全景画面。在这一点上他与小津安二郎有相似之处,两人的影片都营造了一种静默、悲悯的影片风格,但侯孝贤的许多影片由于深入历史,更体现出一种创伤感与苍凉感。侯孝贤经常用长镜头来拍摄空镜头,一处风景或一个场景在其电影中经常被给予较长时间,摄影机也不曾动过。贾樟柯的成名作《小武》中也不时会用固定长镜头,在其中一个长镜头里,小武与小勇对面而坐,由于小勇结婚没有告诉小武,小武在失望与生气的情况下登门,昔日伙伴如今显得非常陌生,两个人之间有对话,也有点烟、掏红包等动作,但作为这一固定长镜头中的主体,两个角色都没有走位。对这一场景,导演没有用正反打这样的分镜头来表现,摄影机不动,主体也不动,这样的长镜头使得小武与小勇的对话与动作充满张力。主体不动的长镜头有时也用来拍摄人物的面部特写,从而传达出人物悲伤、绝望、愤怒等表情。比如在《云水谣》中,女主角王碧云多年后年华老去,但由于海峡阻隔,苦等一生也没有等来自己的恋人。影片中给了王碧云这样一个面部特写,苍老的王碧云无声而泣,悲伤至极,这一长镜头让观众深受感染。

主体运动的固定长镜头也较为常见。对导演来说,此类长镜头不涉及镜头调度,但涉及演员调度。侯孝贤电影中此类长镜头就非常多,而且都是大全景画面。比如在《风柜来的人》中,几个年轻人在海滩上玩耍,固定在某一位置上的摄影机,以大全景的方式将这些年轻人摄入画面,这些年轻人或是手臂搭在一起在沙滩上左右晃动,或是互相追逐。在《悲情城市》中常有表现追逐、打斗情景的长镜头。固定不动的摄影机像是一双从远处凝视大地的眼睛,望着一群人奔跑、追逐、厮打,甚至是杀戮。在该片中,文清被释放出狱也是此类长镜头,几个狱警押着文清从走廊上一步一步走过去,影片用广角拍摄了一个景深镜头,画面纵深感很强,画面中的人物行走得既缓慢又沉重,而摄影机则耐心地注视着他们走出长廊。就在人去楼空后,摄影机还略作了一下停留。影片即将结束时,《悲情城市》又用了固定长镜头表现林家三代人在餐桌前吃饭的场景,家中女眷不断入画出画。曾经那么繁盛的家族,在影片结束时,只剩下三个男人——正好是三代人,中坚一代的文良还因为惨痛经历而致精神失常,这一长镜头使影片充满"悲情"。此类长镜头固然不需要导演进行镜头调度,但演员调度却相当重要,演员如何站位、如何走位,何时入画,何时出画,都需要导演予以很好地掌控。

2. 运动长镜头

镜头的运动有两种情况,一是机位产生了位移,比如在轨道上移行,或是在摇臂上伸缩、升降,以及斯坦尼康的行进等;二是摄影机机位虽然没有动,但镜头却有所运动,比如变焦距(推、拉)以及镜头在三脚架上的摇动,还包括视角的运动(俯、仰、斜)等。我们知道,影视艺术的审美特性之一便是运动性,镜头的运动带来了节奏和韵律,而长镜头由于持续时间较长,这种节奏和韵律体现得尤为鲜明。

运动长镜头也有两种情况,一是镜头中的主体不动的,二是镜头中的主体在运动。主体不动的运动长镜头指的是镜头在运动而镜头中的主体却没有发生任何位移。对导演来说,这种情况基本上不涉及演员调度,而只涉及镜头调度。比如安哲罗普洛斯就爱用环形运动的长镜头,在这样的长镜头中,摄影机围绕人物作360度甚至更多的旋转,但人物却没有发生位移。一些交代环境的长镜头也属此类,在这样的长镜头中,镜头中的主体——物或者人——不运动,摄影机却像探寻未知事物的眼睛自行运动起来。比如《公民凯恩》中叙述记者采访凯恩的第二任妻子苏珊,第一次记者空手而归,第二次苏珊则向记者诉说了凯恩努力培养她成为明星,由于她天赋不足而不得不放弃,最终从凯恩身边离去的事情。两次都是通过长镜头引出苏珊这个叙事者的。第一次,画面中是雷电交加的天气,镜头先是对准剧院前海报中的苏珊画像,然后快速提升,提升至空中后,向着

苏珊房屋的玻璃屋顶逼近,似乎要破顶而入。接下来影片用叠化的光学手段呈现了苏珊坐在屋内的画面。第二次,也是用同样的手法,镜头的运行轨迹同前次一模一样,只是这一次画面上的天气很晴朗,预示了苏珊会向记者讲述她与凯恩之间发生的故事。《云水谣》的结尾也是以此类长镜头(只是这里的长镜头并非完全实拍,而是利用数字技术进行了后期制作)表达了一种苍凉感。影片中几个年轻人在雪山下拜祭死于雪崩的陈秋水与王金娣,影片叙事至此结束,镜头转向一只高飞的苍鹰,随着苍鹰展翅飞翔,画面上呈现了渺渺白云和茫茫大地,最后画面停留在台湾海峡的地形图上——正是海峡的隔阻使得有情人终其一生不能相聚。

运动长镜头还有另外一种情况,即不仅镜头在运动,画面主体也在运动,这种双重运动对导演的场面调度来说是个挑战。导演既要进行镜头调度,也要进行演员调度,而且两者间必须进行很好的对接,否则稍有错位、延迟或者误差,整个长镜头就要重新来拍,因此,此类长镜头的拍摄是个系统的、复杂的工程,它需要多个部门的密切配合。不过,此类长镜头因为镜头与画面的双重运动,使得镜头容量大,韵律优美,更能带给观众视觉上的快感,也最能激发导演的创作兴趣,所以此类长镜头在影片中也多有所见。我们在前面提到的一些著名的长镜头都属此类。在《小兵张嘎》中,罗金保带着嘎子寻找游击队,两人进院出院,上房下房,而镜头也一路跟随运动。而为了拍摄《大事件》,杜琪峰利用了许多轨道,并动用了重型摇臂,演员也进行了多次排练。这样,《大事件》中开头那6分55秒的长镜头才能在镜头与人物的双重运动中获得整体上的协调,带给观众很大的震撼。其实在特吕弗拍摄的《四百击》中就用了此类长镜头,安托万一路奔向海边,摄影机在侧面一路跟拍。由于镜头的运动与演员的运动方向一致,所以虽然安托万在不停地奔跑,但却始终处于画面中心,有种被放大的效果。像电影史上对长镜头的两次极端实验——希区柯克1948年拍摄的《绳索》与2002年索仁洛夫拍摄的《俄罗斯方舟》,特别是后者——将镜头调度与演员调度工作发挥到极致。此外,纪录片利用跟拍手法完成的长镜头,也属此类。

二、长镜头的形态

以上我们是从单个镜头内部镜头与画面主体的关系,对长镜头的类型进行了例释。下面我们还将根据画面真实程度来划分和解析长镜头的三种形态。

1. 纪实性长镜头

纪实性长镜头指的是镜头内容直接来自真实生活,而不是通过演员的表演和场景的布设"再现"出来的。毫无疑问,纪实性长镜头主要体现在纪录片之中(有时故事片也有意或无意地将真实生活摄进画面)。早在1920年代弗拉哈迪拍摄的纪录片《北方的纳努克》就运用了长镜头,影片中纳努克在冰上捕海豹的画面被人津津乐道。弗拉哈迪用长镜头而不是分镜头完整地记录了纳努克在冰山守候、拖拽并最终在家人的帮助下捕获海豹的整个过程。尽管为了拍摄《北方的纳努克》,弗拉哈迪曾付给纳努克酬劳,但纳努克从冰窟窿里捕捉海豹的画面,弗拉哈迪无法预先安排,更无法进行场面调度,所以这一长镜头仍可视作纪实性长镜头。进入20世纪90年代后,中国的纪录片逐渐从意识形态色彩浓厚的"专题片"的形态中走出,追求原生态的真实场景,此时跟拍手法被大量使用,而跟拍所形成的长镜头自然属于纪实性长镜头。

2. 表演性长镜头

表演性长镜头与纪实性长镜头相对,指的是镜头内容不是来自真实生活,而是通过演员的表演和场景的布设拍摄而成,内容主要是虚构性的。对导演来说,表演性长镜头涉及场面调度,包括镜头调度与演员调度,我们在前面提到的许多例子,比如《公民凯恩》中的景深镜头,《四百击》、《小兵张嘎》、《大事件》中的长镜头以及两个极端的长镜头——《绳索》、《俄罗斯方舟》——均属表演性长镜头,此处不赘。

3. 虚拟性长镜头

飞速发展的数字技术需要人们对影视艺术中的许多传统概念进行重新认识,对长镜头也是如此。传统的长镜头概念涉及场面调度,它在影片拍摄阶段就已经彻底完成了。然而,数字技术背景下的长镜头除了实拍,还需要在后期进行特效处理,有的甚至可以不用实拍,而直接在计算机上完成。所以对导演来说,长镜头不仅需要前期的场面调度,也需要考虑后期的计算机合成。比如《阿甘正传》片头那翩翩翻飞的羽毛就是一个完整的镜头,一气呵成,没有任何剪切和组接;如果依赖实拍,再高明的摄影师、再先进的摄影设备也无法完成这个运动长镜头;然而数字技术却可以将其制作出来。今天,通过数字技术加工完成的长镜头不时出现在银屏上。比如《云水谣》的开篇和结尾就都借助于虚拟长镜头。开场时的长镜头可谓酣畅淋漓,镜头像是长了翅膀,自如地穿行在街头和屋内。闽南戏和布袋戏演出、婚嫁风俗、街头的商贩、初到台湾的国民党士兵、屋内市民的牌局……一个长镜头包容了如此多的画面,完全是一幅抗战后台北的俗世图景。镜头上下左右运行,连贯而又自如,实拍是无法做到的。倘若我们留心一下这个长镜头,就会发现镜头居然能够"洞穿"密闭的窗户,可见这个长镜头乃是利用数字技术对几个实拍的镜头进行了天衣无缝的组接。再比如李少红导演的新版《红楼梦》,在神话开篇之后,也是用一个长镜头进入故事的。原著小说中有这样一段交代性文字:"当日地陷东南,这东南一隅有处曰姑苏,有城曰阊门者,最是红尘中一二等富贵风流之地。这阊门外有个十里街,街内有个仁清巷,巷内有个古庙,因地方窄狭,人皆呼作葫芦庙。庙旁住着一家乡宦,姓甄,名费,字士隐。"对于这段文字,电视剧是通过一个长镜头加以表现的。只见镜头从空中穿云而下,落在一个风筝上,又从这风筝降至在桥上放风筝的孩子,遂从桥上贴近河面,于是回环曲折,最终落在甄士隐的面部。这样一个长镜头,单靠实拍肯定是无法完成的。其实,数字技术原本就可以模拟出镜头的运动效果,推、拉、摇、移、跟、甩均不在话下。换言之,即使没有任何实拍的素材,完全依赖数字技术,也可以做出长镜头的效果。比如在金铁木导演的纪录片《圆明园》、《大明宫》中,就用数字技术制作出虚拟的圆明园与大明宫,而在展现圆明园与大明宫时,则经常使用长镜头的方式。于是虚拟的圆明园与大明宫,在虚拟的长镜头中尽皆展现其壮观与恢弘。可见,虚拟长镜头虽然在一定程度上改变了传统长镜头的创作观念,但它作为长镜头,却仍然表现出传统长镜头的审美特性。

三、长镜头的主要功能

对影视艺术来说,长镜头是一种重要的语法构成方式,同时也是一种创作思维。长镜头的功能主要有以下几个方面。

1. 增加影像的真实感

长镜头理论最初是由法国电影理论家巴赞在20世纪50年代极力倡导的。尽管巴赞从来没有用过"长镜头"一词,但巴赞对大景深的场面调度和景深镜头的推崇,已经非常详细地阐述了长镜头的美学价值。巴赞的长镜头理论是以"照相本体论"为基石的,他提出电影的本性是复制和还原现实的真实性。因而,他认为爱森斯坦的蒙太奇理论违背了电影的本性,割裂了现实时空的完整性,提供了一种虚假的影像造型,破坏了生活真实。所以,巴赞提出,电影应该是现实的"渐近线",为了无限地接近现实,应当按照大景深的场面调度与景深镜头的原则构思拍摄影片,这样才能保证事件过程受到尊重,能够让观众看到现实空间的全貌和事物间的实际联系,富有真实感。因此,他提出用长镜头来与蒙太奇相抗衡。可见,长镜头之所以能够使影像获得真实感,最主要的是因为长镜头能够"整体性"地再现生活。进一步来看,"整体性"又包含两个层次:一是时间的连续性;二是空间的广延性。这两个层面又是有机统一的:影像在时间上没有被分割,那么影像所再现的空间也就不会被分割,反之亦然。比如在越南裔导演陈英雄的成名作《青木瓜之味》的片头,女主角小梅——一个从乡下到西贡做佣人的小女孩——疲惫、犹疑地走进了一户深宅大院,导演用了一个长镜头开始影片的叙事:镜头随着小梅的行进缓缓运动,当小梅注视着院子角落睡在三轮车里的三轮车夫时,镜头也略作停留,在这一长镜头中,时间是缓慢流淌、但却非常连续的,而我们不仅看到影片中的女主角犹犹豫豫地走进了深宅大院,也随着小梅的眼睛看到了一个不曾被修饰、不曾被剪辑的空间。在贾樟柯导演的《世界》的片头,女主角沿着狭窄的通道,一路大声询问"谁有创口贴?"在这一长镜头中,随着女主角的行进,画面中的空间被逐步展现在观众眼前,这个空间似乎就存在于我们的日常生活经验之中,而未曾被做过艺术加工。由于长镜头具有再现生活时的整体性效果,所以巴赞认为:"景深镜头使观众与影像的关系比他们与现实的关系更为贴近。因此,可以说,不论影像本身内容如何,影像的结构就更具真实性。"①在巴赞看来,影像本身的内容是否真实倒在其次,只要运用长镜头,长镜头的美学规律自然会赋予影像以真实性,此即巴赞所谓的"影像结构"的真实性。

2. 使表意具有多义性

巴赞认为蒙太奇在删节之中,损害了生活的"多义性"。我们知道,电影史上著名的"库里肖夫效应"是将俄国著名演员莫兹尤辛的无表情的脸部,与一盆汤、一口棺材以及一个小女孩分别剪辑在一起,结果观众看到了莫兹尤辛的表情分别是饥饿、悲伤与愉悦。恰恰是在这里,巴赞看到了莫兹尤辛面部表情的丰富性,"正是因为面部表情单独看上去才含意模糊,才使三种各不相同的解释得以成立。"②巴赞贬抑了库里肖夫对莫兹尤辛面部表情的处理,在与库里肖夫作了对比后,巴赞赞扬了罗西里尼在《德意志零年》中对一个孩子的面部表情的处理,与库里肖夫希望获得单一意义相反,"罗西里尼要的是面部表情的神秘莫测"③。在巴赞看来,长镜头所追求的正是画面意义的"多义性"、"含混性"。所以,巴赞才会称赞《公民凯恩》中的景深镜头,在这个景深镜头中,"意向的含糊性和解释的不明确性首先已包含在影像本身的构图中"④,比如我们刚才提到的陈英雄的电影《青木瓜之味》,该片就有大量的长镜头,在影片开始的那个长镜头中,小梅走进深宅大院,院门里有人躺在地上睡觉,当小梅走进院门时,他在蚊帐内翻了个身,院子角落里还有一个三轮车夫,小梅走近他注视了一眼。此时是夜晚,朦胧的光线使得画面空间充满了丰富的内容,也充满了神秘,似乎有许多未知的东西隐藏在这个长镜头所再现的空间里,而这正体现出长镜头所具有的美学功能。

由于长镜头还原了生活的丰富性和多义性,观众需要积极地去感受画面、甚至去努力"发现"镜头中潜藏的内容,这些内容导演已经设置在镜头中,但无须清楚地凸显出来,因为一旦所有的东西都说清楚了,影片的韵味就消失了,观众观看影片的主动性也会随之消失,而影片的艺术价值就会严重打折。比如在贾樟柯导演的影片《小武》中,在小勇打电话与小武走进小勇家院子的两个长镜头

---

①②④ [法]安德烈·巴赞:《电影是什么?》崔君衍译,江苏教育出版社2005年版,第74页。
③ [法]安德烈·巴赞:《电影是什么?》崔君衍译,江苏教育出版社2005年版,第72页。

中,镜头都拍到了院子的墙壁,墙壁上有"小勇"、"小武"、"1982"等字样,这些细节暗示了当年两个人的友情,而这份友情现在由于两个人的地位差距却消失不见了,就连结婚,小勇也没有告诉小武。显然,这些细节就暗藏在长镜头所再现的空间之内,等待着观众积极主动地去"发现"。反过来,蒙太奇则无法实现这样的美学功能,因为蒙太奇乃是用编导的思路去影响观众,妨碍他们自由、独立的思考。所以巴赞如是说:"景深镜头要求观众更积极思考,甚至要求他们积极参与场面调度。倘若采用分析性蒙太奇,观众只需跟着导演走,他们的注意力随着导演的注意力而转移,导演替观众选择必看的内容,观众个人的选择余地微乎其微。影像的含义部分地取决于导演的注意点和意图。"① 其实在蒙太奇片断中,由于单个画面很快就被切换,观众还来不及对单个画面的信息予以捕捉,更来不及进行思考。

3. 凸显画面的空间感

长镜头还有一个审美功能,即是将画面空间凸显出来。固定长镜头和运动长镜头都可以拍摄出大景深空间来,这样的长镜头具有空间上的纵深感。实际上,巴赞正是以景深镜头阐发了他的纪实美学理论。巴赞甚至梳理了景深镜头的发展历程,它最先是在茂瑙影片的个别镜头中出现,而后出现于让·雷诺阿的作品之中,最后在奥逊·威尔斯的《公民凯恩》和威廉·惠勒的影片中得到了有意识的运用。可见,从巴赞开始,空间感就是长镜头一个重要的衡量指标。比如我们前面提到的贾樟柯的影片《世界》的片头,女主角一路高喊"谁有创口贴?"就展示了空间的纵深感,随着女主角一路行进,并推开各个房门,影片将女主角所生活的空间全面而真实地展现在观众眼前。

此外,运动长镜头还能随着镜头的运动将空间一步步拓展出来,从而使得画面空间非常开阔,带给观众视觉上的震撼与审美上的餍足。如王兵导演的纪录片《铁西区》,在一开始就有个让人难忘的长镜头,随着火车缓缓前进,铁西区庞大而又颓败的景观次第展现,这一长镜头不断地将空间拓展出来,几乎让人感受到整个铁西区的景象。加拿大纪录片《人造风景》的开头也有同样的美学功能。导演选择了中国福建一个巨大的工厂进行拍摄,摄影机缓缓地、匀速地移行,以侧拍的视角将无比巨大的工厂展现在观众眼前,一条条的生产流水线构成了画面的主体,而所有的工人都只是像一个个完全雷同的机器部件嵌在流水线间的槽沟里,影片以对巨大空间的表现反思了现代性所带来的负面效应。再如电影《大决战》,有好几个航拍的运动长镜头:摄影机从空中俯视地面,地面上则是千军万马在行军。空间之开阔足以让观众惊叹不已。

---

① [法]安德烈·巴赞:《电影是什么?》崔君衍译,江苏教育出版社2005年版,第72页。

4. 让影像产生诗意，给观众提供想象的空间

长镜头特点不简单地体现在"长"上，而在于镜头内部的连续运动和植根于这种运动中或景深中的深刻、丰富的内涵。长镜头通过缓慢地使用拉开的运动，能使整个镜头获得极优美的抒情可能，给观众一个较充裕的时间展开审美的联想和体味。英国影片《简·爱》的结尾就摄制了这样一个长镜头：历尽艰难的简·爱和罗切斯特终于相逢并结合。在芬汀的林间小路上，在那条饱经风霜的长椅上，简·爱幸福地依偎着罗切斯特，他们陶醉在默默的接触中和终于共同获爱的情感中。这里，没有赘述的话语，没有更多的形体动作，只是将镜头缓慢地拉开，拉开，让这对患难伴侣渐渐融入芳汀那翠绿的树丛中。随着场景画面的伸展，随着简·爱和罗切斯特在镜头中越来越远地离开我们，观众只觉得有一种崇高的精神力量在升华，仿佛整个大自然都在热烈地拥抱着这对情人，赞美他们之间纯真、平等、永恒的爱情。长镜头在影片中的成功运用，尤其显示了它独特的艺术魅力。如果说，蒙太奇相当于短节拍的乐曲，表现的是一种快节奏的昂扬亢奋的情绪的话，那么，长镜头就好像那长节拍的乐曲，表现的则是一种舒缓的抒情情调和悠扬的旋律。长镜头使人们在长长的镜头运动中去想象、联想、思考、理解、咀嚼和回味。

5. 巧妙地转换场景，不露痕迹地完成衔接与过渡

影视作品在叙事时，经常需要转换场景，有时根据故事情节，两个场景代表两个不同的年代，此时可以用蒙太奇手法，比如人们经常提到的例子，在库布里克导演的经典科幻电影《2001：太空漫游》中，前一个镜头是猿人将骨头扔向天空，接下来一个镜头则是宇宙飞船在太空漫游，时间跨度之大让人惊叹。

其实长镜头也可以用于进行场景转换，完成衔接与过渡。这样的长镜头往往能体现导演出色的场面调度能力。如尹力导演的"主旋律"影片《铁人》中的一个长镜头。这一长镜头就对两个不同的时代做了巧妙的转换：三年自然灾害时期，"铁人"王进喜的徒弟刘文瑞吃不了苦，坐着火车离开了大庆油田；王进喜等人追赶刘文瑞并见到了车厢里的刘文瑞，然而刘文瑞去意已决，王进喜遂将干粮送给刘文瑞，并目送刘文瑞乘坐的火车缓缓远去。此时镜头慢慢升起来，镜头中的火车远去了，留下静穆的铁轨与空旷的原野；然后镜头缓缓落下来，只见刘文瑞之子、新一代"铁人"刘思成在铁道边电话亭里打电话的场面上。此时年代已然跨过了许多年，而场景也从大庆油田转换到了塔克拉玛干油田。场景的转换与叙事的过渡非常巧妙。在希腊著名导演安哲罗普洛斯的电影《流浪艺人》中也有一个长镜头具有这样的美学功能："主人公行走在1952年竞选期间的大街上，这一镜头却以广场上宣布戈培尔即将来访的消息结束，时间已经倒退到1939年，中间没有镜头切换，也没有过渡的场景，电影时空几乎难以察觉地从一个时代进入另一个时代。"①这样的场景转换与过渡,毫无疑问显得相当高明。

此外,某些长镜头片断还可能产生某种独特的艺术表现力。如:通过镜头的某种方式运动,反映人物主观精神状态,揭示内在的情绪和感受;摄影机灵活运动,以主动适应演员的表演,可以为演员创造情绪连贯的表演条件,充分发挥演员的表演力,等等。总之,长镜头与普通镜头相比具有独特的美学功能。

思考题

(1) 谈谈蒙太奇的含义?蒙太奇主要有哪几类哪几种?
(2) 蒙太奇的主要功能有哪些?
(3) 长镜头的含义与美学特征?
(4) 长镜头有哪些类型?它的主要功能有哪些?
(5) 论述蒙太奇与长镜头的互补性。

拓展阅读

(1) [苏] C.M.爱森斯坦:《蒙太奇》,中国电影出版社2003年版。
(2) [法] 安德烈·巴赞:《电影是什么?》第七章"电影语言的演进",崔君衍译,江苏教育出版社2005年版。
(3) [法] 马赛尔·马尔丹:《电影语言》第八章"蒙太奇"、第九章"景深",何振淦译,中国电影出版社1992年版。
(4) [英] 欧纳斯特·林格伦:《论电影艺术》第二部分,何力、李庄藩、刘芸译,中国电影出版社1979年版。
(5) 邓烛非:《蒙太奇理论研究中的若干问题》,北京广播学院出版社2000年版。
(6) 陆绍阳:《视听语言》第9章"蒙太奇"、第10章"长镜头",北京大学出版社2009年版。

---

① 陆绍阳:《视听语言》,北京大学出版社2009年版,第88页。

第Ⅲ篇 创作编

本编内容提要

第七章 影视作品制作流程

第八章 影视文本的创作

第九章 影视制作主体的艺术创造

# 第七章　影视作品制作流程

一般而言，影视制作流程分为前期筹备、正式拍摄与后期制作三个阶段。不过，作为艺术创作，影视制作并非完全机械地按照次序井然的三个阶段来运作，毕竟艺术创作有其自身的规律。这三个阶段经常叠合与交叉，比如剧本在前期筹备阶段就应该完成了，但实际上在影片拍摄阶段，导演可能会根据拍摄时的具体情况或是由于即兴创作而对剧本有所增删和修改。所谓"后期制作"也并非全然是在拍摄彻底完成后才开始，后期制作人员可能在拍摄进行时就已开始工作——特别是在数字技术广泛运用于影视创作的背景下。他们将已经拍摄好的素材粗剪出来拿给导演参考，导演从中检查色彩、光影、构图等方面是否存在问题，并根据情况作出及时调整。再如，布景应该是在前期筹备阶段进行的，但在数字技术的背景下，也完全有可能在后期制作阶段以虚拟技术合成"布景"。从影视制作的趋势上来看，数字技术的广泛运用将会模糊影视前期筹备、拍摄与后期制作三个阶段之间的界限。

第一节　前期筹备阶段

前期筹备阶段是指影视片正式拍摄之前的准备过程。筹备得越充分，正式拍摄工作就越顺利。

一、剧本创作

任何一部影视作品最初都源自某一构思或某一策划。大体有这样几种情况：一是制片方从商业利益的角度出发，提出某一选题，比如我们经常见到某一电影获得高票房收入，或某一电视剧获得高收视率，制片方往往会借此机会，提出拍摄续集的计划。此后才去物色编剧写本子、物色导演指导拍摄。在中国，电

影制片厂或带有国营性质的电视剧制作机构有时也会将拍摄某类题材（比如建国、建党、建军题材）的影视剧作为政治任务下发，然后再成立摄制组。二是有人先提出一个有创意的艺术构思，这个人可能是编剧，也可能是导演，还有可能是制片人。当然，也不排除主创人员在一起碰撞交流，你一言我一语，激发出创作构想。艺术构思或来自主创人员的人生经历，或源自文学作品，甚至受到一首音乐、一幅画、一件雕塑、一个场景的激发。和所有的艺术创作一样，这一构思成为一粒充满潜能的胚芽，一旦获得合适的土壤，很快就会快速生长。有了构思以后，编剧先写出故事提纲（电视连续剧除了总提纲外，还要写出分集提纲），制片人再拿着故事提纲寻找投资。如果有制片方看中，那么接下来编剧就要开始撰写完整的剧本了。最后还有一种情况是，年轻的、缺乏资历的导演或编剧花费了大量的心血完成了剧本，但由于他们没什么名气，制片方不会想到给年轻导演投资或买下年轻编剧的本子。这时年轻的导演就要积极寻找投资了，年轻的编剧也要为卖出自己的本子或把本子卖出一个好价格而四处奔走。在成熟的电影机制中（比如在好莱坞），年轻的编剧可以找剧本经纪人，剧本经纪人能够看出剧本潜藏的市场价值，同时投资方对剧本经纪人也更为信任。剧本乃是"一剧之本"，剧本之于影片的重要意义是不言而喻的，对尚无资历的年轻导演来说，手边有好剧本是获得独立执导影片最重要的砝码。

　　剧本有个逐步发展、逐步成熟的过程。有些文学功底很好的导演（比如瑞典电影大师英格玛·伯格曼，他的文学才华甚至进入了诺贝尔文学奖评委的视线）喜欢自己编写剧本，编导合一的身份使得影片带有鲜明的个人印记，中国第六代导演大多自己写本子（相比起来，第五代导演则经常找专业编剧或与作家合作编写剧本）。导演亲自撰写的剧本，个人印记非常鲜明，一般说来，导演不喜欢别人对其作品进行深度修改；实际上，由于融入了导演本人丰富的人生体验，这些剧本已经在导演的心中打磨了很长时间，所以这些剧本一开始就比较成熟。虽然制片人有时也会根据剧本的市场效益提出修改建议，但总的来说，修改的空间不是很大。一般而言，在成熟的影视产业机制内，剧本在进入拍摄阶段之前，往往要经过许多编剧之手。有人负责故事提纲，有人负责具体的情节进展，有人负责撰写对话，等等。比如姜文导演的影片《让子弹飞》，在演职员表中出现的编剧名单就有七人之多，这里面有人搭起故事架子，有人往里填充材料，在经过多次修改后，剧本变得非常饱满，情节也充满张力。

　　电影文学剧本确立之后，影视制作就可以启动了。在中国，电影文学剧本确立以后，要报送国家广电总局审查，审查通过后获得拍摄许可，然后就可以进行正式拍摄了（影片制作完成后，还需将成片送交国家广电总局审查，审查通过后发放公映许可证）。

接下来的任务主要是：导演的案头工作、选演员、选外景。这三项任务主要由导演负责，但导演需要与摄影、美工、制片等部门的人员密切合作，发挥摄制组的集体优势。

二、导演的案头工作

在前期筹备阶段，导演要对影片进行总体构思与具体的造型设计。导演将自己的构思与设计用文字表现出来，就是案头工作。导演的案头工作不仅为整个摄制组勾画了未来影片的蓝图，还具体地指出工作的路径。具体来说，导演的案头工作包括这样几方面：一是与编剧、摄影、美术、音乐等部门的创作人员分析剧本、凝练主题、明确影片基调与拍摄目标，完成"导演阐述"；二是与摄影、美术等部门的创作人员研究拍摄方案，甚至要去勘察外景，之后完成分镜头剧本（也有一些导演根据个人的习惯，只写出分场景剧本，在现场拍摄时，才与摄影师等创作人员研究如何分镜头拍摄）；三是与美术部门研究、分析并构思内景的造型；四是与制片人分析、研究、规划，最终拿出具体的拍摄计划。这其中较重要工作是完成"导演阐述"与分镜头剧本。

三、选演员

选演员是导演在前期筹备阶段一项重要的任务。一般来说，主角与主要配角由导演选择，制片人也经常介入进来，提出参考意见；戏份较少的配角以及群众演员大多由副导演或导演助理挑选与招募。在成熟的电影产业机制内，明星成为吸引观众的重要砝码，许多商业片都会聘请明星担任主角或主要配角，但这并不意味着导演就没有任何选择空间。即使是选择明星来担纲演出，导演也会根据自己对角色的理解，尽可能选择最适合角色的明星。

导演选择演员最重要的依据是角色。在深入研究剧本后，导演在心中已经对角色有了或清晰或模糊的认知，而这无形的深藏于心的认知成为选择演员的框架，与框架大体相符的演员便会被导演选中。不仅是外形和容貌，更主要的是演员的气质要与角色相符。在拍摄《红色娘子军》时，导演谢晋因为没能找到适合扮演吴琼花的演员而焦虑，吴琼花的形象在编剧梁信笔下有一双"火辣辣的眼睛"，很显然，对剧本谙熟于胸的谢晋在挑选演员时，也将"火辣辣的眼睛"作为最显目的标记。有一次，导演在上海戏剧学院看到一对男女吵架，女孩子眼睛里有着愤怒之色。在刹那间，导演就明白自己要找的演员正是眼前这个有着"火辣辣的眼睛"的女孩祝希娟。果然，演员祝希娟的表演——特别是那双充满了仇恨的"火辣辣的眼睛"给观众留下了深刻印象。当然，被导演选中的演员并不一定就完全适合角色，所以选择演员最后一个环节是"试镜"，在演员"试镜"

后导演才最终确定演员名单。

对导演来说,选择演员有两条途径,一条是选择职业演员,一条是选择非职业演员。职业演员具有很强的可塑性,有时虽然与角色在气质上有很大差异,但由于受到过专门训练,通过把握角色的性格要素,能够表现出角色的气质。如果有充分的时间体验生活,会将角色演绎得非常出色。比如演员王馥荔,在《咱们的牛百岁》中将寡妇菊花的泼辣、外在的张狂与内在的辛酸表现得形神毕肖。如果我们将她在《天云山传奇》中扮演的宋薇与《咱们的牛百岁》中的菊花比较一下,就能发现二者在气质上的巨大差异,但作为一个职业演员,王馥荔却能将两个气质完全不同的女性形象塑造出来。不过,如果表演功底不足或是对角色的理解不到位,而演员与角色之间的气质又差之千里,演员的表演就很难获得成功。比如在李少红导演的新版《红楼梦》中,林黛玉的扮演者就与角色在气质上有所差异,又不能通过演绎将角色的气质很好地表现出来,于是曹雪芹笔下"态生两靥之愁,娇袭一身之病,泪光点点,娇喘微微"的黛玉形象到荧屏上,总让人觉得缺少了什么。

对导演来说,选择非职业演员可能会带给观众意外的惊喜,不过也存在风险。选择非职业演员会降低制片成本,这本应是制片方愿意看到的结果,但制片方也会因为没有明星出演而担心影片的票房收入。对导演来说,非职业演员由于没有受过专门训练,缺乏镜头感,在演出时可能非常紧张,表演起来很生硬,影响影片的拍摄。常用非职业演员并以长镜头闻名的侯孝贤就曾开玩笑地说,他之所以经常使用长镜头,而且都是大远景,就是因为不能频繁切换镜头、打断非职业演员的表演,也不能让镜头离他们太近让他们紧张。这虽是玩笑话,但未必没有事实的影子。另一方面,我们也的确经常看到许多非职业演员成功地演绎了角色,他们的表演与片中的环境、影片的风格浑然一体,让人眼前一亮。这样的例子在电影史上有很多,比如意大利新现实主义电影的经典之作《偷自行车的人》中的男主角里奇就是由非职业演员朗培尔托·马奇奥拉尼扮演的(不仅如此,该片的表演全部由非职业演员承担);张艺谋导演的《一个都不能少》中的魏敏芝、《千里走单骑》中的邱林,贾樟柯导演的《三峡好人》中的韩三明,也都是由非职业演员扮演。对导演来说,启用非职业演员的最大好处是,非职业演员的生活环境,与影片中的环境基本上是一样的;有些非职业演员的生活经历也与影片中人物的经历极其相似。像《偷自行车的人》中扮演主角里奇的演员朗培尔托·马奇奥拉尼的身份、社会地位与经历——马奇奥拉尼本身就是街头的失业工人——都和角色相当一致;《一个都不能少》中的魏敏芝演的就是她作为代课教师的故事;《千里走单骑》中的邱林、《三峡好人》中的韩三明的身份、社会地位与经历——邱林是丽江的导游、韩三明是矿工——都与角色非常接近。张艺谋、贾樟柯甚至直接用演员的名字给角色命名。可以说，这些非职业演员与其说是在演角色，不如说是在演自己，而恰是在演自己的时候，这些非职业演员与角色之间浑然天成，他们的表演也极其真实，让人看不到表演的痕迹。有些细节由于完全来自现实生活，即使表演功底很好的演员也难以演绎出来。比如《一个都不能少》中的魏敏芝在电视台门口苦苦等待台长，每见到一个戴眼镜的人就问"你是台长吗？"看上去完全不像是在表演，而是对现实生活的原生态记录。

有些影片需要选一种非常特别的演员——特型演员。科技的发展已经使近现代的历史人物能够给后人留下照片或影像了，当这些历史人物进入影片时，观众都希望能在银屏上看到无论从外形还是气质上都与历史人物非常相似的演员。在这种情况下，导演选择的空间是非常小的。特型演员首先在体形和容貌上应该与历史人物酷肖，这一下子就缩小了导演的选择空间。在中国，一些特型演员早已经广为人知，导演和制片人只要与这些演员商谈妥当即可。比如扮演毛泽东的古月，扮演蒋介石的孙飞虎，扮演周恩来的王铁成。随着年岁的增长，这些特型演员将会逐渐退出电影舞台；而新一代的特型演员则会慢慢为人所熟悉。比如扮演毛泽东的唐国强，扮演周恩来的刘劲等。在中国，特型演员往往通过研读历史资料、观看相关影像，来揣摩历史人物的一举一动、一颦一笑，甚至专门学会历史人物所操的方言——比如古月就在影片中操一口湖南话，孙飞虎操一口浙江话，扮演邓小平的卢奇则操一口四川话，从而使得表演更出彩。近年来中国导演在选择特型演员时更加看重"神似"，对"形似"的兴趣似乎有减弱的趋势，这与近年来政治观念的开放有关。比如唐国强就在多部革命历史题材的电视剧和电影中扮演毛泽东，尽管唐国强仍操一口普通话，外形上也比不上古月更加接近毛泽东，但唐国强却将角色的魄力、坚韧等气质表现了出来，与角色非常"神似"。对"神似"的看重，使得导演在选择特型演员时空间比较大。美国电影中有时也会出现历史人物，相较中国的情况，导演在选择演员时，并不是很在意形似，但却需要演员将角色的内在气质展现出来，比如在约翰·福特导演的《青年林肯》，著名演员亨利·方达就十分出色地演绎了青年时期的林肯形象；著名演员摩根·弗里曼则在影片《成事在人》中成功塑造了纳尔逊·曼德拉的形象。

四、选外景

选外景也是导演在前期筹备阶段需要完成的重要任务。所谓"外景"，是与"内景"相对的概念，外景的真正意思是"实景"——实际上，外景常被叫做"实景"。如果说内景是指在摄影棚内搭建起来的场景，那么外景就是在自然环境与社会环境中被选中用来进行影片拍摄的真实场景。除了自然环境中的真实场景外,如今室内场景也多采用实景,所以需要导演选择的外景也包括室内的实景。同样的道理,即使是在自然环境中搭建的场景,也不能称为"外景",而仍属"内景"范畴。

外景对影片具有非常重要的意义。合适的外景有助于影片的造型设计,无论是构图、光线、色彩,一个绝佳的外景能使其尽善尽美,比如霍建起导演的《那山那人那狗》,选择了湖南偏远地区的苗寨等地作为外景,使得影片的画面纯净而优美;而《暖》则选择了江西婺源的民居作为影片的外景,从而使得影片的造型带给人们浓浓的怀旧情感。反之,如果外景选择不当,必定会对影片的造型产生消极的影响。外景还有助于表现影片的地方色彩与时代背景,甚至还能够表现出民族风格,比如张艺谋导演的《大红灯笼高高挂》,选择了山西平遥的晋商大院作为外景,使得影片具有浓郁的地方色彩与民族风情。此外,对于强调"纪实性"的影片——比如主张将摄影机搬到大街上的意大利新现实主义电影来说,外景的选择毫无疑问就更为重要了。

由于电视屏幕与电影银幕面积差距甚大,相较而言,电视注重通过对话展现人物性格,推动故事进展,画面的空间感不强;电影则注重通过人物与环境的关系揭示人物性格,典型环境是塑造人物的重要手段,而且人与环境的关系也使影片在整体上具有隐喻色彩。所以相较电视来说,电影尤为注重环境。选择一个好外景就像选择一个好演员同样重要,也同样具有难度。波兰导演罗曼·波兰斯基为了筹拍《荒岛惊魂》(Cul-de-Sac,又译为《死胡同》,曾获1966年柏林电影节金熊奖),四处勘察外景,但都不满意。终于有一次在美国发现了一个小岛,这座小岛有一条窄窄的公路与大陆连接,岛上有座古堡。正是波兰斯基迫切需要的外景,对《荒岛惊魂》来说,这一外景具有浓郁的象征色彩,能够含蓄地表现《荒岛惊魂》的主题。无意中发现了这一外景,波兰斯基欣喜万分。同样,张艺谋选择皖南徽州民居作为《菊豆》的外景地,也极有艺术眼光。深宅大院、阴暗潮湿的氛围有助于塑造人物性格,有助于含蓄地表现主题。

外景的选择基于导演对影片造型风格、思想底蕴、文化内涵、人物性格、故事情节等方面的总体理解,同时还要考虑是否能够与内景相结合;现场条件是否有利于摄影、美术、录音等部门创作人员的工作。制片人则会从成本预算的角度对外景进行考量,比如交通条件如何,生活条件如何等。近年来,一些影片的拍摄给外景地的环境带来了破坏,应该引起人们的注意。2005年陈凯歌执导的影片《无极》选择了香格里拉的碧沽天池作为外景地,但影片拍摄完成后,碧沽天池美丽的自然风光遭到了破坏。这也提醒导演在选外景时,应该将环境保护作为重要的因素考虑进来。西方电影界就比较有经验。1978年德国导演赫尔佐格

(Werner Herzog)拍摄影片《吸血僵尸》(Nosferatu)时,曾选择荷兰的代尔夫特作为外景地,根据影片的情节,要有大量的老鼠穿街而过。于是摄制组与当地政府签订了协议,当地政府同意将老鼠放到街上,但必须特别防范老鼠进入下水道。

选外景虽然是由导演负责,但同样需要发挥摄制组的集体优势。导演要与摄影、美术、录音等部门一起勘察,并最终确定外景地。有时,单纯的外景地景观不能满足影片——特别是历史题材影片——的需要。这时导演就要会同制片、美术等部门,对外景地进行特殊处理,这被称为"实景加工"。比如在外景地涂改某一位置的颜色,添加某些景观,甚至特别添加一些建筑等。室内实景也可能需要改变环境布置,重新摆设道具,甚至改变空间结构等。总之,一切均以影片的实际需要作为依据。

第二节 正式拍摄阶段

拍摄阶段是指从开机拍摄到停机的整个过程。这是影片制作的关键环节,导演在前期筹备阶段对影片的构思将通过拍摄体现在胶片/磁带上。换言之,如果说筹备阶段体现在观念层面上,那么拍摄阶段则体现在物质层面上。

一、拍摄前准备

按照时间先后,拍摄阶段的主要工作首先是拍摄前的准备。为了能够顺利开机和拍摄,导演要在开拍前对各个部门在筹备阶段所做的工作进行最后的检查,包括验收布景,检查服装、化妆、道具。还要召开镜头会议,针对拍摄中的不同部门安排具体的拍摄任务。有些导演还习惯在拍摄前"热身",这一环节被称为"技术掌握",即各部门创作人员到拍摄现场,明确并熟悉自己所承担的工作,除了摄影机不转动以避免浪费胶片外,其他都和实拍一样。不过,由于技术不断进步,同时也为了让创作人员保持拍摄时的新鲜感与创作激情,现在有不少导演已经取消"技术掌握"环节了。

在开机实拍前,还有一项较为重要的任务需要完成,这就是演员的排演。从演员角度来说,拿到本子后,"表演"就已开始了。演员应该研读剧本,揣摩角色的性格,想象角色在特定情境中的表现。虽然剧本已经规定了演员在特定情境中的行为,但演员仍有很大的发挥空间:在特定的情境中,角色的动作应该如何设计?语调如何?表情如何?这些都考验演员的表演,也需要演员深入地体验角色的性格特征、甚至要努力贴近和把握角色的生命体验。从导演角度来说,演员的表演对一部戏的好坏有着重要意义。所以导演往往会在开机实拍前,让演员进行"彩排"。这样做的好处是,一是能够根据剧情需要让演员与演员之间建立起"逼真"的人物关系;二是能够让演员沉入到角色之中。但对于实拍前演员的排演,有些导演也持有相反的看法,这些导演反对在实拍前进行排演,认为这样做会有损于演员在实拍时的新鲜感,从而使得演员的激情被压抑,最终使表演看起来很不自然,带有明显的人为加工的痕迹。在这种情况下,有些导演就取消了完整的排演,而专门抽取重场戏加以排练;有些导演则代之以小品排演。一方面通过小品排演让演员体验角色的主要性格特征;另一方面则通过这种方式让演员与演员之间建立起符合剧情需要的人物关系。谢晋在拍摄《牧马人》之前的小品排演就经常被人们提及。在该片实拍以前,谢晋导演向饰演许灵均的演员朱时茂与饰演李秀芝的演员丛珊布置了十个命题小品,诸如"相识第一夜"、"婚后的早晨"、"孩子出世了"、"不愉快的一天"等,这十个命题小品实际上是将剧情联结在一起的十个关节点,而且这十个关节点还不是外在的,而是深入联结着人物情感发展的内在脉络。

　　导演要根据剧情和角色性格特征对演员表演加以指导。按照谢晋的看法,对演员的指导有两种方式:"一是启发式,二是灌输式。一种是从内部到外部,另一种是先有外部再有内部。对于没有经验的演员,我先是灌输式地帮他找到一种强烈而又准确的外部形体动作,慢慢再教他往内部发展。"①当然,如果拍摄时间很紧张,或是演员缺乏表演经验——特别是非职业演员,导演也可以在不拍摄特写镜头的情况下,根据剧情为演员设计好动作,然后让演员照葫芦画瓢。在全景和远景的景别中,这样的表演对影片的质量没有影响或影响较小。导演对演员表演的指导应该以互动的状态最佳,也就是说,导演应该善于采纳和吸收演员的合理建议,而不是完全以导演的意见作为最终方案。有时演员对场景和情节的理解以及因此而设计的表演方案,也会给影片带来亮点。

　　接下来就是开机进行正式拍摄。摄制组各个部门工作只有在正式拍摄时才全面启动。前期筹备阶段的主要负责人是制片和导演,摄、录、美等部门也会在导演构思的过程中提出参考建议;而在后期制作阶段,只有导演、剪辑等少数几个部门继续工作,其他部门都已经结束任务了。只有在正式开机拍摄的时候,摄制组几乎所有的部门都被转动的摄影机"激活",他们忙忙碌碌,相互配合,相互协作,为完成拍摄任务共同努力。

---

① 谢晋:《关于电影演员和电影表演》,见1983年《中国电影年鉴》,中国电影出版社1984年版,第461页。

二、实拍阶段

在实拍阶段,制片对整个拍摄活动的经费、成本与效益负责;而导演则对拍摄活动的艺术效果负责。在前期筹备阶段,制片部分就与导演等共同制定了拍摄计划;在实拍阶段,制片部门要根据具体的拍摄情况细化拍摄计划、根据拍摄活动中出现的特殊情况对拍摄计划进行适当调整,并从总体上掌控拍摄进度。制片部门一般会根据拍摄计划将拍摄日程分为拍摄日、掌握日、运转日(从一个拍摄地点转移到另一拍摄地点的时间)和机动日。在整个实拍过程中,制片部门会与导演建立起密切联系,从而紧密关注影片的艺术质量;在帮助导演实现艺术构想和确保影片艺术质量的前提下,做好拍摄活动的生产管理与财务监督工作。

导演是实拍现场的总指挥。在每一个镜头的拍摄过程中,导演都要调度与协调摄影、演员、灯光、录音等多个部门的活动;同时又要对每一个镜头的艺术质量负责。人们常常形容拍摄现场的导演是"眼观六路,耳听八方"。一方面要关注和关照演员表演与摄影师拍摄,另一方面要紧紧地盯着监视器,从监视器里把握所拍摄出来的画面,如果对镜头不满意,就要反复地拍摄,直到满意,这一"镜头"才算创作完成。

在影片的拍摄进程中,往往不是按照分镜头剧本中的镜头顺序,而是按照最为"合算"的方式进行的。"合算"不仅体现在经济上——即尽可能地缩减拍摄成本;而且也体现在效率上——即尽可能地减少创作人员精力和体力的付出,从而更有利于拍片。一般来说,按照场景进行拍摄较为"合算",比如在影片的开头和结尾都需要拍摄某处室内场景,按照分镜头剧本的顺序,这两个镜头一个在最先,一个在最后;但由于两个镜头是在同一场景,那么一次性在室内拍完既简便也省钱。不过这也不是绝对的。比如根据剧情,需要拍摄某一外景地的雨天,此时可能室内几个镜头还没有完成,但恰逢微雨天气,使得外景地既符合剧情需要,也非常真实,此时就应该抢抓时机,先拍完外景地的镜头再说。由于拍摄的非连续性,场记的工作就显得非常重要了;同时,拍摄的非连续性也增加了场记的工作难度,而且规模越大的拍摄活动,场记的工作难度就越大。场记需要将每一个镜头的细节记录在场记单上,这些细节包括道具、服装、化妆、灯光等。目光犀利的观众常常会"揪出"影片中"穿帮"的细节,比如主角的服装在同一个场景中竟然是不一样的;再比如,在同一个室内场景中,上一镜头中有个花瓶,下一镜头中花瓶却突然不见了等。这都需要场记将各个细节记录在案,在拍摄过程中各个创作部门才能有所参考,如果某镜头需要重拍或补拍,也需要将场记单中记下的服装、化妆、道具等方面的细节调出来加以参考,这样才能避免连戏时的瑕疵,才能使成片不至于"穿帮"。

影视片的拍摄有单机拍摄与多机拍摄两种。单机拍摄指的是用一台摄影机从一个位置进行拍摄,比如在拍摄两人对话的场景时,一般就会采用单机拍摄的方式,即先拍两个人的全景镜头;再分别拍摄两个说话者的近景或特写镜头——即正反打镜头;最后通过后期剪辑将这些镜头组接在一起。多机拍摄指的是动用两台以上的摄影机从不同的机位进行拍摄。一般情况下,投入资金规模比较大的场景——布景豪华或较为复杂、群众演员人数较多、由于环境恶劣而使得表演难度较大、拍摄时间较短,都可能采用多机拍摄的方式,这样可以一次到位而后期剪辑时镜头却较为丰富,如果采用单机拍摄的方式,则要花费很长时间,这样一来经费、演员及其他方面的条件都难以为继。另外,多机拍摄还有一个很重要的优势,那就是在多机位的拍摄情况下,演员的表演不会被打断,激情不会被压抑,这样,一些需要演员保持高昂情绪的镜头就能"一气呵成"地完成。在中国电影发展史上,《高山下的花环》就是一部大规模采用多机位拍摄方式的影片,影片中利用多机位拍摄的镜头多达80%,在这种情况下,影片中的激情戏拍摄得非常成功。

在拍摄阶段,工作效率是非常重要的。如果工作效率很低,比如一天忙碌下来,只有极个别的镜头可以使用,甚至完全不能用,这就会影响拍摄进度。这不仅会增加拍片成本,也会影响摄制组的激情与士气。法国导演弗朗索瓦·特吕弗曾经说过,"电影是一道时间运用的考题",导演作为摄制组的核心,必须有较强的时间观念,他应该懂得如何利用时间,懂得如何严格地、有计划地完成拍摄任务。导演是确保工作效率的关键人物,制片部门也应给予导演处理拍摄事务的权力和空间,而摄制组的其他创作人员应该积极配合,共同完成拍摄任务。

在影片的拍摄阶段,导演应该有一种开放的心态。有些导演会严格地按照分镜头剧本来拍摄,在这一点上,人们经常提到希区柯克。希区柯克曾经说过,一旦他写完剧本,影片就已经完成了,剩下的拍摄只是照葫芦画瓢的工作。尽管如此,在具体的拍摄过程中,仍会有一些预期之外的情况发生,在这个时候,导演就要善于整合摄制组不同部门的建议,因势利导,使得预期之外的情况成为影片拍摄过程的"惊喜"。比如影片《乡情》在拍摄过程中就曾偶遇一群牧童,在夕阳中唱着牧歌,非常有乡土特色,此时导演胡炳榴果断决定将这一预期之外的场景"抢拍"下来,从而成为影片中的一个亮点。有时甚至可以根据拍摄现场的状况修改剧本。对摄影和表演,导演也不妨给他们预留一些空间,比如并不给演员过多的要求,而是让他们自由发挥。日本导演黑泽明经常在把自己想要拍摄的镜头指导拍摄完成后,让摄影师根据个人的创作兴趣,自由地抓拍一些镜头,这些镜头往往在后期剪辑时让导演有所惊喜。

有时导演也会根据艺术创作的需要适当地采用"偷拍"方式;当然,有的时候"偷拍"也是出于节约经费的目的——因为"偷拍"是将现实生活中的真实场景拍进影片之中,从而避免了"外景"的搭建、也避免了招募群众演员,这种"偷拍"尤其会被小成本影视创作所采用。"偷拍"的好处是能够让影片具有极强的纪实效果,增加影片的真实感。"意大利新现实主义"所提倡的"将摄影机搬上街头",就经常使用"偷拍"方式让影片带有纪实性。张艺谋导演的《秋菊打官司》中也有秋菊融入闹市街道的"偷拍"镜头,画面中熙熙攘攘,因为本身就是对现实生活的记录,所以观众就会觉得真实、充满生活气息。"偷拍"需要注意的是掌握好尺度,一方面要以艺术创作作为"偷拍"的出发点;另一方面要注意不能侵犯他人的隐私,不能因偷拍而越过职业道德的界线,更不能越过法律的界线。

在正式拍摄完成以后,导演往往会让剪辑部门将工作样片进行粗剪,据此对拍摄阶段的工作进行检查,并对整个拍摄活动的成果做到胸中有数。如果有些镜头需要重拍或补拍,也能够及时发现。至此,影片的拍摄阶段告一段落;接下来就是影片的后期制作了。

第三节　后期制作阶段

后期制作阶段指影片制作从停机到印出标准拷贝的过程。这一阶段的关键任务是剪辑。剪辑主要包括画面剪辑与声音剪辑,此外还包括字幕的创作与剪辑,如果在影片中需要运用特技与动画,那么剪辑还应包括特技、动画的创作与剪辑。"剪辑"也常被称作"剪接",在英美等国,电影剪辑被称为"film cutting"或者"film editting";法国和苏联则将之称为"film montage",即电影蒙太奇,这表明了剪辑与蒙太奇的同一性:蒙太奇是一种银幕形象,也是一种电影创作思维;而剪辑则是具体的操作实践,其目标就是要在银幕上实现蒙太奇形象。不过相较而言,"剪接"侧重技术层面,它是电影艺术还不太成熟的时候使用的概念;而剪辑则包含了"剪接",同时也强调了镜头组接所产生的创造性成果,因此剪辑既是技术概念,也是艺术概念,这一概念的出现表明电影艺术走向了成熟。

人们常将剪辑称为影片继剧本创作、拍摄之后的三度创作。这种定位体现出剪辑在影视创作过程中的重要地位。有了剪辑手段,人们一下子发现了影片创作所具有的无限潜能,如此一来,剪辑就不再是循规蹈矩地将镜头接在一起,而是一种创造手段。《战舰波将金号》中有名的"敖德萨阶梯"、《精神病患者》中的"浴室谋杀",都是依靠剪辑来营造效果的,如果没有剪辑,这些让人振奋的经典片段就不会出现在电影史上。有导演甚至开玩笑说,"剪辑是不会让导演自杀的艺术"。换言之,剪辑通过对画面和声音的再创造,能够使影片获得出乎预料的效果。所以导演对剪辑十分重视,也不乏一些导演亲自动手剪辑或参与影片剪辑的例子,比如蔡楚生导演的《渔光曲》、《一江春水向东流》都是他亲自动手剪辑的;著名导演李安也常亲自剪辑;还有一些剪辑师从剪辑中学到了大量的电影创作经验,然后再成功地转行做导演。

一、画面剪辑

1. 传统胶片剪辑

当拍摄阶段结束后,所有镜头基本完成。如果是传统的胶片剪辑,那么胶片会送到洗印厂洗印,洗印以后剪辑师会拿到一大堆工作样片,这时剪辑师与导演就可开始剪辑工作了。电影胶片一般是每秒中拍摄 24 格画面,每一画格就是剪辑时的最小单位。剪辑之初,剪辑师要做一些准备工作。比如,由于电影拍摄时画面与声音分别由摄影机与录音机记录,所以对于要直接配上同期声的胶片来说,先要将声音与画面对应起来。这时剪辑师需要在声轨上找到场记拍下场记板的声音,然后找到对应的画面,将胶片与声音固定在"声画编辑机"上,这样就将工作样片与同期声对应起来。对应起来后,剪辑师就能参考同期声,找准剪辑点了。此外,胶片剪辑还要把素材整理妥当,剪辑师按照场记单上的信息,将每个镜头分解,标明序号;同期声往往也要分解,并将同一个镜头的画面与声音放在一起。

影片素材一般是按场景进行拍摄的,而且一个镜头往往不止拍一条。所以剪辑工作的第一步是要从大量的镜头中选出最具有表现力也最符合影片风格的镜头,然后按照影片内容的顺序(一般来说,分镜头剧本就是影片内容的顺序)组接起来,这个过程只是"初剪"。对那些没有被选上而又确定不用的镜头,也不能弃之如敝屣,而应加以编号、保存起来,以备导演或剪辑师在改变主意或重新设定剪辑方案时随时取用。剪辑既需要具有想象力——特别是根据蒙太奇思维对影片的画面运动进行想象,也需要绣花一般的细心和耐心。这样的素质,在"初剪"之后影片进一步剪辑的过程中相当重要。比如,有时一个镜头要被分切成两个或两个以上的镜头,从而加强戏剧性,或者使气氛变得异常紧张,有人将这种剪辑方式称为"分剪";有时则需要对一个完整镜头中多余的人、物或某一段动作进行切除,从而使得画面中的内容更为集中或确保动作的连续和叙事的流畅,有人将这种剪辑方式称为"挖剪";有时需要在镜头不够长的情况下,将同一个镜头重复拼接,有人将之称为"拼剪"等。剪辑师总是能用自己的创意使得影片叙事更加流畅,也更加具有戏剧性或抒情性。

2. 线性编辑与非线性编辑

传统的胶片剪辑是在剪辑台上通过剪刀与胶水进行剪与接,这是电影的后期制作;电视的后期制作在早期主要是线性编辑,所谓线性编辑,就是从头到尾将所需要的镜头一个接一个重新录一遍。一般来说,线性编辑至少需要两台录像机,一台播放素材,剪辑师会从中挑选出所需要的镜头和片段;另外一台录像机则是将挑选出的镜头与片段录下来。两台录像机之间是线编操作台,用于进行具体的操作。线编的灵活性差,比如在已经录下来的所有镜头中,有一个镜头需要分剪,此时没有其他办法,只能重新再录一遍。所以,"线性编辑常常被比喻为用打字机写论文,如果你完成整篇论文后决定删掉第二页的一段文字,你必须将整篇论文从第二页开始重新打一遍。"①由于所使用的存储介质是磁带,每当重新翻录一遍,磁带就会受到损失。

随着数字技术的广泛运用,影视后期制作发生了革命性的变化。实际上,数字技术在影视创作中的运用,最初就是在影视后期制作领域,直至今天,后期制作领域仍是数字技术驰骋的主要疆场。在数字技术的背景下,影视的剪辑越来越多地依赖于非线性编辑系统。今天,用胶片拍摄的电影往往会转化为"数字中间片"(DI),然后进入计算机,用非线性编辑系统进行数字化剪辑与特效处理;电视节目的制作除了新闻与一些纪录片仍在使用线性编辑,大量的节目——特别是电视连续剧,早已经通过信号转换——模拟信号转化为数字信号,简称A/D 转换,进入非线性编辑系统进行后期的编辑与制作。进入非线性编辑系统的镜头可以放大,让剪辑师清楚地看到每一帧画面,一般来说,PAL 制式为每秒25 帧画面,NTSC 制为每秒30 帧画面,帧是非线性编辑时的最小画面单位。非线性编辑系统由于是在计算机上进行操作,所以对于影片的素材来说,其画面质量永远不会受到磨损而导致不清晰;此外,计算机上的非线性编辑操作界面非常直观,可以很好地实现人机对话。当然,最主要的是,剪辑师可以随时进入任何一个镜头,进行修改、添加特技效果。图 3-1 是中国科学院研发的大洋非线性编辑软件的"故事板",今天国内许多电视连续剧都用这种软件剪辑。图中轨道前所显示的"V"表示视频轨道,"A"表示音频轨道,无论是视频轨道还是音频轨道,都可以增加,有的软件最高可增加至 99 条,换言之,剪辑师可以在故事板上

---

① [美]林恩·格罗斯、拉里·沃德:《电影和电视制作》,华夏出版社 2001 年版,第 268 页。

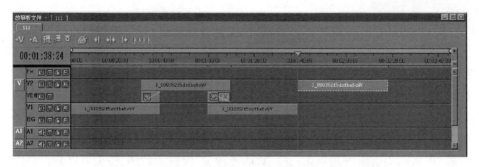

图3-1　中科大洋非线性编辑系统的"故事板"界面

铺放大量的视音频素材,然后通过鼠标或快捷键直接进行剪切与组接,以及添加特效,比如图中 V1 轨道与 V2 轨道之间的轨道就是专门用来添加转场特技效果的。总之,非线性编辑使得后期剪辑更为便捷,更为直观,效率更高,影片的质量也更有保证。

二、声音剪辑

影视是视听艺术,因此声音剪辑也是剪辑工作的重要组成部分。影视制作中声音的录制有三种情况:一是先期录音,即先录音,然后根据录音拍摄并剪辑画面;二是同期录音,即画面与声音是同步录入的,其中声音又包括人物对话、音响效果等,今天,影视制作经常使用同期录音;三是后期录音,在影视制作中后期录音也很常见,后期录音就是在画面初剪完成后,配合画面录制对白、旁白、独白、解说等语言类声音素材、录制音乐以及录制或制作音响效果。

1. 先期录音。需要先期录音的影片类型,主要是音乐片、戏曲片和美术片。音乐片通过音乐和歌唱来讲述故事、抒发情感,比如"文革"时期被拍成电影的样板戏《红色娘子军》,就是先有音乐,以确保这部音乐片在音乐上的整一性;然后将音乐播放出来,演员根据音乐进行表演;如果是歌唱,那么歌唱演员还要对准口型,摄影师将之拍摄下来,然后将画面与音乐对接。美术片由于采用"逐格拍摄"的方法,无法进行同期录音,只有先期录音与后期录音。先期录音是将画面往音乐上贴,而后期录音则是根据画面做出音乐来,并将二者对接。先期录音的剪辑一是要将演员的身形、口型,以及场景的象征意味与音乐准确地对接起来;二是在不需要对接的地方利用声画对位的艺术手法进行剪辑。总的来说,先期录音的剪辑是确保音画的整体感,而非让观众明显地感觉到一半是声音一半是画面的拼凑,换言之,声音与画面应该交融互渗,构成具有内在统一性的艺术作品。

  2. 同期录音。同期录音对录音设备要求比较高,但是却能够保证画面与声音的同一性,影片也更具真实感。随着录音技术的进步——特别是无线小话筒的出现,越来越多的导演在拍摄影片时采用同期录音的方法。倘若是后期录音,即使演员的配音很到位,但环境音却难以进行现场还原。同期录音的剪辑需要剪辑师灵活地加以处理。在剪辑对白以及对白的场景时,剪辑师可以根据对话的多少、长短、镜头运动的状况进行合理地分切与组接,比如对话者较多,对话也较多,那么镜头就应该适当长一些;对话者较少,但对话较多,镜头可以适当分切得多一些,但也不能使观众看来觉得凌乱;对话者较少,对话也较少,那么镜头也应该相对少一些,同时可以多增加一些场景性的镜头。有经验的摄影师还会根据人物的个性、表情以及镜头的造型特点加以创造性的发挥。同期录音在进行剪辑时,还可以对声音与画面稍微加以错位。我们如果细心一些,经常能够发现一些影片在上一个镜头即将结束但还没有结束的时候,下一个镜头的对话声音已经出现了,比如上一个镜头是两人开车前去酒吧,下一个镜头则是酒吧里的对话。在剪辑时,上一个镜头的画面还没有结束,下一个镜头中酒吧里的对话声与环境音已经出现。这种适当的错位增强了影片的艺术感。此外,环境音的剪辑也要重视,对于环境音的剪辑,应该掌握合适的"度"。既不能让环境音彻底消失,也不能让环境音在特定场景中"喧宾夺主",盖过人物的对话声。

  3. 后期录音。后期录音包括给影片中人物对话配音,也包括画外音——旁白、独白与解说词等,还包括配乐与拟声。配音的剪辑毫无疑问与同期声中的对话剪辑在思路上是一致的;但需要密切注意对准口型。对于其他的后期录音素材的剪辑,最基本的原则是声画对位,无论是旁白,还是独白,都可以适当地剪进一些场景画面,而非单一的人物形象。音乐的剪辑尤其要注意声画对位,从而使得声音形象与画面形象相得益彰,构成表意丰富的整体形象。拟音素材如果剪辑得法,经常也会有神来之笔,比如我们有时会看到这样的画面:画面上的人物在听说一件意外之事后,影片突然加入了一声霹雳,拟音的加入很有可能使得演员脸上惊愕的表情被放大,从而给予观众深刻的印象。如果画面是树林,那么可以适当增加鸟鸣声,如果画面是旧时代的街市,那么可以适当增加叫卖声等。可见拟音师与剪辑师的创造空间还是很大的。

  在数字技术的背景下,声音素材比以前变得更加丰富。在数字音频工作站这样的平台上,声音的处理更为方便、高效。而其最后的数字化渲染与合成,也让影片中的声音能够带给观众听觉上的餍足和震撼。

三、成片

传统的剪辑方式在声音剪辑阶段,会将各条声带上的对白、音乐、音响效果等素材在混录台上与画面同步地录在同一条声带上,而最后的合成则是在音频工作站上完成。剪辑完成的工作样片(胶片)与混录后的声带(磁带)构成了"完成双片",也就是说,此时画面与声音是分离的,它必须通过声画同步放映机进行放映,才能让观众看到有声有画的效果。"完成双片"可以供送审之用,也可供最后修改前的观摩之用。审查通过后,完成双片就可以拿到洗印厂洗印了,在制作出标准拷贝之前,相关部门的专业人员还需进行最后的调色、调光等工作,修正后最终制作出标准拷贝,然后就可以用此标准拷贝作为底样进行发行了。

对于在非线性编辑系统上进行后期制作的影片,最后可以很方便地合成为数字格式的成片,可以用硬盘、磁带、光盘等介质进行存储,或者采用网络传输、卫星传输等手段将数字格式的成片传到电影院,并用数字放映机放映。电视节目则直接通过数字化网络传输到千家万户。

此外,在影片最终剪辑完成后,场记还要根据最终的成片,按镜头顺序、景别、摄法、画面内容、台词、长度和音乐、音响起讫,将完整的剧本最终记录下来,这就是"完成台本"。"完成台本"的格式与分镜头剧本差不多,但由于成片已经完成,没有必要再对场景与动作详细描述,因此只是简单地做一下提示。完成台本将会作为影片资料保存起来,也可作为发行和放映单位的电影参考资料使用。至此,影片制作完毕,接下来就可以发行、放映了。

思考题

(1)简述影视制作的流程与主要工作。
(2)在拍摄中导演主要负责哪些工作?
(3)如何理解影视拍摄的非连续性?
(4)简述非线性编辑相对于传统胶片剪辑的特点。

拓展阅读

(1)张歌东:《数字时代的电影艺术》,中国广播电视出版社2003年版。
(2)[美]爱德华·平卡斯、史蒂文·阿谢尔:《影视制作者指南》,李念芦等译,中国电影出版社1991年版。

(3) [美]布鲁斯·F.卡温:《解读电影》下册第三篇"电影艺术家与电影生意",李显立等译,广西师范大学出版社2003年版。

(4) [美]约翰 S. 道格拉斯,格林 P. 哈登:《技术的艺术:影视制作的美学途径》,蒲剑等译,北京广播学院出版社2004年版。

第八章　影视文本的创作

影视文本主要指剧本。剧本号称"一剧之本",它是影视艺术的基础,一部影视作品的质量高低与文学剧本有很大的关系。我国著名影视艺术家陈荒煤先生曾强调电影文学剧本的重要性:"无论近年来对电影理论和电影文学的观念有多少探讨和议论,但有一个事实不能改变,也改变不了:电影文学剧本是电影艺术的基础。"①基础打得牢,立于其上的影视作品才能扎实有力。可见剧本对一部影片的意义有多么重要。

第一节　影视文本创作的总体构思

影视文本的创作遵循艺术创作的规律。在进行具体写作之前,创作者需要将剧作的大体轮廓、整体风格与主要构成放在头脑里酝酿、思考、推敲,最终产生雏形,这就是影视文本创作的总体构思。总体构思主要包括题材选择、主题提炼、情节设计、结构布局与形象勾画等方面。在具体的创作过程中,这几个方面经常重叠、交叉、渗透在一起。

一、题材选择

所谓题材,就是创作者从生活中选取出来进行创作的材料。题材不同于素材,素材更多地具有原生态的性质,创作者只是占有了素材,还没有决定是否要将之纳入到创作之中,也还没有如何处理素材的构想。题材则已经进入了创作者的创作视野,它虽然取自生活,但又不同于生活,此时创作者已经用艺术的眼光穿透了题材,使之具备了艺术加工的潜在价值,因此也就"高于生活"了。关

---

① 陈荒煤:《中国新文艺大系1976—1982·电影集·导言》,中国文联出版公司1987年版,第1页。

于题材选择,以下几个方面值得关注。

首先,题材选择反映出创作者的生活积累以及对生活的体验与感悟。我们每天都在"生活",都有各种各样的人生经历,对有志于从事艺术创作的人来说,一定要做生活中的"有心人"。对生活中出现的各种现象、所经历的事件以及我们所感受到的时代变迁,艺术创作者要保持敏锐的感觉。事实上,所有影视作品的题材都来自于创作者所经历与感受到的生活——就算是历史题材,也投射了创作者对生活与时代的理解、感悟。比如剧作家黄允就对上海普通市民的生活非常"敏感",在获得了大量生活积累之后,黄允创作出了《离婚之后》、《上海一家人》等优秀的电视剧剧作。

其次,题材选择要"扬长避短"。对影视文本创作者来说,一定要根据自己熟悉的生活领域、人生阅历、审美兴趣等方面来选择题材。就生活阅历与人生体验而言,任何人都有其优势与劣势,比如当代剧作家朱苏进、柳建伟长期生活在军队里,比较擅长写军事题材的剧本;而对于毫无军队生活经验的创作者来说,军事题材就非其所长。倘若扬其所长避其所短,就比较容易成功。在中外影视发展史上,这样的例子比比皆是。比如深受观众欢迎的苏联电影《乡村女教师》,剧作者斯米尔诺娃就曾做过很长时间的小学教师;郭宝昌自编自导的电视连续剧《大宅门》之所以能够获得成功,也是因为郭宝昌对故事中的生活相当熟悉。据称,《大宅门》中有70%均为真人真事,许多人物都是编导郭宝昌的亲人,许多故事也都是其亲身经历。

第三,题材选择可以考虑其时效性和重要性。我们经常将有些题材称之为"热门题材",所谓"热门"在很大程度上是因为剧作的题材具有很强的时效性。对一部影片来说,所选择的题材越是能够反映当下人们密切关心的问题,就越容易受到观众的欢迎。"主旋律"影片《生死抉择》就因为直面中国社会的"腐败"问题而获得了成功。近年来家庭伦理题材也是中国电视剧创作的"热门题材",这些电视剧由于表现出当下因社会道德滑坡产生的家庭问题而吸引了大量观众。在好莱坞,"热门题材"也很受欢迎,比如根据美国索马里维和事件拍摄的《黑鹰坠落》、反映美国伊拉克战争的影片《拆弹部队》都因为题材的时效性获得了成功。

有时人们也将题材分为重大题材与一般题材。所谓"重大题材",指的往往是比较重要的政治题材与革命历史题材。由于题材的"重大",这些作品很容易受到关注。但要知道,一味地宣扬"题材决定论"是错误的,毕竟影片的价值来自于主题思想、艺术传达等多个方面。从理论上来说,题材本身并非价值高低之分。也正因此,一些影视作品虽然取材于平民百姓的生活,反映的是家长里短、情感纠纷,但依然具有深刻的思想内涵与很高的审美价值,比如美国影片《克莱默夫妇》、《雨人》,中国影片《万家灯火》、《邻居》,中国电视剧《贫嘴张大民的幸福生活》等。

二、主题提炼

所谓"主题",就是一部影视作品的"主旨"、"主题思想"。在影视文本创作的构思过程中,创作者应该高度重视主题的提炼。具体来说,主题提炼要注意以下几个方面:

首先,"主题"是一部剧作的中心和灵魂,它对影片的叙事、影片的审美表现具有统率的作用。缺乏主题,或是主题比较游移和杂乱,将会导致整部剧作的失败。苏联导演、电影理论家普多夫金曾举过一个例子:"有一位编剧给我们送来了一个已经完成的电影剧本,描写的是俄国革命以前一个工人的生活情形。剧本的情节是以一个工人为中心而展开的。……剧本具有细致而真实地描写环境的特色,有趣而又生动的素材证明了作者的确具有观察的能力和丰富的知识,可是这个剧本仍然没有被采用。仅仅按着时间的顺序连接起来的许多生活的片段、偶然的会晤和遭遇等,只不过是一些插曲而已。但作为主导思想而贯穿在所描写的全部事件中的主题,却正是这个剧本所缺少的东西。因此,剧本里面的各个人物就显得没有意义,主角以及他周围的人物的动作就像从窗口前面走过的行路人的活动那样地混乱和偶然。"① 从这个例子中,我们清楚地看到主题对影片至关重要的意义。

其次,在影视文本创作的构思过程中,主题提炼应该与其他方面紧密结合在一起。换言之,主题提炼不应该抽象地、孤立地进行,不然就会使"主题"脱离具体的艺术形象,从而染上"主题先行"的毛病。"主题先行"会让作品思想观念与艺术形象分离,所以,创作者在构思时应该让主题从影视叙事、人物形象塑造及其他审美表达方式中水到渠成地浮现出来。恩格斯在给女作家敏·考茨基的信中就曾指出:"我认为倾向应当从场面和情节中自然而然地流露出来,而不应当特别把它指点出来;同时我认为作家不必要把他所描写的社会冲突的历史的未来的解决办法硬塞给读者。"② 主题"从场面和情节中自然而然地流露出来"应该成为剧作者遵循的创作规律。

最后,在提炼主题时,应该尽量使其单纯,而不是相反。初学者常会犯一个毛病,即心里面有很多想法希望能够通过创作对象加以表达,在这种情况下,主题提炼往往不够单纯,结果却会适得其反。由于有太多的想法想要表达,结果无

---

① [苏]普多夫金:《论电影的编剧、导演和演员》,何力译,中国电影出版社1957年版,第19页。
② 恩格斯:《致敏·考茨基》,见《马克思恩格斯全集》第36卷,人民出版社1974年版,第385页。

法让观众的注意力集中在某一点上,这样就什么也表达不了。

三、情节设计

"文似看山不喜平",影视作品的魅力很大程度上来自于曲折的情节。情节设计需要注意以下几点:

首先,情节设计必须建立在尊重人物性格逻辑的基础之上。初学者或是急功近利的影视创作者,常常会罔顾人物性格的逻辑,一味地编织情节,在这种情况下,情节的戏剧性倒是凸显出来了,但人物形象却被严重损伤。

其次,情节设计要充分考虑到矛盾冲突。矛盾指的是影视作品内部不同人物、不同集团以及人物与环境、人物与时代等的对立关系。冲突则是矛盾的集中爆发。矛盾冲突有很多种,人与人的冲突、人与某一集团的冲突、集团与集团的冲突、人与自然的冲突、人与时代的冲突,等等。矛盾冲突也不止一个层面,比如《天堂电影院》不仅具有外在的冲突——主人公多多与恋人的关系遭到了电影放映员艾费多的破坏;也具有内在的冲突——时代的急剧变迁导致人们精神的失落与怀旧,这是人与时代的冲突。外在的冲突与内在的冲突又是紧密联系在一起的。

再次,情节设计还包括悬念设计。悬念是利用观众对人物处境和故事结局的密切关注之情,让有些线索或情节元素"悬而未决",从而深深地吸引观众情节的处理方法。我们知道,悬念在类型片中运用得比较广泛,因此有"悬念片"或"悬疑片"的称谓。其实不仅如此,"悬念"应该成为一种具有普适性的情节设计手法,换言之,任何一部影片中都可以适当地运用"悬念",只要不是利用"悬念"来遮掩影片缺乏生活质感的事实,就应该被鼓励。

四、结构布局

结构的概念有广义和狭义之分,广义的是指影视作品中的一切形式因素的艺术总成,也就是指其有序、有机的组织状况;狭义的是指影视作品中各种基本形式要素自身的集合状况。影视是时空艺术,从根本上来说,结构乃是影视作品的时空布局,各种基本形式要素按照时空布局的需要,进行创造性组合与集中。

结构布局是艺术传达中的重要环节,一部影视作品只有建立其时空布局,其他方面才能够更好地展开。诸如主题思想的表达,人物形象的塑造,故事情节的展开,都需要恰当的结构形式去承载与表现。比如影片《周恩来》的结构布局就对于人物形象塑造、思想内容表达及情节的叙述起到了很好的作用。周恩来总理的一生是为人民、为祖国无私奉献的一生。他的故事说不完,道不尽,那么怎样来表现总理的高尚人格、无私奉献的精神呢?导演撷取了总理建国后参与的七件事情,来表现他的人格精神。这七个故事就像七串珍珠,汇聚到一起就编织成精美的艺术品。

影视作品的结构是多种多样的,如单线型结构、复线型结构、辐射型结构、冰糖葫芦式结构、多视点结构、时空交错式结构、套层结构、蛛网式结构等。创作者应该根据影片的总体构思,为影片"量身订做"一种结构形式;须知不同的结构形式具有不同的表意效果。比如日本经典影片《罗生门》采用了多视点结构。影片中一名武士的尸体在山中被发现,围绕是谁杀死了武士,许多人物展开了叙述,但这些叙述却各不相同。影片揭示出一个道理,即事物所谓的真相常常是话语建构起来的,由于人性的复杂,真相往往难以浮现出来。显然,倘若不采用多视点结构,就很难表达出影片的主旨。总之,对创作者来说,最重要的是找到或发现最适合表达影片主题的结构形式。这一点是结构布局的最高准则。

五、形象勾画

影视文本创作的总体构思,毫无疑问要将人物形象的勾画作为重要内容。人物形象在叙事作品中占有重要的地位。一部作品如果不能向受众提供生动、丰满的人物形象,那么这部作品在艺术上就算不上成功。具体来说,以下几点应该引起创作者的注意。

首先,人物形象构思应该充分把握人物性格的逻辑性,让人物的性格合理、可信。唯有如此,影片的人物形象才会具有社会内涵。不少初学者在构思与创作影视文本时有一种不正确的倾向,即为了增强影片的戏剧性,努力让情节曲折离奇,却不考虑人物形象的逻辑性。这样一来,影视文本的情节固然复杂曲折,但人物却被符号化,没有生活气息,人物的行为看起来很不合理,性格变化也非常随意,这些都严重损害了作品的艺术质量。

其次,在构思人物形象的时候,应该将人物形象放在环境中来勾画。在影视作品中,环境是展现人物性格的重要背景;人物与环境的冲突直接暗示出作品所欲表达的主题。环境包括自然环境与社会环境。人物与自然环境的斗争往往显示出人类为改变自身命运而进行的不懈努力,因此是重要的叙事母题,在特定的影视作品中,将人物放在自然环境中来勾画,能够很好地表现出人物的精神世界。比如影片《焦裕禄》就反映出焦裕禄为改造兰考恶劣的自然环境而进行的努力;吴天明导演的《老井》则将人与自然环境的冲突化作一种具有高度概括力的象征。社会环境对人物形象的塑造就更为重要,人是社会的动物,社会环境影响着人物的命运,人物与社会环境的冲突具有深刻的思想内涵。比如印度影片《流浪者》中主人公的命运跌宕就是由于固化的社会贫富差距,这种贫富差距甚至形成了一种"血统论",主人公的生命遭际与这种"血统论"息息相关;其他像

美国影片《红字》、中国影片《人生》,也都是将人物放在特定的社会环境里加以塑造的。

再次,应该重视人物关系的设置。影视中的人物,并不是一个孤立的个体的人,而是一个有血有肉的、具有各种各样社会关系的复杂的人。一部影视作品不可能从头到尾只是一个人,即使《鲁滨逊漂流记》中流落荒岛的鲁滨逊,也会与"星期五"发生关联。人物关系设置应该具有很多的层次,主角与配角的关系、进步人物与落后人物的关系、恋人间的关系、亲人间的关系、友人间的关系,等等,人物的性格、行为与命运都在这种社会关系的网络中得到展现。比如贾樟柯导演的《小武》,就将小武放在几种主要的关系中加以表现,这里面有朋友关系——与小勇;有恋人关系——与梅梅;还有亲人关系——与父亲,等等。

第二节 影视文本创作中的"影视思维"

影视文本的创作者一定要熟悉影视特性,具备"影视思维",只有这样,创作出来的剧本才能符合"影视化"的叙事逻辑。影视文本创作中的"影视思维"主要体现在以下方面。

一、视觉造型思维

影视艺术的媒介是画面与声音,而在两者之中,又以画面为重要。这就要求编剧在创作影视文学剧本时,首先应该将视觉造型放在心上。具体可以从以下几方面考虑。

首先,影视文本应通过语言使得形象清晰"可见"。影视文学剧本必须通过文学语言来表达;但另一方面影视文学剧本又是为了银屏而写作的,需要凸显视觉造型。这样一来,编剧在创作时脑海里就要像过电影一样浮现出画面来,同时用语言将之凸显、描述出来。比如电影文学剧本《巴山夜雨》(叶楠编剧)的一开头,视觉造型就很突出:

> 薄雾。重庆山城飘散着薄雾,长江和嘉陵江飘散着薄雾……
> 在雾中,连江上航轮的汽笛声也显得喑哑了……
> 远远看到重庆朝天门高大的石阶梯,在飘浮的雾中,更显得高了,确像是通向天穹的阶梯……
> 仔细看,石阶梯上有三个小黑点——三个人向下走着。他们很像士兵的战斗小组排成前三角队形——前面一个,后面俩。他们慢慢向

下走着……

在字幕的结尾，我们首先看到的是最前面的那个人，渐渐看清他的脸庞。这个男人，年岁约有四十，由于长时间没有职业理发师给他理过发和修面，要显得比实际年龄大一些。他的眼睛明亮而带有一点忧伤。身材匀称，动作显出他有些衰弱。他走着走着，不得不甩开搭垂在眼睛上的一绺头发。这时我们才发现他两只手是不自由的——戴着镀铬的手铐——泛着寒光，此人叫秋石。

在他身后的两个人，一个是男的，他约有三十五岁，有一副冷漠的面容。他叫李彦。另一个是女的，约有二十五岁，有一双大而纯真的眼睛。她的衣着是当时流行样式，上衣是草绿色军服，背着军用挎包。这时她的神态是严肃的，就像第一次参战的士兵，她叫刘文英。（重点号为笔者所加）

不难看出，上述引用文字中经常出现"看"这个字——"远远看到"、"仔细看"、"首先看到的是"、"渐渐看清"、"我们才发现"等。编剧是在用语言勾画场景、人物的视觉形象，这些正是"我们"——观众将要"看"见的内容，而这些内容是具有强烈的画面感的。比如石阶梯上的三个小黑点就是一幅画面，随着镜头的运动，大全景画面逐渐变成了小全景画面，三个小黑点变成了"前三角队形"。这里的"看"既是模拟观众的视角，同时也是潜在的摄影机在注视，不同的"看"甚至提示了摄影机的拍摄方法，比如"远远看到"——摄影机应该拍摄远景；"仔细看"——摄影机可以有个小幅度的推镜头，而且镜头运动速度非常缓慢，等等。像这样用语言勾画出视觉形象的文学剧本，对拍摄影片是很有帮助的。

其次，影视文学剧本在描写人物心理时一般不能直接描述，而应该描写人物的动作——包括脸上的表情，通过动作让观众明白人物所思所想。人物的动作是"可见的"，心理却是"不可见的"。影视文学剧本应该、也只能让观众通过人物的动作去感受人物的心理，这是影视文本具有视觉造型性的鲜明例证。

我们不妨来看一下《被爱情遗忘的角落》的小说原著与改编剧本对人物心理与动作的不同侧重。

小说在写到小豹子与存妮之间"贫困的爱情"时，用的是充满文学性的描述，对人物的感受与心理进行了直接的摹写：

就像出洞的野豹一样，小豹子猛扑上去，他完全失去了理智，不顾一切地紧紧搂住了她。姑娘大吃一惊，举起胳膊来阻挡。可是，当那灼热的、颤抖着的嘴唇一下子贴在自己湿润的唇上时,她感到一阵神秘的眩晕,眼睛一闭,伸出的胳膊瘫软了,一切反抗的企图都在这一瞬间烟消云散。一种原始的本能,烈火般地燃烧着这一对物质贫乏、精神荒芜,而体魄却十分强健的青年男女的血液。传统的礼教、理性的尊严、违法的危险以及少女的羞耻心,一切的一切,此刻全都烧成了灰烬……

再看电影文学剧本对"贫困的爱情"的叙述:

突然,他像出洞的野豹那样,猛扑上去,紧紧搂住了她,疯狂地吻她的脸和脖颈。

存妮吓得脸色煞白,本能地反抗着、挣扎着……终于抽出手来,给小豹子一记重重的耳光。

小豹子怔住了,两手无力地垂下。被激怒了的姑娘,左右开弓,一记又一记地打他,"啪,啪,啪,啪……"

小豹子意识到自己犯了大错,一动也不动地承受姑娘的惩罚。

看到他这模样,存妮渐渐住了手。这使小豹子更加羞愧。他举起手,重重地打自己,"啪,啪,啪……"愧疚的泪水夺眶而出。

存妮被感动了。一把攥住他的手。

小豹子泪光闪闪的眼睛默默地凝视着她。

姑娘报以怜爱的目光。

突然,这对纯朴的青年热烈地拥抱在一起了。

原著小说由于文学写作的自由,使用了"感到一阵神秘的眩晕"、"一切反抗的企图都在这一瞬间烟消云散"、"原始的本能"等文字,直接呈现了人物的感知与心理状态,是对人物心理的直接描述,小说作者甚至直接跳出来进行议论("传统的礼教、理性的尊严、违法的危险以及少女的羞耻心,一切的一切,此刻全都烧成了灰烬……"),但这些都无法在银幕上表现出来。因此,据此改编的电影文学剧本对小说内容进行了大幅度改动,特别是将人物的心理动作化。小豹子与存妮"贫困的爱情"的发生,具有丰富的层次感,而所有的层次都是靠人物的动作来推进的。除了人物的行动,人物的表情也具有"可见性",因此,剧本经常呈现出人物的表情,比如上引段落中"存妮吓得脸色煞白"、"小豹子泪光闪闪的眼睛默默地凝视着她"、"姑娘报以怜爱的目光",等等。总之,观众无法直接窥知人物的内心世界,但可以根据所看见的人物的动作和表情感受到人物的心理。

二、声画结合思维

影视是视听艺术,编剧在创作影视文学剧本时,除了要使得剧本"可见",还要使剧本"可闻",并将声音与画面进行有机的结合。

影视片中的声音有好几类,包括人声(对白、独白、旁白等)、音响与音乐等。在影视文学剧本中,对话无疑具有重要的作用,它承担着叙述故事、塑造人物形象的任务。不仅如此,编剧在创作影视文学剧本时,应该在头脑中想象出人物对话的声音形象,比如人物在愤怒时的对话与疲惫时的对话就具有不同的声音形象。一个具有阳刚之气的男人与一个性格偏向于阴柔的男人说话时的声音形象也会有很大区别。如果有编剧要改编《三国演义》,那么张飞的说话声与曹操的说话声也都应该展现为不同的声音形象。尽管剧本有时只是用极其精炼的词语对这些声音形象进行提示,但这些形象应该进入到编剧视野之中。独白和旁白也应该作为重要的听觉元素进入编剧的构思与写作实践之中。一旦能够与画面构成有机的艺术整体,那么独白与旁白就能够发挥很大的艺术功用。比如电影文学剧本《血,总是热的》(宗福先、贺国甫编剧)中的最后一个场景,就用了主人公罗心刚的一段独白:

111　厂长室

窗外已透进曙色。

罗心刚坐在办公桌前按电子计算机,在纸上填上最后一个数字。然后,他站起来,推开长窗,走到阳台上。

远处,美丽的工业城市已浸润在曙光中。罗心刚望着前方,深情地望着。

孙建芳、老班长、夏炳石走进厂长室。

老班长以手示意,叫他们别惊动罗心刚。

罗心刚的心声:"为了2000年,有多少事要做啊!有人说,中国这架庞大的机器有些地方齿轮锈住了,咬死了;现在已经松动了,转得快起来了嘛!会越来越快的,只要用我们的血当润滑剂!这话说滥了,现在不时髦了,成天热血沸腾!可无论如何,血总是热的!"

剧本结尾处罗心刚的内心独白,起到了点题的作用,并升华了情感。

旁白在影视片中也经常出现,比如电影文学剧本《林则徐》的一开篇就用了

好几句旁白,不妨引用其中一句:

> 欧亚洲地图的浮雕
> 一队帆船由印度缓缓驶出,渐渐驶近广州。
> [旁白]从十八世纪的后期开始,英国为了实现其侵略野心,就对中国开展了罪恶的鸦片贸易。

旁白用得好,不仅可以承载叙事的功能,而且能使画面的内涵更加丰富,从而拓展观众的想象空间。

音乐往往是在影视后期制作中才录入影片,显然,编剧无需承担作曲家的任务。不过从剧本自身需要出发,有些编剧在创作时也会考虑到音乐元素。比如电影文学剧本《被爱情遗忘的角落》在推出片名的同时,就"响起了"主题歌《角落之歌》;电影文学剧本《城南旧事》的首和尾也都有音乐的旋律,这是一首悲怆的歌曲:"远隔重洋,远隔重洋,/重洋隔断我家乡,家乡,家乡,家乡。/遥望长空,遥望长空,/长空之下我故国,故国,故国,故国。/飞雁断,音信绝,故国梦中归,觉来双泪垂。"剧本中适当运用音乐,能够使剧本具有很强的艺术感染力。

剧本中适当地运用音响,其效果也常会让人眼前一亮。有经验的编剧在创作剧本时"耳朵"似乎特别灵敏,比如在写到飞速行驶的汽车突然刹车时,编剧的耳朵里似乎能够听到尖锐的急刹车的声音,并将这种声音写进剧本之中。电影文学剧本《城南旧事》中对音响的运用就令人称道。剧本写到小英子将妞儿带到秀贞那里,秀贞急切地要带着妞儿连夜赶路:

> 秀贞:快,快,换衣服,咱们连夜赶路。
> 她把衣服一件件给妞儿穿上。小英子傻呼呼地看着,远处传来一声尖利的火车汽笛声。
> 秀贞(仰头听着):我知道八点五十分有一趟车去天津。咱们再赶天津的大轮船。

在此处,火车的汽笛声不仅具有叙事的功能,而且汽笛声的出现让画面变得辽阔渺远,从而有效地拓展了画面的空间,并能够引发读者的遐想。

三、蒙太奇思维

蒙太奇是影视语法的基本构成方式,自然应该作为影视文本创作基本的思维方式。电影理论家汪流曾直截了当地指出:"蒙太奇思维是电影(电视)剧作的构思和形式。"①蒙太奇思维在影视作品中体现为画面与画面、画面与声音以及声音与声音的创造性组接。比如著名编剧鲁彦周创作的影视文学剧本《天云山传奇》就通过蒙太奇将不同的画面组接在一起,请看这两个"镜头":

15　马车旁边
周瑜贞目不转睛地看着马车夫和老乡们的那种亲密无间的情景。马车夫和老乡又低声说了些什么,转身对着表情非常严肃的凌云说:"我们上车吧!"
16　马车上
马车夫、小凌云和周瑜贞又都坐在车子上。
老乡们依依不舍地望着他们。
马车又滚动了。

场景15是通过周瑜贞的主观视点"拍摄"出来的"镜头";场景16则是全知的视点。两个画面组接在一起,省略了小凌云等人的上车动作。从语法构成上来说,这种蒙太奇的组接方式非常符合影视的审美特性。影视文本因此具有"跳跃性"的特征,但如果拍摄成影视作品,观众却感觉不到其中的"跳跃"和"断裂"。

蒙太奇还通过声画对位的组接方式,重构了影视作品的时空形态,以下同样是来自影视文学剧本《天云山传奇》的例子:

20　天空、白云
宋薇画外大吃一惊的声音:"罗群?"
周瑜贞的画外音:"怎么,你吃惊了?"
21　山林、河流
一支支小分队在森林里走着。
罗群也扛着仪器走在队伍里。
罗群、宋薇和技术人员仰望着高大的森林。
罗群、宋薇、冯晴岚手拉着手过河。
他们在岩石上采集标本;

---

① 汪流:《为银幕写作》,中国电影出版社1994年版,第67页。

他们在审视矿石；

他们在河流上测量；

他们在山坡上钻探；

他们在绘制图表……

场景20中的画外音是现实时空；场景21中一连串画面却是宋薇回忆里的时空。蒙太奇将这二者组接在一起，创造了影视作品内部的时空形态；同时也使得叙事变得相当自由。借助于蒙太奇思维，影视文本的创作者获得了极大的创造空间。

我们在前面讨论影视艺术的语法构成时，对蒙太奇有过专门的论述。这里不再赘述。

第三节　影视文本的写作要领

在进行影视文本创作时，创作者应该充分调动自己的生活经验进行构思，同时还应熟悉影视特性，具备影视思维，但这些还停留在"形之于心"的阶段。对创作者来说，还必须熟悉影视文本的叙事惯例与基本格式，并在此基础上进行具体的写作。这是"形之于手"的阶段。

一、电影文学剧本的写作要领

由于电影叙事的蒙太奇特性，电影文学剧本创作带有片断化的特征，根据剧本拍摄出来的电影最终依赖画面与画面的组接展开叙事。这种蒙太奇特性决定了电影文学剧本在写作上的具体形式。一般来说，电影文学剧本的写作有以下几个要领：

1. 以场景作为基本单元

以场景作为剧本创作的基本单元，符合电影的蒙太奇特性。大多数的编剧在撰写剧本时都会将场景的变换作为剧本的结构，有经验的编剧一般直接撰写分场景剧本。

西方不少关于剧本写作的教材或入门书籍，都告诉初学者应按照场景来编写剧本，甚至给出了固定的格式，比如类似这样的标题："内景　酒吧　夜"、"外景　广场　正午"，下面先是介绍酒吧或广场空间布局、摆设，再是叙述人物在酒吧或广场的对话或行动。有些导演在亲自撰写或改编剧本时，则直接用分场景剧本的形式。比如，美国著名导演大卫·林奇自编自导的影片《穆赫兰大道》的剧本

就是如此,以下是该剧本的几个片段:

外景 好莱坞 洛杉矶 夜

黑夜中传来远处公路上的车辆声,接着是近处一辆车的声音,它的前车灯照亮了一棵夹竹桃和一棵桉树。接着车灯一转,一块路牌被突然照亮,上面写着:穆赫兰大道。车驶过路牌,随着车转弯,路牌上的字又消失在黑暗中。

外景 穆赫兰大道 夜

镜头随着车移动:—— 一辆老式的凯迪拉克轿车——它在好莱坞山脉的黑暗中沿着穆赫兰大道蜿蜒前行,路上没有其他车辆。镜头慢慢地移近那辆车。

内景 黑色凯迪拉克 夜

两个穿着深色西装的男人坐在前面,一位美丽年轻的黑发女子坐在后座。她紧靠着车门,盯着车窗外无尽的黑夜,若有所思的样子。突然她转过头来,抬起头。车在慢慢减速,停在了路边。

黑发女子:你们想干什么?你们不能停在这儿……

车在漆黑夜里半路停下来了,那两名男子都转过身望着女子。

司机:下车。

值得一提的是,对于有经验的编剧来说,不会频繁变换场景。著名电影编剧夏衍就曾忠告初写剧本的人不要随意更换场景:"可以不换场的尽可能不换场,不可以不换景的尽可能不换景。毫无疑问,电影和话剧不同,在场景变换这个问题上,电影有更大更多的自由,可以不受舞台布景的限制,但是,初写剧本的人必须严格注意,千万不要滥用这种自由,无目的变换场景。你有自由换景,但是你千万不要随意换景。你有自由可以把人物的活动分散在不同的场景中,但是你一定要小心翼翼,像写话剧剧本一样地,尽可能把人物活动压缩到一定的、完全必要的场景之内。"①夏衍认为,场景尽量集中,从积极的意义上是为了使剧本结构紧凑,场场有戏;从消极的意义上,一是为了防止滥用布景造成摄制上的困难,再是防止不必要的浪费。所以对编剧来说,一方面尽量按照场景来写作剧本,另一方面则尽量不要频繁更换场景,从而使得戏被弄"散"了。

2. 通过语言和动作塑造人物形象

生动的人物形象对剧本来说至关重要。在具体的写作过程中,可以通过多

---

① 夏衍:《写电影剧本的几个问题》,中国电影出版社1980年版,第52页。

种途径来塑造人物,比如肖像描写——面部表情、服装特点等,心理暗示——梦境、幻觉等。但最重要的还是通过语言和动作来塑造人物形象,"动作"反映出影视的视觉造型思维,"语言"则反映出影视的声画结合思维。

首先是通过语言来塑造人物。俗话说"言为心声",个性化的语言往往能让人物一下子"活"起来。因此,人物语言是塑造人物最为常见、也最为重要的一种手段。语言包括对话、独白等,无论是何者,都应尽量使其个性化。比如《秋菊打官司》就经常通过人物对话来塑造形象,影片中有这样一场戏:村长将罚款故意撒在地上,秋菊不拾,说:"我今天来不是图个钱,我是要个理!"村长回答:"理?你以为我软了?我是看李公安大老远跑一趟不容易,给他个面子。地下的钱一共二十张,你拾一张给我低一回头,你拾一张给我低一回头,低二十回头,这事就完了。"秋菊回敬他:"完不完,你说了也不算。"村长的专横跋扈和秋菊的倔强执着,通过这段对话得到充分展示。

其次是通过动作来塑造人物。在影视作品中,动作有两个层面,一个是与情节发展紧密关联的动作,这种动作因为处于情节发展的关键之处,所以往往具有鲜明的个性特征和极强的戏剧张力,比如张艺谋导演的《有话好好说》,就经常利用人物的个性化动作来塑造人物、推动情节进展。对影视文本的创作者来说,除了高度重视这种推动情节进展、高度彰显个性的关键性动作外,还不能忽视人物在常态的生活中所具有的微观动作。比如在贾樟柯导演的《小武》中,小武的抽烟动作就应该在剧本中写出来,这个微观的动作不仅符合小武的身份,也有助于塑造小武那种无所事事的形象。

3. 恰当运用细节

恰当地运用细节,不仅能揭示人物的性格,推动剧情的发展,而且能够深化剧作的主题。在影片《回民支队》中,回民支队长马本斋的母亲有一只翡翠玉镯,是老太太心爱之物,她时常戴在手上。后来,敌人把马母抓去当人质,让她劝说儿子归顺,马母拒绝了敌人的劝诱,同时又担心自己身陷敌营,会影响儿子的抗日行动,她遂以绝食相抗。临终时,她的手从床上滑下来,影片用特写镜头强调戴在手上的玉镯落地碎了。后来,经常给马母送饭的敌兵,把一个布包交给了马本斋,他打开看时,原来是母亲的一只碎玉镯。他凝视玉镯,沉默不语,此情此景,可谓无声胜有声。在这刹那间,这个物件细节——玉镯,仿佛变成了马母的崇高形象,把她"宁为玉碎,勿为瓦全"的坚强性格鲜明地揭示出来。其他像《泰坦尼克号》中的"海洋之心"项链、《我的父亲母亲》中的瓷碗,都是如此。影视文学剧本的创作者,应该善于运用这样的细节。

二、分镜头剧本的写作要领

编写分镜头剧本是影视导演案头工作的重要内容。导演根据自己对文学剧本的理解,将文学形象转化为可见可听的银屏形象,将文学剧本中的内容相应地分切成若干个可供拍摄的镜头。分镜头剧本的创作者主要是导演,因此,分镜头剧本又被称作"导演剧本"。分镜头剧本编写需要注意以下几点:

1. 以镜头作为基本单元

影视文学剧本以场景作为叙事的基本单元,分镜头剧本则以镜头作为编写的基本单元。由于分镜头剧本完全是按照镜头来编写,所以它直接体现了影视的蒙太奇特性。影视文学剧本虽然也要遵循影视创作的蒙太奇思维,但它是以场景为基本单元,在每一场景之内,叙事还是具有整体感的;对读者的阅读来说,则具有一种连贯性。导演案头工作的重要内容之一是对影视文学剧本进行分切,每一个场景的内容都会按照拍摄要求分切成若干镜头,于是叙事呈现为片断化的状态,对读者的阅读来说,分镜头剧本是不具备连贯性的。比如《黑炮事件》中有一个交待性的场景,此时主人公赵书信在家中下棋,德国专家汉斯走了进来。分镜头剧本必须将这个交待性的场景进行分切:

《黑炮事件》分镜头剧本(节选)

镜号	镜位	摄法	内容	音乐	效果	长度（英尺）
	全近特		**六十五、赵书信宿舍**（夜、内）			
266	特		赵书信左手拿一本棋谱。沉迷在残局中。			20
267	近		赵书信眯着眼睛盯着棋盘。			7
268	中		棋盘的特写。			3
269			赵书信举棋不定。			8
270	中~		赵书信前景,汉斯偷偷开门进来,着迷的赵书信全然不知。			8
271	中近		赵书信盯着棋盘。			
272		摇、拉推	赵书信盯着棋盘,汉斯蹑手蹑脚走近棋盘,拿走一棋子儿,悄悄坐下,棋子在手中摆弄着,赵书信抬头发现了汉斯,两人热情地寒暄。			230

一个交待性场景被分成了从266号到272号的7个镜头。每个镜头既包含画面,也包含声音。

2. 以实用性为准则

分镜头剧本相当于影视拍摄工作的"施工图",摄制组各个创作部门都会将分镜头剧本作为实际工作的基本依据。因此,分镜头剧本的编写一定要以实用性为准则。我们只要将影视文学剧本与分镜头剧本略作比较,就能清楚地认识这一点。比如《巴山夜雨》的电影文学剧本中有一段话,描述的是小娟子奔跑上船的情景:

> 一个小姑娘,在山城的狭窄的带石阶的街巷中,飞快地跑着……
>
> 暗哑的汽笛声……
>
> 小姑娘又转向一条街巷……另一条街巷……
>
> 小姑娘一直跑到朝天门宽大的石阶顶端,停了下来,微微喘息着。她是一个仅有五、六岁的小姑娘,穿着不太合身的旧衣服。但她有一双明亮的眼睛,不过这眼睛投射出来的目光却是冷冷的,和她的年岁极不相称。她俯视着眼底的码头和江轮。她叫小娟子。
>
> 码头上的旅客在登船……
>
> 小娟子咬咬下唇,从石阶上冲下来……

分镜头剧本则对电影文学剧本的内容作了如此改编:

镜号	画面	摄法	长度(英尺)	内容	效果	音乐
17	特	俯摇	4/0	一双女孩子的脚,飞速地跑下石阶。	拖轮马达声…	
18	全	仰	8/4	小娟子沿石阶快速地跑下来。		
19	全	俯移	11/13	小娟子(背、右入)飞快地跑上石阶。		
20	中~全	仰	14/6	小娟子(背)飞快地跑在石阶上。	汽笛声	
21	全	仰、摇	7/15	小娟子(左入)在码头顶端沿铁栅栏跑来,她停下,依在铁栏上,向下俯视着。	群众杂声…	
22	远	俯	4/10	旅客们沿石阶而下,登上跳板,经趸船上客轮去。		
23	近		4/6	小娟子咬了咬下唇,跑去。(右出)		

将电影文学剧本与分镜头剧本略作比较,就可以看出分镜头剧本的实用性原则。首先,分镜头剧本省去了文学剧本中常见的连贯性、过渡性的叙述,也省

去了心理描写、评论等文学性表述,在叙述上务求客观、清晰、明确,比如文学剧本中,先介绍小姑娘的动作、肖像,接下来再告诉读者"她叫小娟子",但在分镜头剧本中,小姑娘一出场,创作者就告诉大家她就是小娟子。前者是带有文学性的叙述方式,而后者则是极其客观和简洁的分镜头剧本叙述方式。同样,文学剧本中评论性语句"和她的年岁极不相称",也不适合出现在分镜头剧本中。其次,影视文学剧本中的语言带有一定的修辞风格,而分镜头剧本中的语言则务求平实、简洁。比如上面所引用的《巴山夜雨》的分镜头剧本,几乎所有的语句都是说明性的,遣词造句极其平实,很少带有修饰色彩。最后,分镜头剧本务必交待每一个镜头内的主要表意元素,包括镜头的景别、拍摄手法、演员的走位(像上面所引用的《巴山夜雨》的分镜头剧本就对小演员的走位——"右入"、"左入"、"右出"等有明确的交待)、音乐、声效等。

3. 一般而言,分镜头剧本遵循着相对固定的格式

分镜头剧本中的每一个镜头大体上都应包括如下一些要素:

镜号	镜位(景别)	摄法	内容	音乐	效果	长度	备注

比如《黄土地》中"求雨"这场戏的分镜头剧本就包括了上述要素:

《黄土地》分镜头剧本(节选)

镜号	镜位	摄法	内容	音乐	效果	长度(英尺)
			六十八、求雨 (日、外)			
498	大全		(背景天空)翠巧爹光脊背跪在地上,在他身后无数个光脊背的庄稼汉,匍匐在地组成了一个求雨的方阵。 翠巧爹苍老的脸,他低垂的眼睛,平静似乎蕴含着深深的悲哀。 静默…… 翠巧爹:"……龙王老人家,阳畔的草晒死了,背畔的草也晒死了……在您老家求告一点雨水,……龙王老人家,海水取起了没有,还没有……" 匍匐在地的庄稼汉们挺身入画。			53.4
499	大全		(背景天空)又是一群匍匐在地的庄稼汉挺身入画。		挺身声	5.9

（续）

镜号	镜位	摄法	内容	音乐	效果	长度(英尺)
500	大全		（背景天空）还是一群匍匐在地的庄稼汉挺身入画。（缓摇上至）天空和太阳。在发毛的阳光中，天空回荡起翠巧爹"求雨"的歌声： 字幕："海龙王下甘雨，清风细雨救万民……"			32
501	特		天空衬底的东海龙王神位…… 众庄稼汉（画外）： 字幕："哎，救万民！"			9
502	近		翠巧爹的脸，混浊的泪水涌出了他的双眼，苍劲、深情而又充满渴求的"求雨词"进出了他的胸膛。 翠巧爹（唱）："海龙王下甘雨，清风细雨救万民！"			13.7
503	中		庄稼汉们的中景，憨憨也在当中。 他们的呼声："哎，救万民！"			7
504	近		翠巧爹的脸，混浊的泪水涌出了他的双眼，苍劲、深情而又充满渴求的"求雨词"进出了他的胸膛。 翠巧爹（唱）："海龙王下甘雨，清风细雨救万民！"			8.8
505	中		（画面极饱满）庄稼汉们一张张充满渴求的脸。 他们的呼声："哎，救万民！" ……			5.3

镜号栏内填写镜头序号，按次序逐一填写；镜位指的是景别，诸如大全景、小全景、全景、中景、近景、特写、大特写等。摄法指的是摄影机的拍摄技法，诸如摄影机机位的变动——摇、移、跟等；镜头的运动——推、拉等；镜头的角度——仰、俯、斜等。内容栏填写所要拍摄的画面内容，诸如空镜头、演员的表演、对话等；音乐栏和效果栏则对应着影片的配乐与音响效果；长度栏填写的是胶片的长度，倘若使用数码摄影机拍摄，则可以填写镜头持续的时间。值得一提的是，分镜头剧本一般情况下要按上述格式编写，也就是说，分镜头剧本一般都会包括上述要素，但不同要素的先后顺序、要素内部的书写方式，不同作者可以根据自己的习惯和剧本的内容灵活加以处理。

三、电视剧文本的写作要领

由于电影文本与电视文本在审美特性与创作原则上有很多相同点，特别是

都需要遵循视觉造型思维、声画结合思维与蒙太奇思维,二者的写作要领是相通的。另一方面,电影与电视无论是在本体属性,还是在审美特点上都存在具体差异,二者的差异决定了电视剧脚本写作在遵循影视脚本写作共同规范的基础上,又有其独特性。值得强调的是,尽管电视剧分为单本剧和连续剧,但近年来我国电视剧生产基本上都是电视连续剧。电视连续剧由于篇幅较长,集数较多,其脚本编写的独特性体现得尤为分明。对创作者来说,应深入了解这些差异性,在此前提下,写出符合电视剧审美特点的脚本。具体来说,创作者需要注意以下几个方面:

(1)电影文本和电视剧文本都通过个性化的人物语言来塑造人物形象,但相较而言,电视剧文本中的人物语言要以"生活化"为准则。这是电视剧的表现内容与受众的观赏环境决定的。从表现内容上来说,电视剧长于表现日常的世俗生活,带有浓郁的人间烟火气息,像《渴望》、《贫嘴张大民的幸福生活》、《蜗居》等剧都以叙述家长里短的日常生活而引起收视热潮。这样的表现内容决定了剧作中人物语言不应书面化、文学化,而应充分"生活化"。从观赏环境来说,受众一般都是在家中与家人一起收看电视剧,这样的观赏环境带有家庭的氛围,观看方式较为随意,与电视荧屏的距离也较近。剧中的人物语言如果显得戏剧化或文学化,就会与这样的观赏环境格格不入。

(2)电视连续剧由于篇幅长、集数多,在矛盾冲突与悬念的设置上与电影有所差异。一部电影可以经过层层铺垫和发展在最后形成一场高潮戏,但对电视连续剧的脚本来说,却不能只设置一场高潮戏,而是必须在每一集都设置矛盾冲突与悬念,这样才能不断吊起观众观看的胃口。"预知后事如何,且听下集分解"应该成为写作时的重要思路。此外,最好能在第一集刚开始的时候就设置悬念,这样能够很快将观众带进戏里。比如电视连续剧《还珠格格》的一开始,就从第六集中抽取了一个情节点,将之设置为悬念,入戏极快。

(3)由于电视连续剧篇幅较长,创作者不仅要编写故事梗概,还要编写分集梗概。分集梗概的作用有三:一是让制片人对剧作有个整体印象;二是让作者本人能够整理创作思路,特别是将剧作中的亮点记录下来;三是为后面的分场景剧本创作打下扎实的基础,电视连续剧的创作者会预先编写分集梗概,然后在此基础上加上场景与对话,文学剧本就会水到渠成地浮现出来。一般来说,分集梗概将每一集的剧情简明扼要地叙述出来即可,但有时也会列出每一集的主要情节点。下面列出了刘恒编写的《贫嘴张大民的幸福生活》第一集的分集梗概,可作参考:

《贫嘴张大民的幸福生活》分集梗概(节选)

分集剧情梗概	主要情节点
第一集	第一集 (淡入) (1) 张大妈和女儿们张罗午宴,准备款待张大民的未婚妻。老五张大国旁若无人地温习功课。 (2) 张大民迟迟不归,老三张大军却领着女友来赴宴,令人侧目。他向女友——介绍家人。 (3) 张大民黯然归来,徒弟贺小同(女方是她表姐)陪着他,人们发现他又被抛弃,并且又喝多了。 (4) 邻居李大妈请张大民帮助刷房,他顿时酒意全消,让老二张大雨讥笑不已。 (5) 李大爷李大妈招待突然光临的李云芳和她男朋友,把满脸白粉的张大民独自抛在梯子上。 (6) 张大民在公共水龙头旁边没话找话,知道她的男朋友将去美国,心里酸溜溜的。 (7) 李云芳家传来摔东西的声音和哭泣的声音。胖大妈四处传闲话:丫头片子叫人家给蹬了。 (8) 张大民先喜后忧,想去而不敢去。这时候李家已经束手无策,派姐姐李彩芳来请"青梅竹马"了。 (9) 居委会主任败下阵来。特意打扮了一番的张大民使出浑身解数,李云芳仍旧不吃不喝。 (10) 张大民在新华书店乱翻书。问"有没有精神病"的,售货员讥之:"你就是精神病!" (11) 他向心理医生马大夫(贺小同的表哥)咨询李云芳的病,扯到自己的单相思,被收了双份诊费。 (12) 按照李云芳男朋友的形象打扮自己:厚厚的眼镜片,亮亮的中分头。全家莫名其妙。 (13) 他苦口婆心连说带演,终于使李云芳扑倒了他。他脱口叫道:"来人呐!" (定格)
张大妈和女儿们张罗午宴准备款待张大民的未婚妻。张大军却领着女友来赴宴,当张大民黯然归来,人们发现他又喝多了。张大民为李家刷房,知道李云芳男朋友徐万君已去美国,心里酸溜溜的。不久传来闲话,云芳这丫头叫人给蹬了。李彩芳请张大民给劝劝妹妹,张大民使出浑身解数,终于使不吃不喝的李云芳哭倒在他怀里。	

第四节 影视剧作改编

影视文学剧本有两类,一类是原创;另外一类是根据文学作品改编而来。根据文学作品改编而来的影视片在影视发展史上占据了相当大的比重。依粗略估算，根据文学作品改编的电影达到了影片总数的40%左右；根据文学作品改编的电视剧的数量同样相当惊人。改编的历史可以一直上溯到梅里爱。早在1900年，梅里爱就根据童话《灰姑娘》改编拍摄了同名电影，而其大名鼎鼎的《月球旅行记》则是根据儒勒·凡尔纳的科幻小说《从地球到月球》与威尔斯的科幻小说《第一个到达月球的人》改编而成。在影视艺术发展史上，许多文学经典都曾改编为影视作品，像莎士比亚、狄更斯、托尔斯泰、高尔基等文学家，都是影视创作者钟爱的作家；而像《哈姆莱特》、《茶花女》、《悲惨世界》、《卡门》（《嘉尔曼》）等作品被改编的次数都不会少于20次。在中国，根据文学作品改编的影视剧也是数不胜数，像四大名著，都曾不止一次被改编为电影和电视剧；现代作家作品被改编为影视剧的也不在少数。电影史上许多声名赫赫的经典作品——比如《一个国家的诞生》、《卡门》、《现代启示录》、《教父》、《这里的黎明静悄悄》、《子夜》、《人到中年》、《红高粱》等都出自文学作品。根据文学作品改编影视片，既为影视片增加了创作资源，也推动了文学作品的普及。

一、改编对象的选择

什么样的文学作品适合于改编呢？换言之，影视改编的依据是什么呢？相信不同编剧对这个问题有不同的回答，但总的来说有这样几个方面必须予以考虑：

一是文学作品本身的价值。文学作品的优劣必定会对影片的质量产生影响。在此意义上，成就越高的文学作品越是值得改编。一般来说，文学名著经过了时间的考验，其价值已经被认可。也正因此，文学名著的改编在影视艺术长廊中蔚为壮观。尽管我们不否认，确实有些文学名著的思想价值能够超越时代；但也有不少作品的思想价值与其产生的时代紧密相连，对这类文学经典的改编就需要考虑其思想价值在当代被人接受的可能性，以及能否将其思想内涵在当代语境中进行重构。

二是文学作品要适合于进行影视改编。一般来说，故事性强、情节完整而紧凑的文学作品比故事性弱的作品更适合、也更容易被改编为影视片，毕竟影视片是靠故事来吸引观众的。当然这也并不是绝对的，比如沈从文的《边城》故事性就不算很强，但是凌子风导演的同名电影却极为成功，原因在于该片并不完全着眼于讲故事，而是努力呈现边城的文化，营造出充满乡愁意味的忧伤感。其次，人物形象鲜明的文学作品更适合于进行影视改编，比如满怀抱负却又犹豫不决的哈姆莱特在莎士比亚的戏剧原作中形象就非常鲜明，这就比较适合进行改编。再次，画面感比较强的作品适合于进行改编，比如莫言的小说《红高粱》本身就包含着许多充满浓艳色彩的画面，这样的小说符合电影的特性，因此比较适合进行电影改编。那些议论色彩比较浓厚或是比较缺乏故事性的文学作品就不太适合改编为影视片了。夏衍曾指出,"罗曼·罗兰的长篇小说《约翰·克里斯朵夫》与歌德的长篇小说《少年维特之烦恼》就不适合改编为电影。这是因为,前者过多地展开内心的思考与灵魂的升华;后者的故事情节过于简单:"男女主角谈恋爱,维特每天来找夏绿蒂坐着、谈着,今天去了,明天又来。作为小说可以,要改编电影就很难了。"①

三是对文学原著所描写的时代与生活,编剧应该比较熟悉。夏衍就谈到过,之所以选择《祝福》、《林家铺子》进行改编,是因为对两部作品中的时代背景、地理环境、生活习俗都十分了解——《祝福》、《林家铺子》所描写的时代夏衍经历过;两部作品的地理环境都在浙江,而夏衍正是浙江人。如果编剧选择了某部文学作品进行改编,却不熟悉原著所描述的时代氛围、所表现的生活环境,那么在写作过程中就好像一个人到了陌生的地方,会遇到许多障碍。毕竟影视作品需要通过实实在在的视像来叙述故事、表现主题,而这些视像包括了大量的生活细节。如果对原著中的时代与生活不熟悉,编剧的创作就会受到很大的束缚。夏衍曾举过一个生动的例子:"写《革命家庭》时,我对上海地下斗争的种种情况,比较熟悉,但对长沙的情况很生疏,不得不作一般化的处理了,如写到地下工作者送烧饼给小孩子的一场戏时,由于不了解当时当地的特产是什么,只好用烧饼,因为烧饼是一年四季都可以有的,不会用错。如果是江南,就可以用菱角,使它更富有地方色彩。苏杭一带过年过节的风俗人情,我比较熟悉。如江浙一带冬天家中插什么花(水仙、腊梅、天竹子),广东过年插什么花(吊钟)。假如写成北方过年也插吊钟,就很滑稽了。"②

二、影视剧作改编的方式

根据已有的影视改编实践,我们可以粗略地将影视改编归纳为以下几种方式。

(1)忠实于原著。具体来说,首先,忠实于原著意味着"还原"原著所讲述的故事与原著中的人物性格,比如波兰导演波兰斯基根据英国作家哈代同名小说改编的影片《苔丝》就非常忠实地讲述了原作中的故事,人物的命运遭际与性格特征也都与原著相符。其次,一般来说,忠实于原著还要尊重原著的价值观念,并不因为时过境迁或认为原著的价值观念与当代语境不符而对之改动。比如王扶林执导的老版《三国演义》,对小说原著中"尊汉抑曹"的价值观念就没有推翻重构。最后,忠实于原著意味着要努力还原原著的时代背景甚至细节,原著

---

①② 夏衍:《琐谈改编》,见《写电影剧本的几个问题》,中国电影出版社 1980 年版,第 104 页;第 113 页。

中的时代环境如何,人物的服饰、发式等细节如何……都应加以考证,从而做到真实可靠。

（2）创造性改编。创造性改编最为常见、作品数量也最多。创造性改编大体上有这样几种情况：一是技术性改动。影视创作有其自身的特性,比如电影的故事线索一般要求单一,所以电影改编往往会删去一些无关故事主题的人物和枝节。根据同名小说改编的影片《青春之歌》,就紧密围绕着林道静的经历加以展开,与此无关的多余的故事线索都被编剧删去了。正是由于电影叙事比较单纯,编剧在改编头绪复杂、故事曲折、人物众多的长篇小说时,往往抽取出能够自成一体的部分内容独立成篇。比如长篇小说《红岩》人物繁多,但《江姐》一片则以江姐为主线,将相关的内容整合在一起,从而改编成一部具有独立自主性的影片。其他像从《红楼梦》中抽取出来的《红楼二尤》,从《水浒传》中抽取出来的《野猪林》、《逼上梁山》,从《西游记》中抽取出来的《三打白骨精》,都是如此。反过来,电视连续剧则可以改编长篇小说,而对篇幅短小的作品,则需要将之扩充和拉伸。电影在改编篇幅短小的文学作品时,偶尔也会填充一些新内容,比如电影《罗生门》就是以芥川龙之介的《竹林中》为底本进行改编的,同时又适当地加进了芥川龙之介的另外一个短篇小说《罗生门》的故事框架,作为影片的开头和结尾。二是因为原著的价值观不合于当代语境而对原著加以适当的改动。比如夏衍在改编《祝福》时,就觉得祥林嫂在重重压迫下应该加以反抗,于是在剧本结尾加入了祥林嫂劈门槛的情节；在改编《林家铺子》时,由于当时已经对资产阶级进行了社会主义改造,所以夏衍认为不应该在剧本中过多地同情资产阶级,因此加入了林老板欺压弱势者的情节。三是为了娱乐而对原著进行改动。比如根据贾平凹同名小说改编的电影《高兴》,就对原作进行了大幅度的改动,以狂欢的风格取代了原著冷峻的现实主义风格,以喜剧精神取代了原著的悲剧精神,故事情节也都做了相应的改动。

（3）抽取原著故事框架,重新培植。从改编实践来看,有些改编是将原著故事框架抽取出来,放在另外的语境中进行再度创造,而且,越是经典的文学作品,其故事越是精彩,就越容易被编剧和导演看中并将之抽取出来重新培植。比如冯小刚执导的《夜宴》就抽取了《哈姆莱特》的故事骨架,将之放在中国"五代十国"的背景中加以培植;就连美国动画片《狮子王》,也取材自《哈姆莱特》,但其外观已是面目全非了。同样,黑泽明导演的《蜘蛛巢城》、《乱》的故事骨架分别来自莎士比亚的悲剧《麦克白》与《李尔王》。张艺谋导演的《满城尽带黄金甲》的故事骨架则是来自曹禺的话剧《雷雨》。尽管看起来这些影片与文学原著已经是差之千里了,但相比起1996年美国导演巴兹·鲁霍曼执导的《罗密欧与朱丽叶》,它们就不算是最为另类的改编了。《罗密欧与朱丽叶》的故事骨架毫无疑问来自于莎士比亚的同名悲剧,但这部影片走得相当之远。它将故事的背景从中世纪的意大利维洛那搬到了当代的美国佛罗里达,原著中有着世仇的两大家族变成了两个街头的帮派,开场的十四行诗变成了电视新闻,经典的阳台幽会则被搬到了游泳池的水底。像这样的改编,除了保留了原著的故事骨架外,其他内容都被重新建构和编织了。

对编剧来说,影视改编原本就是一种创作,而创作自然没有一定的模式可以遵循。因此,这里所说的三种改编方式只是根据改编实践进行的粗略归纳。总的来说,影视改编应该充分发挥编剧的创造性,这样才能"常改常新"。

思考题

(1) 在影视文本创作中,影视思维如何体现?

(2) 影视改编对象的选择有哪些依据?

(3) 影视改编大体上有哪几种方式?

(4) 通过原创或改编的方式,创作一部影视短片文学剧本;并将之改编为分镜头剧本。

拓展阅读

(1) 夏衍:《写电影剧本的几个问题》,中国电影出版社1980年版。

(2) 汪流:《电影编剧学》(修订本),中国传媒大学出版社2009年版。

(3) 邹红主编:《影视文学教程》,中国人民大学出版社2004年版。

(4) 桂青山:《影视剧本创作教程》,北京师范大学出版社2004年版。

(5) 王国臣:《影视文学脚本创作》,浙江大学出版社2009年版。

(6) 黄会林主编:《电视文本写作学》,北京广播学院出版社2000年版。

(7) 陈晓春:《电视剧理论与创作技巧》,北京大学出版社2003年版。

(8) [美]E.韦尔:《影视编剧技巧》,吴光灿、吴光耀译,中国戏剧出版社1991年版。

(9) [美]温迪·简·汉森:《编剧:步步为营》(重订本),郝哲、柳青译,世界图书出版公司2010年版。

第九章　影视制作主体的艺术创造

影片从创意之初到制作完成,凝聚了由编剧、制片到灯光、剧务、场记在内全体创作人员的智慧、心血与汗水。而在影视制作环节中,最主要的创作人员是导演、演员、摄像与剪辑等。他们是影视制作的最主要的创作主体,与其他工序的人员分工协作共同创造了影视艺术作品。从根本上讲,影视作品是集体的创造,集体的艺术成果。本章将具体论述导演、演员、摄像与剪辑等制作主体的创作工作。

第一节　影视导演的创作

在影片制作过程中,导演掌控全程。一部影视作品深深地烙上了导演的个人印记,体现出导演独特的创作风格。随着影视艺术的发展,一方面创作分工不断明确和细化,另一方面导演的中心地位得以形成并逐步强化。前者体现出影视生产技术和生产管理的日渐成熟,后者则体现出影视艺术的日渐成熟。正如指挥是乐队的核心人物一样,导演也是摄制组的灵魂。

一、导演的中心地位

从根本上说,导演的中心地位是由影视艺术的综合属性决定的。影视创作是多个工序的人员共同完成的,导演必须用自己的创作构想将这些部门的工作融为一个整体,最终凝聚成影视作品。因此,导演的创作具有全方位的体现:最初导演要与编剧讨论剧本的撰写或修改,接下来要与美术师讨论布景,在影片正式拍摄的时候要对演员说戏、要与摄影师讨论如何拍摄,在影片拍摄完成后还要与剪辑师讨论如何剪辑影片,此外还要与作曲家讨论为影片配乐、与特效部门讨论为影片添加特技效果……凡此种种,导演都需要深度介入。虽然导演并不一定事必躬亲，但不同部门的创作人员都会以导演的创作意图作为创作目标。正因如此，导演的主体精神才能够渗透到摄制组的每一个创作部门。看上去，摄制组不同部门的创作人员各司其职并都在发挥着自己的创造性，但最终完成的影视片却体现出导演个人的创作才华与创作风格。电影史上的"作者论"观点强调导演是影片的主创者，影片体现了导演的创作风格；但另一方面，影片拍摄工作却是许多创作人员一起完成的。那么影片为何只是打上了导演个人的印记呢？美国电影理论家卡温对此进行了解释：导演"能够提出抽象的概念启发影片的发展和综合各部分的工作"，所以"身为导演并不见得就是对所有的人下命令，要他们来完成任务，而是每个人可以分享他对这部电影的期望和视野，每个人都根据这个整体的概念做自己的部分，因此各部分之间是相关的。所有的努力归向一个焦点，不论这焦点是导演本人或是大家同意的'这就是导演所要的'，最重要的是大家一致朝向一个理想以及一个成形的作品努力——如果幸运的话。"①

可见，与摄制组其他部门的创作人员不同，导演的影视创作首先是整合性的，导演需要通过抽象的观念对其他创作人员的影视创作进行整合；其次，在具体工作时，导演会与不同部门的创作人员进行交流与讨论，这样就使得其他创作人员的创造性与自己的艺术创作相得益彰。总之，导演将摄制组所有部门的艺术创作作为实现自己艺术构想的手段，将不同部门的工作纳入到影视创作的整体格局之中，借此，导演由宏观到微观、从抽象到具体，将自己的创作构想渗透到每一个创作部门和每一个创作环节。美国电影理论家波布克恰如其分地指出："导演是影片的创作者。他预先考虑整部影片，选择能赋予影片以特点和力量的思想和哲学概念。他塑造画面和调整它们之间的相互关系。他构成和创造能加强这些可见画面的音响元素。导演运用各种各样的艺术元素——文学、画面构图、光和影、音乐和戏剧。他的艺术作用是利用每一种元素来创造出完整的艺术作品。"②

二、导演构思

在正式拍摄之前，导演就应该在头脑中勾画出未来影片的大体形貌，这是对影片的总体构思。导演构思应该从主题、人物关系与人物形象、结构与叙事节奏、画面造型、音响效果等方面加以展开。

影片主题是导演构思的首要的，同时也是极其重要的任务。如同其他艺

---

① [美]布鲁斯·F.卡温：《解读电影》下册，李显立等译，广西师范大学出版社2003年版，363页。
② [美]李·R.波布克：《电影的元素》，伍菡卿译，中国电影出版社1986年版，第161页。

术作品一样,影视作品的创作首先在于"立意"。清代李渔将立意称作立主脑:"主脑非他,即作者立言之本意也。"可见,立意乃是确立"主脑"与"灵魂",也就是主题,即未来的影片究竟想要表达什么。从宏观的层面来说,任何艺术创作都是创作主体与社会和时代的对话,那么,对导演来说,未来的影片将要向社会和时代表达什么? 从这个高度来看,影片主题的深刻与否乃是影片能否成功以及价值高低的重要因素。据学者、导演韩小磊介绍,1993 年谢飞导演的《香魂女》与李安导演的《喜宴》在柏林电影节上之所以能同获金熊大奖,关键就在于主题。比如谢飞导演的《香魂女》就深刻反映了中国农村在改革开放语境中的思想滞后性[①]。

  对导演构思来说,立意固然重要,但并不是说立意就是空洞的说教,或者"主题先行",而是需要借由人物形象以及影片的叙事形式自然流露出来,否则就会犯"概念化"的毛病。高尔基曾提出过"文学是人学"的观点,深刻揭示出人物形象对文艺创作的重要意义。人物是影片叙事的载体,人物的性格与命运推动着影片情节的进展,从这个意义上来说,人物是影片叙事的最大动力;同时人物的命运遭际也折射出时代的面影。所以,如何塑造出生动而丰满的人物形象也是导演构思中的重要内容。中外影视艺术发展史上的优秀之作,几乎无一例外地塑造出了让观众过目难忘的艺术形象,这些艺术形象本身就具有极高的审美价值。

  除了主题与人物,影视艺术风格的各种构成要素——诸如情节结构、画面造型、音响效果、叙事节奏等,也都是导演构思的主要内容。尽管导演并不一定要明确这些构成要素的具体形态,但却要从影片整体风格的角度对各个要素进行构想与设计。比如陈凯歌在拍摄《黄土地》之前就对影片的音乐有过总体预期,他认为为了与影片的总体风格相一致,音乐应该单纯、简练,内敛而有表现力。吴贻弓导演在拍摄《城南旧事》之前,也对影片的叙事节奏有过总体构想,即这部影片的叙事应该有散文化的自由与诗意化的韵律。吴贻弓导演以同样的诗意语言对影片的节奏进行了说明:"我设想未来的影片应该是一条缓缓的小溪,潺潺细流,怨而不怒,有一片叶子飘零到水面上,随着流水慢慢地往下淌,碰到突出的树桩或堆积的水草,叶子被挡住了。但水流又把它带向前去,又碰到了一个小小的漩涡,叶子在水面上打起转转来,终于又淌了下去,顺水淌了下去……"。

  导演不仅把抽象化的主题、结构、叙事节奏等纳入构思的范畴,也要遵循影视的思维方式,将具象化的人物外在形象以及画面造型、声音等纳入进来,让未来的电影在还没有拍摄前就在脑海里"可见可闻",这样在正式拍摄的时候导演

[①] 韩小磊:《电影导演艺术教程》,中国电影出版社 2009 年版,第 136 页。

才能做到胸有成竹。

导演构思的两种主要物化形式是"导演阐述"与分镜头剧本创作。

三、导演阐述

摄制组不同部门的创作人员各有其个性、文化背景与艺术趣味,如果对影片不能有统一的理解,那么导演就无法实现自己的创作目标。如何才能使摄制组每个部门的创作人员都能领会导演的意图呢？在影视制作的前期筹备阶段,导演需要向摄制组的主要创作部门(摄影、剪辑、美术、录音等)阐释自己对影片的理解,也明确地表达出自己的创作意图和总体构思,从而使影片拍摄能够跟着一根红线来走,这根红线就是"导演阐述"。自然,这首先要求导演吃透剧本,充分领悟影片的时代背景、文化内涵以及思想底蕴,导演的人生体验和艺术感悟力在这时会起到至关重要的作用。总的来说,"导演阐述"是导演对未来影片的整体构想,也是影片还处于观念阶段时导演创作最为集中的体现。

"导演阐述"没有一定的格式,不同的导演有不同的个性,但在内容上都会涉及影视创作中比较重要的几个方面,主要是:影片的时代背景、文化内涵与思想底蕴——这些属于主题层面的内容;影片中人物的性格特征以及性格的发展——这些属于人物形象层面的内容。还有对情节进展,特别是情节高潮部分和矛盾冲突内涵的理解;对影片风格(涉及影片基调、节奏等方面)与类型的理解;对画面、镜头运动以及造型设计的阐释等。最后是对表演、摄影、美术、录音、剪辑等部门创作人员的提示和要求。比如陈凯歌导演为《黄土地》所写的"导演阐述"就涉及到上述内容,这里节选其中的一部分:

《黄土地》导演阐述(节选)
陈凯歌

一、今年元月,我和摄影师、美术师一起为酝酿剧本修改事,到陕北体验生活,我们在佳县看到了黄河。

如果把黄河上游的涓涓细流和黄河下流的奔腾咆哮,比作它的幼年和晚年,那么,陕北的流段正是它的壮年。在那里,它是博大开阔、深沉而又舒展的。它在亚洲的内陆上平铺而去;它的自由的身子和安详的底蕴,使我们想到我们民族的形象——充满了力量,却又是那样沉沉的、静静的流去。可是在它的身边就是无限苍茫的群山和久旱无雨的土地,黄河空自流去,却不能解救为它的到来而闪开身去的广漠的荒野。这又使我们想到数千年历史的荒凉。

一天清晨,我们看到一位老汉,在黄河边打起了两桶水,佝偻着身躯走去——毕竟有人掬起黄河之水,黄河之水毕竟要流进干旱的土地。

我们就是在那个早晨,明白了应该写什么,怎样写。在我们的影片所要的展示的那个时代,引导着整个民族去掬起黄河之水的就是共产党。翠巧,是觉悟到了应该掬起黄河水的人们中的一个,即使那只不过是一桶水。人们的向往和现实生活之间总是横亘着艰难的道路,但是,现实中的每一个行动又总是放射着理想热烈的光辉。

热爱黄河而去歌颂黄河,对于每一个尚未丧失激情的人来说,都不难。如果我们清醒地看到,能够孕育一切的,也能够毁灭一切,那么,对于生活于旧中国民族整体中的翠巧而言,她的命运就一定带来某种悲剧色彩。她所选择的道路是很难的。难就难在,她所面对的不是狭义的社会恶势力,而是养育了她的人民中的平静的,甚至是温暖的愚昧。较之对抗恶势力,这种挑战需要更大的勇气。因此,我们的影片就内涵而言,是希望篇。因此,从形象的历史审美价值着眼,我的更高期望是翠巧是翠巧,翠巧非翠巧。她是具体的,又是升华的。

如果要我说影片主题方面的话,就是这么多了。

二、作为学步者要说明影片的风格,恐怕是件难事。但我们称之风格的东西毕竟是容纳主题的基础,那么,试着说明还是必要的。黄河是大河,不是小溪。在它的水流之上,容不得落叶或枯枝的滞留,它的水势是强大的。

走上陕北的山顶,登临远目,你又会发现,黄河的流水几乎是静止不动的,只是在流向的曲折上,才能看出它的壮阔。我把黄河的流向比作影片的结构,又把远观的流水比作占了影片相当大比重的一部分句子。

我的意思是,就结构而言,我们的影片应该是丰满而多变化的,具有自由甚至是狂纵的态势,意写纵横,无拘无束,而就大部分具体句子而言,却温厚、平缓、取火之木,穿石之水,无风皱起,小有微澜。因而,大有响入云天的腰鼓阵,哀吟动地的求雨声,小有入夜深谈,河边浅唱。

在总体构思的制约下,我们已经扫除了原剧作中一切公然的对抗性因素。我们不正面描写与黑暗势力的冲突,不正面铺排妇女之间的矛盾,不正面表现人物在接受外部世界信息后的变化,也不点明人物出走的直接动机,而代之以看似疏落,却符合时代特征和民族性格的人物关系。

我们还将在拍摄过程中扫除影调、色彩、构图、音乐音响、表演、场面调度、服装、道具等诸方面一切利于外而害于内的棱角,使影片成为可以向规定方面隆隆滚动的球体。我们极度重视影片的情节和所要完成的戏剧任务,我们有希望其能够潜水而行,到达彼岸。

掌握本片风格的要领就是一个字:"藏"。

"大音无声"、"大象无形"。影片风格的形象概括就叫做:"黄河远望"。

在紧接下来的第三小节,导演为音乐与音响的创作规定了一些准则,同时又明确了音乐与音响创作的总体构想。第四小节与第五小节是对摄影师、美术师、服装、化妆、道具等部门创作人员的提示与建议,最后一小节则是专就演员的表演进行分析与强调,总结出"重内功、重联系、重变化、重整体。不以形夺人,而神夺于形外"的总体表演原则。总之,《黄土地》的"导演阐述"涉及到各个创作部门。通过"导演阐述"中,导演陈凯歌将自己对《黄土地》主题与总体风格的理解详细而生动地传达给摄制组人员,对摄制组人员进行创作上的提示,并根据自己对影片的理解提出了方方面面的具体要求,又注意激发创作人员的创作积极性。尽管"导演阐述"没有固定的格式,但它完全可以被视为影片拍摄时的一份纲领性文件。摄制组不同部门的创作人员会根据"导演阐述"努力领悟影片的主题与风格,并将之渗透在自己的创作中。

值得一提的是,"导演阐述"既要将导演对影片的理解传达给摄制组的主创人员,同时又要注意发挥各位主创人员的创作积极性,二者相得益彰;而不是相反,导演用自己对影片的理解遮蔽或压抑了主创人员的创造性。实际上,越是有经验的导演,越是注意激发主创人员的创作积极性。

四、分镜头剧本创作

分镜头剧本是影视片拍摄工作的具体依据,它为拍摄提供分解镜头方案。分镜头剧本具有极强的实用性,但也绝非简单的技术性操作。导演需要凭借丰富的生活体验与艺术经验,需要综合摄制组不同部门创作人员的智慧,更主要的还是需要发挥导演本人的创造性才能完成这一艺术创作活动。导演的分镜头剧本创作有以下几点值得注意:

(1)分镜头剧本创作需要导演具有深厚的生活经验并对文学剧本有着深刻的理解。执导过《董存瑞》、《花好月圆》、《智取华山》等影片的老导演郭维,曾经举过一些生动的例子来说明导演的生活经验与人生体验对分镜头剧本创作的重要意义。比如电影《归心似箭》中魏德胜跑到玉贞家对玉贞诉说身世的一场戏,导演的分镜头工作就完成得很不好。因为魏德胜的苦在影片的前半部分已经表现得很到位了,这场戏应该侧重表现玉贞对魏德胜产生了感情。如果导演

对文学剧本有深刻的理解,对人情人性有透辟的认识,那么就应该把大量的镜头给予玉贞,给魏德胜两三个交待性的镜头就可以了。但这部影片正好相反,大量的镜头给予了魏德胜,不多的几个镜头分给了玉贞。所以说,分镜头剧本创作并非任意由之,而是包含着一定的逻辑——或是生活的逻辑,或是情感的逻辑,或是理念的逻辑,不一而足。正如郭维随手所举的一个小例子,拍摄母亲打孩子的一场戏,从情感的逻辑上来说,观众要看的不是孩子哭,因为孩子必然会哭,而是母亲的反应,所以应该将镜头多分一些给母亲①。

(2) 分镜头剧本创作应符合影视艺术的特性,特别是导演在分切镜头时应该具有蒙太奇思维。影视文学剧本尽管包含着"可见"的画面,但毕竟尚嫌模糊;分镜头时必须让一切模糊的、描述性的内容完全清晰"可见"。这些"可见的"运动的画面构成镜头,而镜头与镜头的组接就成为蒙太奇段落。尽管在影视制作的后期阶段,剪辑师会按照蒙太奇手法让各个镜头的长度适合影片叙事、传情的需要,并让剪切后的镜头按照艺术的规律组接在一起;但在分切镜头时,导演就应该将剪辑考虑进来,甚至是按照剪辑的视野进行分镜,而剪辑的视野其实就是蒙太奇思维。某种程度上甚至可以说,分镜头就是对影片的"初剪"。

(3) 分镜头剧本的创作是以导演为主,同时融入了多个部门创作人员的心血与智慧。导演在根据文学剧本进行分镜时,需要经常找相关部门的创作人员来商谈,研究分切方案。这样,最终确定下来的分切方案不仅具有艺术上的创造性,也具有操作上的可行性。

(4) 有些导演不用文字来撰写分镜头剧本,而是习惯于为每一个镜头绘制草图,这样看起来更为直观,像希区柯克、小津安二郎、黑泽明等导演都喜欢绘制拍摄草图,在拍摄现场当做分镜头剧本使用,每拍完一个镜头,就用笔划去。有些影片在拍摄时,还会专门绘制"分镜图"。分镜图又称故事板,是用图绘的形式将每一个镜头表现出来,如果镜头较长,可能还要分开绘制。每一个镜头图需附上说明性的文字。好的分镜图可以作为连环画来观赏。有些导演绘画基础较好,可以亲自绘制分镜图;但很多时候会由专门负责绘制分镜图的创作人员来完成。

五、场面调度

在拍摄现场,布景、灯光等都已就绪,演员的服装、化妆等都已到位,即将正式开拍。此时如何调度演员和摄影机,成为考验导演创作经验、艺术领悟力与艺术创造能力的关键。演员调度与摄影机调度合称为场面调度。"场面调度"一

---

① 郭维:《熟悉生活、熟悉人物是分镜头的前提》,《中国电视》1983年第3期。

词来自于法语"mise-en-scène",该词的意思是"摆当的位置"或"放在场景中"。场面调度原本是舞台剧的概念,指的是舞台剧导演对一个场景内演员的行动路线、地位和演员之间的交流等表演活动所进行的艺术处理。由于电影和戏剧在艺术处理上具有某些共同性,所以"场面调度"一词就被引用到电影创作中来,意指导演对画框内事物的安排①。但与舞台剧相比,影视的场面调度要复杂得多,同时其艺术创造空间也更为开阔。

场面调度包括演员调度与摄影机调度,二者具有相依共生、相辅相成的关系。

1. 演员调度

演员与摄影机之间的关系具有一定的表意效果。演员面对镜头能够让观众觉得很亲切。当演员面朝摄影机走过来的时候,观众似乎在逐渐清晰地认识人物,特别是当人物从画面深处走来的时候,如果这是一个有力量的正面人物,观众会觉得很安全,有种受到保护的感觉;反过来,若这个有力量的人物是个反面人物,当其面朝摄影机走过来的时候,观众会隐隐地感觉受到了威胁。演员背对着镜头,观众仍会受到人物视线的引导,因此,人物目力所及的视野也就是观众的视野,此时摄影机的视点决定于人物;同时,人物背对着镜头,观众也会觉得人物比较神秘。当人物转过身背对着观众逐渐远去并出画面时,镜头就会给观众留下余味。当然,在动作片或恐怖片中,影片中的人物背对着观众、观众只能看到其后脑勺时,影片也能产生恐怖感,因为当人物背对观众时,观众会觉得人物对可能到来的危险无所防范,而且人物的后脑也是非常脆弱的部位,这时观众就会替人物捏一把汗,恐怖的效果也就制造出来了。

如果镜头中的人物有两个或两个以上,这时人物之间的关系也会具有表意效果。比如在《公民凯恩》中,凯恩的好朋友里兰对凯恩的第二任妻子苏珊蹩脚的歌剧演出非常不屑,此时凯恩因为里兰写剧评之事与里兰反目。为了表现这对好友的反目,导演在调度演员时将二人的距离安排得非常远,两人各据画面一端,这样就表现出二人的分歧以及最终反目的必然性,同时也暗示出凯恩即将面临的孤独处境。中国影片《城南旧事》中的演员调度也具有类似的效果,影片中小英子初次遇到小偷时,小英子与小偷的关系非常疏远,尽管观众能够感觉到小偷是个善良的人,不会对小英子构成伤害,但也能感觉到在初次相遇时,两人的距离还是很远的,此时导演在调度演员时将二人各据画面一端,而且两人都没有任何运动。但两人第二次见面时,导演在调度演员时就让两人来回横向运动并互相穿插,这时人们就能感觉到两人有了心灵的交流,两人的关系也从疏远走向

---

① 许南明等主编:《电影艺术词典》,中国电影出版社2005年版,第156页。

亲近。

可见,演员与摄影机的不同关系、演员不同的运动方式、演员与演员之间不同的位置关系,本身就诉诸观众的审美心理,从而使得演员调度不仅关乎影片的形式美,而且本身就具有表意的效果。

我国电影导演王心语将演员调度按照运动路径分为七种类型:①横向调度。指的是人物从左到右或从右到左的运动。②纵向调度。指的是人物由前向后或由后向前的运动路径,这是典型的纵深调度,因为这会造成景别的变化,比如由前向后运动景别就会变大,由近景变成中景,或由中景变成全景等;如果调度摄影机,追随着人物不断变焦,那么景别会维持不变,但焦距在变化。纵向调度也完全可以处理为景深镜头,从而凸显出画面的空间感。③斜向调度。指的是人物在镜头中按照对角线的路径进行画面构图。④上下(高低)调度。指的是人物由高到低或由低到高的运动路径,这种调度经常利用楼梯、台阶、山坡、双层床、房上房下等多层空间来进行,比如《小兵张嘎》中,当罗金保带领嘎子寻找队伍时就上房下房,这种调度能够使得运动富有层次感,画面的空间感也很强。⑤环形调度。指的是人物在摄影机前作环形运动。比如美国经典影片《十二怒汉》,整部影片就大量地利用了环形调度,十二位陪审团成员在一个封闭的屋子里围绕案件展开讨论,影片从头到尾主要是这样的场景,环形调度也常被使用。⑥不定形(不规则)调度。指的是人物的运动呈不规则状态,方向和位置的变化也没有规则可循,比如S形等。⑦综合调度。指的是融合了上述两种或两种以上的调度方式。①

2. 摄影机调度

导演对摄影机的调度包括几个方面的内容:摄影机机位的选择、摄影机本身的运动、摄影机镜头的运动,包括焦距的变化(推、拉镜头等)、角度的变化(仰拍、俯拍等)。总的来说,摄影机的调度最终会形成固定镜头与运动镜头。固定镜头最重要的是确定与被摄主体的距离与角度,比如正面拍摄被摄主体、或者侧面拍摄被摄主体等,还有镜头的景别——大全、全景、中景、近景、特写、大特写等。我们可以将拍摄固定镜头的摄影机想象成一双凝视的眼睛,它是专注的目光。比如拍摄近景或特写画面,对人物、人物身体的局部或一件物品进行耐心的关注,像小津安二郎的影片中就经常出现正面拍摄人物的固定镜头。这些镜头以非常专注的目光对准人物,人物像是对着摄影机进行温和的倾诉。摄影机也可以是悲悯的目光,比如侯孝贤就经常用固定镜头拍摄大全景画面,在摄影机悲天悯人的目光中,人物的善恶被超越了,从而表现出历史的苍凉与人世的悲情。

---

① 王心语:《影视导演基础(修订版)》,中国传媒大学出版社2009年版,第289－291页。

当然,摄影机也可以从侧面按照一定的角度固定地拍摄人物或物件,在这种情况下,观众可以以较为中立的态度观看影片。因此,侧拍的固定镜头在一定程度上具有"间隔性"的效果。

摄影机的运动则对观众的目光产生引导作用。实际上,我们在日常生活中,目光就经常会被运动的物体所引导。比如看到一辆汽车行驶在空旷的平原上或街道上,我们的目光可能会被汽车的运动牵着向前;比如看到天空有鸟群飞过,我们的目光也会在不经意之间被鸟群牵引;甚至看到路边的小动物,我们也会不自觉地看着小动物往某个方向运动。因此,从审美心理的角度出发,导演应该明确意识到,一旦摄影机运动起来,观众的目光就会被牵引。导演除了依据剧情、画面等进行摄影机调度外,还应该依据观众的审美心理进行场面调度。比如一个摇镜头,从人物 A 摇到人物 B,观众的目光也会从 A 到 B,这样一来,观众的注意力就会被人物 B 吸引。利用这种心理机制,有些导演可以完成出色的场面调度。比如美国著名导演索德伯格在其经典影片《毒品网络》中,就有这样的场面调度:在美国与墨西哥边境海关,摄影机先是跟拍墨西哥的缉毒警官从美国回墨西哥,经过边境检查站;这时摄影机用了大升降镜头,从缉毒警官的汽车慢慢地转到另外一边的车道——这是从墨西哥进入美国的车道,渐渐地,观众可以看到这边的车道上有一辆汽车,驾车的正是泽塔—琼斯扮演的大毒枭的妻子海伦娜,于是叙事完美地、不着一点痕迹地过渡到了海伦娜。推拉镜头就更不用说了,比如镜头从许多人物的全景推向其中某个人物,毫无疑问,这个人物会凸显在观众的视野中;拉镜头则相反,观众对某个人物的注意力会慢慢消解。

在很多情况下,演员调度和摄影机调度是同时进行的。这使得导演的场面调度更为复杂,导演的创造空间更大,自然,所实现的艺术效果也更为丰富。演员调度与摄影机调度的同时进行,经常用在长镜头的拍摄中。即使不是长镜头,其运动方式也与长镜头拍摄类似。所以,对演员调度与摄影机调度同步展开的情况,可以参考本书"语言编"中关于长镜头的内容。

第二节　影视演员的表演

演员的表演是影视艺术创作的重要组成部分,并深刻影响了影片的表现形态。设想一下,如果没有三船敏郎,影片《罗生门》最终表现出来的影像风格可能就不是我们现在所看到的那样了。同样,如果没有罗伯特·德尼罗,那么《猎鹿人》、《出租车司机》等片的艺术风格恐怕也会与我们所见到的迥然相异。没有约翰尼·德普,观众在观看系列影片《加勒比海盗》时也将会失去许多乐趣;

而如果没有葛优，冯小刚的许多影片恐怕就不会像现在这样为观众喜闻乐见。在明星制的背景下，演员可能被塑造成为明星，从而深刻地影响影视的艺术形态，并有效地促进影视艺术的传播，从长远来看，还会对社会文化产生影响。

一、影视表演的一般特性

演员是创作主体，又需要以自己的身体为媒介来创作，所以又是创作载体。创作成果同样也是以其身体为承载物，所以在一定程度上又是创作客体。表演的本质即是"三位一体"，即创作主体、创作载体、创作客体的合一。

演员以塑造人物形象为创作目标，演员在对角色性格的分析和认识的基础上，调动自己的生活经验与人生体验，最终在导演的调度下，通过走位、表情、肢体、语言、声音等手段，将角色的形象准确地呈现在银屏上。所以，演员必定会将自我投射在角色身上。但在如何把握自我与角色的关系、从而更出色地塑造人物形象上面，表演艺术分成了两大流派，即"体验派"与"表现派"。

在体验派看来，演员与角色之间永远存在着矛盾。作为对表演艺术的追求，演员应该通过自己的努力与角色合而为一。换言之，演员以消除自我与角色之间的矛盾作为最高追求。宣称"体验派"的代表人物有英国演员亨利·欧文、意大利演员托马索·萨尔维尼以及将体验派发展为完整的演剧体系的苏联著名戏剧家斯坦尼斯拉夫斯基。体验派认为表演艺术的最终目的就是通过艺术的形式表达人的"精神生活"。所以体验派特别重视演员对角色的内心体验，外部表达依赖于内心体验。但体验派也要求演员对情感做外部体现的外部技术，比如发声训练与形体训练等。体验派还比较推重即兴创作，从而使得表演具有新颖性。体验派的理论主张与中国传统表演理论主张的"动于中，形于外"有着内在的相通。

表现派则强调演员对自我的控制，认为表演并非是演员与角色的"合而为一"，而应该是演员的自我意识控制着表演的形态与节奏。宣称"表现派"的代表人物主要是法国启蒙思想家狄德罗与法国演员别努阿·康斯坦·哥格兰。在表现派看来，表演的要点在于找到能够反映角色内心世界的外在形式，这个外在形式一旦找到，演员就可以在每次的演出中准确地加以再现，从而达到感动观众的效果。在这个过程中，并不需要演员自己感动。可见，在表现派看来，演员的理性非常重要，演员的表演要靠理性来控制自己，不让自己听任感情的驱使。

体验派与表现派从不同的侧面揭示了表演的特性，同时也从不同的角度对演员的表演训练提出了具体策略。不过二者并非迥然相异、水火不容。比如体验派强调演员要体验角色的内心世界，但在"动于中"之后还需"形于外"。当演员在舞台上或镜头前进行表演时，实在无法完全排除理性的控制。否则的话情感一泻千里,表演就会被弄砸。表现派也无法完全排除对角色内心的体验。如前所述,表现派需要找到足以反映角色内心世界的外部形式,一旦找到,演员就能够运用训练有素的身体与表演技巧将外部形式反复地表现出来。但问题在于,如何才能找到完美的外部表现形式呢?毫无疑问,演员在准备阶段也必须分析角色的内心生活,体验角色的情感世界,在角色的规定情境中进行感受,而这些其实正是体验派的表演倾向。

　　作为表演艺术门类之一,影视表演完全可以、并已经吸收了体验派与表现派的理论精华。在我国,"斯坦尼斯拉夫斯基体系"所倡导的"体验派"表演长期以来居于主流位置。但对一个演员来说,其表演训练与表演实践往往也将表现派的表演方法适当地糅合进来。不管通过什么样的表演原理与表演方法,演员都需要深入体验生活,不断提高表演技巧。优秀的演员能够突破自我的限制,塑造不同类型的角色,比如约翰尼·德普,在《剪刀手爱德华》中成功饰演了孤独、让人怜悯的机器人爱德华,而在《加勒比海盗》系列影片中则成功饰演了计谋多端而又特立独行的杰克船长。两个角色相差千里,但约翰尼·德普都能娴熟地驾驭。人们习惯将这类演员称作"演技派"。与"演技派"相对应的是"本色派"。"本色派"是指演员按照自身的形体、气质、性情乃至社会地位去出演影视片中的角色。本色演员的长处是将角色与自身尽量地叠合起来,按照自己熟悉的表达方式去塑造角色,人为雕琢的痕迹很少,从而给人极其自然的感觉;短处是本色表演很有局限性,毕竟一个演员不能老是按照自己的气质与性情去挑选角色。实际上,绝对的"本色"是根本不可能的,除非是纪录片,不然哪里会有与自身的气质、性情完全一样的角色呢?所谓的"本色"只是相对"演技"而言。即使是"本色"表演,其实也需要一定的表演技术。总之,对演员来说,应该多观察生活,体验角色的内心感受,这样才能成功地塑造人物形象,给观众留下深刻的印象。

二、影视表演的独特性

1. 导演语言系统中的影视表演

　　美国学者路易斯·贾内梯认为电影表演只是导演语言系统的一个部分,贾内梯指出,在舞台表演中,帷幕一旦拉开,演员就能够支配演出进程,但在电影中情况并非如此,贾内梯说:"总之,电影演员归根到底是导演的工具,这是又一种'语言系统',导演通过这个系统传达他的思想和感情。"①

　　我们可以从两个主要方面看待影视演员的工具性存在。首先从演员与背景

---

① [美]路易斯·贾内梯:《认识电影》,胡尧之等译,中国电影出版社1997年版,第153页。

的关系来看。在演员与背景的关系上,电影与戏剧的不同在于,在电影中背景(物)得到了凸显;在戏剧中则只是演员(人)得到了凸显。德国电影理论家克拉尔考指出:"它(电影)的主题物是可见现象的无尽洪流——不断变化中的物质存在形式,其中可以包括属于人的表现,但不一定以之作为中心。"①可见,在电影所呈现出来的物质的洪流中,演员的重要性被"物"分享了。法国学者雅克琳娜·纳卡什因此将电影演员称作"无光晕的演员",因为在电影中,演员不再居于观众注意力的中心:"在电影中,一切都有灵魂——哪怕是一棵树、一个物件或一处风景。"②克拉考尔也说:"舞台形象不可避免地要集中在演员身上,而电影则可以自由地专门描述演员外形的某几部分和详细介绍他周围的东西。"③

其次,影视表演的工具性存在还表现在角色的形象是由摄制组多个部门的创作人员共同创造的;而不同部门的创作人员对人物形象的创造,正是导演创作的具体体现。正如英国电影理论家欧纳斯特·林格伦所指出的那样,与舞台剧不同,电影的手段并非演员的表演,而是镜头:"电影演员不仅是在导演的直接指导和监督下进行表演的;而且他的表演效果还可能由他的合作者加以改变。摄影师通过安排摄影角度或灯光;剪辑师通过剪接演员表演的各个片断,都能改变演员表演的效果。"④比如灯光,就能够对演员的表演进行再度加工。《公民凯恩》就经常利用灯光表现凯恩愤怒、孤独、傲慢等情绪。摄影机则可以通过不同景别的摄影对演员的表演加以凸显或遮蔽,比如在《红色娘子军》中,摄影机对吴琼花充满仇恨的眼睛的大特写,一下子就让人物的性格特征凸显出来。

不过,对人物塑造作用最大的还是剪辑。剪辑可以对拍摄中的多个镜头进行选择,并对精心挑选出来的多个镜头进行组接;剪辑还会加入新的元素,比如配上音乐,或进行重组,这样,演员的表演就成了一种混合物,正如美国电影理论家玛丽·奥勃莱恩所说:"我们见到的电影人物也许实际上是很多演员的混合物。比如,一位扮演作曲家的演员,他的声音也许被某位精通外语的人配了音。在钢琴前的场面里,一位熟练的钢琴家的双手可能被摄入镜头以代替演员的双手,一位不知名却是优秀的歌唱家的声音也许用来代替演员的歌声。一个长着漂亮脸蛋、可是腿却长得难看的女演员,如果在任何必要的腿部特写镜头中能用一位舞蹈家的腿来代替的话,她也许仍然可以入选担任角色。影片《精神病患

---

① [美]路易斯·贾内梯:《认识电影》,胡尧之等译,中国电影出版社1997年版,第135页。
② [法]雅克琳娜·纳卡什:《电影演员》,李锐、王迪译,江苏教育出版社2007年版,第17页。
③ [德]齐格弗里德·克拉考尔:《电影的本性》,邵牧君译,江苏教育出版社2006年版,第62页。
④ [英]欧纳斯特·林格伦:《论电影艺术》,何力、李庄藩、刘芸译,中国电影出版社1979年版,第150页。

者》里那位洗淋浴时被杀死的女人的裸体并不是珍妮特·丽的身体。……这种替换在电影里是司空见惯的。"①由于蒙太奇手段能够使画面生成新的意义,演员的表演有时会在剪辑中改变其本来的意义或生成新的意义。在著名的"库里肖夫效应"中,没有任何表情的演员莫兹尤辛分别与一盆汤、一口棺材与一个小女孩的画面组接起来,人们分别看到了莫兹尤辛饥饿、悲伤和愉悦的感情。从表演的角度来看,"库里肖夫效应"表明在蒙太奇中,演员即使在表演上无所作为,也可能表达出某些意义来。因此,表演艺术中出现了"零度表演"的概念。

所谓"零度表演",指的是演员没有进行任何创作的表演。在提到"零度表演"时,人们往往举出著名影星葛泰丽·嘉宝在《瑞典女王》中的表演,片中有一场戏,嘉宝饰演的瑞典女王克里斯汀为了爱情放弃王位,她来到港口追随爱人,却发现爱人已死,女王哀痛欲绝,此时她走到船头,望着远方。为了演好这场戏,嘉宝请教导演女王究竟应该是什么心理活动;导演却告诉她,不要有任何表情,只要站着就好。结果毫无表情的表演大获成功,观众从演员的脸上感受到巨大的悲痛。在这里,剪辑赋予了表演丰富的内涵。换言之,剪辑对影视演员的表演进行了再度创作。

值得强调的是,演员在影视创作中的工具性存在只是问题的一个方面;问题的另一方面是,在导演的语言系统中,演员依然有很大的创作空间。换言之,影视演员一方面被导演所创造,另一方面又以自己的创造性表演建构导演的语言系统。只要影片需要塑造人物形象,演员的创造性就必然会受到重视。尤其值得一提的是,特写镜头对演员的表演提出了更高的要求。在此前提下,演员既拥有很大的创作空间,也很容易用自己的演技引起观众的注意。导演必须激发演员的表演潜力,而不能把演员仅仅当作无生命的东西来满足蒙太奇结构的需要。

2. 影视表演的生活化与风格化

舞台演员在表演时为了让全场观众都能够听到和看到,需要用很大的声音、用朗诵式的语调说出台词,肢体动作和表情也都必须加以强化,这样才能给观众留下印象。这种夸张与过火的表演对于舞台剧来说是非常合适的。但在影视中,夸张与过火的"风格化"表演就不合时宜了。特别是有声片出现以后,夸张与过火的表演风格更是被导演明确反对。当摄影机可以自由地推、拉、摇、移、跟时,演员的行动、肢体动作、表情等,可以用任意的景别拍摄出来——对观众来说,就相当于可以任意地调节观看距离。当演员的肢体、面部连最小的细节都可以出现在银屏上的时候,演员夸张的动作就显得极不自然。可见,影视表演必须以生活化作为根本的原则。欧纳斯特·林格伦总结说:"电影表演是最自然主

---

① [美]玛丽·奥勃莱恩:《电影表演》,纪令仪译,中国电影出版社1993年版,第106页。

义的,而舞台表演则是非常程式化和风格化的。"①

生活化表演并不意味着以生活本身来代替艺术创造,它仍然要求演员深入生活,从生活中观察人物,提炼技巧,再用生活化的形态艺术地表现出来。因此,生活化表演要求演员深入"生活",观察"生活",再融入到影视片所表现的"生活"之中。表演艺术家赵丹对此曾有经验之谈:

> 我有过苦闷,凡是按舞台表演方法表演的,必不耐看,日久更不耐看。如果按生活的面貌来表演,就顺眼、舒服。从这里好像领悟到一点电影表演的特性。当时还不懂得到生活里去的道理,斯塔尼斯拉夫斯基的演剧方法也还没有介绍到中国来。摸来摸去,只好自己行一套笨办法:每天到过什么地方,见过什么人,说过什么话,当时的环境气氛如何,谈话的内容和解决了什么问题,对方是个什么身份地位的人,性格如何,有什么习惯动作等等,当天晚上回忆一遍,重演一遍,从中体味它的意思在哪里。比如人到闹市,跟一个人在家里沉思的心理状态不同,神态不同,节奏也不同了,等等。今天看来,也许这就是观察能力、情绪记忆和节奏的锻炼吧,正像我们电影学院的学生常做的元素练习一样。那时候我不懂得内部外部技巧的元素训练,可就是苦苦地琢磨。这种练习常常通过想像被我运用到不同的人物情境中去。这也就是我在戏里许多人物所处的境遇的依据。我的表演,凡是在生活里找到这样的境遇依据时,就比较自然,比较耐看。②

可见,影视表演的生活化原则仍需演员汲取生活经验,并将之融入到自己的艺术创作中。

生活化表演是影视表演的基本原则,这在现实主义风格的影片中体现得非常明显。不过,影视表演应该是多元化的,生活化固然是影视表演的原则,但却不能将之作为唯一的原则。波德维尔、汤普森指出:"并不是每一部影片都试图去达到写实,我们不应该一味地要求表演要写实,因为演员的表演是整个场面调度中的一部分,电影包括了许多种表演风格。……如果影片中非写实的演出能达到最佳风格的表演,那么演员就会致力于这样的表演……"。③ 我们经常在风

---

① [英]欧纳斯特·林格伦:《论电影艺术》,中国电影出版社 1979 年版,第 152 页。
② 赵丹:《银幕形象创造》,中国电影出版社 1980 年版,第 5—6 页。
③ [美]大卫·波德维尔,汤普森著,曾伟祯译:《电影艺术:形式与风格》,世界图书出版公司 2008 年版,第 171 页。

格化的影片——比如喜剧片、魔幻片中,看到夸张、怪诞等风格的表演。卓别林的表演就非常风格化,他行走时搞笑的步态、夸张的面部表情让观众印象深刻。香港演员周星驰在许多被称为"无厘头电影"的影片中的表演,也是非常夸张的,这毫无疑问是风格化的表演。在歌舞片以及动作片——比如李小龙、成龙等人主演的影片——等类型片中,演员的表演也并非生活化,而是风格化的。

3. 影视表演的片断化与整体感

我们可以从三个方面来看影视表演的片断化特征:首先是影视表演的非连续性。出于现实的考虑——提高工作效率、节省成本等,摄制组往往会将同一个场景的镜头集中拍完。在这种情况下,演员的表演不仅不会按照影片情节进展的顺序进行,也不会按照分镜头剧本的镜头次序进行。"对许多演员来说,拍摄的非连续性是电影表演中最困难的事情",美国电影理论家玛丽·奥勃莱恩如此说道,"拍摄地点和布景也许要求演员第一天在摄影棚里跟他15分钟前才认识的另一位演员拍爱情场面,然后在两星期之后再拍摄这对情人的第一次约会(到那时这两个演员可能变得互相讨厌对方了)"①。还可能出现这样的情况:演员今天拍摄的一个眼色是和她一个月后所做的事有关,但和这个眼色相适应的手的动作却又早已拍过了。演员必须适应这种非连续的拍摄方式。

其次是微相表演。在影视创作中,摄影机的变焦距可以产生多种景别。演员在不同景别中的表演也有不同的要求,比如在大全景画面中,演员只是画面世界中一个微小的存在,此时演员几乎只是一个符号,表演可以忽略;但当摄影机的镜头推向演员的面部或身体的某一部位时,演员的表演就处于非常重要的地位了。在面部被拍摄成特写镜头时,演员的表情必须具有极其丰富的表现力。巴拉兹·贝拉将这种面部特写镜头称为"微相学":"微相学主要是研究整个脸部的总体反应,研究变化中的表情游戏。"②特写镜头使得身体的局部被放大,而其他部分却被摄影机遮蔽,这样一来,演员在表演中需要将身体某个部位的动作——手的颤动、眼皮的眨动、嘴唇的抖动、鼻翼的翕动……——凸显出来,这也导致表演的片断化。值得一提的是,电视剧由于屏幕小、对话多等特点,特写镜头较多,"微相表演"也较多。

再次是无对手的表演。影视艺术的蒙太奇特性,使得不同的镜头可以通过组接生成意义。这使得演员在表演时可能并无对手。在数字技术背景下,无对手的表演对影视演员来说更为常见了,因为演员可能会经常对着虚拟角色——人、动物或异形——进行表演,后期制作时演员与其"对手"才被合成在一起。

---

① [美]玛丽·奥勃莱恩:《电影表演》,纪令仪译,中国电影出版社1993年版,第103页。
② [匈]巴拉兹·贝拉:《可见的人:电影精神》,安利译,中国电影出版社2003年版,第143页。

比如在《阿甘正传》中，饰演阿甘的演员汤姆·汉克斯在表演与三位美国总统——肯尼迪、约翰逊、尼克松——握手的镜头时，也只不过是在蓝色幕布前单独进行表演，然后再与从纪录片中抠出的总统接见外宾的影像进行合成。

影视表演的片断化特征给演员的表演带来了难度。演员若要在片断化的表演中成功地塑造人物形象，需要对角色的性格特征、情感表现进行整体把握。影视表演的片断化特征与演员所需具有的整体感形成了矛盾，影视表演需要对矛盾予以适当的解决。表演艺术家白杨在总结自己的表演经验时，曾提到"三忌八诀"。"八诀"中有一条为"脉"，就是要"了解整个戏的来龙去脉，使得演来脉络分明，要按着角色的脉搏跳动，产生角色特有的姿态、声调、节奏、动向。让角色脉络分明地有自己一定的特色。角色有了脉，就活了。这个脉无形中也成为角色的命脉。"①毫无疑问，白杨所说的"脉"就是演员所具有的"整体感"。在白杨看来，演员要吃透剧本，并用自己对角色的研究体验，在头脑中形成形象，从而"将写在剧本中的东西不是冷冷的而是激情地加以想象和丰富，解释与补充，有了激情的不断冲击，才可能把写在剧本中的东西充分地注入人物形象中。"这样的话，基于对角色充满激情的想象和丰富、解释与补充，就有了整体感，从而可以在进行片断化的表演时，能够有一条无形的"脉"将诸片断贯穿在一起："整个戏的不同情境，可以比做一粒粒晶莹的珠子，珠子没有一根线去串，就一颗一粒都是个头绪，这样就又散又乱，不可能一串地拿起来，一个角色正需要这样一根'无形的线'，以贯串全剧的不同情境，从'开步'、'过路'到达'目的地'要有头有绪，一线到底。"②白杨对"无形的线"的认识和把握，正是为了给片断化的表演提供一个整体的基础，只有具备了这样的基础，每一个片断的表演才能与整体产生关联；反过来，整体性也赋予每一个片断的表演以内在的灵魂。

普多夫金曾提到，斯坦尼斯拉夫斯基在排演时，除了要求演员表演剧本中规定的情境，还要表演剧本中没有写到、但却仍属于角色行为动作的情境；换言之，演员不仅要表演戏里的动作，还要补充表演戏里没有的动作。戏里与戏外的动作连起来，就使表演具备了整体感。普多夫金指出："实质上，正是由于这种排演工作，才使演员的各个片断的表演和他对一个统一的连贯的真实形象的感觉（尽管这种感觉是如何地不连贯）取得了结合。"（重点号为原文所有）③可见，斯坦尼斯拉夫斯基力图通过独特的排演方式让演员获得整体感。普多夫金本人对电影的蒙太奇特性非常认同，因此他并不赞成用拍摄较长的镜头的方法让演员

---

① ② 白杨：《电影表演探索》，中国电影出版社1979年版，第20页；第20-21页。
③ [苏] 普多夫金著，何力译：《论电影的编剧、导演和演员》，中国电影出版社，第154-155页。

的表演具有整体感;而是认为演员在进行片断化的表演时应努力体会形象的具体生活内容,从而获得整体感:

> 演员的创作过程是、而且必须永远是为争取对形象的具体生活内容有所体会而斗争的过程,构成这个形象的各个动作元素之间的关系不论怎样模糊,但它们在演员的内心里却始终是联结在一起的。而演员在创作过程中所应用的技巧,只能是、并且必须是进行前面这种斗争的一些方法。①

总之,片断化的表演必须与演员对形象的整体性把握紧密相连、激荡共生。只有这样,演员才能在片断化的表演中成功地塑造人物形象。要对形象进行整体性把握,就要深入生活,观察生活中的人物,发现角色与自我的精神关联,真正地进入角色,把角色的性格特征表现在银屏上。只有这样,表演才会成功,观众才会觉得真实和亲切。

第三节　摄影(像)与剪辑创作

在正式拍摄阶段,导演的艺术构思要通过摄影(像)师的创造性劳动变成影像;在后期制作阶段,导演则要通过剪辑师的创造性劳动对影像进行进一步的艺术加工。一方面,摄影师与剪辑师的创作是导演创作的重要帮手;另一方面,摄影(像)师与剪辑师的工作本身也具有很大的创造空间,而且摄影师与剪辑师的艺术创造都建立在熟练掌握操作技术的基础之上。

一、摄影(像)创作

1. 摄影师的素养

摄影师既要对摄影技术有着熟练的掌握,也要对摄影艺术具有较高的感悟能力与创造能力,这二者又是紧密联系在一起的。摄影技术的不断进步,使得影像语言不断得到丰富,这对摄影师的素养提出了较高的要求。在今天,摄影器材在不断改良后,摄影效果趋于完善,但对摄像器材的操作却比以往更加复杂。重型摇臂、斯塔尼康等固不用说,一些新的摄影手段也需要摄影师积极地了解与掌

---

① [苏]普多夫金:《论电影的编剧、导演和演员》,何力译,中国电影出版社,1957年版,第163页。

握。比如张艺谋在拍摄《满城尽带黄金甲》的大场面时，就动用了小型飞行器，摄影机与飞行器联结在一起。《蜘蛛侠》的拍摄则专门制造了一种能够在高层建筑物之间自由"滑翔"的摄影设备。数字摄影在影视创作中逐渐被广泛使用，摄影师也要对数字摄影有所了解与掌握。在艺术方面，摄影师要对自然光、人工光、色彩、构图等有着敏锐的感觉，这种敏锐的艺术感觉的获得，除了需要一定的感悟能力，还需要后天不断进行摄影训练，在训练中积累经验。只有经过大量的艺术实践，摄影师的创作才能"从心所欲而不逾矩"。

2. 摄影师的创作职责

摄影师在影视创作过程中要帮助导演实现其创作构想，但这并非是说一切都得听导演的，摄影师只是一个能够熟练操作摄影机的匠人。恰恰相反，摄影师越是发挥自身的创造性，越是能够提升影片的艺术水平。具体来说，在影视前期筹备阶段，摄影师需要与导演、美术部门等不断磋商，确定影片的造型风格与摄影基调；并根据导演的分镜头剧本，进一步规划和完善摄影方案。比如《南京！南京！》在正式拍摄前，摄影师曹郁就与导演、美术师等反复研究、甚至多次试验，最终确定了影片的黑白片摄影风格与摄影方案。在正式拍摄阶段，摄影师要与灯光、美术等部门密切协作，将导演对影像造型的构想与设计变成现实。由于导演的场面调度包括了摄影机的调度，所以摄影师还需要参与到导演的场面调度之中，并在摄影过程中密切注意"轴线"原则，以确保影像叙事的流畅。

3. 摄影师的创作手段

摄影师的创作手段主要有光影、色彩与构图。影视是光影艺术，光线以及与光线相伴生的阴影对摄影师的创作具有极其重要的意义。前面我们在提到影视艺术的语汇时，将用光观念分为现实主义与表现主义两种风格。对现实主义风格而言，摄影师需要让画面上的光影看起来真实自然，对摄影师的创作来说，这一点其实并不容易，摄影师要从技术上解决画面亮度等问题；从艺术上来说，无论是自然光，还是人工光，摄影师都需要将之融入到影片的叙事和整体风格之中，拍摄时还要注意光影对画面空间的影响。

对于表现主义风格，摄影师要努力将光影化作电影的重要表意手段。意大利影片《末代皇帝》中摄影师对光影的出色运用，经常被人提及。在该片中，光影具有极强的表意效果，在溥仪的童年时代，摄影师斯特拉罗经常拍摄溥仪在阴影中的画面，宫殿、阳伞等都产生了大面积的阴影；溥仪成年后，画面中的光量逐渐增加，表明了溥仪个人意志的逐渐凸显；在伪满时期，画面中的阴影则明显多于光亮，表征着溥仪被日本人所控制。被共和国改造时，画面中的光与影终于不再对立，而是趋于融合。可见，该片中的光影成为摄影师重要的创作手段。

色彩是摄影师的另一种创作手段。彩色影片出现以后，色彩的运用成为考量导演与摄影师创作能力的一个指标。优秀的摄影师不仅能够用摄影机准确地表现出拍摄对象的颜色,还能够将色彩用来构成影片的整体风格。比如《黄土地》中的"黄色"、《红高粱》中的"红色",都是建构影片风格的重要元素,从而使影片的叙事更为出彩。构图毫无疑问也是摄影师必不可缺的一种创作手段。由于摄影机具有丰富多样的表现功能,影视的构图形式也是多样的。摄影机的运动、焦距的变化、摄影角度与摄影机视点的变换都让构图充满运动效果,表现能力也更强。对于静态构图,要注意优美,摄影师可以充分借鉴绘画艺术;对于动态构图,摄影师要注意镜头的起幅与落幅,还要注意镜头运动时限与节奏。构图的复杂多样既给摄影机的创作带来挑战,同时也使得摄影师的创作空间更为开阔、创作潜力也更大。

4. 轴线原则

摄影师在参与导演的场面调度时,还要注意拍摄时的"轴线原则"。所谓轴线原则,就是人物的行动方向与人物之间的相对位置构成了一条线,这条无形的轴线限制着摄影机的机位变动。在轴线一侧的180°范围内,摄影机的角度无论怎么变换,所拍摄的镜头组接起来以后,都不会造成方向的混乱。倘若镜头变换时超越了轴线一侧180°的界限,那么就会背离轴线原则,从而造成人物行动方向的混乱,如图3-1所示。

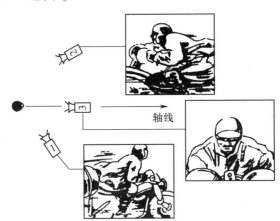

图3-1 方向轴线(选自《电视摄影造型基础》①)

在图3-1的正中间,人物开着摩托车面对正前方,即面向观众,此时人物的运动方向构成了一条直线,这条直线就是导演在进行场面调度时摄影师需要密切关注的"轴线"。如果摄影机位于1处拍摄,画面中人物的就是朝向右方,只

---

① 任金洲,陈刚:《电视摄影造型基础》,北京广播学院出版社2002年版,第249页。

要摄影机位于轴线的同一侧,即180°范围内,人物运动的方向都是较为一致的;但如果位于轴线的另外一侧,比如位于2处,那么人物的运动方向就是朝向左方了。如果1处拍摄的镜头与2处拍摄的镜头剪辑在一起,那么观众看起来就会觉得非常混乱,这被称作"越轴"。

图3-1是人物运动所产生的轴线,这被称作"方向轴线";再来看图3-2:

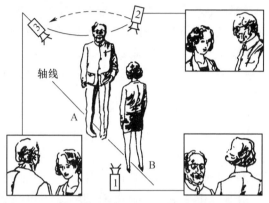

图3-2 关系轴线(选自《电视摄影造型基础》)①

图3-2中的轴线是由A和B两人的关系来确定的,这被称作"关系轴线"。如果摄影机在1处拍摄,两人的相对关系可见右下角,但如果越过A和B所形成的"关系轴线",比如在2处拍摄,那么两人的相对关系就如右上角所示。对比一下右边上下两幅图,就会发现方向变反了,如果将这两个镜头剪辑在一起,那就会让观众觉得混乱,搞不清方向。

当然,也有些导演并不在意"越轴",比如戈达尔的《筋疲力竭》就无视轴线原则,此时的摄影师就可以不去理会拍摄时是否"越轴"。其实不仅如此,《精疲力竭》还无视无缝剪辑的原则,造成大量的"跳接"。而这些其实恰是导演有意为之,导演乃是希望以此造成特别具有冲击力的视觉效果。再比如小津安二郎拍摄的《东京物语》,一对老夫妻要去看望孩子,在家中讨论外出的事情时,按照"轴线"原则,这对老夫妻之间就形成了一条轴线,但小津在进行场面调度时,有时会"越轴"。只是由于画面非常稳定和安静,观众一般注意不到"越轴"所产生的方向错乱。

一般而言,摄影师的创作需要注意遵守"轴线"原则。如果需要"越轴"拍摄,摄影师可以在两个方向错乱的镜头中间加入中性镜头,比如可骑在轴线上拍一个镜头过渡;或俯拍一个全景或远景镜头;或是运用特写,淡化越轴所产生的

---

① 任金洲,陈刚:《电视摄影造型基础》,北京广播学院出版社2002年版,第248页。

跳动感与方向错乱感。

二、剪辑创作

1. 剪辑师的素养

像摄影师一样,剪辑师也要熟练掌握剪辑技术,特别是在当今数字技术广泛运用于影视创作的背景下,剪辑师尤其要熟悉非线性剪辑方式以及一些数字特效的处理手段。同时,剪辑师还要对剪辑艺术有着深刻的领悟与出色的发挥。剪辑艺术从根本上来说是将蒙太奇思维变成现实,而蒙太奇则是影视艺术基本的语法构成方式,因此,剪辑师要对影视艺术的审美特性有着深刻的认识。

2. 剪辑师的职责

剪辑师的主要工作是在后期制作阶段,在这一阶段,摄制组很多创作部门都已经结束自己的工作了。此时剪辑师要承担后期制作的主要任务。在后期制作阶段,导演一般也会介入剪辑工作。面对拍摄阶段产生的大量素材,剪辑师在深入理解导演创作构想的基础上,要通过自己创造性的工作和辛苦的劳动完成影片的影像叙事任务,并使得影片主题凸显出来,影片结构更为严谨,叙事节奏也与影片整体风格相协调。有时,在正式拍摄工作行将结束的时候,剪辑师要对拍摄出来的素材进行初剪,导演在检查后确定镜头是否可用,如果不可用,还要重拍。

3. 镜头组接

在对镜头进行组接时,剪辑师会有两种方式,一种是无技巧剪辑;一种是有技巧的剪辑。无技巧剪辑就是将画面与画面直接组接在一起,中间没有任何过渡,这被叫做"切"或"硬切"。显然,无技巧剪辑必须充分掌握前后镜头在空间上的关系、在节奏上和在拍摄角度上的同与异,总之,需要密切关注前后镜头的内在联系,不然的话,无技巧剪辑就会显得很生硬,观众看起来会觉得很别扭。

在硬切显得很生硬的情况下,剪辑师往往会在两个镜头之间加上一些转场技巧,这就是有技巧的剪辑。当然,有技巧的剪辑往往也是为了给影片制造出一种节奏感。常见的转场技巧有这样几种。

(1)淡出淡入:前一个镜头的画面逐渐暗下去,下一个镜头的画面逐渐亮起来,淡出淡入一般用作比较大的段落的间隔。

(2)叠化:前后两个镜头的画面有几秒钟时间的重叠,然后,后一个镜头逐渐变得单纯而鲜明,叠化一般用来表现空间的转换和明显的时间过渡。

(3)卷页:前一个镜头的画面像翻书一样翻过去,第二个镜头的画面随之显露出来。

(4)划像:前一个镜头的画面从某一个方向退出画面,第二个镜头的画面随之出现,于是开始另一段落。

(5)圈出圈入:这也是一种常用的段落转换技巧,第一个镜头结束后,用圆圈和方框等图形把下一个画面圈出来开始第二个镜头。

(6)定格:第一个镜头的结尾画面作定格处理,使人产生瞬间的视觉停顿,接着出现下一个画面,这比较适合于不同主题镜头间的转换。

此外还有闪白、闪黑、黑场等转场技巧。

4. 剪辑点的选择与确定

一般来说,剪辑的目的是让观众看不到剪辑的痕迹,这也就是人们常说的"无缝剪辑";换言之,剪辑是为了保证叙事的流畅性,使观众感觉不到场景转换时的生硬与画面组接时产生的裂缝,如此才不会影响观众的观影感受。这不仅涉及到剪辑技术,也涉及到对画面内容的把握,总的来说,剪辑应该以画面内容的起承转合以及画面内容的内在节奏作为参照,然后确定剪辑点。在不同的场景间进行切换时,要注意场景转换的流畅性,以确保影视时空的连续性。比如剪辑师一般会根据前一个镜头人物的视线,剪辑下一个镜头的内容,下一个镜头是上一个镜头的必要延续,两个镜头间呈因果关系。如,前一个镜头突然刹车,接下来应该给观众看到是什么东西迫使司机突然刹车。再如,前一个镜头是人物在往某一方向注视,下一个镜头应该拍一个反打镜头,呈现人物所看到的内容。可见,这种剪辑点的选择是按照"视点原则"进行的。总之,剪辑时要保证画面内容的逻辑感与场景转换时的流畅性。

在剪辑动作镜头时,应确保动作的连续性。一般来说,剪辑师应掌握动作的规律,在动作剪辑点的选择上应兼顾动作开始、进行中以及结束。比如拍摄某人从酒店内走出,开车驶向远方,那么可以将三个镜头组接在一起:第一个镜头是人物从酒店出来,行走在酒店与汽车之间;第二个镜头是打开车门的动作,在拍摄时可能会拍右手打开车门的特写;最后一个镜头是人物坐在车里,启动汽车引擎。在拍摄阶段,可以将人物的动作一次拍完,即拍出一个完整的镜头,后期制作时将这一完整的镜头进行分剪。

剪辑时还应根据导演的意图,把握好影片的节奏与影片的情绪,并通过剪辑将节奏与情绪表现出来。比如当影片中的情绪发展到高潮的顶点以后,需要一个更长时间的间歇,使观众能够回味作品的情节和意境,或者得以喘息,稍稍缓和一下情绪。在这种情况下,单纯用"淡出、淡入"等剪辑特技并不能满足观众足够的回味,这时不妨安排一段具有一定长度的空镜头,从而使段落产生延续感。再比如,为了营造一种紧张的情绪和迅捷的节奏,剪辑师可以大量使用短镜头,将这些短镜头按照一定的速度或加速度组接在一起,就能够营造出非常好的效果。因为短镜头的迅速切换可以在观众的视觉上产生一种"震惊感"。如果在一系列镜头中,当前一个镜头变换所产生的震惊感尚未消失以前,下一个镜头就已变换,就使得每一次的积余效果增加到下一个的效果上去。这样一次次的效果积累起来,就造成一定的气氛,从而使镜头段落走向高潮。比如在充满动感的德国电影《罗拉快跑》中,罗拉在男友遇到危机,急需在极短的时间内筹到一笔钱时,脑子里立即考虑谁可以帮助她,这时影片将大量的短镜头以极快的速度组接在一起,几乎让观众目不暇接,从而营造出强烈的紧张感。

5. 运动镜头与静态镜头的组接

剪辑时还要注意运动镜头与静态镜头之间的关系。在动态画面与静态画面之间取得微妙的平衡或获得极大的艺术张力,体现出导演与剪辑师的艺术感悟能力与艺术创造能力。按照排列组合的方式,运动镜头与静态镜头之间的组接关系有这样四种:①静接静。静接静是一种非常常用的组接方法,比如我们在对白场面中就经常看到这类剪辑,一般来说,对话场面的剪辑会交替剪辑对话双方。对话场景的剪辑已经形成了一种惯例,即一个交待镜头加上正反打镜头的"三镜头组接法"。其实,"静"也只是相对而言,对于运动镜头,可以合理选择其"起幅"与"落幅"停顿处的静态组接;而且运动镜头中的运动物体也容易形成相对静止的效果。②动接动。动接动指的是两个在视觉上有明显动态的相连镜头的切换。一般来说,只要找到合适的剪辑点,观众就感觉不到转换。所以要注意动作的连贯性,还要注意运动方向。高明的剪辑师懂得利用各种动的因素,在动中剪,在动中切。比如德国电影《罗拉快跑》,就经常将运动镜头剪辑在一起。动接动的例子在该片中随处可见。③静接动。由静止的画面切换成动感强烈的画面,节奏的突变推动情节急剧发展,可以有效压缩银幕时间,视觉感受简洁洗练。这种镜头组接,上一个镜头往往蕴藏着强烈的内在情绪,试图通过下一个镜头节奏的突变,使内在情绪得以并发,给观众强烈的冲击。比如陆川导演的《寻枪》就有静接动的例子。影片中丢枪的警察马山找老树精问询,老树精最后告诉马山,"要想解决这个事,只有一个字";马山问"哪个字"。老树精干脆利落地说"找!"此处的镜头是静止的,紧接下来的镜头却是呼啸而过的一辆汽车,接着是骑摩托车的马山跟着这辆车追赶,从而给观众带来极大的视听冲击。④动接静。同样以《寻枪》为例,在马山摸索枪匣突然发现手枪不见了时,立即四处寻找,这是充满运动感的镜头。但是此时立即接上马山妻子的近景镜头,这一镜头是静止的,而且非常短暂。如此一来,影片画面在运动的状态中突然停顿,给观众留下深刻印象。可见,动接静的剪辑方法能够在视觉上和节奏上造成突兀停顿的效果,是对情绪和节奏的变格处理,让观众在"静"中去感受运动节奏,去体会运动的延伸。使得观众从剧动到骤停的突变中,更强烈地感受到单纯动感画面所不能创造出的情感张力。

第四节　影视制作多种工序的协作

影视摄制组是一个分工明确、协作性很强的制作团队,影视作品的成功有赖于团队中的每个成员在导演的组织下发挥其创造性。所以,摄制组中的每个职务都不可或缺。尽管一部影视剧往往被称作导演的作品,但摄制组中的每个成员都贡献了其智慧与汗水。

一、"拍片现场"

为了对影片拍摄有个感性的认识,我们不妨随着文字描述进入"拍片现场",来了解摄制组的工作协作:

1978年某天早上十一点,我们在《预言》(Pyophecy,1979)的拍片现场。那是部有关汞污染的恐怖片,经费充足。工作人员从一早就开始搭景,准备拍一个镜头。地板上布满了电缆,并用胶带标示了不同的区位。在摄影棚的中央搭起了一个只有三面墙的小屋。在第四面墙的位置,是成排的摄影机和工作人员。导演约翰·法兰肯海默正和摄影指导讨论取景。他已和演员罗伯特·法斯渥斯及塔莉亚·雪儿讨论过这个镜头,他们正在化装室作最后的准备。屋顶上两名工作人员正装置炸药,法兰肯海默走向一个瘦高的年轻人,告诉他该做什么,这个身着棒球装的年轻人对他和善地笑一笑,爬进了一个巨大的大熊剧装。塔莉亚·雪儿出现了,旁边跟着的化装师往她身上洒水,使她看起来像刚从湖里挣扎爬出来一样。这个湖照说应该就在小屋的旁边,事实上却是在西北部。这个片厂的镜头必须符合先前实地拍摄的所有细节。法斯渥斯看起来像个实业家,即使塔莉亚·雪儿这个落汤鸡看起来也蛮像一回事的。

这场戏的声轨完全由音效构成:脚步声、门的声音及爆破屋顶的声音。制作混音师坐在一个粗短的座架后。他在笔记纸上写下这个镜头将是无声的,即MOS,MOS代表"mit-out sound",拿掉声音。……

虽然这个镜头没有对话,但大卫·萨兹已在分镜脚本中描述清楚,并依序排列。场记将剧本打开到要拍摄的那一页,并准备做笔记。她必须负责追踪所有的现场摆设,整场戏如何在摄影机前运作,以及所有对白的更动,避免造成连戏瑕疵,而剪接师也有每个镜次的确切记录。灯光已架好,演员也准备完毕,地板上标示了演员排演过的走位。这些记号到底片面之间的距离也都准确地测量过。摄影助理在拍摄过程中要变换焦距时,依据这些测量来调整镜头上的焦距标示。摄影机操作员正透过观景窗看景,他并没有变换焦距。摄影指导在确定灯光和取景无误后,通知导演他的人员一切就绪。角落里的人们纷纷放下咖啡杯,停止足球赛的下注。一声警铃响起,警告过往行人不要随便闯入拍片现场。

法兰肯海默紧张地扯扯衣衫,喊了声"开机"。摄影机开始转动,当仪表显示每秒24格时,助理喊"速度!"此时,法兰肯海默喊出只有导演能说的:"动作!"

法斯渥斯与雪儿冲过一扇门,仓皇地向四处看看,急忙俯身在楼梯下。一声巨响爆破屋顶(现场每个人都戴着耳塞)。从屋顶的洞看出去,一只畸形奇怪的巨熊的头和掌隐隐可见,好像是它一拳打破屋顶的。法兰肯海默喊:"停!"这只熊很高兴地朝大家伙挥手。这个镜头大概持续15秒。

下一个镜头要在小屋内拍,少掉的那一面墙会在镜头中。所以木工把板子拿起来,把看起来像小屋内部的木板和石膏板放在一边,其他的则放另外一边。他们很快以惊人的速度——和建一个真正的小屋所需时间相比——把六七片板子钉在一起。摄影机和灯光也已重新定位。演员再次喷湿,并洒上一些天花板的尘屑。下午一点以前,第二个镜头已拍摄完毕。大伙停下来用午餐。①

二、不同创作部门的工作

在对影片的正式拍摄有了初步印象后,我们来看一下影片拍摄时各个部门的主要工作。摄制组人数不等,根据影片的投资与规模而定,但一般来说,摄制组包含以下几个部门:

1. 导演组

导演组以导演为核心。实际上,导演是整个影片创作过程中的核心人物。导演在拍摄现场的工作是多方面的,其中主要是向演员"说戏"、思考并确定画面造型(包括构图、色彩、光线等),此外还需要从整体上监督各个部门的工作,

---

① [美]布鲁斯·F.卡温:《解读电影》下册,李显立等译,桂林:广西师范大学出版社2003年版,第349—350页。

提高工作效率,争取按时完成拍摄任务。导演组的重要角色还包括副导演、场记等。

副导演的人数视影片的投资与拍摄规模而定。副导演总的来说是协助导演工作的,在前期筹备阶段,副导演要跟着导演选演员、选外景,也可能要跟着导演一起完成分镜头剧本或分场景剧本。在拍摄现场,副导演在充分理解了导演创作意图的情况下,会承担对演员——特别是对配角——"说戏"的工作,副导演会告诉演员如何走位、如何在镜头前进行表演。副导演除了在前期筹备阶段负责群众演员的挑选与招募外,在正式拍摄阶段还需要监督群众演员的"服(装)化(妆)道(具)"是否到位。对群众演员在影片中的表演,副导演需要在拍摄前就与导演沟通,充分领会影片的主题、造型风格、文化内涵,并对导演的创作意图有非常直接的认识,在此基础上,副导演需要安排群众进入拍摄场地,走场,排练,并征询导演对群众演员排练的意见。

场记负责记录每一个镜头的细节,包括道具、灯光、摄影机的位置与拍摄方法、镜头时长、对应的场景号、镜头号、是否可用等,还包括演员的服装、化妆等。最后将所有的镜头记录在场记单上。场记单的基本格式如下:

日期	带号	时码	场号	镜号	次数	内容	服装、化妆、道具	备注

除了填写场记表外,场记还要在现场负责打场记板。

导演组除了上述创作人员外,有时还包括导演助理,负责为演员提词的提词员等。此外,拍摄一些规模较大的影片,往往还会有第二组导演,第二组导演一般负责距离拍摄场地很远的外景地的拍摄任务;动作戏、特技戏往往也需要第二组导演来负责。

2. 摄影组

摄影组最重要的职务当然是摄影师。摄影师负责与导演沟通、商讨并设计画面的构图、色彩、光影等,他们是导演创作意图最为直接的践行者。所以摄影师必须具有娴熟的技能,对光线、色彩、构图、镜头运动有着艺术上的敏感性。摄影师绝对不是简简单单地将导演的创作意图变成物质现实,在具体的拍摄过程中,摄影师应该在充分吃透剧本、充分理解导演创作意图的基础上提出具有可行性的拍摄方案,对影片的镜头调度、画面的造型风格,影片的影调和节奏等都可以加以创造性的发挥,从而与导演的创造性工作相得益彰。

除了摄影师外,摄影组还包括灯光师、摄影助理、场工等。如果影片拍摄规模较大,灯光会独立出去,专门成立灯光组。

3. 录音组

影片所包含的声音包括对白、音乐和效果，这些工作由录音组负责。录音组最重要的职务是录音师，在拍摄现场录下演员的对话或录下环境声。录音师的助手有话筒员、录音助理等。

音乐由作曲家负责。音乐通常是在录音棚中被录下的，负责录制电影音乐的录音师称为音乐录音师。

有时录音组还包括声音设计师，负责对影片声音进行总体设计和声音创作。此外，录音组还包括一些录音方面的工程技术人员，进入后期制作时，还包括负责录制配音的 ADR 录音师、负责为影片模拟各种音响的动效拟音师等等。

4. 美术组

美术组包括服装、化妆、道具、布景、发型等方面的创作人员。服装、化妆、发型是为了改变演员的自然形象，使其更符合影片的需要；而道具、布景则是为了创作出更符合影片需要的环境。在影片的拍摄过程中，这些部门的创作人员需要丰富的专业经验，他们的工作还不仅仅是技术性的，也非常需要创造性。

除了上述几个创作部门外，摄制组还包括演员组和制片组。演员组包括主角、配角和群众演员几类。制片组以制片人为核心，其他还有制片主任——负责制定预算、对拍摄日程作具体的安排；生活制片——负责整个剧组的生活问题，包括吃饭、住宿和交通等；还有现场制片——负责监督、管理剧组在现场的工作，在进行正式拍摄时，现场制片还需要维持拍摄场地的秩序。此外，有的影片还需要专门的特效组，负责影片的特效创作。

摄制组是一个复杂的有机整体，各部门的创作人员各有所长、各司其职而又彼此协作。拍摄现场有时看起来很乱，但实际上整个摄制组却在有序地工作，他们各自所长，经过导演的统筹与调度，汇成强大合力，完成一个个镜头的拍摄。

三、不同部门的协作

我们在介绍导演、演员、摄影师与剪辑师的艺术创作时，已提到在导演创作构想的主导下，各个创作部门的协作。事实上，导演的创作构想不仅没有压抑这些部门的创造性，反而为他们的艺术创作提供了平台。正如美国学者卡温所强调的那样，摄制组是一个合作的系统，对影片风格的形成具有极其重要的意义。

卡温曾举过一些有趣的例子：比如雕塑家弗兰克·渥特曼作为布景师所设计的场景，就激发了格里菲斯在摄影运镜上的创新，导演格里菲斯在影片中大胆运用了推轨镜头——这是现在升降镜头摄影的鼻祖。然而倘若渥特曼所设计的布景没有立体化的空间，那么推轨镜头不仅毫无意义，而且这一运镜手法也根本不会被激发出来。再比如，在法国著名导演让·雷诺阿执导的电影《大幻影》中，有个镜头中出现了一盆天竺葵。在影片的具体语境中,这盆天竺葵成为一个富有诗意的象征符号,它所实现的艺术效果是非常出色的。但这盆天竺葵最先却并非导演让·雷诺阿的创意,而是艺术指导欧仁·卢希耶在看到一盆天竺葵后所产生的灵感。所以《大幻影》这部优秀影片虽然被认为是让·雷诺阿的作品,但让·雷诺阿也曾"暗示卢希耶是他的'同谋者'"。① 可见,摄制组不同部门的创作人员都为影视作品的成功付出了心血。当然,有些创作人员在艺术上贡献较大,而有些创作人员则在技术上贡献较大。而从总体上来看,这些创作人员只有在各尽其力而又紧密协作的基础上方能创作出一部优秀的影视作品。

思考题

(1) 为什么要确立导演的中心地位?举例说明导演的场面调度?
(2) 影视表演的独特性体现在哪些方面?
(3) 影视摄影主要有哪些创作手段?
(4) 如何确定剪辑点?
(5) 影视制作有哪些主要部门?这些部门在影视制作中是如何协作?

拓展阅读

(1) 谢晋:《我对导演艺术的追求》(第2版),中国电影出版社1998年版。
(2) 王心语:《影视导演基础》(修订),中国传媒大学出版社2009年版。
(3) 游飞:《导演艺术观念》,北京大学出版社2011年版。
(4) 赵丹:《银幕形象创造》,中国电影出版社1980年版。
(5) 白杨:《电影表演探索》,中国电影出版社1979年版。
(6) 李康:《电视表演艺术论》,中国广播电视出版社2005年版。
(7) 郑国恩:《影视摄影艺术》(修订),中国传媒大学出版社2009年版。
(8) 刘书亮:《影视摄影的艺术境界》,中国广播电视出版社2003年版。
(9) 傅正义:《影视剪辑编辑艺术》(修订),中国传媒大学出版社2009年。
(10) 李停战、周炜:《数字影视剪辑艺术教程》,中国传媒大学出版社2010年版。

---

① [美]布鲁斯·F.卡温:《解读电影》下册,李显立等译,广西师范大学出版社2003年版,第357页。

第Ⅳ篇　接受编

本编内容提要

第十章　影视艺术受众与艺术接受
第十一章　影视艺术鉴赏论要
第十二章　影视艺术批评与写作

第十章 影视艺术受众与艺术接受

影视艺术受众,是一个庞杂的群体。只要具备视听的能力,不管你是文化修养很高的知识分子,还是不识字的农民;不管你是耄耋之年的老人,还是刚上小学的娃娃;不管你是中国人,还是外国人,都可以成为影视艺术受众。影视艺术受众,又是一个较宽的概念。大凡观者或观赏影视作品的人都可称为影视艺术受众,即接受影视作品信息的人。本章主要从我国影视受众的实际出发,运用社会学、传播学、美学、心理学等相关的理论,着重对影视受众角色、类型、需求、基本素养以及接受过程等方面进行分析和探讨。

第一节 影视艺术受众的角色定位与分类

影视艺术受众就是接受影视作品信息的人。它包括接受电影作品和接受电视作品信息。它可以是一个人,也可以是一个群体。在影视艺术接受过程中,受众扮演着非常重要的角色。

一、影视艺术受众的角色定位

1. 受众是影视作品的消费者

从影视生产的角度看,作为现代艺术的影视艺术是现代文化工业的产物。影视作品就是新颖的文化产品。"像其他的产品一样,是工业加工过程的产物。"①这样,影视艺术天生地就带上了精神与物质、艺术与商品的双重属性。一方面,作为艺术品,应有自己独特的精神个性,保持应有的艺术品位和寓教于乐的社会效益;另一方面,作为文化产品,就要进入市场,关注成本的收回,追求利

---

① [英]戴维·巴勒特:《媒介社会学》,赵伯英、孟春译,社会科学文献出版社1989年版,第14页。

润,受到商品市场规律的制约。从消费的角度来看,影视受众接受和鉴赏影视艺术作品,亦即消费影视文化产品,必须付出一定数量的金钱和代价。影视受众无论是欣赏电影、电视还是观看录像带、VCD、DVD,通常都要花钱订票或购买,才能满足自己消费和鉴赏的要求。人们常以为通过电视机或计算机网络观赏影片和电视剧是免费的,其实,受众不仅看电影、自播录像带、光盘要花钱,就是收看电视节目也不是免费的。他们除了要花钱购买接收媒体(如电视机等)支付有线电视收视费、电费外,"还要另外付钱给大多数用广告推销的商品。他们所依赖的传播系统——那些由广告支持的报纸、杂志、商业广播都从来没有把这些告诉他们。"①美国好莱坞每年炮制生产大量的影片巨制,不仅积极开拓国内市场,而且连带音像制品倾销海外电影市场。每年美国电影及音像制品的收入达几百亿美元。这些钱都是影视受众直接或间接支付的。美国影片的商业与艺术、科技与娱乐的成功融合征服着世界。世界上有几十亿受众成了他们影像产品的直接消费者。

2. 影视艺术活动的参与者

影视艺术活动的参与者不仅仅指影视艺术创作者,还应包括影视艺术的观赏者——受众。从影视本体说,对影视的鉴赏活动是使影视艺术得以完善的整体系统的一部分。影视艺术只有在人们的审美鉴赏活动中被感知、理解,从而调动起情感、联想及思维评价活动,进入一种有创造的境界,才能显现最大的艺术价值,影视艺术也才能被称其为最后完成。影视创作是影视艺术的生产环节,影视鉴赏是影视艺术的消费环节。它们互相依存,互相观照,成为一个完整的不可分割的系统,即创作者—作品—受众系统。显而易见,只有在影视艺术审美鉴赏中,作品本身所具有的魅力及其作品蕴含的价值才能体现出来。如果没有影视受众的接受和参与,影视艺术活动就只能是不完整的、中断的活动。影视受众的参与,即指具体的观看和收视活动,也指对影视艺术活动的隐情或显性介入甚至参加。影视受众依据自已的生活经验、审美经验,通过感知、判断等思维活动对影视作品进行理解、感悟、评价乃至于影响影视作品再创作等,都属影视受众的参与行为。

3. 影视效果的反馈者

众所周知,影视作品的创作目的是让受众观看作品接受信息。影视作品的效果如何,最终也需要受众的"反馈"来检验。受众是影视艺术效果的反馈者,受众只要接触到影视作品的信息,"总会根据自己的需求作了或积极或消极,或

---

① [美]本·巴格迪坎:《传播媒介的垄断》,林珊,等译,新华出版社1988年版,第153页。

接受或拒绝等程度不同的反应。这种反应回传到传播者那里就完成了反馈过程。"①通常地说,影视受众对影视作品的反馈是通过购票观看或收视率,或直接反馈批评意见等渠道来实现的。受众的"反馈"意见往往决定着影视作品的命运,决定着影视信息传播过程的继续、转向和中断。一部影视片放映或播放后如果受众反映冷淡,上座率或收视率很低,那么这部影视片的命运将是很悲惨的,有时可能搞得制片者血本无归。一部影视片如果得到很高的上座率或收视率,那么这部影片包括它的制作者就可能走红。美国许多影片都是因为第一部影片有很高的上座率而拍了续集和再续集。如:《教父》、《007》、《异型》、《职业特工》、《生死时速》、《指环王》、《哈利波特》、《加勒比海盗》等。因此,影视创作者必须认真地对待受众的反馈信息,充分重视受众——影视效果反馈者的意见。

二、影视受众的类别划分

俗话说:"物以类聚,人以群分"。在现实生活中,影视受众构成复杂,人数众多。由于他们在文化教养、兴趣爱好、审美习惯、经历、年龄等方面存在着差异,从而形成不同的受众群体。同时也由于这些方面的原因,使得原来不同的受众个体有可能结合成接受视界大体相近或相似的受众群体。影视受众分类,可按不同标准和角度进行。目前,我们根据不同的分类标准和角度,可将受众分为下面几种主要类型。

1. 按文化程度划分受众的群体类型

按文化程度差异可分为文盲或半文盲,中小学生、大专和大学以上等文化类型的受众群体。一般地说,文化程度的差异对影视受众群体的影响是较重要的。受众群体由于文化程度的差异,会出现影视选择、影视观赏上的不同情状。相同的文化层次往往在影片选择、影视观赏上有着一致性,不同文化层次则在影视片选择、影视观赏方面有较大距离。因此,文化程度的差异构成了受众的不同层次。

文化层次的差异性,主要反映在如何看待以不同艺术手法处理的影片上,体现在不同的审美要求上。我国在80年代探索片的放映情况就较典型地反映这一问题。1985年后,上海、广州等城市专门开辟了探索片(或称艺术片)专场电影。放映《黄土地》、《一个与八个》、《海滩》、《青春祭》等艺术上探索性较强的影片,据有关影院统计,进入影院真正对探索片感兴趣的80%是高中以上文化层次的受众,而一般市民、工人、农民受众对探索片反映冷淡。受众群中文化层次的差异,还表现在对不同题材、样式影片的兴趣上。如北京市电影公司曾作过

---

① 孙宜君:《文艺传播学》,济南出版社1993年版,第248页。

调查,位于天桥的中华影院周围,是北京一般劳动者的聚集地,历来带有"老天桥文化"特质,受众文化素质、欣赏水平偏低、偏俗。许多感官刺激强烈的影片在这一带十分上座。全市上座率不足5%的《天下第一剑》《虎年奇案》在中华影院场场爆满,上座率高达100%;而首都影院位于市中心一带,受众多为机关干部、学生、教师等,武打片、侦破片上座率很差,而类似的《红高粱》《老井》等艺术较高的影片,都极受欢迎。①

2. 按地理区域划分受众的群体类型

按地理区域划分影视受众的群体类型又可分为几种情况。其一是按国家、地区划分,分为亚洲受众、美洲受众、欧洲受众等;再细分如美国受众、法国受众、英国受众、苏联受众、中国受众等。不同国家、民族,由于语言、政治、经济、文化传统和审美习惯等方面的因素,各个国家或地区的受众群体对影片的选择与理解方面会存在着一定的差异。有些影视片在本国受众中普遍受欢迎,而在另一个国家却不一定受欢迎。其二是按城市和农村划分,分为城市受众和农村受众。由于政治、经济、文化、地理环境诸多因素发展不平衡,在每个国家中,城乡受众群体有一定程度的差异。而我国城乡受众在数量比例、文化素质、观赏环境等方面差异还较大。因而他们对影视的总体要求,爱好也存着差异。如从影视样式上讲,城市受众群偏爱历史题材片(剧)、伦理道德片、名著改编片,而农村受众群则偏爱喜剧片、战争片、戏曲片。《悲惨世界》《雷雨》《子夜》等影片在城市有较高的上座率,在农村几乎没有人看;《白蛇传》《三笑》《孙悟空三打白骨精》等影片在城市上座并不好,而在农村则经映不衰。农村受众对惊险影片、武打影片比城市受众更为热衷。其三是按自然区域划分,可分为东部地区、南部地区、西部地区、北部地区和中部地区受众。在影视消费和欣赏中,我们发现同是汉族,南方地区的受众与北方地区受众,西北地区的受众与东南地区的受众观赏趣味不一样;同是大城市,上海市的受众和北京市的受众就存在差别。

3. 按年龄阶段划分受众的群体类型

这种划分一般是分为若干年龄段,目前采用较多是粗略划分,即:老年受众(年龄约男60岁,女55岁以上);中年受众(年龄35岁—59岁);青年受众(年龄约18岁—35岁);少儿受众(年龄约在17岁以下)。这几种类型的受众各有自己的审美心理、兴趣爱好、期待视野,恰如他们各年龄段都有自己服装打扮的独特要求一样,对影视作品的需求和观赏特点也不同。比如老年受众群体一般来说,就具有传统文化意识较为强烈、具有怀旧意识、存在着忌悲心理等特点;少儿受众群体则具有充满想象与幻想、喜爱游戏、崇敬英雄人物、争强好胜等观赏

---

① 章柏青:《电视受众论稿》,华夏出版社1995年版,第59页。

心理。

4. 按社会职业划分受众的群体类型

由于社会职业种类比较多,所以分类时可繁可简,这要根据需要而定。比较粗略地划分是:工人、农民、知识分子(包括当代大学生)、市民、军人等。对于市民与农民,我们在按地理区域分类型中已有所涉及,此处不赘。工人受众群体是城市受众中数量最大的群体。这个群体从总体上看文化程度不高,基于他们的文化、爱好,他们偏爱与自己生活接近的现实题材、爱情题材影视片,或者那些有异国情调的西方影视片;样式上喜欢观看喜剧片、武打片、惊险片。军人受众群体是一个颇为特殊的受众群体。部队主要成员是20岁左右的年青人,他们文化程度一般是高中或初中。部队看片往往是统一集中安排,相对封闭。在部队,主旋律影片、革命传统题材影视片往往受到更为突出的欢迎。在我国,知识分子受众群占总体人口的比重并不大。虽然这个群体对影视的需求量不大,但要求却较高。作为一个阶层,他们基本控制着影视批评及舆论导向,对整个影视消费及其他受众群体有着很大的影响力。知识分子大都集中在城市,但又散居在机关、科研机构、高等院校等单位。知识分子作为受众群体的消费和审美特点是喜欢看社会问题片、探索片以及艺术性较高的影视片。

第二节 影视艺术受众的审美需求

影视艺术受众观看和欣赏影视作品是一种有目的的活动。受众的需求是受众接受影视作品的动力因素。受众的需求具体到现实生活中,就是受众为什么要看影视片?主要想看什么样的影视片?受众观赏需求错综复杂,多种多样,但我们认为以下几个方面是其主要的观赏需求,它们构成了受众接受影视作品的基本动力。

一、娱乐消遣,休养身心

人类生存除了衣、食、住、行必需外,还要身心得到休息,使体力和脑力得到恢复,使精神保持在维持生存必需的平衡状态,于是便需求相应的娱乐消费。电影电视这种有声有色,变幻无穷的视听艺术很自然地就成为人们的首选娱乐消遣项目。人们在紧张的工作学习之暇,打开电视机收看电视节目或到电影院看场电影松弛一下神经,使生活有劳有逸,这是情在理中之事。心理学家认为,对于长时间紧张带来的精神疲劳,更为猛烈,迅捷而无害的刺激常常是获得解脱的有效办法。它在心理上引起迅速,消失也快,一张一弛,一疾一缓,拓展着钝化的感知能力,调节着生理和心理的平衡。人们观赏影视片(尤其是娱乐性内容影视片),能唤起审美心理中的直观兴趣和浅层快感。这种兴趣和快感虽然也要情感和注意参加,但主要是由感知直接反映形成,往往浅尝辄止,不引起深思熟虑,不加重脑力负担。它恰是一种形式的娱悦和休息。报着娱乐消遣目的观赏影视片的人在各种社会阶层、文化程度中都占着很大的比重,但相对而言文化程度偏低的工人、农民受众群比例较大。据浙江、福建、湖北几个县电影发行部门对农民看电影的动机进行抽样调查,其结果显示"为了娱乐"目的占60%左右。① 由此可见受众的娱乐消遣的需求是很大的。

二、精神安慰,情感补偿

人们情感世界是丰富复杂的。生活困难的向往富贵,富贵的向往自由;生活颠簸不定的企望安定,而生活太平静、物质生活富裕了,又需要寻求刺激。人的千种风情、万般需求,在现实生活中总有缺憾或不尽如人意之处。因而,人们总希望从艺术中寻找解脱,在情感上得到补偿。银幕上的人和事形象逼真,声情并茂,容易激发受众的情感。如果银幕上的人和事和观赏者的经历、处境和思想有某种印合,那么,这种情感上互补作用会成倍增长,有时甚至发展到忘我或难以抑制的境地。据说西安郊区有几个农民,只要电影院放映《人生》,总要购票去看,但前不看,后不看,单看德顺爷晚上驾着驴带着高加林、刘巧珍去城里运粪的路上唱《走西口》这一段,几分钟的镜头看完,他们便退场,分析他们看影片的动机和心理需求,大多冲着德顺爷讲述的这段过去了的恋爱悲剧,德顺爷心中一直回想着的那个女高音《走西口》的哀怨曲调。也许这些受众也曾有过类似的经历,他们想通过电影来重温早已过去的已无法返回的那段岁月,让歌声慰藉自己的创伤,填补感情上的空白。

如果说以上只是电影对少数受众情感安慰、补偿的特例外,那么美国影片《克莱默夫妇》引起的却是对成千上万受众的补偿的心理效应。《克莱默夫妇》是部普通的家庭伦理片,人物单纯,情节简单,既无豪华的布景,也无热闹的拼杀打斗场面,可是在美国一放映,却获得很高的上座率,产生强烈的社会反响。美国人看电影多半是为了消遣,因而打杀斗笑的娱乐片大行其道,为什么《克莱默夫妇》这部并不搞笑的影片大受欢迎?秘密就在于这部影片抓住了当时社会热点问题,主题触及千家万户。在20世纪80年代的美国,离婚率高达50%,每年大约有110万个家庭解体,产生了大约100万个只有单亲的孩子。影片中夫妻离异、家庭产生危机,原因不是男女的不贞或第三者插足,而是事业和家庭矛盾

---

① 章柏青、张卫:《电影观众学》,中国电影出版社1994年版,第267页。

引起的。影片通过夫妻情、父子情、母子情,以及这些感情的跌宕起伏,激发受众的同情心。让受众重温了自己或周围人的悲欢离合,其中最为动情的是乔安娜式年轻的妇女。由补偿心理引发受众轰动效应,使影片的社会价值成倍上升,《克莱默夫妇》竟获得了五项奥斯卡金像奖。

三、汲取知识,认识世界

求知心理是人类普通的心态,求知需求也是受众最基本的需求之一。人们在实践中求知,在与大自然的斗争中求知,同时也从书本上求知,从影视作品中求知。影视作品除审美、娱乐功能以外的教育、认识功能就包含着一种对受众授知解惑的传播知识的作用。专用于教育的科教片、教育片不用说了,就是一些故事片在叙述故事的同时,也传播给予受众社会知识、历史知识、人际关系知识、地理知识等。不同的受众有不同的求知心理,要求通过银屏幕获得的东西也是不相同的。在受众群体中,中学生和大学生比其他受众群体更强调从影视中汲取知识。这与他们身处学校,正是学习的年龄阶段有关,也与目前我国改革开放形势和激烈竞争的社会环境有关。据沈阳市电影爱好者1987年,在省重点中学和区一般中学的抽样调查,初高中学生有半数以上的人看电影的动机是为了求知。他们选择和评价影片时,往往以是否给他们启发,使他们认识和学习到更多的道理、知识作为依据。他们喜欢历史题材片,文学名著改编影片,反映现实生活的影片。① 另据周拥平等人在北大、清华等首都8所学校调查,其中对579人调查看电影的主要目的是什么?调查结果如下②:

顺序	看电影的主要目的	人数(X_i)	$x_i/n \times 100\%$
1	欣赏艺术、陶冶性情	262	61.1
2	吸取知识、探索世界	123	28.7
3	恢复疲劳、换换脑子	108	25.2
4	消磨时间、消遣娱乐	37	8.6
5	接受教育、提高觉悟	36	8.4
6	寻求刺激、逃避现实	13	3.0
7	其他(略)	—	—

大学生们既对专业学习、充实自我具有强烈的要求,也想在艺术方面"补

---

① 章柏青、张卫:《电影受众学》,中国电影出版社1994年版,第284页。
② 《中国电影年鉴》1984年卷,北京大学学生电影爱好者协会、北京大学社会学系研究生社会调查小组周拥平执笔。

课",渴望在艺术熏陶中获得全面发展。从上表中可看出,大学生抱着"欣赏艺术、汲取知识"的目的看电影的人占绝大多数。大学生们较少机会接触实际社会,却有着认识社会的强烈愿望,影视的银幕、屏幕就自然成了他们了解认识世界的一个重要窗口。

四、猎奇览胜、探索奥秘

猎奇,是人们对未知世界的渴望。当代美国著名心理学家马斯洛,把猎奇心视为精神健康的一个象征。受着猎奇心的支配,受众想从电影中看到一个奇巧又可信、或骇人听闻的故事,想从电视上体验一下自己没有经历过的生活,也想通过画面了解异国他乡,乃至外星人的生活,以丰富和扩充自己的知识储备和生活视野。受众,特别是青少年受众,对于探险、旅游,反映异国风貌或奇特生活的影片的热衷,对于武打片、侦探片、科幻片的喜爱是普遍的现象。月球旅行,海底万里畅游,绵延不绝的冰山攀登探险等,都让受众称奇神往。美国影片《大白鲨》中人和白鲨的搏斗,人入鱼肚,进而剖腹挣出的惊险场面,令受众心惊肉跳,但都新奇过瘾。至于那些空难片、科幻片更给人以强烈刺激,如星球相撞(《星球大战》)、外星人闯入地球(《外星人》、《超人》),天塌地陷(《山崩地裂》)、火山爆发(《活火熔城》)、城市毁灭(《洛杉矶大地震》)、龙卷风暴狂虐(《龙卷风》)、海上遇难(《完美风暴》)、虚拟的网络世界(《骇客帝国》)等影片惊险场景以及反映的人和事件,确让人看时咋舌、流汗,但受众却得到新奇和难以名状的快感。也许正是抓住受众的猎奇览胜的需求,好莱坞那些花大成本制作空难片、科幻片才有广阔的市场和惊人的票房收入。

五、剖析社会,思考人生

影视受众类型多样,需求各不相同。受众有情感型的需求,也有理智型的需求,有些受众观赏影片不是为了娱乐、猎奇、汲取知识,而是为了思考人生社会问题。自然,影视片也有属于思考型的。思考型影视片娱乐因素较少,情感冲击力也不强烈,这类影片的宗旨就是要让受众进行理智思考。20世纪60年代在西欧兴起的政治电影,后来发展成社会问题片。这类影片如同政治性报告文学,尖锐地切入社会深层,揭露时弊,提出问题,供受众思考。日本政治电影《金环蚀》形象地描绘了金钱对政权的渗透、腐蚀,资本家与政客的互相勾结的真相。意大利影片《马太伊事件》是根据真人真事拍摄的,影片从马太伊这位致力于发展民族石油工业的总经理死于政治性空难中,让受众认识到帝国主义垄断的内幕和实质,意大利政府的媚外和软弱。《一个警察局长的自白》则通过一位正直的警察局长的斗争经历,反映了意大利的司法腐败以及黑手党的猖狂。法国影片

《总统轶事》披露了法国高层领导表里不一、生活堕落的丑闻。美国影片《恶梦》通过两个大学生在旅游中的遭遇,暴露了美国的种族压迫和种族歧视;《猎鹿人》以独特的视角对越战进行反思,痛斥战争对人性的扭曲和摧残;2000 年影片《将军的女儿》则对西点军校发生的丑闻进行揭露,触及了美国军界的黑幕。拍摄思考类影视片的目的是让受众通过银幕了解社会,思索人生问题,而不是让受众介入银幕,移情银幕。所以在拍摄时往往采用"间离手法",让受众时刻意识到自己是在观看影片,应保持理智和冷静思考,从而对银屏幕上的人和事作出公正的评判。受众观赏影视片既可以是感情性地交流,也可以是理智性地思考。思考类型的影视片,引发的是受众对社会和人生剖析、思考的社会效应。正如法国电影理论家雷诺·克莱特尔所说,影视让受众"找到了一种美妙的手段"乐于参与,积极主动地思考。

当然,以上这几种受众需求并不是互相对立、水火不容的,实际情况往往是兼而有之的。除此之外,还有窥私、求新、认同、逆反心理等需求。因此,对于影视创作者来说,了解当代影视受众的审美需求,探索欣赏者的审美心理,摸准他们喜怒哀乐的脉搏,根据受众欣赏的兴趣等来选择拍摄内容,决定结构形式,这样才能使自己更多的影视作品获得受众的青睐。

第三节 影视艺术受众的基本素养

从文化学的角度讲影视艺术是最为普及化和通俗化的大众文化。由于影视画面、声音等表达要素的直观性、形象化,即便是文化水平不高的人,进行一般性的影视观赏(看电影,看电视)活动,也能获得一定的浅层次的感受。但是,要真正通过鉴赏活动,了解影视作品所包含的蕴意和深层内容,使审美活动本身,转化为对审美主体自身本质力量的肯定,又是很不容易的。一个文盲和一个专家,一个五岁的小孩与一个成年人,尽管都在观看电影或电视作品,但从其感受、体验、印象,到他们观看后所得到对生活和艺术的认知,其结果必然有极大的差别。在这里面,观赏者艺术观念,社会生活经验的积累,文化艺术的修养,一定的观片经验和对影视专门知识的了解以及观看时的心态等方面的素养,都起着重要的作用。影视鉴赏是一种"仁者见仁,智者见智"的领略和发现。鉴赏者的自身的素养是鉴赏活动开展的重要前提条件,直接影响到鉴赏效果的深浅高低。

一、具有正确的艺术观念

观念,即一定的思想认识。它是人们对于有关问题的基本看法、基本主张。

作为人生经验和思辩活动的产物,直接制约着人的行动意向和情感意向。影视鉴赏者对于影视作品的实际感受和审美评价标准,也就是他的有关艺术观念的反映。电影与电视都是综合艺术,影视艺术作品既有丰富多样的艺术基因,又有灵敏反映社会生活和时代风貌的活力。各种不同的艺术追求和观念会在不同的影视作品中得以体现和反映。因而不同的艺术观念,将在鉴赏影视作品、体察和理解其内容时发挥着不同的效用。我们应当坚持正确的艺术观念,这就是马克思主义文艺观。马克思、恩格斯关于艺术的价值和本质、艺术创造或艺术鉴赏中的主体与客体、内容与形式、理性与感性、形象与典型等基本范畴,基本概念的内涵和辩证关系的阐释,对于我们考察影视艺术现象、评价影视作品,仍有普遍的指导意义。

二、具备多种社会生活经验的积累

受众的多种社会生活经验的积累,是完成影视艺术鉴赏的重要前提。影视艺术作品题材大多直接取源于社会生活,反映着社会生活的方方面面,因而,受众在鉴赏影视片时,不是空对空。他们所看到的通常是曾经经历过的,或是虽没经历过,却是现实生活中存在的东西。这样,在影视鉴赏过程中,观赏者才可能随着作品叙述的展开,与人物进行情感上的交流,或是生活理性上的交流。观赏者在对情节的发展开始关注时,已经把自己的情感倾注其中,不知不觉地为主人公的境遇而担忧,无形中把主人的生活遭遇同自己的生活经验、体验联系在一起,因而容易判断出孰是孰非。对真善美的加以褒扬,而对假丑恶加以鞭挞。这些充分地显示了影视艺术本身具有的特殊的艺术魅力。受众在鉴赏新影视片时,是否能够达到创作者所企盼的艺术效果,不仅决定于影视片质量的优劣,还取决于欣赏者生活经验的丰富与贫乏,阅历的广博和狭窄,教养的高深与低下,接受意识强弱与否等多种因素。因而,影视鉴赏者应注重多种社会生活经验的积累,以便在对影视艺术鉴赏过程中,既重视情感的投入,又参照生活的体验,进行深入有效的鉴赏活动。

三、具备较深厚的文化艺术修养

尽管艺术可以分成各种各样的门类,但艺术的原理都是相通的。影视艺术是在借鉴和吸收文学、绘画、摄影、音乐、雕塑、戏剧众多门类艺术营养的基础上产生的综合艺术,因而很自然地,其他艺术门类方面的知识修养会对影视艺术鉴赏具有触类旁通的帮助作用。如果缺乏对其他艺术门类一定的知识修养,往往就意味着缺乏对影视艺术鉴赏的一定能力。一个不懂得李白"孤帆远影碧空尽,惟见长江天际流"诗句的人,就很难理解电影《林则徐》送别邓延桢那个"远影"画面对林则徐内心情态的形象表达，更谈不上去体味那个画面所饱含的诗情画意。同样，一个不知道"宁为玉碎，不为瓦全"成语的人，对于电影《回民支队》中马本斋母亲去世时玉镯落地破碎的画面，充其量获得的是人去世的感受，很难获得导演借助画面要表达钦佩颂扬之情的感受。这是文学艺术修养对影视艺术鉴赏能力具有旁通作用的最简单的例子。文学作为母体艺术，其知识修养几乎对所有的艺术鉴赏都是有重要的意义。

其他艺术门类如摄影、绘画的知识修养，对影视艺术接受的旁通辅助作用，也是显而易见的。

从技术层面讲，影视画面构图的平衡、比照、映衬等关系，与摄影艺术、绘画艺术的构图要求是有很多相似相关，乃至基本一致的地方。至于影视画面以色彩冷暖对比，象征意味体现艺术家的刻意安排，更与摄影、绘画有相通之处。因而，掌握一定的绘画，摄影知识，对于深入理解音乐在影视作品的蕴意会有较大的帮助。音乐是影视艺术不可缺少的重要元素，正确深切地感受并理解影视作品中的存在意义，对于更好地把握影视作品中的某些情景内涵或某些人物形象都具有很好的旁通作用。如在《黄土地》中，表现翠巧遇上顾青后一次去黄河打水时，片中加上一段信天游民歌的插曲，这对受众体察翠巧当时的内心情感和感受其形象美都是不可多得的。稍具音乐感受能力的受众，都会在观看那个情景时被那段插曲的凄美悱恻的旋律所深深打动。

四、具备一定的观影经验和影视基本知识

对影视作品的鉴赏是一种能力的体现，这种能力不是先天赋予的，而是人们学习和实践中得到并且不断提高的。因而，对影视艺术作品的鉴赏必须以一定的观片数量为基础。只抽过一种烟的人无法对这种烟的优劣作出评价，只喝过一种酒的人无法对这种酒的口味作出鉴别。同样，只看过一部影片的人也无法对这部影片的艺术价值作出评判。影视鉴赏能力的提高需要有观片经验的积累。恰如文论家刘勰所说："凡操千曲而后晓声，观千剑而后识器；固圆照之象，务先博观。"(刘勰：《文心雕龙·知音》)受众通过观看那些优秀影视片而获得观片经验，能为以后鉴赏和评价影视片提供参照。

影视艺术有着自身的艺术规律，虽有一定的观片经验而缺乏影视知识的人，也是无法很好地鉴赏影视片的。影视鉴赏是一种极其丰富的艺术鉴赏，它不应该局限于人物、剧情的鉴赏，更应该有对影视画面、声音、光线、色彩等多方面因素的鉴赏。一个人能从影视片中看到什么，是与他所积累的影视知识、经验、理论密切相关的。当影片在英雄牺牲之后接上一颗青松的镜头时，一般人看到的仅是一颗青松，而懂得画面象征性知识的人却看到了英雄坚贞不屈、万古长青的

品格和精神。而当鉴赏者掌握了蒙太奇比喻的有关知识之后,他自然也就不难理解一群鸽子向谢特倒下的地方飞去究竟是一种怎样的意义。由此看来,一个希望提高影视鉴赏水平的人,除了应重视鉴赏的实践之外,更应重视学习与影视相关的理论知识。影视知识的掌握有利于改变自己鉴赏影视的准备状态,有利于改造自己的"眼睛"。影视的语言、影视的构成手段,影视的表现方法和技巧……所有这一切,都是从更高层次上去鉴赏影视艺术的人必须事先掌握的。

五、具有较强的接受意识和良好心态

对影视作品的鉴赏意味着鉴赏者要用自己的心灵去感受整个作品,臧否其中人物,肯定作品价值。所以影视鉴赏需要鉴赏者具有较强的接受意识,即对作品的分析理解意识。对影视作品分析和解释就是把作品分解开,看看它究竟是如何构成的。这样做,既能有利于鉴赏者欣赏影视片,又能帮助受众提高欣赏品味。因为它是提高鉴赏能力的一种有效训练。在这个意义上,试图对影视作品进行分析和解释,是一种鉴赏的自觉。具有这种鉴赏自觉的人已经具有了较强的接受意识。在影视鉴赏的过程中,鉴赏者(受众)还应有良好的欣赏心态。此处良好的欣赏心态除了指正确鉴赏态度、目的之外,更主要的是指鉴赏者与作品应保持适当的心理距离。著名美学家朱光潜认为:有了距离才能产生美感。举一个非常简单的例子,每当我们照镜子的时候,根据镜子的大小审视自己,无形中都找个恰当的距离,而不是将眼睛放在与镜子最小的距离位置上。鉴赏影视片也是这样,必须保持适当的心理距离。这样才能对影视中人物、事件做正确的、客观的评价。否则,我们全身心地沉浸在故事的情节里,就会出现这样一种情况:看完影视片后连主人公的名字却记不得了,仅记个故事,或是只有零散的情节留在头脑里,整个片子却连贯不起来。更谈不上客观公允的分析评判了。这叫"不识庐山真面目,只缘身在此山中"。因此,我们在鉴赏影视艺术时,既要能进入情节之中,又要能跳出情节,保持适当的心理距离。适当的心理距离是良好的欣赏心态的主要标志,也是影视受众基本素养的一个侧面。

第四节 影视艺术接受的心理机制

影视艺术接受是受众全身心参与的一种极其复杂的审美心理活动过程。在影视接受过程中,鉴赏者的审美心理机制起着十分重要的作用。对于人的心理机制,列宁曾指出:"心理的东西、意识等等是物质(即物理的东西)的最高产物,

是叫做人脑的这样一块特别复杂的物质的机能。"①人的这种心理机制,是人类在改造客观世界的长期社会实践中形成和发展起来的。同理,影视接受者的审美心理机制也是在长期审美认识和审美实践中发展起来的。影视艺术接受作为审美的认识活动,存在一系列彼此联系,又以一定方式结构而成的审美心理因素。这些审美心理因素主要是审美感觉、知觉、注意、联想、想象、情感、理解等。它们在影视艺术鉴赏过程中相互联系、相互诱发、相互渗透、彼此互动,进而形成有机统一的审美心理机制并发挥着重要的作用。下面,我们就择其要者进行介绍。

一、审美感觉与知觉

审美感觉与知觉统称审美感知。影视艺术接受的审美心理是以审美感知为基础的。

审美感觉是什么?当代美学家邱明正解释说:"审美感觉是事物外在、局部的审美特性直接作用审美感官而在大脑皮层所形成的主观反射、反应。"②在影视审美感觉中,视觉和听觉是其最主要的方面,对接受起着特殊的作用。这是为什么?我们认为,这与作为审美对象的影视作品具有鲜明、生动、具体可感的艺术形象的特征有关。影视受众要感知形象主要依靠"有音乐感的耳朵,能感受形式美的眼睛"③。因为视觉和听觉就其本身所具有的生理和心理功能来讲,要比嗅、味、触觉等感觉范围更为广泛,对审美对象的感受最少受距离的限制。它们在感受对象时,总是保持一定距离,而不像嗅、味、触觉那样与客观对象的物质属性相距太近,容易诱发人们在实用观念和占有欲望支配下的实践反应。此外,视觉、听觉与语言关系密切,因为作为人类交际工具的语言,是在视、听、感官的生理功能基础上发展起来的。而视、听觉又能借助于语言取得日益深广的概括性和理解性,这样就使视觉和听觉成为突出的社会化的感觉。

审美知觉是在感觉基础上形成的,是人脑对直接作用于感官的事物外在各部分审美特征的总体反映。审美知觉不同于感觉。感觉只是对外界事物个别属性的反映,而知觉则是人对外界事物各种属性、各个组成部分及其相互关系的综合的完整映像。按照格式塔心理学之完形说,审美知觉已经形成一个"场",它不是各种审美感觉的机械相凑,而是有了新质的整合、化合。

审美知觉就其主要特点而言,首先是它具有整体性。也就是说人们所知觉

---

① 《列宁选集》第 2 卷,人民出版社 1995 年版,第 170 页。
② 邱明正:《审美心理学》,复旦大学出版社 1993 年版,第 145 页。
③ 马克思:《1844 年经济学哲学手稿》,人民出版社 2000 年版,第 87 页。

的现象都是通过相关的完整现象,是完形,不能人为地区分为各种感觉元素。它具有本身的完整的特征。受众观赏一部影视片,不是孤立地感受一个个镜头、画面以及声音元素,而是感知它整部作品以及由各种元素组合而塑造出的鲜明、生动的艺术形象。影视艺术接受要顾及对象的整体结构和有机统一。其次,审美知觉具有选择性的特点。客观世界作用于人的感觉器官的事物是多种多样的,但人不能同时感知所有这些事物,而总是优先地以少数事物作为知觉对象;人对同一事物的许多特性,也不是同时感知,而总是优先地把某些特点作为知觉对象。这就是知觉的选择性。影视受众的审美知觉选择性,则表现为观众十分注意感受审美对象的感性面貌、细节、镜头以及特点获得鲜明生动的再现。

二、审美联想与想象

审美联想指审美活动中因感官接触到某一事物而引发联系到另一事物的心理过程。它是影视审美活动中一种常见的心理现象。审美感受中的触景生情,正是指审美主体(观众)在类似或相关各种刺激下,联想起与过去相关的生活经验和思想感情。比如有些观众看了《小鞋子》、《我的兄弟姐妹》想到了自己童年上学读书时的艰辛和兄妹之间的真挚情谊,因而热泪盈眶。有些观众看了影片《邻居》,想起了自家曾有过类似的简陋居住环境,想起了楼道内堆积的锅碗瓢盆。在影视接受活动中,联想占有较大的比重。因为影视片中的许多手法都动用了联想。比如影视中蒙太奇手法就是利用了人类喜爱联想的天性。从某种程度上可以说联想构成了蒙太奇的心理基础。影视蒙太奇的各种类型如交叉、对比、平行、闪回等,都可以从联想的不同形式中找到心理依据。如对《巴山夜雨》结尾的隐喻手法的理解就要运用审美联想:伴随着关于蒲公英的歌声,画面上带小伞的种子被吹得四处飘荡,让人联想到秋石把反抗的火种撒播进了同舱房每一位旅客的心中。影片《烈火中永生》中江姐牺牲后出现的青松翠柏的画面,使人联想到江姐的高贵品格。

审美想象,是指观众超越感知对象的现实存在,在记忆的基础上对影视作品中表象再现、组合和创造。影视作品的形象由于非常逼真、具体和直观,因而它不像文学形象那样在朦胧和不清晰中蕴含着多义性和丰富性,给读者以较大想象和再创造的空间。但这不是说在影视作品鉴赏中就没有想象活动,只是相对要少一些。在影视接受中调动审美想象能够更好地理解作品,获得深沉的审美感受。比如影片《苔丝》描写苔丝在自己的爱人安吉克莱走后,不得已与自己痛恨的恶霸亚蕾同居。至于苔丝为何屈从于亚蕾的强求,以及同居后两人之间的感情如何等,影片没有交待,留下空白让观众去想像。有的观众想像到苔丝与亚蕾同居并非出于情愿,而是由于父死母病、弟妹失学、经济窘困,加之亚蕾的胁迫

所致,同居后苔丝因对亚蕾冷若冰霜,而经常受到打骂……由于这些想象填补了影片中没有的内容,所以观众才能对影片中苔丝最后刺死亚蕾的情节有着深刻的理解。有些影片出于叙事简练和强调重点的需要,往往省略事件的某些细节、某些过程,使作品时间短于实际的时间,这种情况,需要观众进行想像和情节的补充。如美国影片《巴黎一妇人》叙述男主人公重新找到了他曾经爱过的年轻妇女,自分手后,他并不了解她的私生活,因而想重修旧好,可当他拉开她的抽屉,发现一条男用假领时,明白了一切。这位女性与别的男人之间发生的事,只能靠观众的想象补充了。

三、审美情感与理解

影视艺术是情感的结晶,没有情感也就没有影视艺术。情感是审美心理中最活跃的因素,它广泛地渗入到其他心理因素之中,成为触发其他心理因素的一种诱因,使整个审美过程浸染着情感色彩。

审美情感是什么呢?"它是人对客体审美特征是否符合自己生理、心理需要而产生的独特的、带有本质性、恒常性又有变易性的主观体验和态度。"[①]审美情感是人的总体情感的一个组成部分,是人对客观对象(艺术作品)的肯定与否定态度。这种态度又是与人的观念、文化素养、需求、希望、追求、理想等密切相关。审美情感在影视接受活动中,集中表现为影视观众的"移情"、"认同"。所谓"移情",就是观众在聚精会神地观照一个对象时,由物我两忘达到物我同一,把人的生命情趣移于物,使无生命之物仿佛具有生命情趣。比如由于移情作用,《红高粱》中那一望无垠的通红的高粱地,仿佛具有生命灵气,它似乎凝聚着"我爷爷"、"我奶奶"生命本体冲动,闪耀着强烈的生命光彩。所谓"认同",是观众的思想感情同作品中人物的思想感情契合或基本同一,爱其所爱,恨其所恨。譬如,观众欣赏《卡桑德拉大桥》时,会随着剧情发展为全车旅客的安全担惊受怕;在观看《烈火金刚》的过程中,当银幕上出现日本兵蹂躏中国妇女,残害无辜百姓时,观众会感到义愤填膺。

至于审美理解,它是审美心理中的理性认识活动,是对审美对象的理智把握。审美理解是在人的审美实践基础上产生和发展,并借助于语言将丰富的感情材料加以分析和综合,从个别事物中抽取一般的属性,从而概括地反映现实生活的心理过程。按照审美理解深度的不同,可以形成不同水平、不同层次的审美理解。如吴天明导演的影片《老井》,从表层上看它叙述的是老井村人为寻水打井而演绎出的一连串悲怆动人的故事;而其深层却是以独特的电影

[①] 《外国理论家、作家论形象思维》,中国社会科学出版社1979年版,第74页。

画面、纪实性与象征性结合的手法呈现老井村人乃至太行山区人民的生存状况,从而表现出中国农民深厚顽强的生命力和凝聚力,并对其命运沉浮进行理性的审视和反思。只有领悟了此片的深层文化意蕴,才能称得上是高层次的审美理解。

在影视艺术接受活动中,审美理解是一种不可缺少的审美心理因素,是建立在感性基础上的审美的理性认识。作为审美对象的影视艺术作品,其内涵往往是十分复杂的。不可能单凭感性认识一下子就能领悟,而要通过反复思考、仔细品鉴才能全面深入地认识它。并且经过理性的思考后才能引起深刻的、强烈的美感。事实上,影视接受者在感受和理解影视作品时,总是不自觉地运用有关生活经验、文化知识和艺术修养,力求取得对艺术形象和作品内涵的一定理解。如果没有审美理解,就不能把握艺术形象,也就不可能对影视作品作出正确的审美评价。

以上我们对影视鉴赏过程中审美心理因素——感觉、知觉、联想、想像、情感、理解等作了简要分析。但在此需要指出两点:第一,影视审美心理因素不只是以上几方面,它还包括审美注意、审美意志、审美趣味、审美追求、审美判断等,只是限于篇幅或避免论述的过于分散而不一一介绍;第二,影视审美心理并不是各种要素的机械相加,而是各种心理要素之间复杂地交叉融合,最终形成了一种动态的影视审美心理机制。

第五节　影视艺术接受的美学阐释

影视艺术接受是影视艺术传播的重要环节,影视艺术作品则是传播过程中的信息内容。对受众来说,影视艺术接受绝非单纯的信息接收,而是在特定的文化语境中、带有能动创造性的审美接受。因此,影视艺术接受完全可以放在接受美学的视野中进行阐释。接受美学是20世纪六七十年代兴起于德国的美学思潮,其主要代表人物有H. R. 姚斯、沃尔夫冈·伊瑟尔,接受美学认为文学接受是以本文为对象、以读者为主体的具有再创造性质的阅读活动,接受美学将文学研究从以往的以作者和作品为中心转向以读者为中心,由此拓宽了人们的美学视野,引起了世界性的反响。接受美学讨论的对象虽然是文学,但由于其着眼点在于将文学作为具有普遍性意义的艺术创作活动,所以完全适用于影视艺术。

任何的艺术创作活动在接受美学看来,都是由创作者与接受者一起完成的。影视创作自然也不例外。创作者与接受者对影视创作活动来说都是不可或缺的:没有创作者,就无法生产出影视作品;而如果没有接受者,影视作品也就失去

了鉴赏主体,创作者的劳动就会毫无意义。按照接受美学的观点,艺术作品存在于创作和接受这两极作用所形成的过程之中,一部作品在创作完成后,作品中的意义和价值还处于未被激活的状态,只有被接受者阅读与观看,其意义才能由"可能性"转化为"现实性",而且在接受美学看来,读者的接受活动并不是被动的,而是根据自己对作品的期待与审美经验积极参与意义的建构和创造。所以仅有创作没有接受,一部作品的意义就永远处于"悬而未决"的残缺之中,艺术创作也就永远地陷入未完成状态。

影视艺术接受的美学内涵主要体现在以下几个方面。

一、"隐在的观众":受众在影视艺术创作中的积极作用

在接受美学看来,读者并非仅仅是在阅读作品时才发挥其能动作用,而是在艺术创作之初就"启动"其积极的反应机制了。接受美学理论家伊瑟尔将这种作用机制称之为"隐在的读者"。根据伊瑟尔的看法,创作者在进行艺术创作的时候头脑中似乎有一个模糊的、不确定的"读者",在进行具体的艺术传达时,创作者似乎总想着要满足这个不确定的"读者"的阅读需求。就此而言,读者在艺术创作之初就开始发挥其作用了。

倘若我们将"隐在的读者"转换为"隐在的观众",将这一理论移用作对影视艺术接受的分析,同样也是非常恰切的。姑且不论那些为了市场效益一味迎合观众的类型化的影视剧创作,就算是严肃的、文艺色彩浓厚的影视艺术创作,创作者的头脑里也会有模糊的、不确定的"观众"存在,当创作者在进行艺术构思和艺术传达时,总会隐隐地考虑到"隐在的观众"的审美需求。比如,导演在进行场面调度时,无论是演员调度,还是摄影机调度,头脑中都会有意无意地将"观众"的视线纳入到构想之中。摄影师的用光、构图也会有意无意地考虑到"观众"的审美感受。我们在前面提到的摄影时的"轴线"原则,原本就是基于"观众"的视线。可以说,尽管现实的观众不在场,但虚拟的观众却存在于创作者的头脑中,在发挥着积极的作用。其实,由于影视艺术创作的基本手段是镜头,而镜头则类似于人的"眼睛",导演、摄影师通过镜头的"观看"行为,可以很自然地置换为"观众"的"观看"行为。在拍摄固定镜头时,创作者与观众一样在凝视拍摄对象;在拍摄运动镜头时,创作者与观众的注意力一样被摄影机的运动所牵引,视线跟随着镜头的运动轨迹。不仅如此,导演对影视叙事的整体把握——这种整体把握会在后期剪辑的时候最终实现,同样也会在无形中考虑到"隐在的观众"的审美需求。最典型的是影视作品的画外音,这些画外音不应该被视为完全孤立的,它们是有听众的,这些听众虽然在创作的时候并非现实的存在,但却作为"预先被设计和规定的能动性"在发挥作用。毫无疑问,这些听众

只能是"隐在的观众"。比如夏衍根据鲁迅原作改编的影片《祝福》在一开始就有这样的画外音：

> 对今天的青年人来说，这已经是很早很早以前的事了，大约四十多年以前，辛亥革命前后，在浙东的一个偏僻的山村里。……

这段画外音明白无误地显示出"隐在的观众"在影片创作时所发挥的作用。

总之，当我们在谈到受众影视艺术接受的时候，应该注意，受众的接受是一种能动的创造，而且这种创造不仅体现在接受之时，也体现在影视作品创作之时。

二、"召唤结构"：影视作品向观众开放

受众在接受过程中的能动性创造，还缘于作品的开放性结构。所有的文艺作品其实都是向受众开放的。当受众在观赏文艺作品时，其想象的空间很自然地就得以生成。按照接受美学的观点，这样的开放式结构被称作"召唤结构"。"召唤结构"是伊瑟尔提出的概念，在伊瑟尔看来，文学文本中包含了许多的"不确定"和"空白"，这种不确定和空白并非创作者的失误，恰恰相反，它们体现出创作者的艺术感悟能力和艺术表达能力。这些不确定性和空白在读者接受过程中有着不可低估的重要性。实际上，"不确定性"和"空白"构成了文学文本的基本结构，此即文本所谓的"召唤结构"。①

"不确定性"和"空白"也完全可以被视作影视作品的基本结构，它使得影视作品向观众开放。如此，观众可以顺利地进入作品之中，参与作品意义的建构。影视作品在许多层面上都包含着不确定性和空白，诸如影视作品的文学层面，影像与声音的层面等。值得强调的是，与文学相比，影视艺术由具有独特的艺术语汇和语法构成，包括画面、声音、蒙太奇、长镜头等。这些艺术语汇与语法构成本身就包含着"不确定性"和"空白"。比如画面可以通过构图、色彩等方式呈现出"召唤结构"。像《黄土地》中经常出现的以黄土地为画面主体的构图，就包含着"空白"。影视作品中经常出现的"空镜头"，也是"空白"，等着观众用自己的想象将空白填充，从而实现中国画那样的"计白当黑"的艺术效果。比如侯孝贤影片中就经常出现这样的"空镜头"。再如《城南旧事》中有一段叙事：妞儿与小英

---

① ［德］沃尔夫冈·伊瑟尔：《阅读活动——审美反应理论》，金元浦、周宁译，中国社会科学出版社1991年版，第217－244页；以及郭宏安等著：《二十世纪西方文论研究》，中国社会科学出版社1997年版，第325－326页。

子在谈话,妞儿告诉小英子她是被拐来的孩子,小英子对她很同情,对话结束了,但叙事并没有立即停下,而是给了一个全景镜头。这一镜头并不具有叙事功能,是一个"空白",但观众的情感与想象却被这一"空白"激发了出来。声音也能制造出"不确定性"与"空白",比如《城南旧事》中的深夜火车声,似乎毫无来由地就出现了,但这一声音却制造出了不确定性,观众的想象空间由此得以生成。此外,像无声源的音效和画外音都因为发声者没有出现而造成"空白",同样使得影片具有开放性的"召唤结构"。

影视艺术的两种语法构成——蒙太奇和长镜头也包含着"召唤结构"。蒙太奇是由不同的镜头组接而成,在镜头组接后,产生了远远大于原先画面内容的新的意义。这些意义何以能够产生?原因就在于受众对其中的"不确定性"进行了积极的建构。比如《战舰波将金号》中那个经常被人提到的关于"石狮子"的蒙太奇,在进行镜头组接后,原本毫无表情的石狮子似乎表达了一种愤怒感。如果不是观众积极建构,这样的意义自然无法产生。这正说明不同的镜头在组接之后,其内部产生了不确定性与空白。

更能说明这一问题的是我们在讨论演员的表演时提到的"零度表演"。所谓零度表演,就是演员没有任何作为的表演。"库里肖夫实验"中的演员莫兹尤辛毫无表情的脸部,与一盆汤、一口棺材以及一个小女孩分别剪辑在一起,结果不同的画面组接产生了不同的意义,人们对于莫兹尤辛的表演给予了盛赞。同样,葛泰丽·嘉宝在《瑞典女王》中的"零度表演"也是既无动作也无表情,但人们同样看到了她巨大的悲伤。可见,"零度表演"即是一种"空白",而这一"空白"在蒙太奇中产生了意义。长镜头中也包含着不确定性,我们在论述长镜头的美学功能时曾经提到,长镜头中包含了生活的丰富性和多义性,比如巴赞就曾称赞罗西里尼在《德意志零年》中通过长镜头将一个孩子的表情处理得"神秘莫测","神秘莫测"毫无疑问包含着不确定性。

总之,由于具有开放性的"召唤结构",影视作品吸引着观众进入作品,并参与建构作品的意义。

三、"对话":观众对影视作品的创造性接受

从接受美学的视野来看,观众对影视作品绝非被动地、消极地进行接受;而是基于自己的"期待视野",对作品进行了个性化的、创造性的解读。

"期待视野"是H.R.姚斯提出的一个重要概念,这个概念的意思主要是,在接受文艺作品之前,读者已经在阅读经验、生活经历、认知水平、审美兴趣等因素的综合作用下形成了一种先在结构,这种先在结构决定了读者对文艺作品的期

待、理解与接受①。可见,期待视野是由许多因素构成的复杂的存在。任何一位观众在观看影视作品时,都会根据自己的期待视野来对影片的意义进行建构,因此受众的影视艺术接受是非常个性化的。比如由于受教育水平的不同,在观看带有知识分子气质的伍迪·艾伦导演的影片时,不同的观众就会产生不同的理解,有的称赞之,有的则对之不屑一顾。这正是因为期待视野的不同而导致了审美距离的差异。再比如,由于审美经验的不同,不同的观众对同一部影视作品会产生不同的期待与理解。倘若有两位观众,一位看过许多美国西部片;另一位则从未看过。此时他们在观看美国影片《关山飞渡》时,就会产生不同的兴趣和审美体验。对于熟悉西部片叙事模式的观众,会很容易进入影片,当然也可能会因此产生审美疲劳。对于没看过西部片的观众,进入影片则会非常缓慢,但也可能会因此获得一种新鲜感。在观看影视作品时,期待视野的存在会让观众遇到两种情况,一是期待得到满足,此时观众会感觉到观赏的乐趣;另外一种则是期待受挫,期待受挫又有两种可能,一种是彻底受挫,完全看不懂作品,这时观众的影视艺术接受就会完全失败;另一种则是短暂受挫,观众会觉得跟自己的期待不一样,但因为短暂受挫却觉得作品更有意思,此时观众会获得更多的观赏乐趣。

期待视野的存在,表明观众在观看影视作品时是具有接受"前提"的,而且不同的观众具有不同的接受"前提"。正是在不同的接受"前提"下,观众进入了文本,开始了与创作者的"对话"。"对话"体现了接受者与创作者之间的良性的互动过程,"对话"的主要中介则是影视作品。在"对话"中,作品的"不确定性"和"空白"被接受者根据自己的期待视野进行了发挥,作品潜在的意义被转化为现实的意义。而这一"意义"既包含着创作者对世界与人生的理解,也包含着接受者根据自己的期待视野对世界和人生的理解。艺术创作的价值正是在"对话"中才得到实现。

从另一角度看,在影视接受过程中,接受者与创作者之间的"对话"(审美交流)并不是直接的,而是间接的。这其中的中介物就是影视作品。影视作品是影视艺术创作者的创造物,其中凝聚着创作者对客观世界的反映和审美意识、审美经验等。影视创作者以影视作品的创作完成为终点,但从影视接受过程看,作为影视创造终点的影视作品又成为影视接受的起点和对象。影视接受通过接受活动进行审美的再创造,最终实现作品的价值和功能。所以,从某种意义上讲,影视作品既是影视创作者的创造,也是接受者的创造,是影视创作者和观众的双向创作。因而影视接受过程也可以说是接受者与创作者之间审美交流的过程。

---

① 关于"期待视野"的概念,可参看[德]H. R. 姚斯、[美]R. C. 霍拉勃:《接受美学与接受理论》,周宁、金元浦译,辽宁人民出版社 1987 年版,第 340 – 345 页。

总之,影视作品的意义是由创作者和受众共同创造的。这里面包含着两个层面的意思:一是由于存在"隐在的观众",创作者在影视创作的时候会将观众的审美需求纳入进来;二是观众在接受时会基于自己的"期待视野"、通过平等的"对话"对作品进行了个性化、创造性的解读。由此,受众的影视艺术接受成为积极的艺术再创造。

思考题

(1) 对影视艺术受众的角色定位在哪些方面?
(2) 如何划分影视艺术受众的类型?
(3) 影视艺术受众有哪些主要的审美需求?
(4) 影视艺术受众应该具有哪些基本素养?
(5) 影视艺术接受活动中有哪些心理机制?
(6) 如何从美学角度阐释影视艺术接受?

拓展阅读

(1) 黄会林:《影视受众论》,北京师范大学2007年版。
(2) 胡智锋、杨乘虎:《电视受众审美研究》,北京师范大学出版社2010年版。
(3) 李法宝:《影视受众学》,中山大学出版社2008年版。
(4) 秦俊香:《影视接受心理》,中国传媒大学2006年版。
(5) 陈旭光等:《影视受众心理研究》,北京师范大学出版社,2010年版。
(6) 沈卫星等:《受众视野中的文化多样性》,北京师范大学出版社,2010年版。

第十一章 影视艺术鉴赏论要

如果将影视艺术比喻成风光旖旎、五彩缤纷、美不胜收的艺术殿堂,那么,影视艺术鉴赏理论就犹如引领我们进入领地、登堂入室的高明向导。它能使我们快捷而内行地从不同角度、不同层面立体地观照和审视影视艺术的现象、本质和规律,深刻领略和探求影视艺术形象感人的奥秘之所在。

第一节 影视艺术鉴赏内涵与特点

一、影视艺术鉴赏的基本涵义

影视艺术鉴赏是什么?简单地讲,影视艺术鉴赏是人们在观看影视作品时的一种认识活动和精神活动。通过鉴赏活动,影视观众不仅可以从中了解生活,认识社会,熟悉历史,关注现实,获得启迪和教益,而且可借以娱乐和休息,愉悦身心,渲泄感情,抚慰心灵等,从而丰富自身的精神文化生活。具体来说:

1. 影视艺术鉴赏是受众接受影视作品而产生的一种审美享受

影视艺术鉴赏不同于阅读一般的书刊、报纸时的精神活动。在影视鉴赏过程中,银(屏)幕上鲜明的艺术形象、感人的生活画面,能够把受众带进一种生动的、具体的、富有魅力的艺术境界之中,使受众获得审美享受。对于受众来说,只是一般看电影或电视片,那并不是鉴赏,只有获得了那种审美享受的审美快感及审美判断之后,才真正算得上影视鉴赏活动。审美快感和审美判断,是指受众因看电影看电视而引起的心理愉悦,和对影视作品的审美评价,此时受众心理进入兴奋状态,这是受众进入艺术鉴赏状态的标志。在影视鉴赏过程中,受众的感知、情感、想象、理解等诸多心理功能都被调动起来,处于无障碍状态,从而使受众获得精神上的自由、超脱的愉悦,也就获得了审美享受。因此,影视受众观看影视作品时,如果仅停留在感性认识的初级阶段,就无法理解艺术形象的本质意义,没有高级阶段的心理、思维的参与,是不完全的鉴赏。影视艺术鉴赏的过程是一个由低级到高级、由感知到理解,由直觉领悟到本质把握、审美判断的过程。受众观赏一部影片或电视片,其注意力大多集中到影视形象上,他们在寻找审美愉悦、情感陶醉、心灵希冀的过程中获得了审美的享受。

2. 影视艺术鉴赏是一种艺术再创造的活动

影视艺术鉴赏不是影视受众对影视作品的浅层次的一般观赏,也就是说它不仅是一种认识活动和审美享受,而且是一种艺术再创造的活动。克罗齐说:"批评和认识某事物为美的那种判断的活动,与创造那美的活动是统一的。唯一的分别在情境不同,一个是审美的创造,一个是审美的再创造。"①影视创作是从生活到艺术。艺术家在生活中的发现,他对生活的评价、认识都蕴含在影视作品的艺术形象之中。影视受众观赏影视作品则从艺术到生活。他以影视作品的客观内容为基础,结合自己直接或间接的生活经验,运用自己的艺术修养、审美能力、审美经验,对影视作品的人物和事件等形象进行体验、补充、想象和理解,进一步丰富艺术形象(或意境),把作品中的艺术形象再创造为自己头脑中的艺术形象,并通过"再创造"对影视作品中的人物形象或事件作各种合情合理的解释和评价。所以,影视艺术鉴赏不是单纯的感性认识活动,它是一种复杂的理性思维过程,是一种艺术的再创造。

3. 影视鉴赏的艺术再创造是"被动的有限的创造"

影视艺术的属性在某种意义上讲,决定了影视鉴赏者的艺术再创造。一方面,影视艺术作品直接诉诸受众感官的银幕形象,是个别、独特的,又往往是具有典型性的人物形象和事件;另一方面,影视拍摄过程运用的各种拍摄手段,塑造人物的独特技巧,为受众提供了声画之外的自由想象空间。受众可以进入艺术再创造的天地,用自己的生活经验和审美感受赋予作品中声像以一种新的意义或深广的内涵。当然,受众的艺术鉴赏还是要受到影片本身的制约和限制,绝不可脱离影视作品,漫无边际地"再创造"。受众的情感思路,艺术想象的思维轨迹,大体只能遵循原作的思路进行。所以影视鉴赏的艺术再创造实质上是一种"被动的有限的创造。"

综上所述,影视艺术鉴赏就是人们观看影视作品时所产生的审美活动的全过程。影视作品以声画为单位,展示生动丰富的社会生活场景,塑造鲜明的银屏幕人物形象,作用于受众的感官,引起他们的悲和喜、爱和憎、赞同与反对等情感。由此,受众就会在潜移默化中受到启迪、教育和感染;同时又根据自己生活

---

① [意]克罗齐:《美学原理》,朱光潜等译,外国文学出版社1983年版,第131页。

经验、艺术修养对影视作品作出一定的评价,并获得一定的美感享受。我们把这种在观看影视片过程中,受众对一部影视片的体验、感悟、欣赏与评判的精神活动、审美过程称为影视艺术鉴赏。

二、影视艺术鉴赏的主要特点

影视艺术鉴赏活动是艺术鉴赏活动的一种具体的、特定的形式,但相对于其他艺术形式来说,电影和电视都是新兴的、独立的现代艺术。因而,由其本体形态的共性与个性所决定,影视艺术鉴赏活动又必然带有自己的鲜明特点。

1. 声画传达的瞬间性与影视观赏的一次性

影视艺术鉴赏与看文学作品不同,影视提供的是直观的、确定的、具体的银幕形象,是生动鲜明的"这一个",而不是文学用语言提供的、间接的、不确定的艺术形象。从受众方面来说,鉴赏小说、诗歌等文学作品,可面对精彩段落反复咀嚼,再三吟咏,把玩不已,或者看到后面情节还可翻到前面回味作者的铺垫和伏笔等。而鉴赏影视作品则不同。影视作品的制作和播放具有瞬间的特点。影视片的播放,利用了人们"视像暂留"的特点,造成动感,使人认为它是动的,而这种画面和声音运动在人们的视听觉中瞬间留存又会转瞬消失,因此这就决定了影视艺术鉴赏"一次性"的特点。影视作品的长度是给定的,鉴赏者只能在有限的时间里按作者(导演)的安排,有所限定地看完作品。它的所有画面又都是瞬间留存,转瞬即逝的。在一次性观赏中,受众一般不可能倒过来把某一段再放一遍,也不可能将某一自己喜欢的部分放大放慢,反复咀嚼。如果受众没能看懂影视片中某些情节或因事没能看到与听到某些画面和声音,那么只有等到下一场放映或是下一次转播的过程中再次欣赏。电影放映员不会因为某一个受众在某个地方没看清楚就把拷贝倒回去重放,电视台也不可能打乱预定的节目安排重放某部电视艺术作品。因此,影视欣赏一次性的特点,又使鉴赏影视片的受众,存在遗憾的成分。鉴于这种情况,影视艺术鉴赏要求受众,具有起码的影视文化常识和修养,并且在观赏时聚精会神。否则,就能因观看的某些遗漏而不能贴切、深入地把握影视作品意蕴。对于优秀的影视片,反复观赏,调换角度、视点,确立重点关注,实际上确有必要。很多有心的影视受众,尤其影评工作者,对自己看过的优秀影视片往往要再次观看鉴赏,其原因就在这里。

2. 鉴赏对象的丰富性与内容选择多层次性

影视艺术是最年轻的新兴艺术,它的发展速度和影响力远远超过了人类史上历经数千年才发展起来的其他艺术门类和艺术形式。它后来居上,一方面与现代都市快节奏、高速度的生活相适应,与开放的全球性文化交流相适应;另一方面也与人们日益多样化、个性化的生活相适应。影视艺术既具有现代艺术的丰富性、普及性和时尚性，又有自己的个性特点。当代影视艺术已在世界范围内进行了广泛的交流。受众既可以欣赏到不同国家民族的影视片，又可以领略到不同样式和不同风格流派的影视片。影视受众总是可以从丰富多彩的影视作品中选择自己喜欢的种类和适宜于个人观赏趣味和品位的作品。即使是对同一部作品，每位受众也可以根据自己的兴趣和爱好，或是鉴赏故事情节、主题、人物、导演风格、演员表演、摄影技巧、画面、声音等不同的艺术层面和要素。

在影视片的鉴赏活动中，我们常见到有的受众爱看《射雕英雄传》、《虎穴追踪》、《真实的谎言》、《亡命天涯》等情节曲折变幻的武打片或侦破片，愿在惊险、紧张、打斗的观赏中获得愉悦；有的受众则迷恋《还珠格格》、《庭院深深》、《茶花女》，愿在爱恨怨忧的情感纠葛和人物命运展示中辗转反侧。面对《偷自行车的人》、《秋菊打官司》，有的人觉得它们道出了社会生活的真实况味，有的人则觉得情节松散索然寡味；同时观看影片《心香》，有的人赏识它的语言突破、形式创新，有的人沉浸于它的情感氛围，有的人则赞叹影片的哲理表达。可谓"仁者见仁，智者见智"。从影视观赏的普及性看，影视受众人数众多，范围广泛，涵盖社会上一切阶级、阶层，不论国家民族、信仰、年龄、职业、文化、地位的区别，只要具有基本的观赏能力，都能或深或浅地观赏影视作品。影视艺术作为特殊的审美观象，以它极大的丰富性和普及性，促成了影视受众在内容选择和理解上的多样化和多层次性。

3. 鉴赏目的的求真性与观赏感受的亲和性

从影视艺术鉴赏的目的来讲，人们观赏影视片的一个重要的动机就是从中看到人类自身真实生活的情状。迄今为止，还没有哪一种其他的艺术形式可以使人们能够像影视这样，完美地满足人们求真的要求，"清楚"地看到自己和自己所生活的世界。在人类历史上，文字及印刷术的发明，使人类有可能用笔来记录自己的生活，间接反观自身，照相术的发明，使人类得以借助光与影的作用，在胶片上留下自己真实的生活形象，有限度地反观自身；而电影和电视摄像术的发明，则使人类观照自身的愿望，基本上得到完美的满足。影视艺术鉴赏还能帮助人们在更深、更高层次上再进行一次切实的生命体验，并更多激发对新的生活方式追寻的热情。看《白毛女》可以让人们增添坚实的生活信念，看《孔繁森》、《蒋筑英》等可以让人们明白该怎样去做人。甚而看港台片，也可增加人们的见识；看欧美影视片，同样能给人们新鲜的思想启迪；看科幻片，可以教人们怎样创造未来和赢得未来；看传奇片可以使人们滋生出丰富的心念。总之，影视鉴赏能够使鉴赏者对影视这一艺术形式产生一种亲和感，而影视鉴赏的内容和目的，在此也达到了高度的统一。

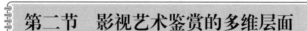

第二节 影视艺术鉴赏的多维层面

影视艺术作品是由各种艺术要素组成的多维层面的综合体,从某种意义上讲,影视鉴赏就是观众对影视作品某些层面某些因素的选择。高明的影视艺术鉴赏者可以鉴赏多个层面、诸多方面、诸多因素,但不可能选择和鉴赏所有层面和所有因素。英国著名诗人艾略特认为:人们的审美层次,兴趣爱好和欣赏能力是参差不齐的,面对一部作品,观众可以根据自己的情况各得其所。他曾以莎士比亚的戏剧为例作分析。"头脑简单的人,可以看到情节;较有思想的人可以看到性格和性格冲突;文学知识较丰富的人,可以看到词汇的表述方法;对音乐较敏感的人,可以看到节奏;那些具有更多理解力和敏感性的观众,则可以发现某种逐渐揭示出来的内涵和意义。"①戏剧尚如此,影视作品内涵更加丰富、复杂,鉴赏的多层次性就更为突出。

为什么鉴赏者对影视作品会有不同的鉴赏取向和审美差异呢?我们知道,影视艺术鉴赏亦是一种审美关系。在此意义上讲,影视艺术鉴赏过程,就是审美对象如何制约和引导审美主体,而审美主体又如何积极能动地接受并突破制约,对影视作品的意蕴进行还原和再创造的辩证统一的过程。实际上,影视艺术鉴赏中最关键的问题是,面对电影或电视作品,观众究竟欣赏什么?作为影视鉴赏对象的影视片是各种艺术要素的综合体,也就是说它是编、导、演、摄、美、录等协同运作、融而为一的集中成果。因此,影视鉴赏必然以影视片鉴赏为核心,从影视片出发进而鉴赏编、导、演、摄、美、录各个部分,再从各部分如摄影进入更为具体的镜头运用等因素的鉴赏。

由于影视观众的审美层次、兴趣爱好、欣赏能力等多方面的差异性,观众所选取的鉴赏角度和审美取向的不同,也就形成了影视艺术鉴赏的多维层面的状况。从宏观方面上讲,影视艺术鉴赏大体可分为:影视文学因素层面鉴赏、影视艺术语言和表现手段层面鉴赏、影视风格层面鉴赏。

一、影视艺术的文学因素层面

影视艺术的文学因素层面,主要包括故事、人物、结构、细节、主题、视角、思想、意境等。影视艺术吸收了文学的因素,其主要表现对象是人物和事件,各种艺术手段尽管相异,但都含有刻画人物、叙述事件和表达情思这些目的。影视艺

---

① 王光祖、严蓉仙:《电影鉴赏学》,文化艺术出版社1991年版,第97页。

术家,通过塑造人物、叙述事件来表现社会生活和自己的情感。所以影视艺术鉴赏可以围绕故事和人物等要素,从文学的角度进行鉴赏。

1. 故事

故事是一切叙事艺术的第一要素。在影视作品中,这是文学层面的核心和主体。爱听故事是人类普遍的精神需求。也正因此,一般影视观众在艺术鉴赏活动中,首先加以关注和感知的对象就是故事。在影视作品中,故事情节一般有三种表现形态:即强化形态,弱化形态和淡化形态。第一,强化形态的影视作品,一般又称情节片,如言情、侦破、问题、传奇等题材和体裁的影视。其中故事的内在逻辑关系,人物性格的成长发展、思想主旨、艺术兴趣、娱乐价值等大部分由情节来体现,而较少或不主要借助于其他的艺术因素。如《乱世佳人》《卡萨布兰卡》《尼罗河上的惨案》《真实的谎言》《勇敢的心》等影片就属这一类。第二,弱化形态的影视作品。这类影片以动作片居多,如武打、枪战、灾难、科幻等样式和体裁类型的影视片。其思想主旨、人物性格等,大多决定于作品中人物的生存状态或创作主体的评述等。《少林寺》《蝙蝠侠》《北京,你早》《卧虎藏龙》等作品都是如此。第三,淡化形态的影视片。这类影视片有诗化、散文化倾向,其情节因素虽存在,但往往被有意削弱、淡化。作品的思想性、艺术性、观赏性等主要来自其他方面。抒情、哲理、意识流、生活流等风格和体裁类型的影视作品一般都属这种类型,也包括风光片,如《黄土地》《城南旧事》《野草莓》《精疲力尽》《花样年华》等影片都是这样。了解影视艺术中故事及其情节等要素,在不同作品中的不同存在形态,主要是为了帮助影视鉴赏者,明确意识到对故事进行认识、把握的时候,不要把所有影视作品这一重要构成元素都作同等的对待。

2. 人物

人物即角色,其主要构成是性格、行为和思想状态,而这些往往通过人的言行来表现。这样,我们在鉴赏时,紧紧抓住人物的言行来剖析,如剥笋抽丝一般。并将各种事件放在一起综合分析,能揭示人物性格特征和心灵奥秘。如电影《人到中年》的女主人公陆文婷:她医术精湛,工作出色,任劳任怨,一天连做几个手术,达十几个小时;她无暇照顾孩子,料理家务,孩子生病,只好托付邻居陈奶奶照看;她下班后又要忙着做饭,炉子熄火只好啃干烧饼;她家居住困难,一家四口人挤在十几平方米的小屋里;她处处为病人着想,就连在自己生命垂危时想到的还是病人;面对即将出国的同事姜亚芬,陆文婷轻轻地说:"你不能不走吗?"透过这一系列的言行事件,使我们真正看到了一个吃苦耐劳、自负重荷、品质崇高、鞠躬尽瘁、尽职尽责的中年知识分子的光辉形象。人物的性格形象通过人物的言行、事件表现,言行、事件为塑造人物形象服务。所以,抓住人物的言行和事件去欣赏人物,是最简单可行的,又是最常见的鉴赏影视片的方法。

3. 细节

在影视作品中,细节往往起到很重要的作用。如在捷克影片《良心》里,贯穿全剧的重要情节线索,是一个挂在汽车前面的布娃娃。它叙述在一次车祸中,被撞伤的人在恢复知觉后只记住看见车窗里挂着一个布娃娃,随即死去。于是布娃娃这个物件细节,便成为警方追捕犯人的重要线索,而犯人也为掩藏布娃娃整日提心吊胆,挖空心思,受尽良心的折磨和谴责。最后,终于携带罪证布娃娃到警方投案自首。导演对布娃娃这一物体的细节运用和处理可谓别具匠心,令人赞叹。正因为细节在影视艺术中的重要作用,所以我们鉴赏影片时应注重细节的分析和玩味,找出其独特的功能和深藏的蕴意。

4. 人物语言

影视中的人物语言,不同于文学对人物语言的要求。它受时间和空间的限制。有人计算过,电影人物语言,每说一个字需用胶片一英尺半;同时影视都是流动的空间,画面不断地更替,不能让一个人物长时间说话占据画面。因而影视人物的语言设计必须很经济,必须与影视片中的其他元素取得平衡。所以影视的人物语言设计首先是简洁凝练,以一当十。法意合拍的影片《卡桑德拉大桥》中有一段精彩的语言:

> 张伯伦与詹尼弗是一对曾两度离异的夫妇,他们碰巧上了同一列火车。詹尼弗从侍者手中接过放着酒杯的盘子走进比张伯伦的包厢,面壁刮脸的张伯伦闻声随口说:"放在床上。"(他是背对着詹尼弗的)詹尼弗答道:"是我,还是酒?"这回答多么巧妙。它至少陈述给我们三种信息:一是告之张伯伦来者是谁,且显示他们是熟悉的;二是暗示他俩过去的关系和对以后这种关系的二种不无讨论意味的探询;三是展示了詹尼弗开朗、活泼又有点调皮的性格。

这种潜台词丰富的语言不仅与人物的性格、心理相呼应,而且十分简洁,富有情趣。试想,若是把詹尼弗的回答变作:"我来了",或"把什么放在床上?"虽然也可以,但难以陈述那些丰富的信息,只短不精,少而无味。

另外,人物语言还应是性格化的。性格化是衡量语言的艺术性的重要尺度,特别是在影视艺术中。闻其人见其声,充满个性化的语言是了解人物性格的一把钥匙。

5. 结构

影视作品的故事结构,会因其自身的艺术规定,而有互不相同的既定存在形态。相应地,它们的叙事速度、节奏、"戏剧性"之强弱,也会有明显差别;它们的时间、空间的设置等也自然不会一样。如小说体的影视作品,比较重视创作者的叙事方式:视点、角度、叙事人的身份、人物心理揭示在情节展开上讲究生动性和曲折性,挖掘细节的典型性;散文性影视作品,比较重视生活面的充分展开,人物的众多以及其不同生态特点的原真描绘,情节松散以及大小事件间的不直接联系,表现生活现象的日常性等;诗体的影视作品,比较重视叙事的主观性、抒情性、表现性,追求情绪、氛围、意境韵味的渲染和营构;政论体的影视作品,比较重视创作主观思想倾向的艺术表达,往往把事件当作主观议论的触媒加以表现,着力设置尖锐、强烈、集中的叙事焦点,并进行强调或夸张。符合于具体影视片的结构,能使作品具有鲜明的节奏感、独特的艺术形式和艺术魅力,还可以紧紧抓住观众的观赏兴趣。因而对影视作品的鉴赏分析的简便方法是从影视结构入手。

对影视作品的文学因素层面,鉴赏除了故事、人物、细节、结构、语言等,还应该包括主题、视角、思想、意境等方面。由于这些与文学作品的鉴赏差异并不太大,所以从影视鉴赏的层面上讲,只要影视作品中的文学因素和特点存在下去,那么,从文学的层面去鉴赏影视片方法就是可以通行的,对影视艺术的文学化评论也就将永远存在下去。

二、影视艺术语言和表现手段层面

影视艺术语言与表现手段层面的鉴赏,是从影视本体角度进行的鉴赏。它需要鉴赏者掌握一定的影视理论知识。如影视语言构成、蒙太奇和长镜头的运用,画面构图设计、色彩处理,声音录制,镜头的推拉摇移,表演、服装、道具、剪辑等等,鉴赏者都要有一定的认识和了解。只有对影视艺术语言与艺术表现手段、技巧层面进行深入鉴赏,才能使我们更加贴近影视艺术本体。影视艺术语言和表现手段层面的鉴赏主要表面在以下方面。

1. 画面

在影视艺术的早期,画面构图主要是作为客观性的描述手段或记录手段发挥作用的。诸如炊烟袅袅表示农家做饭;冰化雪消表示寒冬已过。从某种意义上说,它们只是叙事因素的直观图示而已。"随着现代电影观念的发展,它们越来越带上了鲜明强烈的主观表现性和曲折暗示性,被赋予显性的叙事因素所不能直接表达的内容,需要观众通过直觉性的审美顿悟和联想能力,领会其可能存在的深层寓意。"①

---

① 王光祖等主编:《影视艺术教程》,高等教育出版社1992年版,第213页。

以对影片《芙蓉镇》的鉴赏为例。影片中有这样一个镜头画面：夜色清寒惨淡，灯火昏黄混浊。胡玉音在天井里默默无言，心事重重地碾米豆腐浆。慢慢地，摄影机拉出一个从屋顶更高处倾斜俯拍而成的大全景。在这个大全景画面上，占据大部分空间的天井四周瓦房屋面（状如四棱锥形）所具有的沉重质感和向下动势，使身处天井中的胡玉音成了一个十分渺小而被挤压的物体。这个大全景画面虽然并不是故事情节上的必然要求，但它却是导演和摄影师刻意摄制的——它象征胡玉音身心处在极度的压抑之中。对此，如果我们的观赏没有相应的画面构图知识，是很难感受并理解画面这层含义的。

2. 声音

声音对影视艺术的加盟，不仅表现在作为影视的一个基本的构成因素，而且反过来改变了影视的存在形式。有了声音之后，不同空间的信息在同一时间里分别由画面影像和声音来传递。譬如，日本影片《生死恋》里有一情景：大宫在夏子不幸去世后又来到网球场。雨幕中的网球场空荡荡的，这时画外响起了夏子清亮的笑声和说话声。观众马上联想到大宫在网球俱乐部第一次见到夏子的情形。另一场戏是大宫来到夏子家门口，幻觉中仿佛看到夏子出现在门口迎接他，这时画外又响起夏子说："你回来啦"的声音，观众马上想到这是大宫希望与夏子重逢的幻想。这两场戏所出现的声音，都不是与画面同步的现在时声音，而是与过去时和未来时相联系的声音。在这里，电影表现时间跨度超出了画面本身局限，而向过去和未来延伸，并获得了更大的自由。

对于鉴赏者而言，声音的出现意味着审美观念的更新，影视思维的调整。影视的解读不应仅关注画面所提供的信息。很多时候，鉴赏者不得不把注意中心从视觉偏移到听觉上，充分调动听觉的分辨力和感受力，并与画面的视觉影像相匹配，才能达到充分和深入理解影视作品的效果。

3. 蒙太奇

蒙太奇是影视艺术的重要表现手段。"把蒙太奇理解为不仅是作为产生效果的手段，而首先是作为阐明思想的手段，那通过某种电影语言及其特殊形式阐明思想的手段。"①蒙太奇还是一种涵盖电影电视基本特征的形象思维方式。蒙太奇手段运用，使影视艺术的表现力大为增强。

在影视片中，导演等创作者们利用蒙太奇手段把两个或两个以上相关或不相关的镜头画面组接起来，创造新的含义，从而引导并鼓舞人们进行审美思索。如卓别林的《摩登时代》的开头部分，一个镜头是一大群绵羊拥挤在一起走过，接着镜头是一大群工人拥挤着走进工厂。形式类似，行为类似，只是角色不同。

---

① ［苏］爱森斯坦：《蒙太奇在1938》，《爱森斯坦论文选集》，中国电影出版社1985年版。

乍看这两个镜头是风马牛不相及的,令人疑惑。可仔细想想,又有一定的联系和深刻寓意。在当时那个社会里,工人就像羊群一样被驱赶着,人被机械异化的现象被形象地揭示出来了。这个蒙太奇喻意,让我们对那个造成"机械化"的社会变态产生深深的思索。

影视作品中,通常使用很多蒙太奇种类,如抒情蒙太奇、隐喻蒙太奇、平行蒙太奇,交叉蒙太奇……其中包含着丰富的内容和复杂的寓意。这就需要我们在鉴赏时根据各自的特点,细细地分析和品味。

4. 长镜头

长镜头在影视艺术中的美学含义应该是:在一个统一的时空里不间断地展示一个完整的动作或事件或场景。它造成的审美心理是联贯的、系统的、完整的。长镜头理论以"景深镜头"与"连续摄影"为支柱。作为一种影视美学观念,它是与蒙太奇理论唱对台戏的。但从实际的创作和观赏效果来看,它们又是相辅相成,具有积极有效的互补作用。一般说来,长镜头不像蒙太奇那样,一味追求镜头与镜头、片断与片断间的"碰撞效应",而是力求在统一的时空跨度里不间断地呈现一个完整的动作、事件或场景,以利于刻画人物与环境的关系,加强生活气氛的渲染,从而达到真切、自然的审美效果。它与蒙太奇相比,自然较少有导演刻意为之的痕迹。如电影《女大学生宿舍》的结尾的长镜头画面:穿着整齐、崭新校服的女大学生们肩并肩,手挽手,唱着歌,容光焕发大步向着摄影机走来,越走越近,越看越真,仿佛就要走到我们中间来了。连续画面的时空完整性、流动性,给观众视觉感受和审美心理带来了自然的真实感、生活感和亲近感。

5. 表演

在电影或电视剧艺术中,演员的表演是最基本的艺术表现手段,也是最受观众关注的艺术因素。对一般观众而言,出色的演员是最受欢迎、最为知名的,其受欢迎度和知名度甚至连优秀的导演、编剧都远远不如。即便不搞明星制,明星式的影视演员其实也如传统戏剧中的"名角"一样受人青睐,名闻遐迩。究其主要原因在于,绝大多数观众总是很自然地把影视演员的表演作为十分关心的内容进行特别认真的感受,把演员表演的成功与否看作是影视片成功与否的关键因素之一。

观众对影视演员表演鉴赏的通行标准是像不像,即演员表演的角色是否像作品中要求的角色,是否接近生活的角色。影视艺术的逼真性特点。决定了影视表演必须细腻,接近于生活。影视的拍摄技巧和银幕尺幅的超现实使用(要比现实大数倍),可使观众清晰地看到演员表演或表情的细微变化。因此,它要求演员必须全身心地投入表演,掌握角色的内心世界,做到各方面都表演得贴切和到位,使观众对扮演的角色产生认同感。著名电影理论家克拉考尔曾说:"电影演员必须表现得仿佛他根本没有表演,只是一个真实生活中的人在其行为过程中被摄影机抓住了而已,他必须跟他的人物恍若一体。"①我国电影明星潘虹就是一位已达到"没有表演的表演"艺术境界的演员。她曾三次荣获最佳女主角金鸡奖,两次当选"百花"影后。她在影片《人到中年》中成功地塑造了陆文婷这一中年知识分子的形象。潘虹塑造陆文婷之所以取得成功,正是因为她充分调动表演的主动性,在深入分析角色和体验生活的基础上,坚信自己对于角色的独特感受,从容跨越从自我通向角色的桥梁,并充分发挥自己的优势,贯之以富有个人色彩的表演,从而得到了广大观众的认可。

三、影视艺术风格的层面

影视艺术风格是指能够反映影视艺术家个人特点或某个(种)影视作品的艺术个性,或一定时代一批影视艺术家比较趋向的创作倾向,或一个民族、一种流派的影视艺术作品所具有的共同特色。影视风格是从影视作品的内容与形式、思想与艺术相统一的整体中呈现出来的。观众在鉴赏时可以从影视作品不同特点中,领略到风格的差异。影视艺术风格大体上表现为:导演风格、作品风格、时代风格和民族风格等。在鉴赏影视艺术风格时,鉴赏者不妨着重从这四方面展开。

1. 导演风格

导演风格,即个人风格,其实质是影视导演的个性在作品中的反映。在影视创作过程中,导演统揽全局,根据文学剧本提供的基础,结合自己的审美理想、艺术观念,运用影视语言技巧,精心构思,进行创造性的艺术劳动,力求在完成的影视作品中体现自己一贯的鲜明而独特的个人风格,即导演的风格。我国著名导演张艺谋在其执导的《红高粱》、《大红灯笼高高挂》、《菊豆》、《秋菊打官司》等影片中,充分显示了他运用电影表现手段,尤其是色彩、光和造型等因素从事营造环境气氛、阐释电影世界方面所独具的热烈奔放的艺术风格。

观众对导演艺术风格的把握和鉴赏,一般地说可以从导演对题材的选择、影视语言、影视手法与样式的运用等方面入手。

导演的风格是一个艺术家渐趋成熟的标志,是他在长期艺术实践中创作个性的自然流露,也是他孜孜不倦地追求的结果。然而,导演风格又并非凝固不变的,它会随着主客观条件的改变而变化发展。一个导演的风格也并不是单一的,在他主导风格之外,还有其他风格。因此,我们在鉴赏导演风格时,既要注意它的稳定性,又要注意它的变化性;既要注意它的主导性,又要注意它的多样性。

---

① [德]齐格弗里德·克拉考尔:《电影的本性》,邵牧君译,江苏教育出版社2006年版,第132页。

2. 作品风格

影视作品风格,我们理解为作品的审美形态风格,是由主题思想、内部构造和外在形态共同形成的整体风格。

影视作品风格与影视作为一门高度综合性艺术有关。由于影视作品包含了多种艺术元素,运用多种表现手段,对客观世界进行多角度多方面的反映,影视艺术家就可能根据特定的创作意图和审美追求,或突出某种艺术元素的地位和作用,或强化某种表现手段,或对生活的某方面加以渲染强调,或借鉴其他姐妹艺术的表现方法,从而形成不同的作品风格。影视作品风格择其要者有散文风格、戏剧风格、诗化风格、绘画风格、纪实风格、政论风格等。比如日本影片《远方的呼唤》、中国影片《城南旧事》等就借鉴了散文的艺术因素,淡化情节与矛盾冲突,深化心灵情绪与意识流动,重视抒情和描写,因此具有散文风格;而《魂断蓝桥》、《卡萨布兰卡》等片较多地保留了戏剧化因素,因此体现出鲜明的戏剧风格;苏联影片《海之歌》、中国影片《花样年华》则弱化情节,注重画面的抒情意味,带有诗化风格,等等。

3. 时代风格

夏衍曾说过,一个季节有一个季节的鸟儿,一个时代有一个时代的语言,因此欣赏影视片时,切不可忽略它的时代性。每个时代都有自己的时代精神,受时代精神的影响,影视作品会或深或浅地打上时代的烙印。从一个国家的影视发展历史来看,不同时代的电影或电视就有不同的艺术风格。比如意大利的影片创作状况,意大利在20世纪初就以拍摄场面浩大,反映古罗马的历史巨片著称;可是到了30年代,意大利法西斯专政时期,银幕上充斥了宣传法西斯主义的反动影片,还有就是宣扬资产阶级生活方式的闹剧片、轻剧片,被称为"白色电话片"等;第二次世界大战结束后20世纪40年代末,意大利人民抨击法西斯残余,渴望消除失业和贫困,迅速恢复国家经济,受此时代精神的影响,电影界出现了享誉世界的新现实主义电影运动;20世纪50年代初,这一运动转入低潮。到了20世纪六七十年代,意大利影坛又出现了继承新现实主义电影优良传统的"政治电影",代表作有《马太伊案件》、《一个警察局长的自白》等。这些影片风格又是当时意大利反对政治腐败,抑制黑社会对政治渗透的时代精神的反映。

当然,每个时代的影视作品受时代精神的制约,会从总体上反映出自己的时代风格,但我们决不能理解为一个时代只能有一种风格,或者说影视作品的时代风格是单一性的。实际上,影视时代风格的内涵极其丰富。同一时期产生的影视作品,风格可以是豪放与婉放、粗犷与细腻、阳刚与阴柔、热烈与冷峻同时并存,相映生辉。

4. 民族风格

影视民族风格，指的是在影视艺术作品中表现出来的一个民族的共同特性。民族风格的构成因素主要有：民族题材与主题，民族性格、民族形式等方面。

首先是民族题材与主题。从鉴赏角度来说，它对本民族观众有特别的亲和性和感染力。比如《鸦片战争》、《甲午风云》、《血战台儿庄》、《吉鸿昌》、《浴血太行》等影片由于在题材内容和主题思想上表现出中国近代备受帝国主义侵略和蹂躏的历史，讴歌了爱国主义精神，因此具有鲜明的民族特色；再比如《红河》、《正午》、《关山飞渡》、《与狼共舞》等"西部片"由于表现了不畏艰险、开拓进取的西部精神而具有民族风格。

其次，民族性格。影视民族风格也表现在具有民族性格的艺术形象塑造上。以民族性格中的斗争性与斗争方式来说，我国电影《红旗谱》主人公朱老忠"为朋友两肋插刀"的义气，"出水才看两腿泥"的坚韧，明显受到中华民族文化传统的浸染，尤其是燕赵侠义性格的影响。

再次，民族形式。不同国家和民族的影视创作受其民族文化传统和文化心理的影响，在影视样式选择、造型方式、语言表达、故事叙述、情节开展、矛盾激化、细节描写、人物动作对话、心理的表现等方面会形成各自的民族特点，影片因此具有独特的民族形式。日本的"武士片"、美国的"西部片"、中国的"武侠片"、印度的"歌舞片"，可作如是观。

另外，影视作品中自然景观、地域风光、风土人情、习俗礼仪等，也往往是影视民族风格的构成因素。如中国电影中蜿蜒起伏的黄土地，阿拉伯电影中广阔无垠的沙漠，拉美电影中茫茫苍苍的原始森林，瑞典电影中浩渺无垠的雪野，都非常有效地表现了特定民族的特定文化氛围。

以上我们对影视艺术鉴赏的不同层面及其所包含的因素作了简要阐述。影视艺术是综合性艺术。所以，即使仅是一部单独的影片或电视剧，它们包含的艺术成份也相当复杂。以合格的影视鉴赏者来要求，任何一个影视观众，作为审美主体，都不应仅仅把目光盯住影视作品中的某一艺术层面。因为作为影片或电视剧中的艺术构成，它们虽然同时也可以是相对独立的元素，但是在传达艺术信息的时候，它们却只有在共同对审美鉴赏者发生影响的情况下，才有意义。或者说，作为影视艺术世界这个大系统中的小系统，影视鉴赏者只有对各个鉴赏层面及其要素的形态、特点、功能与相互关系都熟悉的前提下，才可能对影视作品本身，作出正确的整体的观照，从而获得满意的审美效果。

第三节　影视艺术鉴赏的基本策略

对于影视鉴赏者来说，影视艺术鉴赏的过程实际体现为主体认识逐渐逼近影视作品本身蕴含的过程。鉴赏者所能逼近文本的程度必定与他的鉴赏能力相关联。影视鉴赏能力不仅包含那些影视知识和实践经验部分，而且还包含鉴赏者所能采取的鉴赏策略和方法。相当多的影视受众感到鉴赏影视片很困难，这除了缺乏相应的影视知识和实践经验之外，还有一个很重要的原因，那就是缺少鉴赏影视片的基本策略。他们空有观片热情和评片期望，然而当面对一部影视片时，却不知道应该采用哪些策略和方法才可能更深一步地介入影视片。鉴赏影视片的策略实质上就是如何观看和读解影视片的问题。美国电影批评家威廉姆·H.菲里普斯在《影片分析教程》中曾把影片分析划为五个步骤来完成：即了解背景资料、看影片、考察影片、第二次看并考察影片、重新对先前的观感作评价。这五个步骤作为影片分析的过程实际上已包含着某些策略性。不过，影片分析的步骤和所采取的策略并不完全相同。我们认为鉴赏影视片的基本策略可概括为以下方面。

一、鉴赏影视片前的准备

影视鉴赏是一种有目的性的审美心理活动，受众要使自己在一种更有针对性、更有目的性的状态下鉴赏影视片，鉴赏前应做好相应的心理准备和资料准备。

首先是鉴赏者的心理准备，即审美主体准备。受众总是按照自己一定的需求才进电影院的。要轻松娱乐地去看喜剧片；要了解不同人的情感和认识社会的，去看言情片、社会现实片；要寻求刺激和猎奇的，便去看惊险片、科幻片；想进行一番深沉思考的，便去看哲理片、问题片。受众从排队买票到进入电影院，都表现出一定的目的性和选择性。受众看电视剧的目的性虽没有看电影强，但对电视机的频道开关也还是围绕一定的观赏目的才开和关的。影视鉴赏者比一般的影视受众有更强烈更鲜明的目标感，为了实现这个目标往往需要摆脱接受影片的被动状态。从心理上看，它表现为更紧张、更富有探索精神的积极介入，它预先设定了在视觉影像和声音后面，在故事情节后面蕴涵着丰富的审美信息，于是竭力破译和接受这些信息。真正试图去鉴赏影视艺术的人，他不应像有的看影视片的人那样悠闲和懒散，不应该是买上一包瓜籽或一包花生米，半躺半靠的，边看边扯着闲话。影视鉴赏者比一般的观看者在视听认知上更细致，在感情上更投入,在思维上更活跃。在鉴赏过程中,鉴赏者自始至终处于紧张的心理状态之中。他不仅要调动视听感官,积极接受视听信息,而且还要调动思维的活力,不断地思考、联想、分析、判断、推理,挖掘影视片中的艺术蕴含。

其次是对影视作品相关资料的准备。资料准备面很广,如故事梗概、人物简介、时代背景,影视片主创人员编剧、导演、摄像、录音、美工、演员的特点和风格等。这一切,都有助于鉴赏者对影视作品的准确把握和理解。我国电影艺术家夏衍先生就曾介绍过,他在欣赏一部影片之前,喜欢先看电影介绍,然后根据故事梗概来推测影片如何展开故事和场面。在看影片时,再把自己的推测与影片的实际情况相比较,进而去分析影片的优劣。这种欣赏的经验和方法,值得我们好好地学习和借鉴。对影视片的鉴赏来说,直接相关的准备则是背景资料的问题。其中叙事背景又是准备工作中最重要的方面。因为它往往涉及到主题思想、情节和人物关系的把握,也涉及到对某些细节和场面的理解。特别是对那些艺术水准更高,创作者的艺术处理较为隐蔽和含蓄的影视片更是如此。如果一部影视片的情节和冲突淡化,而鉴赏者又对细部的艺术处理缺乏敏感的话,那么这部原本包含相当大信息量的影片,就可能被观赏者在看片过程中轻而易举地漏掉。这就是为什么相当多算得上艺术上乘之作,往往在缺乏准备的欣赏者那里被大打折扣的原因。颜纯均先生在《电影的解读》一书中曾举侯孝贤导演的《悲情城市》为例,认为对这部获威尼斯电影节金狮奖影片的艺术鉴赏就缺少不了背景资料。《悲情城市》开头有一场戏:那是在医院里,女主角宽美在医疗室里写着什么,画外却传来医院里的医务人员学说普通话的声音。一个人用普通话念"头疼",许多人跟着念"头疼";他又念"你哪里疼啊"、许多人再跟着念"你哪里疼啊"……这个细节很容易被当作某种纯属"背景音响"的东西疏忽过去。然而,如果鉴赏者知道台湾有 50 年日本殖民地的历史,知道影片的故事是放在刚刚光复的 1945 年背景中展开的,再联系到影片一开头台湾人林文雄开着收音机听日本天皇用日语宣读"投降诏书",这个学普通话的细节就变得震撼人心了。中国人可以不用翻译而听懂日文,反过来却要学中国的普通话,这里面不仅包含着殖民的血泪和痛苦,而且在平淡之中展现了世事的变迁。鉴赏这个细节,是以事先了解这段历史的背景资料为前提的。如果鉴赏者没有这一背景知识,或者虽然具备了却没有自觉地加以运用,那么这个富有艺术表现力的细节便会被轻率地忽略过去。由此可见,背景资料对于深入鉴赏影视片是有重要作用的。

二、费力地观看,积极地思考

影视鉴赏在进行一些必要的鉴赏准备后,就可以进入影视片的具体鉴赏过程了。影视鉴赏首先是观看影视片,但这种观看必须是费力的,克服困难的观看活动。在此观看活动中,鉴赏者要突破艺术家或艺术媒介对作品的读解设置的种种障碍,从而获得审美的发现和审美的愉悦。如果一个鉴赏者在观看影视片的过程中感到无须费力,无须克服任何困难;如果他面对一部影视片提不出任何问题来思考;如果他没有一点属于自己的艺术发现;如果他不能因为艺术的发现而产生发现的快感,那么他便只是在"看"电影或"看"电视,而谈不上是在鉴赏影视片。

  意大利美学家卡斯特尔维屈罗对欣赏说过一句很深刻的话:"对艺术的欣赏就是对克服困难的欣赏。"①影视作品鉴赏也是如此。虽然,影视作品在视听认知上的直观性,在物像和声音重现上的逼真性,都有助于受众对经验的唤醒,从而容易看懂影像和声音的表层含义,但是隐藏在那些影像和声音背后的深层含义恐怕并不是多数人能够理解的。因为影像和声音对视听的直接强烈的刺激、故事情节的紧张动人,往往使观赏者感知系统相对活跃而反过来抑制思维的激发;影视的所谓"一次过"的欣赏特点、情节叙述的连续性也往往造成一般受众只顾及囫囵吞枣地接受银屏信息而来不及更深入、细致地思索和读解。尤其是当影视创作者把他们的意图隐藏在一系列为一般受众所不熟知的方法、手段和技巧后面时,影视作品的鉴赏便越发显得费力和困难了。如在影片《开天辟地》中,陈独秀和李大钊道别要到上海参加中国共产党第一次代表大会,影片上集结尾是李大钊驾着马车送陈独秀的长镜头,画面上的马车渐渐远去,车后的雪地留下了两行深深的辙印,这是为什么?在影片《周恩来》中,周恩来停止呼吸之前的那个夜晚和早晨,编导着意表现了他身边的工作人员拉上窗帘和打开窗帘的一系列镜头,这又是为什么?在影片《良家妇女》中,有一个疯女人似乎与剧情的发展并没有什么关系,但在片中却几处出现,这是为什么?在影片《瓦尔特保卫萨拉热窝》中,游击队员谢特为向战友们报警,诱使德军士兵向自己开枪,一群鸽子在谢特倒下的一瞬间惊起,并朝谢特方向飞去,这又是为什么?究竟有什么含义?……对于一个有心通过观看影视片去鉴赏影视艺术的受众来说,每一部影视片都可以使他们产生各种各样的"为什么"。只要他有心去鉴赏影片,便注定他必须费力地观看,面对这一系列的"为什么",积极地思索,直到从解答这些"为什么"中获得对影视片的发现为止。费力地观看,积极地思索,不仅是鉴赏者对影视作品的观赏态度问题,实际上也是一种策略和方法。

三、把握分解与综合、进去与出来的辩证关系

  一部影视片是一个完整的艺术品,但这个艺术品又是由各个要素的局部构

---

① 朱光潜:《西方美学史》,人民文学出版社1979年版,第163页。

成的。每个要素和局部既是独立的又都是整体不可分割的一部分。鉴赏者既要能从整体进行鉴赏,又要能从局部进行鉴赏。从某种意义讲,鉴赏影视作品是鉴赏者进入影片,打破影片原本的整体、完满的状态,使影片在鉴赏者的干预下被分解的过程。对影视片的分解不可能在瞬间完成,只能表现为线性的过程。反过来说,对影视片某个瞬间的分解往往变成某种富有选择性的对一部分或因素的提取。在鉴赏影视片的过程中,我们只能一会儿注意人物及人物关系,一会儿注意主题蕴意,一会儿注意画面构图,一会儿注意蒙太奇技巧……至今我们还没见过这样的超人,他对影视片的各个部分、阶段和因素的鉴赏有可能在瞬间同时完成。因为人的思维特点就表现为不断地分析和综合。这既是人的思维的长处,又是思维的短处。我国著名电影艺术家夏衍在介绍自己鉴赏影片经验时说:"一部好影片,我总是要反复研究好几次,这部片子是怎样表现这个时代背景的(比如十八世纪的英国、法国,民国初年的上海等等),对于影片中所表现的地方色彩、风土人情,以及社会风气等等,都分门别类地来研究,分门别类地来作笔记。在人物性格描写、气氛、哪个地方摆伏笔等等,也专题来研究。"①连夏衍这样的电影艺术家鉴赏影片都要进行分门别类的分解过程,那么一般的影视鉴赏者就更得如此了。

分解对于鉴赏影视片来说是必需的,但分解又因为它对部分、阶段或因素的提取而往往忽略对影视片的整体观照和把握。这样,就需要鉴赏者在分解基础上进行必要的综合。综合是对影视片的整体观照和把握,是鉴赏者调动自己的生活经验和观片经验以及影视知识等,对分解过程和分解结果进行整合。有时鉴赏者要将思维跳出影视片之外。进行联想和思考,或者在观赏影视片后再仔细推敲,不为某个部分、阶段或因素所羁,不断地清理关系理清线索,直至从整体上去观照和把握一部影视片。作为鉴赏思维基本特点的分解和综合,表现在鉴赏影视片过程中便是一个不断地进入影视片,又不断地从影视片中出来的情形。这个不断地进去,又不断地出来的影视鉴赏策略,要求鉴赏者一旦进入影视片便要专心投入、敏锐发现,紧盯不放,而一旦出来又要清醒冷静,舍末求本,善于综合,以得到较多的审美收获。

我们不妨以影片《霓虹灯下的哨兵》的片断鉴赏为例作具体阐述。该影片有这样一个细节:进驻南京路的解放军排长陈喜在街头结识了女特务曲曼丽。告别时,曲曼丽向陈喜招了招手。陈喜见此也连忙举手还礼。作为军人,他本应以行军礼来表示告别,然而当他把手举到额头,准备行军礼时,手却下意识地继

---

① 夏衍:《写电影剧本的几个问题》,人民文学出版社1979年版,第3页。

续往上举,最终变成和曲曼丽同样招手的姿势了。等曲曼丽走后,陈喜举起的手还僵在半空中,甚至还抬起头来看了一下,脸上露出欣赏的微笑。行军礼和招手,孤立地看只是体现不同身份的人富有特征的礼仪而已,但是当它们出现在和其身份不协调的人身上时,这个动作的内在含义就得到了大大拓展。在影片反映的那个历史时期里,从行军礼改为招手告别,从一侧面表现出斗争意识模糊的陈喜,在十里洋场的大上海思想感情潜移默化地转变。而当招手的动作僵在半空中,甚至还抬头看了一下时,受众也能觉察出他对这个动作的不习惯。这又说明陈喜受其影响还只是刚刚开始,于是便为他将来的转变准备了条件。可是,陈喜对这种手势却露出一种欣赏的微笑,显然他对这种变化的危险性没有丝毫警惕,所以这个手势便在向受众预示着剧情发展的方向:陈喜将会在这条路上滑出更远,直到他恍然醒悟。鉴赏一部影视片,在进入的过程中,鉴赏者便要像这样敏锐、细致,不管是情节、人物或者细节,只要发现有什么可供欣赏的蛛丝马迹便抓住不放,或者暂时搁置其他部分、可解读因素,积极而深入地思考。另一方面,善于钻进去又要善于跳出来,不为某个部分或因素所局限,进行广泛的联系、思索,直至达到对影片进行整体观照和把握。我们对陈喜招手这一细节鉴赏,可以跳出来进一步联想到陈喜买线袜扔布袜的动作,联想到陈喜在春妮为他补衣服时扯断衣线的动作,联想到陈喜摆摆手叫脸庞黝黑的赵大大"靠边站"的动作……接着,再从这一阶段陈喜联想到思想感情重新转变过来的那个阶段,于是这个人物的转变和转变所包含的意义就被我们欣赏了。再进一步,鉴赏者还可以从陈喜联系到和春妮的关系,和童阿男的关系,和鲁连长的关系等等。将这些人物关系放在特定的历史背景下分析,于是很自然地我们就能把握住影片中拒腐防变的主题意蕴。"由此可知:进入一部影片便是把整体分解为各个部分、阶段和因素来考察;反过来,当各个部分、阶段和因素被重新联系起来、组织起来时,欣赏者又逐渐从影片中出来了。"①优秀的影视鉴赏者在影片鉴赏过程中一定是能够很好地把握分解与综合、进去与出来辩证统一关系的。

四、观赏后的消化、深化与第二次看片

影视鉴赏者应当认识到,一部影视片的鉴赏过程并不是看完片后走出电影院或关上电视机就可以划上句号的。对于许多影视鉴赏者来说,影视片播放完毕很可能恰恰是他准备深入鉴赏一部影视片的开始。这是因为,影视片视听感知的直观性,影像和声音对社会生活和自然景观表现的逼真性,使每一个影视受众都很难抵御影视片所带来的视听冲击。即使是鉴赏能力较高的人也很难在一

---

① 颜纯均:《电影的读解》,中国电影出版社1995年版,第22-23页。

开始便自觉地去分析和鉴赏。所以,鉴赏影视片的又一个基本策略和方法,就是如何想方设法使"感性的自我"从那种被影片左右的状态中摆脱出来,同时又要想方设法使"理性的自我"进入到影视片中去。颜纯均先生认为,如下一些观赏影片的习惯是值得肯定和称道的:比如看完一部影片喜欢在头脑中再温习一遍,比如看完一部影片喜欢找些人来议论,比如看完一部影片喜欢去阅读些评论文章……当然,最值得肯定的方法还是鉴赏者观赏后对影视片的细细品味,认真思考,不断地消化影视片中的内容,逐步地深化自己的审美认识和审美评判。

唐代大文学家韩愈说:"沉浸浓郁,含英咀华"。意思是要求人们仔细琢磨和领会文章的要点和精华。同样,影视艺术鉴赏也需要这种精神。一部影片有几百个镜头,一部电视连续剧的镜头则更多,内容更为丰富,情节更为错综复杂;而有些内容精深、主题多义、富有哲理意味的影视片则更要一再品味、仔细琢磨,甚至要在重复观赏中才能渐次领略其中思想蕴意和艺术魅力。譬如对美国影片《邦尼和克莱德》就得反复琢磨领会。乍看起来《邦尼和克莱德》不过是一部警匪片或者说是强盗片,但是它情节既不紧张曲折,思想也看不出多么深邃,人物也不剽悍、威猛,很难引起人们紧张和激动。但从介绍文章中,我们了解到该片很受当时年轻受众的重视,1967年曾获纽约影评协会最佳编剧奖;并获最佳女配角、最佳摄影两项奥斯卡奖;英国的《女王》杂志甚至宣称:"1967年是《邦尼和克莱德》年。"是人家评选有偏颇,还是自己鉴赏水平有问题?在你悉心思考或再次观赏后,你会渐渐认识到这是一部思想深刻,人物塑造、叙事、镜头运用等艺术上有很大创新的作品。影片形象地营造了30年代萧条时期那种百无聊赖的社会气氛,冷冷清清的市镇,乏味的人们是这部影片的大背景。片中的强盗主人公邦尼、克莱德已不是传统强盗片的那种职业犯罪家,而是普通的美国人,生活中充满了空虚、恐惧和失望。克莱德与过去好莱坞警匪片中的剽悍、大胆、神出鬼没的匪徒形象不同。他既不剽悍、又不大胆,带点孩子气、瘸腿,还是性无能。但他和邦尼都有着强烈的自我意识,如一有机会就摆姿势拍照片,写关于自己的诗寄到报馆发表。他们需要社会承认其价值,可是却得不到。于是,暴力便成了他们显示个人存在的一种手段。暴力在影片中既荒谬又深刻,既无目的又有针对性。当克莱德向被剥夺了房屋土地的农民宣告要去抢银行时,他并非是深谋熟虑的,只是带着任性孩子的随意性,而且还有点腼腆。可是一旦他作出承诺,便一心一意去干,把自己装扮成一个"银行大盗",因而不知不觉落入了自己编织的罗网中,无法回头,注定只能过流窜的生活。这种完全没有预谋的、轻率的犯罪活动,比精心策划的罪行更令人震惊。可以说,影片中的两个人物是突破了传统强盗片的人物模式,是反映当时的社会青年思想状况的典型人物。

我们再仔细思索,还可发现《邦尼与克莱德》中的暴力场面的处理是很有寓意的。在影片绝大多数暴力场面中，不是克莱德抢劫团伙施暴，倒是当局施暴力于他们身上。克莱德只是不得已才开枪杀人，可警察对他们的围捕却是极其冷酷无情的。在一场遭遇中，克莱德的哥哥被警察残酷地打死，邦尼和克莱德也受了伤。接下去警察伏击邦尼与克莱德一场，警察的枪弹把二人的身体打得像筛子一样。这样，影片就暗中把批判的锋芒对准了当局。

此外，影片在镜头的运用上也是富有探索精神的。为了表现人物性格，导演不顾好莱坞追求"完美"的陈规，大胆运用超常规的视觉形象处理。如在邦尼急着赶下楼见克莱德时，导演使用了一个仰角镜头，倾斜着逆光拍摄邦尼跑下楼梯的镜头。邦尼黑黑的身影迅速地变形，移近镜头。这个镜头在光、色、气氛、角度、焦距上都与前后镜头不协调，但它对表现邦尼性格和当时的心情却是很有力的一笔。在与家人相会一场，导演又将焦点调虚，使之带上一种梦幻、迷惘的色彩。影片结尾，从树丛里扫射的机关枪把邦尼与克莱德打得全身是洞，慢镜头拍摄让克莱德慢慢地倒下，表现出一种凄凉的味道。这种镜头处理方法为后来许多导演所仿效。

实践告诉我们，观赏影片后对影片的深入思考、仔细品味、消化吸收是非常必要的，也是很有成效的。但是我们也应知道，由于影视艺术的"综合性"和"一次过"特性的制约，鉴赏者不可能一遍观赏就把要分析理解的内容都记住；对于内蕴深厚的影片，"一次过"的观赏也很难领会到真谛。至于那些世界经典名片或著名镜头，更需要反复观看，不断深化认识，才能领会其艺术的绝妙之处。因此，作为影片的鉴赏策略，一个很好的建议便是威廉姆·H.菲里普斯所说的"第二次看片并考察影片"。第二次看片和第一次看片，在观赏目的、方式和途径上显然有较大的不同。第二次看片是在第一次看片基础上进行的，观赏者已经基本熟悉了影视片的情节和人物。当然他们不再是把主要精力放在了解生动有趣的故事情节，目睹片中人物的风采或获得某种审美愉悦，而应是抱着更深一步介入影视片和鉴赏影视片的目的。第一次看片的观赏者最感兴趣或以审美的期望去获取的情节与人物内容，恰恰是第二次看片的观赏者应竭力摆脱的。第二次看片的观赏者头脑中应带着某些尚未解决的问题再次进入影视片。他的思维应更活跃，感觉应更灵敏，随时准备抓住可以分析的内容和艺术元素。比如，我们费力地观看《邦尼与克莱德》后，经过深入地思考，对影片主题、人物和叙事特点有了一定认识，也了解到影片在许多方面有创新和突破。但由于我们第一次看片还来不及对影片中的镜头运用和画面处理等细部艺术认真注意，这就得靠在第二次看片中加以关注，找出诸如邦尼下楼见克莱德的仰角镜头，克莱德与家人会面时虚化镜头等进行分析和解读，从而获得影片在电影语言上创新的认识。

为深入鉴赏影视艺术而第二次看片的鉴赏者应明确进入影片的方式，应表现出对影片观赏有更大的选择性,懂得应注意哪些内容或舍弃哪些内容,头脑中应带着某些问题。头脑中如果没有问题的观赏者,即使是第二次看片也不会比第一次有较大的收获。就如一个不爱思考的老太太即使看二遍或三遍《喜盈门》或《红楼梦》,那也仅会停留在看热闹的状态。所以影视鉴赏的重点不在看,而在思考和分析。影视艺术鉴赏的策略问题涉及到影片观赏的前前后后,既有事先的预习、准备阶段,也有观赏后的思考和分析,还有第二次看片的巩固和重新认识。我们应当重视影视鉴赏的每一步策略,从而更好地运用策略为影视艺术鉴赏服务。

第四节　影视艺术鉴赏的一般方法

　　影视艺术鉴赏的方法与鉴赏的策略是既互相联系而侧重点又有所不同两个范畴。影视鉴赏策略主要针对鉴赏的过程和步骤,而影视鉴赏方法则侧重指鉴赏的角度和进入影视片的方式。鉴赏者鉴赏一部影视片,首先所面临的便是选择怎样进入影片的方法。而选择怎样进入影片的鉴赏,总是不可避免地受到进入影视作品方法的制约。所选的进入方法不同,鉴赏的结果也必然不同。

一、以文学和"影戏"方法进入影视作品

1. 以文学方法进入影视作品

　　从影视作品的构成要素来看,到目前为止,绝大多数的影视片都是建立在故事情节的框架之上的。而且不管何种影视片的表情达意都无法完全摆脱人物塑造和情节设计,而仅仅寄寓影像的造型。也就是说,当今的影视仍保留着基本的文学成分。因而,这就为以文学的方法进入影视作品提供了最大的可能性。自然,以文学的方法鉴赏也就成了影视鉴赏最基本、最普遍的方法了。

　　对主要以故事情节为叙事框架和表情达意的影视作品,以文学的方法进入影视作品,首先是通过事件去鉴赏人物及其思想。影视片通常将片中人物的客观活动融于事件之中,导演所选择的事件,都是为表现人物的性格和思想服务的。因此,我们在鉴赏影视片时,一定要抓住人物活动的有关事件,仔细领会该事件中表现了人物什么样的性格特点或思想境界。当然,由于受众文化修养、审美趣味、性别年龄、价值观念等方面差异,他们通过事件对人物的看法也会各不相同。我国影片《老井》是一部很有影响的作品,对于主人公旺泉这一形象,受众的理解便是多样化的。影片中最能揭示人物感情世界、精神品质的一场戏就是旺泉与自己刻骨铭心的恋人巧英分手,做了年轻寡妇喜凤的"倒插门"女婿。

从这一事件中,有人看出的是旺泉善良的牺牲,朴实的责任感;有人说这是一种对旧观念的屈服,是唯命是从孝顺道德的奴仆;也有人说旺泉缺少现代人的反抗意识,没有坚定的爱情观等等。尽管这些看法的视点不同,人物评价也存在差异,但观赏者都是通过事件去评价人物的,其进入作品的鉴赏方法却是一致的。其次,通过情节和人物的安排寻求导演的创作思想及作品主题。有些影视片,我们用文学的方法进入作品只要看一下片名,或是稍微了解一下情节就会明白导演宣扬的是什么,也就大概知道影视片的主题是什么。如《南昌起义》、《烛光里的微笑》等。前者描写的是1927年我国领导下的武装起义的历史,宣扬的是用革命武装对付反革命武装的道理;后者表现的是教师甘当蜡烛,为教育学生鞠躬尽瘁,其主题是赞扬乐于奉献的崇高精神。

可是,有的影视片,由于艺术家们创作心态的多元化、审美视角的多侧面化、创作方法的多样化,而导致影片思想内涵的复杂化和主题指向的多元化。如谢晋执导的《清凉寺的钟声》这样多蕴含的影片,其主题相当丰富。它既表现了人道主义的精神;又宣传对生命的热爱,呼唤和平;还有深层次的民族情感和民族文化的交流等。对于这样影视片的鉴赏,虽然也可通过情节、人物活动、细节等安排来分析,不过要仔细地琢磨体会导演的创作意图,特别注意其主题思想蕴意的丰富复杂性。

以文学的方法进入影视片,鉴赏方法所以成为最一般、最普遍的方法,这与影视艺术与文学的根本联系有关,与电影的观念有关,也与鉴赏者的知识准备有关。对绝大多数的影视受众和大学生们来说,自中学以来长期受到文学熏陶比艺术熏陶要深厚得多。因而他们在鉴赏一部影视片所能运用的理论武器十分有限的情况下,很自然地会拣起文学理论的武器。即使是那些鉴赏意识强烈的人,在看影片的过程中所提出的问题,通常也不外乎是主题思想怎样,人物形象怎样,情节结构怎样,场面和细节怎样……当他们以诸如此类问题思考一部影视片的思想和艺术时,去评价一部影视片的得失时,也许他们不会认真去想自己是在以怎样的方法进入影视作品的,而这样的方法又有怎样的长处和短处。不难发现,他们用以鉴赏影视片的那一类理论语言,也正是文学理论的一套概念和范畴。所以一旦以文学的方法进入影视作品,他们并不感到鉴赏一部影视片有太大的困难。

2. 以"影戏"方法进入影视作品

与以文学方法进入影视片相近似的是以"影戏"方法进入作品的鉴赏方法。对于那些以戏剧冲突来结构的影视片来说,这种鉴赏方法未尝不是可行的有效方法。因而,相当多的有戏剧形式经验和戏剧文化修养的受众,包括有一定文学修养的受众,更习惯于采用"影戏"的鉴赏方式。于是鉴赏影视片时的考察中心和重点便放在了这部影视片的"戏"怎样上。有关戏剧的一整套理论术语和美学原则无形中也便成了评判的标准。诸如情节与矛盾冲突是否由性格矛盾来推动,情节与矛盾冲突是否按照开端、发展、高潮、结局的过程来设计,情节和矛盾冲突是否注意揭示一定的社会意义、表现主题……这些都是鉴赏影片时最一般的问题。"影戏"的方法是把影视片看作为以时间线型组织起来的故事加以分解的鉴赏方法。它和一般受众观赏影视片的区别只在于更有深度而已。它与文学方法鉴赏在注重影视片故事情节、矛盾冲突这点上是一致的。

以文学或"影戏"方法鉴赏影视片,这当然是可供选择的重要方法之一。但我们却不能把它看成是唯一的方法或主要的方法。影视艺术是综合艺术。它们的综合性表现在其建构成分,不仅包含文学元素,而且包含了摄影、导演、表演、美工、音乐、剪辑、造型等艺术元素。如果我们只懂得以文学或"影戏"方法进入影视,其结果便是只能鉴赏出影视片中的文学层面的内容,至于其他种种艺术方面,则可能会视而不见。这样的鉴赏,显然是不完全和不充分的鉴赏。其结果便是把一部影视片看作是影视化的文学作品,由此影视艺术也就从综合性的艺术变成了非综合性的文学的艺术了。显而易见,单纯运用文学或影戏的方法鉴赏影视片,已远不能适应影视艺术发展的现状。

二、以"影像"的视听方法进入影视作品

影视艺术发展到当代,在观念上所产生的根本变化是以"影像"观念逐渐取代文学和影戏观念。影视所涉及的其他种种艺术方面,不再被看成文学的附庸,不再被看作只是将文学剧本化为可见的画面,而是具有了独立美学品格的构成元素。影视创作者正以更加自觉地姿态去探求和发掘这些艺术的表现可能性,甚至有意识地在淡化文学的同时,把原先由文学来承担的表情达意任务转到其他艺术方面。淡化性格、淡化情节、淡化冲突已成了一种艺术的时尚。这样,就是在鉴赏那些故事性较强的影片时,也常使那些仅懂得以文学方法进入影视作品的鉴赏变成不完整和不充分的鉴赏。如在影片《邦尼和克莱德》中,人物和故事占有重要的地位,但运用文学的鉴赏方法,可能不会注意到这样镜头所蕴含的性和暴力的象征意义:克莱德一面把枪递给邦尼看一面挑逗似地扭动嘴里的火柴棍,此时邦尼敬畏地摸着枪管;在《城南旧事》中,散文化叙事风格充满文学的氛围,但运用文学的鉴赏方法很可能会忽视影片中模仿英子目光的仰拍角度;在美国影片《飞越疯人院》中,男主人公从进疯人院到被摧残致死便构成了相对完整的故事,因而运用文学的鉴赏方法也可能不会注意到为什么影片要运用大量的固定长镜头,画面构图又为什么那么封闭和均衡……这些影片,包括目前我们所能看到的绝大多数影视作品,实际上都程度不同地为以文学的方法鉴赏影视

片提供了可能,同时也为以"影像"方法或其他艺术方式进入影视片提供了可能。当影视创作者把其他艺术元素的表现潜能摆在与文学元素同等重要、甚至更加重要的地位时,那种仅以文学的方法对影视片进行鉴赏,自然就显得捉襟见肘了。在这种情况下,运用"影像"的视听方法鉴赏影视作品就显得非常重要。

以"影像"的视听方法进入影视作品与以文学和"影戏"方法进入影视作品的最大区别,是它把鉴赏的关注中心放在影像的视听造型上,而不是放在故事情节和戏剧冲突的展开上。以"影像"的视听方法鉴赏影视作品看重的是影视画面的构图、色彩的运用、光影的配置、镜头的选择、声音的功能、场面的调度等。总之,它更看重影像的造型表现力。因而,对于那些强化影像的造型表现力和注重画面处理效果的影视片,鉴赏者只有调整自己的鉴赏习惯,有意识地激发视听的感受力和想象力,调动造型思维和蒙太奇思维,运用影像美学知识来鉴赏影片,获得更切合影视作品艺术层面的认识和见解。

在英国影片《法国中尉的女人》中,有这么一场戏:男主人公切尔斯在向未来的岳父提出和欧内斯蒂娜结婚的请求后,与未婚妻一起走在海堤边。这时他看到海堤弯弯曲曲地伸向大海的尽头,迎着风浪站着一个披黑色斗篷的女人。他一边跑一边喊,要那个随时都可能被风浪掀下大海的女人赶快离开。那个披黑色斗篷的女人掉过头来,在迷蒙的水中露出一张掩藏在斗篷里的忧郁而清秀的脸。这就是影片中的女主人公莎拉。在以文学和"影戏"的方法进入影片的受众眼里,鉴赏这场戏是不难的。当切尔斯刚刚和欧内斯蒂娜订婚时,他在海堤上碰到了莎拉并流露出了同情。鉴赏者通过莎拉那忧郁却又充满魅力的眼神,不难推测到影片的三角恋爱的格局。然而一个以"影像"视听方法进入影片的鉴赏者,面对这样场景,头脑中所联想和思考的却是另外的一些问题:譬如,导演为什么要选择这样一条弯弯曲曲地伸向大海的海堤?为什么要选择这样一个风狂浪急的时刻?又为什么要让莎拉背对镜头站立,再让她在一片迷雾的水雾中转过头露出忧郁的脸来?莎拉披着黑色的斗篷把全身包起来在画面中产生什么样的效果?……这些都不是从情节内容,而是从画面的设计和镜头处理中引出来的问题。鉴赏者经过仔细地解析便不难得出这样的认识:导演在莎拉一出场时,便有意把她置于某种危险的境地,渲染她某种神秘色彩。这就不仅使切尔斯,而且使受众不由地会去关心莎拉的命运,会对这位美丽而忧郁的女人产生深深的同情。① 显然,以"影像"的视听方法和以文学、影戏方法进入影片的鉴赏结果是不同的。在以文学或影戏方法鉴赏过程中未被选择或被忽略的镜头、画面造型等艺术元素,很有可能在以"影像"的视听方法鉴赏过程中得到弥补和恰

---

① 颜纯均:《电影的解读》,中国电影出版社1995年版,第52－53页。

当地分析和解读。

我们以上论述的两种一般的鉴赏方法。这两种方法不是水火不相容的,而是相辅相成,可以兼而用之的。一位高水准、经验丰富的影视鉴赏者,应当既能以文学或影戏的方法进入影视片,又能以影像的视听方法进入影视片。他以这种方法进入,又以那种方法进入;在不断地进去又出来的鉴赏过程中,他便能把以不同方法进入影视作品所获得的艺术感受和审美判断互相参照,在分解中达到新的综合。他既能旁征博引,又能探幽烛微。不管是进去或出来,都能找到艺术的话题,都能独具慧眼,独抒己见。但愿能有更多的影视受众,特别是大学生们通过努力能达到或接近这样的影视鉴赏境界。

思考题

(1) 简述影视艺术鉴赏的涵义和特点。
(2) 若从文学角度进行鉴赏,应选择影视作品的哪些方面?
(3) 结合实例谈谈如何鉴赏影视作品的画面和声音?
(4) 以中国当代一位导演为例,谈谈他作品的民族风格。
(5) 影视艺术鉴赏需要什么样的步骤?
(6) 影视艺术鉴赏有哪些方法?

拓展阅读

(1) 孙宜君:《影视艺术鉴赏学》,中国广播电视出版社2002年版。
(2) 颜纯均:《电影的解读》(修订版),中国电影出版社2006年版。
(3) 吴贻弓、李亦中主编:《影视艺术鉴赏》,北京大学出版社2004年版。
(4) 陈旭光、戴清编著:《影视鉴赏》,北京大学出版社2009年版。
(5) [美]路易斯·贾内梯:《认识电影》第十二章"综合分析影片《公民凯恩》",胡尧之等译,中国电影出版社1997年版。

第十二章 影视艺术批评与写作

影视艺术批评，又称影视艺术评论，是影视观众对影视作品和影视现象进行艺术分析和审美评价的审美思维和审美实践活动，是影视艺术鉴赏的一种物化形态——高级形式。影视批评者依照自己的批评标准、审美感受、审美判断来进行，评定影视艺术作品的优劣高下。从事影视批评的，既可以是专门的影视批评家，也可以是一般的影视观众。影视批评是连接影视鉴赏者和影视创作者的桥梁，又是促进影视创作的助长剂和培育影视理论之花的沃土。

第一节 影视批评的特性与功能

一、影视批评的特性

影视批评属于艺术评论的一个分支。它既有一般艺术评论的共性，又带有自己作为银幕艺术评论的独特性。

1. 影视批评是以影视作品为主要对象的评论

普希金在《论批评》一文中曾说："批评是揭示文学艺术作品的美和缺点的科学。它以充分理解艺术家或作家在自己的作品中所遵循的规则，深刻研究典范的作用和积极观察当代的突出现象为基础的。"[1]普希金在此谈论的对象虽是文艺批评，但对影视批评显然也是适用的。影视批评也可以说是揭示影视艺术作品的美和缺点的科学。一方面，它所评论的对象首先指具体的影视作品，其次也可以包括与影视艺术作品相关的影视艺术现象，如对影视艺术家的评价，对影视诸种构成元素的探讨，对电影历史流派、思潮的介绍等等。当然影视批评的重

---

[1] 《古典文艺理论译丛》第2册，人民文学出版社1961年版，第153页。

点对象还是影视作品。一切与影视作品完全脱离的写作行为都不是真正的影视批评。另一方面,影视批评既然是以影视作品为主要对象,那么在操作上就必须带有"影视"的特点。如在内容上,必须体现出评论者对影视特性和影视知识的了解和熟悉;在作品和艺术现象中,必须遵循和体现影视的艺术规律。

从影视批评的本体来理解,它的主要对象是影视作品,而其操作的具体形态应是"评论"。既然是一种评论,就应符合"评论"写作的一般规定的要求。所谓"评论",它是从直接的现实目的出发,按照评论对象自身的形态、性质、特点,并依据其所属范畴的客观规律,对它作出恰当的分析和评价。影视批评与学术性的影视理论和影视史研究不同,影视批评以"评"为中心,"论"为"评"服务,而影视理论和影视史研究则以"论"为主,重在阐明理论问题。一般地讲,影视批评重点关注的是一部或若干部影视作品的具体判断问题,即局部的影视现象问题;影视理论重点关注的是尽可能多的影视作品的整体或类型的特点和规律的概括性问题,即整体影视现象或影视类型问题;影视史重点关注的是影视发展的历史线索、趋势和对历史材料的探讨研究。在现实中,我们看到常常有一些"影视批评"的文章,一味地、大量地复述影视作品的故事情节内容(如影片介绍、影视新闻、创作简述等),或纯粹地作自我思想、艺术观念的发挥而不对影视作品进行"评论",应当说,这些文章并不是严格意义上的影视批评。这些是我们在认识影视批评特性时要加以注意的。

2. 影视批评是影视鉴赏活动的一种完成形态

从审美过程来看,影视艺术鉴赏活动是一个完整的审美认识和审美评判的过程。在这一过程中,鉴赏者通过自己的感官接触影视作品,便产生了审美感知,然后进行审美联想和想象、审美情感理解得到一定的认识,最后再经过审美综合获得审美的判断和评价,即获得影视鉴赏的完成形态。影视鉴赏的完成形态大致可分为两种情况:一种是个人化的完成形态。它主要体现在影视鉴赏者个人的审美感受和审美认识方面。影视鉴赏者通过自己的感官观看影视作品,借助于自己的艺术修养、审美经验和生活经验等,对影视作品中的人物和事件等内容进行认识和理解,并获得一定的审美认识和审美判断。当鉴赏者感觉到自己确已领悟和理解一部影视作品的思想和艺术的蕴意时,这种自始自终纯属他个人的审美鉴赏活动,也可以说已经基本完成了。当然,这种审美认识和审美收获也会潜移默化地转化为一定的精神力量,对他的行为产生一定的影响。并且,随着他生活与艺术实践与情感活动的日益扩展与深入,他所得到的审美认识和审美收获,也会通过不断地或自觉不自觉地"回味",以及与新的审美收获相联系,而变得更加充实、丰富和深厚。另一种是社会化的完成形态。这种形态主要体现在影视鉴赏者将自己的审美收获转化为物质文化形式——影视批评方面。

当一个影视鉴赏者业已基本完成了他的"个人"的对于某一部影视作品的审美鉴赏后,把自己的审美鉴赏收获通过写作的活动转化为"影视批评"这种形态时,他实际上就已经在试图进入影视审美鉴赏新的层次和高级阶段。影视鉴赏者借助于影视批评达到了与影视作品创作者、研究者和其他观赏者的审美交流。虽然,座谈、讨论等形式的审美收获交流,同书面的影视批评并没有本质的区别。但一般地说,因为仓促和用口头语言表达的审美交流并不如书面的影视批评表达得周密、完整和深入。影视批评活动"不但会使自己个人的审美鉴赏活动,因此而获得社会化的精神的与文化的现实品格,而且会使之产生直接的社会的与艺术的实际效应。这时,他的审美鉴赏收获,就不再是他自己所私有的,而且已成为整个社会的共同精神文化财富。同时他个人的既定身份,也当然会因之而'升格',成为一个从审美鉴赏活动方面,积极参与并且直接参与现实生活实践的'社会人',使自己的本质力量的实现,成为可见的。"①因而,影视批评作为一个完整的审美认识过程,作为影视鉴赏活动的终极完成的高级形式,有着重要的价值和意义。

二、影视批评的功能

影视批评功能大体表现在引导观众、激励创作、推进影视文化普及三个方面。

1. 对观众鉴赏的指路架桥的引导功能

影视艺术是形象直观的现代艺术,也是最为普及的大众化艺术。数量庞大的观众群是影视艺术、影视事业赖以生存、发展和兴旺发达的前提和保证。然而问题的另一面,数量庞大的观众群几乎包括所有社会文化层次和各阶层人物,而且其中文化层次较低的人们还必然占有很大的比例。这些人不但因为文化层次较低而缺少必要的影视知识和艺术修养,在对影视作品内涵、影视语言的含义、影视艺术技巧的领悟理解上存在相当大的缺陷;而且由于道德观念、思想素质、生活经验、文化心理结构、社会态度等方面的复杂多样,其中有相当多的人固守传统、因袭旧有,视域狭窄。这些,在影视艺术鉴赏活动中,都有可能形成接受的障碍。庞大的观众群中就是连那些自身的文化层次比较高的人,也因种种原因,对影视艺术特性、规律、专门知识等知之甚少,同样会使他们成为影视艺术鉴赏的门外汉。面对形式独特有创新性、思想内涵蕴藉丰富的影视作品,他们的理解往往会隔靴搔痒甚至还会出现误解。因而,这就需要影视批评对观众进行引导和帮助。

---

① 舒其惠等:《影视学教程》,湖南师范大学出版社1994年版,第354—355页。

影视批评的主要任务是揭示影视作品的思想艺术特点和评定其思想艺术价值。同时,影视批评还具有"解释艺术作品和培养审美感",从而"把读者引入完全可能被忽略的那些事实范围之内"①的责任。优秀的影视批评能够从理性的高度,对影视作品作出较为客观全面的阐释,从而引导广大观众更好地欣赏各种类型包括艺术性较强的影视作品。如陈凯歌执导的影片《黄土地》初上映时曾引起种种非议,不少观众对其淡化情节、散点叙事和凝滞的画面表示不解,使该片差点在观众的冷遇中销声匿迹。后来由于王志明等同志发表评论进行阐释和引导,使观众逐渐认识到《黄土地》不同于以往描写婚姻的情节片。它对传统的电影语言体系做了较大突破,影片的突出之处在于具象性的逼真再现与象征性的哲理观照的有机结合的造型风格。情节的淡化,目的是为了淡化观众对女主人公翠巧具体命运的过度关注,强化对形成"翠巧们"命运的生存环境和民族心态的思考;凝滞的画面、黄色的色彩基调,银幕上展现的厚重苍凉的黄土高原和滞缓流淌的黄河,仿佛使人感受到民族历史发展既沉重又不屈的步履。《黄土地》用电影造型语言来传达对中华民族悠悠历史文化和民族精神的追溯和反思。评论家们以出色的极有见地的影视批评在创作者与欣赏者之间架起一座桥梁,"通作者之意,开览者之心",帮助观众更好地感受、理解影视片,获得更多的审美享受。

2. 对影视创作者的"扶持奖劝"的激励功能

影视批评对影视创作者的"扶持奖劝"功能主要表现在两个方面。首先,在影视艺术创作完成之后,创作者常常强烈地渴求了解观众和评论界对自己作品的价值评判。他们不仅需要通过评论来证实自己的价值,而且还需要通过评论看到自己的不足,并从中了解当前观众的期待视野和观赏兴趣。影视创作者最苦恼的是评论界对其作品的冷淡和沉默。果戈理在谈到自己的作品时说:"我多么希望每个人都能向我指出我的缺点和毛病!哪怕是对我进行嘲笑,出言不逊,偏颇失当,恼怒、愤恨——什么都行,只要把意见说出来就好。"他认为"一个决心指出别人可笑之处的人,就应该理智地接受别人给自己指出的弱点和可笑之处。"②不管影视批评中意见是批评的还是赞扬的,对影视创作者来说都是极为有用的。即使影视批评针对的是别的创作者的作品,那么创作者也能从这种对别的创作者作品的评价中吸取经验教训,从而确立自己的创作定位。其次,在影视鉴赏过程的最后阶段影视批评写作会自然地具有指导、激励创作的作用。一方面,影视批评所包含的肯定和否定两种基本审美判断都会对创作者产生作

---

① [美]艾略特:《批评的功能》,《美国作家论文学》,刘保端,等译,三联书店1984年版,第179页。
② [俄]果戈理:《剧场门口》,郭家申译,《春风》文艺丛刊1979年第3期,第2页。

用。创作者可以从肯定中认清自己的优点,也可以从否定中反思自己的缺点和不足。另一方面,影视鉴赏者不同的审美感受、体验、认识,在评论中往往表现为观念、情趣、倾向各不相同的读解、分析、阐释与争论。这不但会明显促使影视作品内涵的呈现,而且会极大地扩展影视作品的外延。一些艺术表现手段隐藏、思想内容有争议的影视作品往往因受到批评或被争议而引起观众的观赏兴趣,这恰恰从反面扩大了这些影片的影响。

3. 对影视文化普及"推波助澜"的推进功能

影视艺术是有着显著现代意味的艺术文化。与传统艺术的受众面相比,它有着雅俗共赏的大众化审美特性,也是当今世界最普泛的大众化传播媒体。它在艺术形态和信息传播方面有着自身特殊的文化品格。要使最广大观众都能正确而深入地领悟和理解,有赖于影视文化知识的普及和提高。而目前我国的整体民族文化水准,尤其是影视文化的普及程度都不高,与现代生活和世界潮流对照还相当落后。因而,以品评影视作品为职责的影视批评理所当然地应承担起普及影视文化的重任。它不但应当在传播影视知识,纠正观众的认识偏误,传播正确的读解影视作品方法与技能,提高群众的审美鉴赏水平等方面担负着主力军的重担,而且可以通过影视批评的实践活动,不断地深化和发展影视艺术理论,在民族影视文化的建设方面,起到推波助澜的重要作用。

第二节 影视批评的原则与方法

影视批评也像其他艺术评论一样,有一定的操作原则和方法。原则是影视批评应遵守的准则,方法是影视批评要采取的手段。对于影视鉴赏者来说掌握影视批评的原则和方法是非常必要的。

一、影视批评的基本原则

1. 要坚持实事求是的科学精神

实事求是是辩证唯物主义的核心,对影视批评来说,就是从评论对象的实际情况出发,好处说好,坏处说坏,而不能采取主观片面的态度,一说好就绝对的好,恨不能"捧之上天";一说坏就绝对的坏,恨不得"按之入地"。好处说好,坏处说坏,是影视批评者最基本的品格。实事求是的评论来源于对客观对象的真切认识和评论者的彻底唯物主义态度。影视批评的价值评判要围绕着作品来作,不要因人废文,也不要因人抬文。"实事求是"是严肃认真的科学分析结果。影视批评要做到实事求是,必须做到以下三点:第一,必须如鲁迅所说的要"顾及全篇,并且顾及作者的全文以及他所处的社会状态"。也就是说,影视批评应站在全局去评论局部,评论影视作品要顾及作品全部,而不是摘取其中一两句台词、一个细节或一个场面来代替作品的全体,断章取义地妄加评判。一部影片是一个整体,影片的思想意义和艺术价值是通过作品的整体体现的。断章摘句式的评论是片面的评论,不可能正确地揭示影片的成就与不足。第二,必须采取"看作品总倾向"的态度。十全十美的影视片实际是不存在的,大多数影视片是瑕瑜互见的。评论时根据什么肯定它或否定它呢? 就要看它的"总倾向"。一部影视片的价值主要是由它的"总倾向"决定的。第三,必须提倡"评论自由"、允许争议。评论应提倡"自己思索,自己做主",允许有不同的看法和意见,允许反批评。英国电影理论家林格伦曾说:"我说的评论,是指通过两种方式充实起来的享受:首先通过尽可能充分意识到这种享受而感到的愉快;其次,因此能同其他人进行讨论而感到的愉快"。影视批评中的争议是自然的现象,有争议的作品未必平庸,平庸的作品反倒是不会有争议的。

2. 要坚持历史唯物主义分析方法

列宁曾说:"在分析任何一个问题时,马克思主义理论的绝对要求,就是要把问题提到一定的历史范围之内。"列宁一语道出了历史唯物主义分析方法的精髓。在分析一部反映特定历史事件的影视作品时,影视批评者应以作品的历史特征为出发点,无论从作品的思想意义,还是作品的艺术价值来说都是如此。评论者必须熟悉作为作品基础的历史情况,不要从主观出发,用今天条件下的标准去衡量几十年前的人和事件。如果不这样,那么即使你政治立场站稳,而思想方法上却犯了主观性和片面性,在评价作品时就不可避免地会犯反历史唯物主义的错误。另外,在评价一部过去时代创造的影视作品时,评论者应以那时的艺术历史为依据,不要离开艺术的历史条件。因为在不同的历史时代,艺术创造的过程引导的审美创造力和审美感受力是不同的。如果离开艺术的历史以及作为形成艺术历史依据的社会发展的历史,影视批评同样会陷入反历史唯物主义泥淖。比如,对于经典影片《公民凯恩》的评价。在今天看来这部影片所体现的电影审美观念和独具新意的多视角的现代叙事结构已并不新鲜;影片中所运用的"景深镜头"、"闪电式交替"、长镜头段落、运动摄影、音响蒙太奇等电影手段和技巧已属司空见惯。可是,当我们用历史唯物主义的眼光,结合 1941 年电影艺术历史来审视,就会惊叹这部影片对传统审美观念的大胆突破,以及对电影语言及视觉技巧的锐意革新;我们就会无比钦佩导演奥逊·威尔斯的天才创造力。难怪这部影片经常被称为有史以来最伟大的作品之一;难怪法国著名导演特吕弗在 1975 年就指出:"从 1940 年以来,电影史中一切有创见的东西都来源于《公民凯恩》和让·雷诺阿的《游戏规则》"。法国电影评论家巴赞称赞这部影片为

"从形式到理念,这都是一个意义重大,果实累累的贡品",奥逊·威尔斯完全"有资格在电影史庆功的凯旋门的显赫地位上刻上他的名字。""这部影片的问世(1941年)恰好标志着一个新的时期的开始,也因为这部影片打破了常规,因成为最令人瞩目,意义最重大的一部作品。"

3. 要坚持从分析影视作品的艺术形象入手,具体问题具体分析

影视作品是通过声画手段塑造的艺术形象来表达创作者思想和感情并反映社会生活的。评论者必须通过具体的影视作品鉴赏,完整地感受艺术形象、分析艺术形象,进而对影视作品作出正确的审美评价。严格地以影视作品为依据,从影视作品所提供的事实出发。譬如,你要分析人物形象,就应从影视片为这个人物所提供的生活环境、言谈举止等事实入手,研究这样的人物是不是真实的、具有典型性的。如果它是真实的、典型的,那么评论者就进一步用自己的看法,思考一下它们产生的原因,甚而分析影视片是用什么手法塑造这一人物形象的,等等。另一层含义是,根据影视作品事实作出评论者的审美判断,正确地引导读者。影视作品中有什么东西,就指给读者什么东西看。不要离开影视作品的事实,一心想象作品中没有的东西或应当有的东西。只有这种从事实出发的现实的影视批评,才是符合马克思主义的"具体问题具体分析"的原则的影视批评,才会对观众有一定的意义。

综上所述,坚持实事求是的科学精神,坚持历史唯物主义的分析立场,坚持从影视作品的艺术形象入手、具体问题具体分析,这就是我们应当遵循的影视批评的基本原则。

二、影视批评的一般方法

在影视批评的过程中,鉴赏者所运用的评论方法具有至关重要的意义。影视批评者要根据自身的情况和评论的目的,善于选择和运用具体的评论方法。因为影视艺术的综合性特性,影视批评的方法呈现出多元状态。在这里,我们只介绍几种主要的评论方法。

(1)分析综合方法。分析综合方法也是逻辑思维方法。影视批评中的所谓分析,即把影视作品或其他评论对象分解为各个部分、各种因素,并分别加以考察的方法;所谓综合,是指把影视作品或其他评论对象的各个部分、各种因素结合起来,将其作为整体加以研究的方法。分析和综合虽是两种不同的逻辑方法,但二者又是密不可分的。一般地说,人们认识考察事物,是要先从具体材料入手分析,通过由浅入深、由此及彼、由近及远的分析过程,来达到对评论对象的全面把握或整体认识。当然,在分析之前,评论者通过影片观赏对评论对象已经有了一定的综合性认识,因为如果评论者对评论对象没有一定的综合性认识,那么分析也就无法谈起。分析和综合是不可分割的统一体,影视批评对二者都要运用。不过在具体运用中其先后方式可以不同。有的评论写法上往往先提出总的论点和对作品的评价,然后,提炼出几个分论点,分别用作品中的事例加以论证,最后归纳得出结论,使总论点进一步深化。如《关于影片〈重庆谈判〉的文化思考》(姚莉)①一文,就以开门见山式的开头提出论点:历史巨片《重庆谈判》的审美价值,不仅在于它真实地记录了历史原貌,更在于其中熔铸着当代人对历史的文化思考与评价。接着提出三个分论点,从国共两党代表两种文化、毛泽东与蒋介石斗智斗勇中透露着不同文化情趣、编导的文化思考等三个层面加以论证。全文紧紧围绕"文化思考"这一核心命题展开论证,综合—分析—综合,逐层深入,逻辑性强。有的影视批评是先逐层分析、分点论述,最后综合归纳得出结论。如《永远的魅力——电影〈人到中年〉赏析》(森桂)②一文,先阐述影片注重表现人物形象,逐层论述如何多方面塑造陆文婷这一典型形象,最后得出结论是:影片《人到中年》的艺术价值就在于塑造了陆文婷这样以崇高的人性为内在性格支柱的形象;其感人的艺术魅力也正在于以真情和挚爱呼唤着世人的爱心。分析综合方法是论说体评论中最基本的方法之一,也是运用最广泛的一种评论方法。

(2) 社会—历史方法。社会—历史的方法是文艺批评史上历史最悠久、影响最大的方法之一。社会—历史方法的基本特点是:力图把艺术现象和艺术作品放在特定的社会条件下,从复杂的社会联系中考察它的本质特点、社会内容、社会价值和社会意义等,它的着眼点在于艺术的社会—历史属性,把艺术作为一种社会历史现象来分析。影视批评的社会—历史方法的着眼点在于影视作品和影视现象的社会联系,它要重点关注的是评论对象的社会内容和社会价值方面。如考察影视作品中人物和事件的真实性、典型性,评价影视作品的思想内容、社会价值和进步意义或创作者的社会理想,分析作品在艺术上的创新意义等。这类影视批评文章非常普遍,在报刊上十分常见。如"《荆轲刺秦王》:人性的再勘测与历史的再叙述"(王宏图)③、"《开国大典》:瑰丽多彩的史诗"(章柏青)④、"深沉地呼唤精神文明——《香魂女》赏析"(刘宗武)⑤等。这类评论著作数量也不少,如《大潮初动——论中国电影与社会》(王志明)、《中国电影文化透视》(张成珊)等。

(3) 比较分析方法。俗话说:没有比较就没有鉴别。比较分析是一种基本

---

① 《电影文学》1994 年第 9 期。
② 王宗法等主编:《当代电影名片赏析》,海峡文艺出版社 1995 年版。
③ 《文学报》1999 年 10 月 14 日。
④ 《电影之友》1989 年第 11 期。
⑤ 王宗法等主编:《当代电影名片赏析》,海峡文艺出版社 1995 年版。

的思维方法,在艺术评论和研究领域被广泛使用。比较分析运用于影视批评中,就是把评论的影视作品放置于历史与时代交叉的艺术坐标中,找准其应有的地位,通过纵向和横向的比较分析,认识其思想、艺术成就及审美价值。比较分析又可分为纵向比较和横向比较两类。

纵向比较,就是将所评论的影视片同影视艺术史上同类作品进行比较。比如,在20世纪80年代初,谢晋导演的电影《高山下的花环》放映后,有的评论把它同我国20世纪五六十年代的军事题材影片进行比较,从而发现那时的军事题材影片,大多正面描写战斗的历程,歌颂某种军事思想,或战略战术原则的英明正确,通过战斗塑造英雄人物性格和品质。影片《高山下的花环》则突破了这种框子,把战争和人的位置进行了颠倒,基本上把战争、战斗推到了后景或仅作局部的描写。影片写的是一个连队,主要情节虽都发生在部队里、战场上,可是反映的内容却远远超出了部队和战场的生活领域,紧紧和20世纪70年代末各种社会问题、社会现状、社会风气、社会情绪交织在一起,具有很大的辐射力,为军事文学的社会化迈出了重要的一步。影片中的英雄人物梁三喜,高大而不神化,纯洁而未净化;甚至还塑造了像赵蒙生这样从怯者到勇者、从个人主义到无私奋战的英雄形象,像靳开来这样"牢骚大王"式的英雄形象。这些人物显得有血有肉,具有很强立体感和真实性,让人觉得可亲可敬。再如,我国在20世纪70年初和20世纪50年代初分别拍摄了同名影片《南征北战》,将这两部影片进行比较,我们可以看出两部影片不同的时代特征和思想艺术上的差异。20世纪50年代的《南征北战》是一部以高视点、全景式地把握革命战争的史诗式影片。它通过广阔丰富的战斗生活和宏伟壮观的战争场面,描绘了波澜壮阔的革命战争历史画卷。主题集中,风格朴素,描写人物不脸谱化。影片虽是黑白片,却比较注意生活的真实,服装、道具、场景都力求真实,与演员朴实的表演相融合,从而给后人留下一种难得的甚至难以企及的历史风貌美。而相比之下,20世纪70年代初重拍的《南征北战》是彩色影片,在表现历史事件时较多地脱离生活真实,表现正面人物和反面人物都显出概念化,人工斧凿的痕迹较重。在影片中正面英雄人物都穿着崭新的色彩鲜艳的服装,即便是炮火连天,身上也没沾一点灰;英雄人物多豪言壮语,而敌人则都是草包加笨驴,不堪一击。很显然,后拍的《南征北战》的思想和艺术成就远不及先拍的《南征北战》。

横向比较方法,就是将评论的影视作品或现象与同时期的影视作品或影视现象进行比较分析。譬如,我们评论影片《开国大典》在塑造领袖人物形象方面的成就时,就可以将它与同时代的同题材影视作品进行横向比较。同是20世纪80年代反映革命历史斗争题材的影片如《四渡赤水》、《南昌起义》、《巍巍昆仑》、《西安事变》等。这几部影片对领袖人物的刻画都程度不同地存在着概念化、脸谱化和生活单一化情况,其人物塑造大多是形似,很难做到神似。而《开国大典》在塑造领袖人物形象上有重大突破。影片集中对两种政治力量和历史趋向的代表人物毛泽东与蒋介石作了深入细致的刻画。其中在真实再现他们作为政治家的政治建树和历史性格的同时,更以工笔细描的手法,特别是选用许多细节,来表现其家庭生活和个人情怀。让人真切地感受到,他们既是呼风唤雨的历史人物,也是人情俱全的人父人子;领袖的独特气度和常人的喜怒哀乐融为一体,充分显示出的恰恰是逼真的人生状态,更具有丰富深邃的历史内涵。再如,"时代精神的深化——电影《咱们的退伍兵》、《迷人的乐队》漫评"(章柏青)一文,运用对比方法,既指出这两种影片写出了农村的伟大变革在各种各样人物心理上的投影,塑造了20世纪80年代的农村新人形象以及在喜剧形式上创新等共同特色,同时又阐述了两部影片的各自特色:《咱们的退伍兵》在注重人物塑造时,又讲究情节的跌宕起伏引人入胜;而《迷人的乐队》在注重对人物个性刻画时,又重视喜剧场面的描绘和细节场景的选择。

在讲比较分析方法应用时,还应提到的是跨国家或跨语言的比较分析。在19世纪中叶后,西方形成了"比较文学"的评论方法和流派。它为艺术评论开辟了新的领域,提供了新的评论思维和途径。正如钱钟书所说,比较文学是一种"跨越国界和语言界限的文学比较"。它在方法体系上无疑是以"比较"为中心。影视批评的比较文学方法,就是将不同国家或地区的影视作品进行比较评析。如将国产优秀影片与"进口大片"进行比较,将大陆影片与港台影片进行比较,将英、美、法等国影片进行比较等。通过比较,可以发掘各自不同的思想文化意蕴、美学追求、艺术特长与艺术短处等。如吴楠的《后现代黑帮片的形象消费——从〈够姜四小强〉和〈加油站被袭案〉谈起》对英国影片《够姜四小强》与韩国影片《加油站被袭案》在情节设置、风格化语言特色等方面异同作了一定的阐述和比较分析。

(4)影像读解方法。影像读解法是建立在影像美学基础上的一种评论方法。这种评论方法的特点是从影像入手,注重分析研究影视画面、镜头、造型、声音、构图、色彩等多种因素的传情达意功能。通过对影视诸种构成因素的读解,探究其中深刻的蕴含。运用这种方法,要求评论者具有较高的审美欣赏能力和影视理论基础。鉴赏影片时不要被表现的故事情节牵着走,而把主要读解精力放在影像上。从看似平常的镜头画面中,发掘出一般人意识不到的奥妙。这种影视批评是贴近影像本体,也是较难的评论,是一种高层次审美创造和审美享受。

"独放异彩的画面艺术——《红高粱》读解"(寇立光、李秀芝)就是一篇运用影像解读法而创作的影评佳作。这篇文章避开了人们惯常使用题材、主题、结构等文学的审视角度,而把关注的目光集中在影片画面的读解上。文章开头开门见山地指出:"《红高粱》的与众不同,主要表现在张艺谋对电影语言的追求和美学观念的更新上。具体地说,导演运用独特的画面造型,以雄浑粗犷的情调,给观众提供了观赏性较强的活动画面。"接着作者用较多笔墨对影片中"颠轿"、"野合"、伏击日军"等画面、场景作了条分缕析,还评析了色彩的选择和运用。文章最后总结:"《红高粱》的画面构图十分简洁、凝炼,多用特写镜头来突出主题。一张平平淡淡的脸,一只穿着绣花鞋的脚,一把剪刀,一片酒缸,一个酒罐……恰是一幅幅写意画。寓意丰富,使观众能通过联想去捕捉画外之景、言外之意、弦外之音,从而深刻地感受和认识生活。"像这样的影评,确实抓住了影像的特性,对于指导观众更好的理解《红高粱》的画面艺术确有帮助作用。运用影像读解法的优秀影评我们还可列举很多,如陈犀和先生的《影像美学的崛起》一文对影片《一个和八个》中的构图、色彩、造型等因素,也作了非常精辟的读解和阐释,读后也给我们以启迪和导引。

(5) 微观剖析方法。微观剖析法又叫横断面切入法。就是从所评影视作品中撷取一个横断面;或一个场面、一个段落、一个画面,或一个细节、一个长镜头等,将其展开,进行细致入微的剖析。并由此伸展开去,论及影片的思想内容、主题、艺术特色、艺术成就等。放得开又收得拢,最后仍回到所谈的问题上来,从而取得以小见大的评论效果。我们在前面"影视片鉴赏的基本策略"一节中列举的,对《霓虹灯下的哨兵》中陈喜抛弃行军礼而改为招手细节的评析,就是运用了微观剖析法。再如王志明的《出"手"不凡——〈黄土地〉感言》一文,从影片中洞房花烛夜的画面突然切入一只黑乎乎的大手的描写谈起,细致地剖析了这只黑手出现的前前后后的情景,翠巧惊恐的表情和惊慌躲闪的动作,手的出现所产生的艺术效果,并由此生发开去评说影片的构图方式、描写人物的手法,以及"手"的象征性寓意和对作品主题的揭示意义等,以小见大,纵横捭阖,分析得既到位又深刻,见解独到精辟,确是运用微观剖析法的一个优秀之作。

(6) 消解分析方法。消解分析法也称解构法,是建立在后结构主义对作品(即本书)的基本理解基础上的分析方法。按照消解分析理论,一切影视作品都可以消解。消解不是评论者强加给作品的,而是作品内在自行消解。对于这一层意思,一般的观众没有消解理论是感受不到的。运用消解分析法读解影视作品的目的是,希望从每部作品的内部挖掘出其"最根本的矛盾之处",来证明使整部作品的表意大厦坍塌是可能的,从而证明作品自身(意义)已经自行解构了。王志敏先生在《现代电影美学基础》一书中曾运用消解分析法对经典影片《魂断蓝桥》进行解构性读解。

在观看《魂断蓝桥》这部影片的时候,观众要经常为罗依和玛拉两个人的命运担忧,但是更为玛拉的命运担忧。因为观众认为玛拉是无辜的,她应当得到保佑。由此我们生出对玛拉所抱有观念的憎恨。观众或许会认为,正是这种观念害死了玛拉,阻碍了她与罗依的最终结合。那么,我们是否可以说她的死是对当时社会制度的一种批判和控拆呢?看起来似乎如此。但从另一角度看,情况就截然不同了:玛拉必须得死,正是她的死才能使她保持在理想的高度上面,才能使罗依对她的爱保持在悲剧性高度上;玛拉死得其所,玛拉以她的聪明,从感觉和直觉上,透彻地理解了这个社会的基本规则;如果她活下来(这是完全可能的),或者,如果她天真地向罗依吐露真情,结果会怎样呢?观众没有理由担保罗依不会这样认为:这个女人竟认为她的行为是不算什么的,是有资格同我继续生活在一起的。或者我们还可以设想,如果罗依接受了她会怎样?观众在情感上接受的同时,可能会为他们两个人都感到美中不足,感到一种没有得到净化的遗憾,感到一种幸福团聚中的阴影。这就等于在冥冥之中接受了这个社会的一个基本规则,或者说,这部影片之所以能使观众感动,就是因为,它在批判一种观念的同时又接纳了它。它做出一种批判的样子,但是并没有批判。为什么这部影片现在仍然是感人的,是因为我们生活中的某些基本原则仍然存在着。

以上我们阐述了影视批评常见的六种方法。此外,影视批评方法还有精神分析方法、历史文化透视方法、女权主义分析方法、系统科学分析方法等。这里不再逐一阐述。这些评论方法只不过是从影视批评实践中总结出来的一些带有规律性的经验。实际上,在影视批评创作过程中很少单纯采用一种方法,往往根据内容和形式的需要,几种方法兼收并蓄,或以一种方法运用为主,辅之以其他方法。艺术贵在创新,影视批评也是如此。影视批评的创作应在吸收别人的经验和已有方法的基础上,充分发挥自己的艺术感受力和审美创造力,使影视评闪耀着理性和智慧的光辉。

第三节　影视批评的文体类型

影视批评的文体,是指一定的写作形态。即影视鉴赏者经过主观选择和实际运作之后,所写影视批评文章呈现出的客体形式的体式特征。由于影视批评的角度多种多样,影视艺术的特点异彩纷呈,观赏者的感悟和理解千差万别,影视批评的文体形态也各不相同。但总结历来影视批评的实践,归纳起来,大体有几种主要的文体类型,即评介型、赏析型、解读型、随感型、综合型、批评型、研究型等。

(1) 评介型——这类文章一般是用评论的方法介绍影视片内容,特别是介绍新片内容。评介结合,有介绍有评论。在介绍中要善于概括,抓住影片的精华,从大处着眼来叙述,其中当然包含了作者的主观评价和客观阐述。其内容介绍最常见的是剧情简介或故事梗概,也有的介绍历史背景,有的介绍人物性格,有的介绍思想蕴意,有的介绍艺术特色等。这类文章基本上采用夹叙夹议的手法,不同于电影故事或影视片介绍。它既是写给那些没有看过影视片的人看的,让他们了解影视片的内容,又是写给那些看过影视片的人看的,帮助他们加深对影视片的理解。例如影评《医生、杀手、他的妻子和他的情人——〈这个杀手不眨眼〉评介》(洪帆)、《欲望无法则——谈〈美国美人〉》(余妹)、《真实的梦境与梦境中的真实——评〈黑客帝国〉》(赵志红)等文,既有剧情的介绍,又有对影片的思想和艺术的评析。因此,它既能让那些没有看过影片的人了解故事的大体内容,又能帮助看过影片的人抓住精华。评介型影评文章有以下几个特点:一是在介绍故事梗概或剧情以外,也可以涉及到介绍导演、演员和拍摄之中的一些情况(这部分内容可以单独列出,也可融入文章);二是文章叙述不是很具体地顺从情节的发展,而是画龙点睛式的,从观点出发来介绍的;三是在影视片的介绍中可以发表自己对这部影视片的看法,或对思想和艺术略作评析,也可以把它放在同类作品中加以比较。

(2) 赏析型——这类文章主要是针对那些质量属上乘或较为上乘的影视作品,也有主要针对质量一般但有突出优点的作品。影视批评者大都怀着赞赏的动机,根据自己的审美发现,具体地、细致地、深入地阐明和分析评论作品自身所固有的美质。在对其作出明确的肯定性的评价基础上,把它树为典范,从而帮助广大影视观赏者领略该作品的思想内涵、艺术奥妙和美的风采,进而悟出成功的影视作品自身的艺术构成规律和表现特点。同时,自然地会对一般影视创作者日后新的实践,具有启迪意义。例如,《名著改编的成功范例——电影〈祝福〉赏析》(大海、生贵)、《贵在使人警醒——看电影〈开国大典〉》(钟艺兵)、《净化心灵的悲喜剧——〈喜盈门〉赏析》(庞守英)、《分裂的力量——从〈月蚀〉看新电影的表意策略》(陈晓明)等,都是较典型的赏析型的影视批评文章。赏析型影视批评文章有以下特点:一是评论的对象或现象,一般应是相当大多数人所公认的优秀影视作品或有一定创见的作品;二是评论者虽从主观感知出发,但尊重评论对象的实际,而且一般不作较多的生活和艺术发挥;三是评论的宗旨在于帮助观赏者进一步体认或确证自己对这类影视作品的审美感知。

(3) 读解型——这类影视批评文章主要是针对那些在思想内容上较为深刻,或在艺术形式上较为新颖,或者以上两种特点并存的影视作品。对于这一类影视作品,一般影视观众在思想领悟或艺术理解上,普遍感到存在着较大的接受障碍。影视批评者所作出的写作努力,是凭借自身深厚的学养,根据自己读解作品时的审美感悟,准确而科学地分析和阐释评论对象内在所潜藏着的蕴含,在对它们作出可信的审美构成分析的基础上,揭示其艺术奥秘。从而帮助广大影视观赏者,由认知这类影视作品在思想上或艺术上的既定追求和独特形态,进而了解高深的影视作品的思想建构和审美风貌。促使他们辩证地对待旧传统,科学地认识新现象,改变观念,增加新知识逐步适应新的艺术规则,不断提高审美鉴赏水平。同时,也激励其他影视创作者对作品思想深刻性和艺术新潮的普遍而自觉地追求。这类读解型的影视批评的特殊作用和写作宗旨,主要是开发群智,推介新知,扶持新艺术,推动艺术向前发展。这类影视批评文章虽为数不多,但我们还是可以例举一些,如"《沉默的羔羊》:好莱坞的新策略"(戴锦华)、"惊险片乎?政治片乎?——美国影片《第一滴血》评析"(章柏青)、"《霸王别姬》:电影中的印象主义"(张东钢)、"镜头对准民族生存情境和生命状态——影片《黄土地》的一种阐释"(寇立光、李玉芝)等。读解型影视批评的特点和写作要求主要有以下三点:一是评论的任务明确,在于解读影视作品,阐明新观念、新特点,传授新技能,从而帮助观赏者由作品和评论中认识和了解新的思维方式和鉴赏方法;二是评论中不可作不切实际的鼓吹,不应有任何的主观随意性和不恰当的个人发挥。三是评论文字不应艰深、晦涩和故弄玄虚,不可玩形式游戏,应力求通俗可读,深入浅出。

(4)随感型——这类影视批评多是评论者看完影视片后的观后感。其内容大多是对自己触动最大,感受最深之点,多涉及作品表层的外部。这类影视批评常用札记、心得、随笔的形式写出来,不需要面面俱到,只要抓住影片的一点或一个侧面——如一个人物、一个情节,甚至一句对话,一个细节深挖下去,铺展开来。文章的起点是在影片之中,结束也可能延伸到其他地方。它可以联系影视创作,或者社会现实生活、政治经济等方面的某一些问题展开议论。例如"中国电影的希望——百部爱国主义影片映展感言"(章柏青)、"发人深思,平中见奇——电影《邻居》漫评"(李泱)、"《一曲难忘》对我的影响"(严宝瑜)、"追寻中国电影的武侠乡愁——透视《卧虎藏龙》"(金涛)、"中国版的好莱坞——影片《西洋镜》观后"(刘一兵)、"说说电影分级制"(邵牧君)等文章,都是有感而发,行文洒脱。随感型影视批评的主要特点和写作要求:一是真诚坦率,秉笔直言,观点鲜明,个性色彩浓烈;二是行文自由,思路开阔,评论虽由影视或影视现象引发,但重点往往不在具体影视片的评析,而在于触发的感想,收得拢,撒得开;三是评论时效性强,几乎与作品播映同步,播映期已过往往就会时过境迁,因此要求评论者观后挥笔即成,及时发表。

(5)批评型——这类影视批评大多针对影视作品中的瑕疵、问题,揭露其中的矛盾和问题,提出质疑和批评。影视批评者主要从高度的社会责任感、严肃的

艺术精神出发,依傍自己对生活与艺术、社会与现实的深思熟察、洞幽烛微,以管窥知豹的眼光、防患于未然的态度,大胆而敏锐地指出和剖析评论对象所存在的问题。在对其作出深刻的思想艺术分析的基础上,开出医治的良方,指明解决的办法。从而帮助广大影视观众,由认清该评论对象思想和艺术的问题及其症结,进而提高知察一般影视作品的思想倾向和艺术质量的能力;也使他们能够在以后的影视鉴赏活动中,正确地辨识和对待有的影视作品和现象中的积极面与消极面,增强抵御和反对影视创作错误倾向的能力。同时,通过批评型影视批评,也帮助某些创作者认识自己既往的错误与不足,敦促他们在以后的创作实践中改正错误,选择正确的创作道路,创造出思想健康、艺术质量较高的影视作品。这类批评型影视批评如"走出军人的悲哀——评影片《炮兵少校》"(雷红)、"伟人、普通人及其他——谈影片《元帅与士兵》的失误"(章柏青)、"《画的歌》与动画电影观念——与胡依红同志商榷"(钱运达、马克宣)、"论发现—— 对于电影质量问题的思考之一"(李兴叶)等。批评型影视批评的特点和创作要求主要有以下方面:一是在文章中评论者充分调动自身的思想和艺术修养,通过摆事实、讲道理和逻辑推理,来阐发论证自己的观点,表明自己的主张和态度;二是评论者要比创作者和一般观众站得更高,看得更远,认识得更深刻,分析得更周密,文章应具有很强的概括力和普遍的适用性;三是评论者应怀有充分的善意,文章要严格地做到客观、求实、科学、公正,不可存有偏见,不得夸大其辞。

(6) 综合型——这类影视批评的视野较为宽广,评论的对象不局限于一两部作品,而常常是评论一个时期的作品,或是同一类题材、同一种类型的作品。评论者依傍自己丰富的知识积累和宏观概括力,对某些影视作品或某类影视现象作整体性的考察和全面性的观照。如"风行水上,激动波涛:中国类型影片(1977—1997)述评"(贾磊磊)、"路子宽些,再宽些——评《野山》兼议改革题材影片创作"(章柏青)、"荧屏热点:1996 回眸与回顾"(孙宜君)、"海峡两岸三地电影比较"(寇立光)、"平民化、真实化、世俗化——谈当前电视剧的创作"(周星)、"英雄·女性表象·他者观点——九十年代后期电影的历史叙事策略分析"(张亚璇)等。这些影视批评的共同之处是评论中涉及到许多影视作品,并对其作品作宏观性地评论和分析。综合型影视批评的特点和写作要求主要有以下方面:一是评论者应站得高,看得远,从大处着眼,宏观考察,对众多影视作品的特点和一个时期的创作倾向性问题要抓得准,分析得较透彻,对观众和创作者都有启发;二是评论者要掌握较多的材料,对自己评述的问题要持之有据,评述的内容可能只涉及几部影片,但对这类有关影片大都有一定的研究;三是评论因是总体的分析和评价,因而评析不能只注意或顾及其某一方面,应当尽量做到周密、翔实、稳妥和全面。

(7) 研究型——也称论文体,这类影视批评文章,大多是运用影视理论和艺术理论对影视作品或影视现象作较深入的研究和分析,揭示一些规律性特征和特点。这类影评文章以透彻的论理,准确的评析取胜。它不但对广大观众在欣赏上有指导意义,而且对影视工作者也有启发和帮助。这类影视文章很多,如"试析夏衍电影剧作的艺术风格"(王云缦)、"在喧嚣语境中的多元走向——对90年代中国电影策略的分析"(尹鸿)、"论中国喜剧电影的艺术变迁"(周星)、"论电视散文"(孟建)、"论电视纪录片美学"(胡智锋)、"现代视角:电视剧《水浒传》的深层改造"(李跃红)等。研究型影视批评的主要特点和写作要求:一是文章具有较强的理论性,有一定的高度和深度,可以从理论上揭示影视片具有规律性的特征;二是要求观点明确,论证充分,逻辑性强,有自己的见解;三是文章重点在"论",应通过材料事实的内部、外部联系使论述的展开比较充分,分析作品时,不要变成内容的复述,要以观点带材料。

上述的七种影视批评类型,只是为了研究方便,对一些优秀评论加以总结概括的写作形态,目的是供写作时参考。这几种类型影视批评虽然各有特点和写作要求,但彼此并没有高下轩轾之分。只要评论者对影视作品有所感悟、有所发现,充分调动自己的知识积累,并根据评论对象、评论意图及自己的写作特长来选择文体类型,精心构思,哪种类型都能写出优秀的影视批评来。

第四节 影视批评的写作要领

在现实生活中,我们常常发现有许多影视观赏者苦恼于不知如何撰写影视批评。也就是说,他们在观赏影视片后,不知该写作什么和怎样写。影视批评的写作过程,实质上就是调动评论者的各种相关知识、生活经验和理论修养,对影视作品进行评析的文字化表达的过程,也是建构审美接受客体的过程。影视批评的写作虽说关键在实践,但其中并非"无章可循",而是也有一定的规律和技巧。总结分析以往影视批评的实践,我们可以归纳出如下写作要领。

一、重视观赏感受,选好评论对象

影视批评是以影视艺术作品观赏为基础的,没有影视片观赏就不可能有影视批评。因此,影视观众的观赏感受,通常是影视批评选题立意的依据。强烈的观赏感受往往成为影视批评的出发点,也是评论得以产生的触发媒介。只有被鉴赏者感知、情感接受和肯定了的东西,才有可能成为他理性上肯定和接受的东西,且易于深入地认识。言出由衷,与众多人感受相同的评论,往往真切、自然、感人。一般地讲,鉴赏者看影视片时的第一印象是个人感受的精华。如果没有偏见,没有其他外界的影响,而靠身心去感受与观察,那么这第一印象应该值得重视和珍惜,而影视创作者也希望听到这产生于第一印象的意见。如对《过把瘾》中的杜梅,不少已婚女性从自身的生活体验出发,赞扬这个形象的真实性;但也有人则认为她过于任性、不理智。这两种看法都出于观众的第一印象。其实杜梅身上有她性格上的优点与弱点,这个形象既真切地反映了当代女性的感情世界,又在表现方式上有所夸大。如果让她再理智些,则可能更符合生活真实。当然,鉴赏者对一部影片的第一印象毕竟是个人的印象,并不总是有价值的。由于种种局限,有时这种感受可能是简单、粗糙、零乱的,并不能真正符合客观实际,言之成理。为了更好地认识和理解一部影视作品,有时需要反复进行影片观摩,从而检查和校正自己的观赏感受。有一位大学生观赏者看完影片《一曲难忘》后说:"看完第一遍我觉得乔治·桑很美,逗人喜欢;第二遍才听出她和教授对话中有些矛盾;第三遍才听出她和教授是水火不相容,才看出她是个把肖邦引向背叛祖国远离人民的"教唆犯",这才觉得她不美、可恨。许多的实例告诉我们,作为一个评论者既要尊重个人的感受,又要尊重客观现实。评论者应当在多次观赏感受中,找出更深刻更符合实际的感受,从而确实选择好评论的对象。

也许有人会说,既然是"影视批评",那么只要是影视作品,就应当都可以成为影视批评的写作对象。这种看法,就其抽象的概念层面上讲,当然可以说是对的;但在具体的操作中,依照这一看法去进行影视批评的人,必然会陷入一种审美鉴赏的盲目性之中,从而导致写作活动的失败。因为事实上,并非任何一部影视作品或与它相关的现象,都可以成为影视批评的写作对象。如前所述,由于影视批评是影视艺术鉴赏(审美)活动的完成形态——一种高级形式,所以在一定意义上讲,影视批评的写作过程,又是一个对美的对象和非美的对象加以识别、决定取舍的过程。如果鉴赏者误把非美的东西也作为自己的接受对象,那么其审美鉴赏的特性就不存在了。同理,影视批评者如果不加选择地把任意一部影视作品或任意一个影视现象都当作自己评论的对象,那么他同样是混淆了审美与非审美的界限。一位有见识的影视批评家说:"劣作不予评论",其理由之一,就在于这种"劣作"不是合格的艺术作品没有资格成为影视批评写作的对象。此外,"一篇影视批评文章,同时又是一项带有现实功利性的社会文化成果;而其自身价值的有无与大小程度,除决定于写作者操作本身的成功程度之外,实际上也跟它所评论的对象的自身性质,有很大的关系。"[①]因此,影视批评写作者应

---

① 舒其惠、钟友循:《影视学教程》,湖南师范大学出版社1994年版,第381页。

当尽可能地选择那些艺术质量较高的、对自己审美感受较深的影视作品,或者是广大观众和社会所热心关注的影视作品和影视现象,来作为自己审美鉴赏和评论写作的对象。评论对象的选择既是一定评论策略和技巧的体现,也是影视批评写作的要领之一。

二、抓住作品特点,调准评论角度

影视鉴赏者看了一部影视片,很可能会产生许多审美感受和感想,如画面比较优美、情节比较感人、主题比较深刻、人物形象比较鲜明、音乐比较动听等。但由于审美感受的产生是随着联想随时随地形成的,所以是零散的,缺乏条理的,并不系统和集中。如果评论者想到什么写什么,势必泛泛而谈,不可能有深入的剖析。因而评论者应该抓住影视作品的特点,也就是抓住其有别于其他作品的创新之点、独特之处加以评论。影视作品中某方面之所以引起你的注意,使你激动或厌倦,可能就是该作品最感人的闪光之点,或有着明显瑕疵之处。抓住这些特点,进行深入挖掘,就会有的放矢而不是空发议论,这有助于写出情理并茂的评论。

影视批评者在抓住影视作品特点的同时,还要注意调准评论的角度。所谓评论角度,就是对评论对象进行研究、分析、阐释、解读、讨论、评议的观照面,即写作的切入点、突破口,也就是从什么地方入手,评论什么。乍看起来,它似乎是个小问题,其实并不然。它对于行将进行的写作及其效果,关系非常重要。角度选准了,评论的内容也就基本确定了。作为视听综合艺术的影视艺术,对其评论的角度多种多样,可以说,构成影视艺术的各种要素,都可以作为写作的切入点,成为评论的角度。但是,评论者为要使自己的影视批评写作取得最大的和尽可能更好的效果,他对评论角度的选择应遵循以下三个基本原则:第一,要考虑影视作品的实际,抓住突出的特色之处或明显瑕疵之处,选择可谈并且能够谈出特色的角度;第二,根据自身实际情况,如资料占有、知识积累、艺术功力、理论水平等方面,选择能够有效地表达自己思想和艺术见解的角度;第三,针对评论界实际及观众的接受状况,尽量选择别人没有写过的,能够发挥自己创造性思维的新颖独特的角度。角度选准了,也就为评论奠定了成功的基础。

三、确定文体形式,精心构思谋篇

如前所述,影视批评的文体类型繁多,有相当大的丰富性。这从积极方面讲,是为写作者提供了自由操作的广阔天地,使他能够灵活地决定自己的写作文体;若从消极方面讲,这又能因其灵活而使评论者感到无所适从,陷入又一种盲目性。不能认识这一辩证关系的评论者,很可能以漫不经心的随意性的态度,去

胡乱采用一种文体,确定一种文体类型。假如果真如此的话,评论者极有可能使自己影视批评写作功亏一篑,不能取得满意的效果。因此,影视批评者在写作之前对文体类型的选择确定,不仅是很有必要的,同时也必须遵循两条原则:其一,评论者必须慎重地比照评论对象、评论内容、评论角度和评论意图,与一定的文体类型的特点、功能、优长等方面的关系,准确地找出二者之间的契合点;其二,评论者必须细致地比照自身的学识、才情、写作经验等,与一定的影视批评的文体类型的特性、规律、写作要求等方面的关系,准确地找到二者之间的契合点。评论者只有根据主体与客体、内容与形式、动机与效果、高度契合的原则,才能确定好合适的文体类型。接着,再进入构思谋篇的写作阶段。

构思谋篇是评论写作中的一个重要环节,又是一种创造性的思维活动过程。它具体地决定评论写什么内容,提什么观点,是否设分观点,设几个分观点,用哪些原理、哪些材料去论证、怎样论证,开头、结尾、过渡段落安排……这一切都要精心构思,仔细谋篇布局,巧妙安排。只有做到构思新颖巧妙,谋篇布局合理,评论才能做到别具一格,不落俗套。

四、恰当运用方法,力求文笔优美

任何文体类型的影视批评写作,要想获得较为圆满的成功,其中方法运用也是很重要的。常常有不少的影视鉴赏者有很好的感受和想法,但却不知道该如何表达出来,或者即使写出了影视批评文章,也往往论述不到位、分析不深入,连自己都感到很不满意。这里,实际上存在着一个方法是否恰当运用的问题。影视批评者要使影视批评方法运用恰当,并产生积极的效果,就必须了解特定的评论对象和文体形式对评论方法的制约,了解各种评论方法的效能和局限。评论者应当遵循如下几条原则。第一,对应——优化原则。评论者在充分认识和把握评论对象和文体类型的基础上,选择具有对应性的评论方法;依据自己的评论目标,确定所采用的评论方法的运用范围和有效程度,并要求各种评论方法的运用都服务于这个目标,以期保持影视批评的实际效能。第二,综合——互补原则。影视批评方法多种多样,各种方法都有其长处和短处。影视批评要想达到好的评论效果就必须善于运用和综合运用多种方法综合互补,有利于揭示作品多方面的价值。第三,价值——创造原则。这一原则强调评论者应具有创造精神。评论者在深入了解自己所运用的评论方法评论对象的基础上,要创造性地运用评论方法。只要有利于分析和评价影视作品或影视现象的,其评论可不必拘泥于某种方法的陈规。因为运用方法不是评论的目的,评论的真正目的应当是科学地准确地揭示影视作品的价值。评论者应不断地调整自己的思想观念、思维方法和知识结构,写出有见地有价值的优秀影视批评来。

一篇优秀的影视批评的写作,不仅要阐明观点、选准角度、抓住特点、精心构思、掌握方法,还要力求文笔优美。作为艺术作品的影视批评文章,理应透着"艺术"的味儿,写成脍炙人口的美文。它的行文应明白、流畅、凝炼、生动、富有文彩。

思考题

(1) 影视批评的特性和功能分别有哪些?
(2) 影视批评应遵循哪些原则?
(3) 影视批评的一般方法有哪些?
(4) 影视批评可分为哪几种类型?
(5) 影视批评的写作要领具体有哪些?
(6) 结合具体的影视作品,写作一篇评论。

拓展阅读

(1) 李道新:《影视批评学》,北京大学出版社2002年版。

(2) 沈义贞:《影视批评学导论》,中国电影出版社2004年版。

(3) 毕磊菁:《影视评论学初探》,中国广播电视出版社2006年版。

(4) [美]大卫·波德维尔、克里斯汀·汤普森:《电影艺术:形式与风格》第四部分"电影分析评论",彭吉象等译,北京大学出版社2003年版。

(5) 陈犀禾、吴小丽:《影视批评:理论和实践》,上海大学出版社2003年版。

(6) 桂青山主编:《影视学科资料汇评:影视创作与批评编》,北京师范大学出版社2011年版。

第 Ⅴ 篇　历史编

本编内容提要
第十三章　世界电影艺术发展历程
第十四章　中国电影艺术发展脉络
第十五章　中外电视剧艺术发展简述

第十三章　世界电影艺术发展历程

影视艺术是在发展的过程中逐步得到丰富的,因此,要把握影视作品的艺术性,必须在历时性的维度上考察中外影视艺术的发展历程;反过来,了解中外影视艺术发展历程,也能够增进对影视艺术特性和规律的认识。

本章首先通过对世界电影艺术发展历程的检视和回溯,为大家提供了解电影艺术的纵向视角。

第一节　电影艺术的萌芽及初步形成时期

一、世界电影的诞生及电影艺术萌芽

匈牙利电影美学家巴拉兹·贝拉曾指出,"电影是唯一可以让我们知道它的诞生日期的艺术,不像其他各种艺术的诞生日期无法稽考。"①这个诞生日期一般认为是1895年12月28日,这一天下午,被称为"电影之父"卢米埃尔兄弟在巴黎卡普辛路14号大咖啡馆的地下室首次售票公映自己拍摄的《工厂大门》、《火车到站》、《水浇园丁》等12部短片。

当然,这并不是说卢米埃尔就是电影的唯一创始人。电影的诞生是许多国家的众多发明者心血与智慧的结晶,是近代科技的产物。早在卢米埃尔以前的19世纪初叶,就有人开始研究照相技术和"视觉暂留"现象。1832年,比利时的物理学家普拉多制成了能转动的"诡盘",使人能看到连续的活动影像。1878年,美国照相师慕布里奇用12架照相机获得了第一次记录马在奔跑时的快照。1882年,法国人玛莱制成了第一架电影连续摄影机。1894年,美国发明家爱迪

---

① ［匈］巴拉兹·贝拉:《电影美学》,中国电影出版社1986年版,第8页。

生发明了形状像大箱子的"电影视镜",观众可以通过大箱孔上的扩大镜看到比明信片还小的"影戏"。而卢米埃尔稍后则制成了当时最完美的活动电影放影机。在这场电影发明接力赛中,卢米埃尔是最先冲刺到达终点的胜利者。而1895年12月28日下午卢米埃尔兄弟的电影公映活动,则是人类历史上第一次以卖票方式进行的商业性电影放映。它标志着电影已经走出实验阶段,电影时代从此开始。

卢米埃尔拍摄的电影短片,都是现实生活场景和现象的记录,他不用职业演员,拒绝使用舞台表现手法,不用场面调度,给人以身临其境之感。他的纪实性电影对后世影响深远,为写实主义电影和纪录片开了先河。但从严格意义上说,卢米埃尔还未创造出电影艺术。他的纪实短片(大多只有2分钟左右)虽名噪一时,可是经历了一年半的时间之后,观众对它已经缺乏兴趣了。内容平淡无奇、枯燥乏味令人不愿光顾。为使电影摆脱危机,激发观众的观赏热情,技术主义电影的先驱者法国的乔治·梅里爱首先作出了杰出的贡献。

梅里爱(1861—1938)原是一位魔术师和戏剧导演兼演员。他于1897年在巴黎近郊建起了世界上第一个摄影棚,系统地将剧本、演员、服装、化妆、布景等戏剧方法应用到电影上。他拍摄了《灰姑娘》、《醉汉的梦》、《女婿学校》、《小舞女》等一大批戏剧化电影,还成功地把"停机再拍"、"多次曝光"、"倒拍"、"叠印"、"慢速摄影"等特技摄影变为电影技术的要素,能通过银幕表现丰富的想象,并在片中注入简单的故事情节,胶片长度由卢米埃尔的最长20米增加为300米。他拍摄的具有20多个场景的《德雷浮斯案件》成了世界上第一部故事片。

梅里爱的影片具有两大特色:丰富的想象力和轻松的幽默感。他的最重要的代表作《月球旅行记》充分体现了这两大创作特色。该片由30个场影组成,包容了科幻片的诸多元素,历时16分钟。比起卢米埃尔的影片,《月球旅行记》等影片显然耐看得多。

梅里爱执著于戏剧美学使自己拍的戏剧式故事片在较长时间内受到了大众欢迎。然而,他又由于对戏剧美学的过分拘泥而毁了自己的事业。他许多影片几乎把舞台上的全部内容原封不动地再现银幕,把电影拍成舞台记录片;而且影片总是从一个视角拍摄,全无变化。他迷恋于在摄影棚里人工地创造光怪陆离的幻想世界,闭门造车,这样就彻底割断了同鲜活现实生活的联系。梅里爱的固步自封使他的艺术发展受到了严格的限制,再加上拒绝到自然界或社会中去拍摄景物,影片成本增高,导致他在激烈的竞争中破产,最后不得已在1912年忍痛告别电影生涯。

就在梅里爱沉醉于戏剧化电影之际,在美国,电影导演艾德温·S.鲍特却开辟了另一条电影创作道路。1902年,鲍特制作了影片《一个美国消防队员的生活》。此片是在原有几部消防队员救火的短片基础上,经过剪辑,然后接上一些新拍的镜头完成的。为了突出灭火救人的紧张气氛,调动观众的情绪,在影片中他运用交替切入技术,镜头一会在户内,一会出现街头,变化多端。这部影片显示了鲍特熟谙电影剪辑技巧和利用时空制造戏剧效果的才能。接着,鲍特又拍摄了西部片的经典之作《火车大劫案》。鲍特把摄影机搬出摄影棚,在奔驰的汽车甚至运行的火车上进行跟拍,影片中出现了子弹横飞、马匹纵跃的火爆场面。鲍特还创造性地运用交叉切换剪辑技巧来并列表现两条情节线索:一方面叙述匪徒纵马夺路的仓惶,一方面表现民团追捕强盗的雄姿。"鲍特的《火车大劫案》摆脱了实际时间的束缚,发展了电影叙事,开创了运用交叉蒙太奇讲故事的先河。"①

在电影诞生后的十几年里,作为电影先驱者的卢米埃尔、梅里爱等人都作出了卓越的贡献。他们使萌芽阶段的电影艺术,逐步向一门独立的综合艺术发展。其中明显地可见电影由对生活作原始性记录向戏剧化,由单镜头运用向多镜头剪辑转变的轨迹。

二、电影初步形成期的电影大师

电影艺术再继续发展则进入了无声电影的鼎盛阶段,也即电影艺术的初步形成期。在这阶段,出现了许多杰出的电影大师,其中贡献最大、最具代表性的是美国的大卫·沃克·格里菲斯、查理·卓别林和苏联的谢尔盖·爱森斯坦。

格里菲斯(1875—1948)曾拍摄过400多部影片,在长期艺术实践中,兼收并容包括卢米埃尔和梅里爱在内的各派导演的优长,形成自己独特的艺术创造。他的两部代表作——《一个国家的诞生》和《党同伐异》真正确立了他的电影大师地位。拍摄完成于1915年的《一个国家的诞生》被誉为思想上十分反动,艺术上十分革命的影片。美国电影理论家评论说:"从未有过一部影片会在技巧的革命性和内容的反动性之间存在这样触目的矛盾。"②影片颠倒历史地描写了美国南方黑人如何乘战乱之机反仆为主,残酷杀掠、戕害白人,白人组织三K党进行报复的故事。影片丑化黑人,美化三K党的内容反映了格里菲斯固有的种族歧视的偏见。这部长达3小时的巨片于同年3月在洛杉矶首映后,即遭到了社会上许多人的强烈批评和抗议,在有些大中城市还引起骚乱;美国"全国促

---

① 彭吉象主编:《影视鉴赏》,北京:高等教育出版社1998年版,第142页。
② [美]约翰·劳逊:《戏剧与电影的剧作理论与技巧》,赵齐译,北京:中国电影出版社1961年版,第404页。

进有色人种福利协会"领导了规模很大的游行示威,抗议影片对黑人的种族歧视。尽管这部影片存在思想观念上的缺陷,但在艺术上却有许多突破性创造。首先,影片创造性地运用平行蒙太奇手法,将黑人的"暴行"、白人卡梅隆一家的遭遇以及激烈的内战场面三条线索有机地交织在一起,形成三条线索交替发展的结构,叙事清楚,内容繁而不乱,使蒙太奇成为电影独特的叙事手段;并用来制造悬念和高潮,片中有名的"最后一刻营救"便是很好的范例。其次,影片熟练采用推、拉、摇、移跟多种拍摄手法,将远景、全景、近景与特写等镜头很好地组接起来。该片几乎把当时知晓的一切摄影技巧都用上,终于完成了电影"原始综合"的历史任务。《党同伐异》是格里菲斯另一部巨片,用今天的话来说是一部所谓的"先锋派电影"。影片内容包括"巴比伦的陷落"、"基督的受难"、"圣巴戴莱教堂的屠杀"、"母与法"四个部分。这四个部分除了表现"排除异己和仁爱之间的斗争"这一模糊的主题外,看不出它们中间的必然联系。该片艺术构思虽好,但苦于缺乏一个统一的形象贯穿;思想内容与技巧之间存在着"触目的矛盾";带着先锋派色彩的手法毕竟超越了当时观众的接受能力,就是一个对电影艺术有一定修养的观众也很难看懂这部影片。结果,《党同伐异》的上座率不佳,影片亏损达100万美元以上,导致格里菲斯毕其余生精力来偿还这笔债务。"格里菲斯的《党同伐异》之所以失败,是由于他思想上的混乱和技巧上的独创还不能为当时的观众所接受,但它的'光辉的失败'却为电影艺术开创了一个蒙太奇时代。"①当然,格里菲斯的蒙太奇手法还只是初步的、仅是剪辑意义上的。现代意义上的蒙太奇理论是通过苏联电影大师爱森斯坦、普多夫金等人的反复实践,使其深化,才真正地被确立。

爱森斯坦(1898—1948)是苏联最杰出的电影艺术家。他在研究了格里菲斯的"平行剪接"之后,对蒙太奇理论有新的突破。他十分重视蒙太奇的作用,认为蒙太奇就是电影的实质。他认为蒙太奇的原则"不是镜头的组接,而是它们的冲突——交叉点"。他在《结构问题》、《蒙太奇在1938》等著述中提出"杂耍蒙太奇"的理论,其主要观点就是将那些激烈而富有冲击力的片断加以剪接,使其产生一种新思想、新含义,提高观众的理性思维,增强影片的感染力。爱森斯坦在1925年导演的《战舰波将金号》是其蒙太奇理论的一次成功实践。该片艺术地表现了1905年的俄国革命。全片结构严整,情节跌宕,五场戏首尾呼应,剧作、表演和蒙太奇剪辑既显示出重现历史的纪实风格,又以典型化方法对史实进行加工、改造,使影片具有真实动人的艺术效果。在片中"敖德萨阶梯"这场戏中,蒙太奇手法创造了动作,强化了戏剧冲突。作者将沙皇军队向下追逼屠杀

---

① 张涵等:《影视美学》,山西人民出版社1989年版,第31页。

群众与人群向上四处逃奔的镜头不断对比组接,构成动人心魄的叙事节奏;采用"婴儿车下滑"的细节来激发观众对沙皇军队暴行的憎恨。《战舰波将金号》是一部伟大的史诗性经典影片,其影响遍及世界各国。电影史家萨杜尔认为"除了卓别林的作用以外,没有一部影片能赶得上这部影片的声誉。"当时德国的评论说它是震撼世界的一件大事。

卓别林(1889—1977)在默片时期对电影艺术的杰出贡献不是在电影技术和蒙太奇理论及其手法运用方面,而是侧重于表演。他才华出众,多才多艺,集编剧、导演、演员、作曲、制片于一身。他所塑造的流浪汉夏尔洛形象成为重要的喜剧类型人物,至今仍具有诱人的艺术魅力。在卓别林一生导演或主演的三百多部影片中,最杰出的代表作是《流浪汉》(《夏尔洛当提琴手》)、《淘金记》(1925)、《城市之光》(1931)、《摩登时代》(1936)和《大独裁者》(1946)等。他与勃斯特·基顿、麦克·塞纳特等人将默片喜剧艺术推向了顶峰,在电影史上有着不可磨灭的贡献。

在电影艺术的初步形成期,电影是无声片,又称默片,主要靠演员的动作、姿势和表情来表现剧情,同时借助字幕来阐述内容,交代情节。无声片虽然被誉为"伟大的哑巴",但是人们在称其"伟大"的同时,又不能不感到一种尚未发育健全的缺憾。正因此,人们在电影早期就试图利用幕后说话、组织歌唱家配唱等办法,来让电影发出声音。然而,这些努力并不能真正解决影片发声的问题。直到现代科学技术的发展,使声波转化为音频电流技术的研究成功,电影艺术才可能真正获得声音这一元素。1927年10月,美国华纳兄弟电影公司拍摄了世界上第一部有声片《爵士歌王》,被称为"伟大的哑巴"的电影终于说了话。不过,《爵士歌王》并不是完全的有声片,该片中只是插入了一些歌曲和几段道白。经过一段时间努力,在1929年,华纳兄弟电影公司终于摄制出了百分之百的有声片《纽约之光》。接着,又有《喝彩》、《巴黎屋檐下》、《蓝天使》等佳作问世。从此世界电影进入了一个新的历史时期。

第二节 电影艺术发展趋于成熟时期

当声音成为电影的一个重要元素之后,给电影向戏剧借鉴提供了很大的方便。然而在30年代初期,由于一些急功近利的制片商利用观众对声音进入电影的新奇感,大量摄制舞台剧,使歌唱和对白充斥银幕,这在很大程度上败坏了观众的口味。后经许多电影大师的共同努力,才扭转这种状况。尤其是这段时间彩色感光胶片的研制成功,为彩色影片提供了物质基础。1935年,美国好莱坞导演罗本·马莫里安根据萨克雷小说《名利场》改编拍成《浮华世界》,这是世界上第一部彩色影片。至此,电影艺术具备了画面、声音、色彩三大元素。通常认为,20世纪30年代初至1962年是世界电影艺术的成熟时期。在这三十多年里,电影艺术日益精进终于以圆熟的技艺、丰硕的成果显示它的成熟期。

在这一时期,世界电影艺术就其总体趋势而言,呈现的是一个多头并进、曲折发展的状态。但就一些电影大国来说,其发展态势是很不平衡的。当时的世界电影,大体上可分为美、苏、西欧和亚洲四个电影文化区域,而且都自有其发展的轨迹和特点,很难作统一的概括性描述,所以只好分别作阐述。

一、美国电影文化区域

美国的电影业在无声片时期已勃蓬发展。随着电影制作中心逐渐由纽约转移到洛杉矶近郊的好莱坞,八大影业公司雄踞格局的形成,电影片的产量也逐年增加。好莱坞依托所建立的一整套制片厂制度与明星制度,将影片生产规范化,形成了数十种名目繁多的类型电影。其中常见的主要有西部片、歌舞片、科幻片、喜剧片、犯罪片、战争片、惊险动作片、恐怖片、爱情片、灾难片等。

好莱坞在这一时期,完全走上了戏剧化的道路:谨严的戏剧结构,曲折的故事情节,表现性的语言和动作,典型化的人物性格,以及围绕主题来展开戏剧冲突等。遵循着戏剧美学的创作原则,好莱坞拍摄了许多引人入胜、影响巨大的经典之作,如《一夜风流》、《摩登时代》、《壮志千秋》、《关山飞渡》、《正午》、《乱世佳人》、《魂断蓝桥》、《蝴蝶梦》、《后窗》、《卡萨布兰卡》、《西北偏北》、《疤面大盗》、《罗马假日》、《宾虚》等。另外,还拍摄了一些如《愤怒的葡萄》、《青山翠谷》、《黄牛惨案》、《我是一个越狱犯》、《左拉传》等进步影片,它们在美国电影史上都曾产生过积极的影响。

美国的主流电影的大宗固然是类型片,但并非所有的美国电影都能纳入这一范畴。好莱坞天才导演奥逊·威尔斯自编自导的《公民凯恩》就是一个例外。该片采用倒叙手法,通过记者的采访,从六个不同视角介绍与评说报业巨头凯恩的一生。六段回忆使全片显示出纵横交叉、多视点、多侧面的人物塑造手法;从六个视点评价凯恩,褒贬不一,这是导演有意突破前人的艺术创造,显示出更加接近生活真实的"暧昧性"。影片还系统地运用了纵深镜头、长镜头段落、明暗对比摄影、音响蒙太奇、装天花板的布景等电影语言及视角技巧。融会贯通前人的表现手法并着意创新,使该片在艺术上达到了很高的境界。《公民凯恩》开拓了现代电影的新思维,确立了现代电影的基调,从而也奠定了它在世界电影史上的重要地位。

美国好莱坞电影在20世纪三四十年代开始兴盛。其原因不仅体现质量与产量(年产约 500 部)上,而且由于时值第二次世界大战,欧洲各电影大国无暇顾及电影业的发展,美国一方面积极网罗世界优秀电影人才,另一方面又大力发展电影工业,从而垄断电影市场。从某种意义上,好莱坞称霸世界是特定历史条件下形成的电影文化现象。据有关资料统计,仅是 1938 年—1943 年,好莱坞各个大公司输送到反法西斯前线的影片就达 400 多部,其中包括各种风格的战斗故事片、战争社论片、军事常识片和娱乐短片等,起到了很好的宣传教育作用。可是到了战后的 50 年代,由于美国在政治上推行"反共"、钳制言论自由和创作自由的政策(一些进步导演遭到"黑名单运动"的驱逐);电影反垄断法的限制以及电视媒体的兴起等多方面原因,好莱坞电影不仅在其本土,而且在世界各地都遭到了冷落。这种情况一直持续近 10 年时间,后经过好莱坞进步人士的斗争和努力,终于驱散了罩在头顶上的"黑名单"乌云。20 世纪 60 年代中期以后,美国电影才逐步走出低谷。

二、苏联电影文化区域

苏联对世界电影艺术的贡献也是不容忽视的。苏联电影艺术发展在这一时期大体可以以 1945 年为界,分为前后两个阶段。前一阶段的头十年,由于国内政治、经济体制的深刻变革,工农业生产迅速发展,电影事业也蒸蒸日上。至 1934 年,全苏联电影院数量达近 3 万家,首次超过美国。更为主要的是,影片的题材范围得以拓展,反映苏联人民现实生活和革命斗争的优秀作品不断增多,古典文学名著改编影片也相继推出。1934 年由瓦西里耶夫兄弟编导的影片《夏伯阳》同观众见面了。这部影片被认为是社会主义现实主义创作方法在苏联电影中的巨大胜利,是苏联电影史上的里程碑。影片以史诗般的气魄和充沛的革命激情,着力塑造了国内革命战争时期红军高级指挥员夏伯阳这一传奇式英雄形象,揭示了他复杂的性格特征;同时又多层面、多角度地展示了各种力量的冲突,使人物的关系更为复杂,人物形象更加栩栩如生。影片在情节结构、演员处理、场面调度、镜头剪辑、音响运用等方面都有所创新,显示了导演艺术水准的新高度。这些对激发苏联电影工作者努力"创造各种历史性或非历史性的英雄人物"①,对以后革命历史题材和表现生活题材影片的创作都产生了深远的影响。苏联电影在表现革命斗争题材和表现现实生活方面的代表作,还有《列宁在十月》、《政府委员》、《马克辛三部曲》、《我们来自喀琅施塔得》、《波罗的海代表》、《肖尔斯》、《伟大的公民》等。苏联电影在这阶段的另一重要收获是文学名著改

---

① [法]乔治·萨杜尔:《世界电影史》,徐昭、胡永伟译,北京:中国电影出版社 1982 年版,第 358 页。

编影片的成功实践。俄罗斯文学史上的一些名家,如普希金、果戈理、列夫·托尔斯泰、莱蒙托夫、契诃夫等名篇巨著被相继搬上银幕;苏联作家中高尔基的《童年》《在人间》《我的大学》,肖洛霍夫的《被开垦的处女地》,奥斯特洛夫斯基的《钢铁是怎样炼成的》等作品,也都被摄制成影片。尽管这些改编影片中尚有一些不足,但通过这一阶段的努力,为文学名著改编影片积累了丰富的经验。然而,自20世纪40年代初始,苏联反法西斯的卫国战争爆发。由于侵略战争的破坏及国内极"左"政治思潮和"无冲突论"文艺思潮的干扰,战争期间苏联电影创作除了如《玛申卡》《她在保卫祖国》等少数反映卫国战争英雄事迹影片以及《伊凡雷帝》外,基本处于停滞的状态。

第二次世界大战后,苏联以及围绕周围的一些东欧国家虽然经济上逐步得以恢复,但是电影艺术创作上却因受教条主义和庸俗社会学的影响,鲜有突破和进展。尤其是苏联,电影创作思想日趋僵化。20世纪40年代末至50年代初,片面追求所谓重大题材和史诗性的特点,虽然也拍出了如《青年近卫军》《攻克柏林》《易北河会师》《斯大林格勒保卫战》等少数有一定思想深度和视觉冲击力的影片,但总的来说,苏联电影创作的路子越走越窄。

直到斯大林逝世及苏共"二十大"召开后,在20世纪50年代中期兴起的"解冻文学"思潮的影响下,才拍摄出了《第四十一》(1956)、《雁南飞》(1957)、《一个人的遭遇》(1959)、《静静的顿河》(1957—1958)、《士兵之歌》(1959)、《一年中的九天》(1962)等一批引人注目的优秀影片。这标志着苏联电影开始挣脱僵化的模式,其后迎来的是20世纪六七十年代电影艺术再度发展和繁荣的局面。

三、亚洲电影文化区域

主要包括日本、中国、印度、巴基斯坦等国的电影。日本的电影在亚洲起步较早,但20世纪20年代以前主要拍一些新闻片和舞台记录片,故事片很少。这时驰名的导演有衣笠贞之助、沟口健二等。1930年日本第一部有声电影《故乡》诞生。从有声电影传入日本到第二次世界大战爆发这几年,是日本电影的第一个高潮期。这阶段沟口健二拍摄了《浪花悲歌》《青楼姊妹》,小津安二郎拍摄了《独生子》《人生剧场》《无止境的前进》等影片。此外,山中贞雄、伊藤大辅、衣笠贞之助等人也拍摄了传诵一时的历史影片,在日本电影史上留下了光辉的篇章。然而,1937年的"七七"卢沟桥事变后,日本电影也被绑上了法西斯的侵略战车而步入歧途。多数导演都程度不同地拍过带有战争宣传内容的影片,有的人则完全屈从于"电影法"的压力,拍了为军国主义发动侵略战争歌功颂德的影片,如《海上陆战队》《射击那面旗帜》《支那之夜》等。只有少数像小津安二郎和沟口健二这样的导演,尽力拍些与战争无关或以研究道德和美学观念为名的影片。第二次世界大战结束后,由于盟军某种程度的民主化以及因战败引起的日本艺术家的深刻反思,使得日本电影出现了巨大转机。1946年,木下惠介拍的《大曾根家的早晨》和黑泽明导演的影片《无愧于我们的青春》最先对战争持正确态度。此后各种题材、各种样式的影片相继问世。特别是黑泽明执导的《罗生门》(1950),1951年在威尼斯国际电影节上荣获金狮大奖,成了日本第一部登上世界影坛的优秀影片。1952年,沟口健二的《西鹤一代女》获威尼斯国际电影节最佳导演奖;1953年,他的《雨月物语》又在柏林和威尼斯的电影节上获奖。此后,衣笠贞之助的《地狱门》、山村聪的《蟹工船》、今井正的《暗无天日》、新藤兼人的《裸岛》、市川昆的《缅甸竖琴》以及黑泽明的《活着》、《七武士》等影片先后在威尼斯、戛纳、西柏林、莫斯科和卡罗维发利电影节上获奖。另外,还有大岛渚的《青春残酷物语》(1960)、木下惠介的《二十四只眼睛》等优秀影片,共同形成了日本电影艺术创作的第二次高潮。这时日本影片的年产量已达600部左右,俨然成了世界电影大国。

　　在亚洲电影文化区域中,中国电影艺术也是走着一条曲折发展的道路。对于中国电影艺术发展历程,由于下面将用专门章节描述,所以这里从略。接着就谈谈印度电影。印度电影自20世纪30年代开始,也有过较好的发展。1931年印度第一部有声影片《阿拉姆·阿拉》面世。这部取自《一千零一夜》的影片穿插了10首歌曲和许多舞蹈场面,放映时引起了很大社会反响。三四十年代的印度电影只有少数影片,如《神酒搅拌》、《贱民姑娘》、《世界不承认》、《人》等比较深刻反映印度的社会政治问题和社会现实问题,而绝大多数则是商业性的富于宗教色彩的音乐歌舞片。这些影片采用神话、宗教、历史和爱情等老一套题材,讲究豪华的场面和华丽的台词,载歌载舞,不论与故事情节是否有关,几乎无片不歌,无片不舞,形成了一部影片"3个舞蹈,6个歌曲,1个大明星"的模式。这种情况的产生,一是因为印度是个多民族国家,民族语言繁多,歌曲容易为各种语言的观众所理解;二是印度有悠久的音乐和舞蹈传统,无论在戏剧、集会和宗教仪式上音乐都是必不可少的,人们对传统艺术形式容易接受。然而,这种自得其乐的电影文化,制造的是歌舞升平和充满梦幻的世界,毕竟与印度现实生活有着很大的隔膜。正如印度电影史家菲·伦贡瓦拉所说:"它像一个外表光辉夺目却没有灵魂的庞然大物,被一条金锁链牢牢地缚住。"①题材比较狭窄,手法单调陈旧。

　　到了20世纪40年代末50年代初,由于印度独立后的政府采取积极的政策

---

① 邓烛非:《世界电影艺术史纲》,北京:中国广播电视出版社1996年版,第164—165页。

支持电影发展;印度观众随着电影文化水准的提高,逐渐不再满足于永远陶醉在抚慰的"梦幻世界";加之因受意大利新现实主义电影以及法国和苏联电影的影响,印度电影艺术家从追求豪华的音乐歌舞片而转到面向现实。由柯·阿巴斯导演的《旅行者》(1952)、拉杰·卡普尔执导的《流浪者》(1952)、比·罗伊导演的《两亩地》(1953)等影片相继问世,使印度电影面貌焕然一新。尤其是《两亩地》这部在戛纳电影节的获奖影片,通过对一个流落城市当人力车夫农民的遭遇叙述,深刻地揭示了印度当时的社会现实。它的民族性和地域特色浓厚,在国际上取得了广泛的好评。从影片数量上讲,到了20世纪50年代末60年代初,因美国好莱坞电影的萎缩,印度影片的年产量已跃居仅次于日本的世界第二位。

在亚洲电影文化区域中,除日本、中国、印度外,其他国家的电影创作数量不多,影响也不够广泛。但在这一时期仍有一些国家制作了具有较高质量并有自己特色的影片。如巴基斯坦的影片《头巾》、《隐姓埋名的人》、《萨西》、《杜拉帕蒂》等,菲律宾的影片《穷苦的孩子》、《巴查奥族》、《成吉思汗》、《忧伤之子》等,朝鲜的影片《春香传》等。

四、西欧电影文化区域

西欧的一些电影大国,如法、意、德、英,还有瑞典、西班牙等,构成了当时世界四足并立、权重最大的一个方面。20世纪30年代,即有声电影出现的头十年中,西欧鲜有真正艺术价值的影片。法国只有《百万法郎》、《自由属于我们》、《幻灭》、《米摩莎公寓》、《太阳升起》、《游戏规则》等少数优秀影片,人们称之为"诗意现实主义"。这些影片遵循人道主义和人性论,主张在表现日常生活的真实图景时,通过各种手段应表达出某种诗情画意。德国只有《蓝天使》、《加油站的三个人》等,英国只有《39级台阶》、《英国艳史》、《飘网渔船》等少数饮誉国际影坛的佳作。第二次世界大战是西欧电影(也是世界电影)的分水岭。第二次世界大战期间,战争的烽火几乎毁坏了欧洲的所有电影工业。欧洲的演员和导演纷纷跑到好莱坞去避难,使得好莱坞电影在战争期间形成了一个高潮。但是第二次世界大战一结束,欧洲的电影人才又纷纷回到欧洲,加上好莱坞的非美活动调查、"黑名单运动"和反垄断法的多重打击,好莱坞的电影也迅速衰弱,电影的中心开始向欧洲转移。这种转移不仅是地域的变迁,而且是电影美学思想的一次重大变化,即电影从表现美学向再现美学的转变。正如邵牧君先生所指出的:"西方电影史上最自相矛盾的一件事情,就是战争的严重破坏虽然给西欧电影业造成了无法估量的损失,却促成了西欧写实主义电影的繁荣和发展。然而在战争中坐享其利的好莱坞,却烽烟自起,在战后年代里几乎断送了自己的生机。"①邵牧君所说写实主义电影的繁荣和发展,在西欧各国出现是有先后过程的。

第二次世界大战刚结束,意大利就率先掀起了一场世界电影史上影响最久的电影革新运动——"新现实主义"电影运动。这场运动,不仅推动了意大利电影的复兴和发展,而且对其后的法国"新浪潮"电影运动、英国的"自由电影"以及"新德国电影运动"都有着直接的影响和促进,对世界各国的电影艺术发展也产生了深远的影响。

意大利新现实主义电影是一次具有社会进步意义和艺术创新特征的电影运动。第二次世界大战后,饱受法西斯统治之苦的意大利人民普遍对法西斯有一种强烈的仇恨。这种共同愿望和要求把不同阶层不同政治观点的人团结在一起。当一些电影创作者从真实反映生活出发,大胆揭露法西斯的战争罪行和歌颂意大利人民的英勇斗争,并用与当时困难经济条件相适应的制片方式(扛着摄影机上街,到围观群众中寻找演员,在日常生活中发现事件)来拍摄影片时,便形成了新现实主义运动。一般认为,新现实主义电影运动从1945年的《罗马,不设防的城市》开始,到1956年的《屋顶》结束,前后经历了12个年头。而1945年到1951年的6年是其全盛时期。其代表作品有:罗西里尼的《罗马,不设防的城市》(1945)、《游击队》(1946)、《德意志零年》(1947),德·西卡的《偷自行车的人》(1949)、《擦鞋童》(1950)、《温别尔托·D》(1951),维斯康蒂的《大地在波动》(1948),德·桑蒂斯的《橄榄树下无和平》(1949)、《罗马11时》(1952)等。

意大利新现实主义电影的主要特点是:第一,注意选取日常生活题材,反映日常的现实生活;第二,通过普通人的真实生活遭遇来揭示当代社会问题;第三,拍摄方法上力求逼真感,尽量在实景中拍摄并运用自然光;第四,反对好莱坞的明星制度,尽量使用非职业演员。意大利新现实主义电影运动在20世纪50年代中期走向衰落,这有其外部与内部多方面原因:一是战后反法西斯问题逐渐退到次要地位,新现实主义影片大多描写"贫困、失业、饥饿"等问题,政府认为有损坏"意大利形象",于是对电影进行控制,制片人也不愿给这类影片投资;二是新现实主义电影从题材到艺术表现路子不宽广,把表现对象仅局限于普通人和日常生活作法对观众的吸引力难以持久;三是为追求真实而走向极端,过分贬低编剧、表演和人工素材的作用,把情节结构和表演技巧同胡编乱造、明星制度混为一谈,这就势必削弱影片的表现力。新现实主义电影虽于20世纪50年代中期衰落,但对推动世界电影艺术的发展是起了重大作用的。

---

① 邵牧君:《西方电影史概论》,北京:中国电影出版社1982年版,第53页。

第二次世界大战后的法国影坛,并没有立即出现像意大利新现实主义那样的电影运动。它仍然沿着战前探索的道路,电影创作没有多大起色。进入20世纪50年代后,由于法国经济形势的好转,加之议会通过筹措基金对本国电影的资助法取得成效,因而法国电影的生产渐趋兴旺。法国每年故事片产量超过100部,并出现了一批质量较高的影片,如《恐惧的代价》、《没有留下的地址》、《巴黎圣母院》、《红与黑》等。然而,真正引起世界影坛注目的是1958年兴起的法国电影"新浪潮"。法国"新浪潮"主要是指法国的年轻一代导演的电影观念和在这种观念指导下摄制的诸多影片。20世纪50年代末,有一批青年导演和影评人,在法国《电影手册》杂志主编、电影理论家安德烈·巴赞的影响下,提出创作具有个性的"作家电影"的口号,反对戏剧式结构模式,反对僵化的以导演资历为基础的制片制度。1958年,由夏布罗尔导演的影片《漂亮的塞尔其》和特吕弗的《淘气鬼》问世并获得好评。接着在1959年的戛纳电影节上,特吕弗的《四百下》(又名《胡作非为》)获得评委大奖而引起轰动。因为这些影片呈现出一种全新的风格。影片中运用了意识流和闪回镜头,情节松散,将众多的生活事件无逻辑地以无技巧的跳接手法组接在一起,以表现人物的潜意识活动。这种使那些习惯于欣赏戏剧性强、结构严谨的观众感到陌生和新奇。于是,一些报刊记者便不约而同地用"新浪潮"来称呼这类影片。"新浪潮"的成员主要由两部分人组成:一是以特吕弗为核心的年轻电影人,包括让·吕克·戈达尔、夏布罗尔、雅克·里维特等,这批人都是巴赞主编的《电影手册》的编辑和主要作者,因此人称"电影手册派";二是有实践经验的电影工作者和小说作家,包括阿伦·雷乃、路易·马勒、玛格丽特·杜拉等人,因他们多寄寓于塞纳河左岸,故有"左岸派"之称。这两部分人并没形成统一组织,两派成员虽职业背景略有不同,但他们的作品在思想内容和创作手法上却有许多相同和相似之处。尤其是他们的作品都程度不同地受存在主义和弗洛伊德主义的影响,深入自我的内心和下意识,要求以现代主义精神来改造电影艺术。因而法国"新浪潮"运动也堪称西方现代主义电影的代表。"新浪潮"从1958年开始到1962年基本结束,前后经历了5年。其间1959年到1961年是黄金时代,3年共有67名新导演登场,拍出了100多部影片,这在法国历史上或世界电影史上是都绝无先例的。"新浪潮"的代表作品除了上面提及的,还有戈达尔的《精疲力尽》(又名《喘息》)、《疯狂的比埃洛》,阿仑·雷乃的《去年在马里昂巴德》等影片。新浪潮虽然结束了,但它作为一次艺术探索运动,不仅猛烈地冲击了法国影坛,而且给世界电影艺术留下了巨大影响。它促使许多国家建立独立制片制度,引起了人们对电影作品的个人风格特征注意,形成了以导演为中心的观念。这些都有力推动了世界电影艺术发展的进程。

第二次世界大战结束后,英国电影创作也曾一度活跃。这时,利恩执导的《孤星血泪》、《雾都孤儿》大受好评;奥立佛拍摄的《王子复仇记》第一次为英国赢得了奥斯卡大奖;鲍威尔的《红菱艳》,里德的《第三个人》等影片也达到了较高的水准。20世纪50年代中期,英美合拍的《桂河桥》荣获了奥斯卡最佳影片奖;卓别林拍摄的《一个国王在纽约》,巴尔康执导的《天堂里的笑声》等一批喜剧片也受到了观众的喜爱。到了20世纪50年代后期,几乎与法国新浪潮电影保持同步,英国出现了一个称为"自由电影"的电影流派。这一流派的代表者雷兹·理查森等人高举反正传的大旗,创办了"落木"电影制片厂进行独立制片。"自由电影"运动与法国新浪潮不同之处在于:它的目标不是为青年导演的个性发展和风格革新开辟道路;它关注的是社会而不是什么美学观点和艺术风格;它利用电影手段探索普通人平淡无奇的日常生活琐事,把创作激情更多地放在反映现实上,而不是放在反映作者的主观世界上。"自由电影"的代表作有雷兹的《星期六晚上和星期天上午》、《夜幕降临的时刻》,理查森的《蜜的滋味》、《汤姆·琼斯》,克莱顿的《顶端某处》等。英国"自由电影"运动的规模与艺术成就并不大,因此它对欧洲其他国家的影响也甚微。总的说来,英国电影的成就较为有限,电影艺术出现了停滞倾向,这种状况要到20世纪80年代才有较大的改观。

西欧电影文化区域中的瑞典和西班牙,在这一时期电影艺术也取得了一定的成就。在瑞典的早期影坛上曾出现过葛丽泰·嘉宝、英格丽·褒曼这样的明星。但在20世纪20年代中期,瑞典电影的中坚人物被好莱坞挖走后,瑞典电影便陷入困境。直到20世纪40年代末期英格玛·伯格曼异军突起,才改变了这种状况。伯格曼早期从事戏剧活动,20世纪40年代进入电影界,至20世纪五六十年代,他的电影导演艺术日趋成熟,其作品多次在戛纳、西柏林、威尼斯等电影节上获奖,并多次获奥斯卡奖,成为强调作者主观意念的世界电影大师。伯格曼的代表作有《第七封印》、《野草莓》、《处女泉》、《沉默》、《呼喊与细语》、《芳妮与亚历山大》等。西班牙电影在20世纪三四十年代由于内战等方面原因没有什么出色的影片。从20世纪50年代起,受意大利新现实主义的影响,拍摄了一批反映现实的影片。最著名的有孔德的《犁沟》,贝尔兰的《马歇尔,欢迎你》、《普多拉西》,巴尔登的《骑车人之死》、《大路》、《平安无事》;布努埃尔1961年导演的《比里迪亚娜》获得了戛纳电影节的金棕榈奖。在西欧电影文化区域中,德国电影艺术发展较为特殊。在无声电影时期和有声电影早期,德国也曾拍摄了《卡里加里博士》、《加油站的三个人》、《蓝天使》等一批优秀影片,为世界电影史写上了辉煌的一页。然而,自1933年希特勒上台后,电影成了宣传纳粹思想的工具,大批电影界精英流亡国内,从此德国电影一蹶不振。第二次世界大战后,德国电影事业有了转机。但联邦德国的电影既不愿反思惨痛历史又不敢正视现实矛盾,所以占领电影市场的大多是粉饰现实之作。而这时的民主德国电影创作却存在着严重的公式化、概念化。20世纪50年代末60年代初,联邦德国电影水平低劣,陷入严重危机,甚至出现了送往威尼斯国际电影节5部参赛影片被组委会以不够电影节参赛水平理由原封退回的尴尬情况。为了改变德国电影的现状,1962年,以亚历山大·克鲁格为首的26位青年导演和编剧联名发表了《奥伯豪森宣言》,宣称要"与传统电影决裂,要运用新的电影语言",呼吁把电影从"商业伙伴"和某些利益集团的束缚中解放出来,以创立新的德国电影。经过3年多的努力,真正的"新德国电影"在20世纪60年代中期以后才始脱颖而出,标志着德国电影复兴的开始。

第三节 电影艺术多元交汇、综合发展时期

从世界电影艺术百余年发展史大的分期来看,1960年代初至20世纪末是其多元交汇、综合发展的时期。法国新浪潮电影运动于1962年退潮,说明了世界电影艺术第二个发展时期的基本结束;而1966年"新德国电影"的崛起,则标志着世界电影的成熟及其多元交汇、综合发展时期的正式开始。这中间短暂的几年,是电影艺术发展的休整和酝蓄能量的阶段。这阶段艺术质量很高的影片并不多,较为优秀的影片有:《阿拉伯的劳伦斯》(英国·1964)、《审判》(法国·1963)、《沉默》(瑞典·1963)、《红色沙漠》(意大利·1964)、《萨拉丁》(埃及·1964)、《音乐之声》(美国·1965)、《舞台姐妹》(中国·1965)等。

世界电影艺术经过走向成熟的实践和探索,到20世纪60年代中期真正进入了多元交汇、综合发展的历史时期。在这一时期,世界电影"以电影特性为基础,充分汲取各时期'沉积'下来的合理因素,避免以往各流派的片面性和极端性,在探求纪实性、哲理性、心理性与戏剧性的艺术实践中,展示出绚丽多姿的艺术风貌。"①世界电影原来形成的四个电影文化区域的历史构架开始趋于模糊,各国民族电影纷纷崛起,呈现出此起彼伏,你追我赶的发展势头。从总体上来讲,世界电影在这一时期的状况和发展线索可作以下几个方面的概括。

一、"新德国电影运动"兴起,德国电影名声大振

1966年,战后成长起来的德国青年导演脱颖而出,相继推动出了他们的处女作。他们的影片一出现就受到国内观众和国际影评界的关注。其中,亚历山

---

① 金元浦等主编:《影视艺术鉴赏》,首都师范大学出版社1999年版,第104页。

大·克鲁格的《告别昨天》获威尼斯电影节银狮奖,成为西德第一部在国际电影节上获奖的影片。接着,施隆多夫的《青年托尔勒斯》、乌列希·沙莫尼的《它》,彼德·沙莫尼的《狐狸禁猎期》也先后在戛纳、西柏林、伦敦等国际电影节上获奖,为西德电影赢得了荣誉。第二年,在西柏林的"欧洲中心"举办了"青年德国电影"展览,更多青年导演送上了自己的作品。"青年德国电影"已作为一个新概念被国际社会承认。进入20世纪70年代后,被称为新德国电影学派四杰的法斯宾德、赫尔措格、施隆多夫、文德斯等人又带领青年"军团"推出了许多优秀影片,如《恐惧吞噬灵魂》、《人人为自己,上帝反众人》、《丧失了名誉的卡塔琳娜》、《贝林格尔》、《幸福的平衡》、《船》、《沉重的年代》等。1979年是新德国电影走向顶峰的一年,该年生产的65部影片中有37部属于"新德国电影"。法斯宾德的《玛丽亚·布劳恩的婚姻》获得了西柏林电影节的银熊;施隆多夫的《锡鼓》(《铁皮鼓》)荣获戛纳电影节金棕榈大奖,次年又荣获奥斯卡最佳外语片奖。从此西德电影名声大振,成为在各个重要国际电影节上异军突起的劲旅。

从20世纪60年代中期至80年代初,新德国电影经过近20年不断发展,形成德国电影史空前的具有深刻影响的电影革新运动。其历史地位可与法国新浪潮和意大利新现实主义相媲美,而经历时间却比上述两个运动更持久。美国著名电影导演弗郎西斯·科波拉在20世纪80年代曾说:"过去的10年是属于新德国电影,联邦德国是唯一有作为的国家。"在艺术方面,新德国电影既汲取法国新浪潮电影的创新成果,又融汇了情节生动的优点;既刻意追求现代电影的国际性,又注重突出德国的民族特色,显示出一种综合发展的总体特征。许多外国电影理论家都认为,新德国电影代表了这一时期的世界电影。

与西德隔墙相望的东德,在20世纪50年代后期至两德统一(1990年)的30余年中,电影事业也取得了一定的成绩。其中以反法西斯影片成就最大,著名的影片有《科隆上尉》、《马门教授》、《裸露在狼群》、《妈妈,我活着》等,反映现实生活题材的优秀影片有《柏林情话》、《寻找太阳的人》、《美好的年代》、《运动场上的裸体人》、《钥匙》等。

二、美国电影再显雄风,好莱坞称霸世界

美国电影在经历了20世纪50年代至60年代初的低潮之后,通过痛定思痛的反省,国际国内政治形势和社会环境的变化,加之意大利新现实主义、法国新浪潮的影响,20世纪60年代末美国电影题材得以拓宽、创作观念发生变化,出现了《猜一猜,谁来吃晚餐》、《邦尼与克莱德》、《毕业生》、《音乐之声》、《窈窕淑女》等优秀影片。进入20世纪70年代后,美国电影开始复苏。这时电影与电视的关系有了极大改善,影院放映的经济效益转好。电影业将电影预售给收费电

视及出售录像带和激光唱片也大赚其钱。更值得一提的是电影界一批导演和制片新人的崛起。他们被称为"新好莱坞",此后更有一批更年轻的、被称为"新新好莱坞"的导演成长起来。随着电影制作者的观念变化,在"新好莱坞"、"新新好莱坞"的电影制作中,导演和编剧的地位提高了,不但导演的工作而且剧本创作也愈来愈具有更大的个人独立性。人们发现像科波拉、霍佩尔、福尔曼、奥尔特曼、斯科西斯、卢卡斯、斯皮尔伯格、罗伯特·本顿这些好莱坞的"新权威",是与电视共同生长起来的、受过良好电影专业教育的艺术家。他们思维敏捷,导演技巧纯熟,富有开拓和创新精神;他们在继承了好莱坞戏剧化电影的某些合理成分后,又大胆突破和超越这一模式;他们运用灵活的制片方式,依靠制片厂、独立制片人、经济人和银行等多种渠道,拍出了《巴顿将军》、《教父》、《飞越疯人院》、《猎鹿人》、《现代启示录》、《美国风情录》、《出租汽车司机》、《迷恋》、《大白鲨》、《愤怒》等"新好莱坞"优秀影片。

好莱坞进入 20 世纪 80 年代后不断推出新片种,出现了走向新类型的倾向。譬如科幻片《外星人》、《超人》、《星球大战》,历史巨片《甘地传》、《末代皇帝》,歌舞片《闪电舞》、《自由自在》,动作惊险片《兰博:第一滴血》、《亡命天涯》、《职业特工》、《变脸》,政论片《中国综合片》,武打片《龙年》,青春片《蓝色的珊瑚岛》、《热狗》,伦理片《母女情深》、《雨人》、《致命的诱惑》,反战片《野战排》、《早安,越南》、《生于七月四日》等,以不断变幻的风格流派和多变主题来满足社会观众的观赏需求和兴趣。与此同时,好莱坞许多电影公司还采取了开放式全方位推进摄制,或称之为国际化拍片(即与若干国际大制片合作),演员表上挤满了各国的大明星。如《虎,虎,虎》、《卡桑德拉大桥》、《摩羯星一号》、《逃往雅典娜》、《雪崩特快列车》等。20 世纪 80 年代中后期,好莱坞出现了更多异样风格的影片,这些影片来自于充满锐气的"边缘化"新人:如斯派克·李的《丛林热》、赛尔乔·莱翁的《美国往事》、索德伯格的《性·谎言·录相带》、格斯·冯·桑特的《药房中仔》、昆丁·塔伦蒂诺的《低俗小说》、蒂姆·伯顿的《蝙蝠侠》等。

尽管好莱坞的经典神话渐失其权威地位,主流通俗文化开始分流,巨片综合症影响着高额利润的回收,更由于国外资本的涌入,环球、哥伦比亚、米高梅几大公司相继被易帜。然而,好莱坞的工业生产模式及电影美学原则并没有被实质性地改变。面对越来越多的挑战和磨难,好莱坞各大电影公司不断调整经营策略,坚持对电影艺术改进,对各种电影语言、艺术风格及探索成果兼收并蓄,因而主导欧洲乃至世界的仍是好莱坞的主流电影。据 1993 年的统计资料证实,在全年世界银幕上座率最高的 100 部影片中美国影片占 88 部。20 世纪 90 年代末,好莱坞在其传统电影美学依然熠熠生辉的同时,呈现出更为异彩纷呈的状态。

《沉默的羔羊》、《辛德勒的名单》、《阿甘正传》、《真实的谎言》、《勇敢的心》、《狮子王》、《拯救大兵瑞恩》、《角斗士》、《泰坦尼克号》、《骇客帝国》、《莎翁情史》、《美丽心灵》等各种类型影片依然征服着世界数亿观众。

三、苏联电影波澜不惊，先扬后抑

20世纪70年代至80年代初，苏联的电影进入了繁荣昌盛阶段。一大批优秀的影片轰动了世界影坛。首先是战争题材，这类题材影片代表作有《解放》、《这里的黎明静悄悄》、《只有老头去战斗》、《他们为祖国而战》、《七面风》、《上升》、《合法夫妻》、《莫斯科保卫战》等，其中《这里的黎明静悄悄》可称得上苏联战争题材的巅峰之作。其次是社会伦理和道德题材，这类题材影片代表作有《莫斯科不相信眼泪》、《两个人的车站》、《恋人曲》、《战地浪漫曲》、《湖畔奏鸣曲》、《秋天的马拉松》、《红莓》、《白比姆黑耳朵》等。再次是政治题材，代表作有《德黑兰的43年》、《岸》等。第四是儿童题材影片，代表作有《稻草人》、《中学生圆舞曲》等。第五是历史题材影片，代表作有《残酷的罗曼史》、《列夫·托尔斯泰》、《战争与和平》等。20世纪80年代中后期戈尔巴乔夫上台，苏联政治体制发生变化，在所谓"新思维"的影响下，影坛出现了反思性及清算极"左"路线的作品。尤其是1991年苏联解体前后，这类影片更是大量涌现，其中比较典型的影片有《悔悟》、《1953年寒冷的夏天》、《斯大林综合症》、《沉默的时代》等。此外，反映社会现实的优秀影片有《不能这样生活》、《乘黑色伏尔加的人》、《小薇拉》、《国际女郎》、《被控告的婚礼》等。1990年代中后期至今，俄罗斯政府对电影的发展给予了大力支持，电影人也在不懈努力，俄罗斯电影呈现出平稳发展的势头。1998年推出的《西伯利亚理发师》是比较有分量的一部"大片"，由俄罗斯著名导演尼基塔·米哈尔科夫指导拍摄，是一部审视历史，同时具有很高观赏性的影片；影片既有国际视野，又因对逐渐逝去的俄罗斯传统抱有缅怀之情而带有怀旧色彩。《套马杆》、《再来一次》、《烈日灼人》、《一个乘客的故事》、《小偷》等影片的获奖，同样让人们看到了俄罗斯电影的巨大潜力。

四、西欧电影实力由强转弱，20世纪90年代以后有所反弹

在"西欧集团"担任领军角色的法国，经历了"新浪潮"冲击后，20世纪60年代末70年代初虽然拍摄了如《Z》、《一宗凶杀案的剖析》、《招供》、《戒严令》、《谋杀》等一批颇有新意的"政治电影"，但电影总的发展势头已明显减弱。进入20世纪80年代，法国电影面临着好莱坞影片大举侵入及电视与录像的多方面的压力，不得不对以往"过分强调作者主体意识"的创作进行反思。他们开始注意观赏性，加强内容的社会性，影片的商业化倾向趋于明显。这时有许多影片直

接触及当时社会中存在问题，如《告别往昔》、《雪》、《皮埃尔与杰米拉》、《女歌星》、《警察的诺言》、《国家利益》等。另一方面，为抵御好莱坞侵入，弘扬本国的优秀文化，法国电影业也得到了政府在资金上的有力扶持。于是，他们决定以拍摄高成本的大制作来吸引观众。1989年，一部法国影片的平均成本2100万法郎，20世纪90年代则突破5000万法郎，最高的制作费已近1亿法郎，如《父亲的荣誉》、《西哈诺·德·贝热拉克》、《母亲的城堡》。近几年来，法国影片有了长足的进步，以致于法国敢于率领英国、意大利、西班牙等国组成的"西欧集团"，同美国电影抗衡。双方对垒的主战场是欧洲的各大电影节。20世纪90年代以来，法国有《三色·蓝色》、《美丽的祸水》、《亚尼桑那之梦》、《我是伊万——你是阿勃拉姆》、《冒牌英雄》、《人性》、《新鲜的诱惑》(《诱饵》)、《起飞》、《超时》、《深呼吸》、《亲密》等一大批影片分别在威尼斯、戛纳、柏林、莫斯科等国际电影节上获奖。进入1990年代后，一些新锐导演成长起来，德斯帕欣《哨兵》、西里尔·克拉尔的《疯狂夜》、克萨维尔·波伏瓦的《北方》都让人耳目一新；"新浪潮"一代也有些导演在坚持拍片，比如雅克·里维特在1991年拍摄了《不羁的美女》，阿伦·雷乃在1997年拍摄了《吸烟/不吸烟》，戈达尔则在1990年代拍摄了《新浪潮》、《德国90》、《永远的莫扎特》等片；以吕克·贝松为代表的法国导演则极力推动商业片的拍摄，吕克·贝松本人导演的《这个杀手不太冷》获得了很高的票房收入，并产生了全球轰动。

意大利电影发展情况与法国电影稍有不同，它多年来持续保持活力。20世纪六七十年代的意大利电影发展了"新现实主义"的优秀传统，内容上力图保持鲜明的社会性。像《控制城市的手》、《罗科和他的兄弟们》、《甜蜜的生活》、《八部半》、《奇遇》、《红色沙漠》、《放大》、《悲惨的青春》等影片，或在揭示社会问题方面，或在表现人的内心世界方面都达到了很高的思想水准。以揭露政权腐败和黑手党罪恶为主要内容"政治电影"更是奇峰突起，佳作迭现。优秀影片有《随波逐流的人》、《对一个不受怀疑的公民的调查》、《一个警察局长的自白》、《马太伊案件》、《给晚报的公开信》、《不择手段》等。因而这阶段的意大利电影被誉为"世界上生产艺术性最强、发行最广泛、最富于积极的政治意义和人民性的电影大国之一。"进入20世纪80年代后，意大利电影虽然也遇到过危机，但由于意大利电影界在管理体制和艺术风格上作了适当调整和创新，很快就度过艰难处境。费里尼、安东尼奥尼、贝托卢奇、费罗西、瑟吉欧·莱昂内等新老电影艺术家，拍摄出了《女人城》、《奥伯瓦德的秘密》、《卡门》、《西西里人》、《爱情故事》、《圣洛伦萨之夜》、《圣洁酒徒的传奇》、《天堂电影院》、《末代皇帝》、《云上的日子》、《美国往事》等一大批优秀影片，并曾在世界各大电影节上获奖。20世纪90年代后，意大利电影仍不断有佳作推出，如《地中海》、《拿波里数学家之死》、《星人》、《拐骗儿童者》、《判决》、《美丽人生》、《海上钢琴师》等,比较重要的导演有罗贝尔托·贝尼尼、G·托纳托雷等,这些都显示了意大利电影与时俱进的风范。

英国电影在20世纪70年代无论是影片产量还是观众人数都呈逐步下降之势。英国政府对电影业投资的减少、电影业采用"国际化"策略,使得英国制片厂几乎成了美国的摄影棚。面对这种严峻形势,英国一些电影制片人不顾资金不足,克服重重困难,在20世纪80年代陆续推出一批有相当思想深度和艺术水平的影片,如《法国中尉的女人》、《生命的意义》、《韦瑟比》等,而《火的战车》、《甘地传》连续两年获得了奥斯卡最佳影片奖,大大恢复了英国电影的自信心。20世纪90年代后,英国又摄制了《罗森克兰茨和吉尔德斯特恩之死》、《优势》、《大不列颠医院》、《印度之行》、《卡灵顿》、《高低之国》、《看得见风景的房间》、《使命》、《血色星期天》、《霍华德庄园》、《理智与情感》、《猜火车》、《伊利莎白》等优秀影片,获得了广泛的国际声誉。这使人们看到英国电影的未来和希望。

在世界电影史上素有较好口碑的瑞典和西班牙等国的电影仍然兼顾哲理与娱乐,在这一时期也时有佳作问世。其中优秀影片有《芬妮与亚历山大》(瑞典,1982)、《牺牲》(瑞典,1986)、《最美好的愿望》(丹麦、瑞典,1992)、《教室别恋》(瑞典,1995)、《蜂巢》(西班牙,1983)、《美好年代》(西班牙,1993)、《关于我的母亲》(西班牙、法国,1999)等。

五、亚洲电影发展此起彼伏,充满生机

作为电影生产大国的日本,在这一时期电影业较长时间呈逐年下滑之势。1960年,日本年产故事片500部左右,而1990年年产量仅80部。电影大国的雄风已不在。不仅是电影产量,在影片艺术质量上也严重滑坡。20世纪70年代至90年代中期,日本电影界除了黑泽明以《影子武士》(1980),今村昌平以《楢山节考》(1983)登上戛纳国际电影节的领奖台之外,其他人与戛纳、威尼斯、柏林等世界主要国际电影节基本无缘。这种情况一直到1997年才得以改观。这年,今村昌平导演的《鳗鱼》、北野武执导的《花火》分别在戛纳和威尼斯国际电影上摘冠;市川准的《东京夜曲》在蒙特利尔电影节上获最佳导演奖,森田芳光的《失乐园》、熊井启的《爱》正式参赛。这些都标志着日本电影已开始走出低谷,向着新的高峰艰难地攀登。

六、电影知名度不高的国家,推出了令人惊异的佳作

过去在世界影坛知名度不高的一些国家,如丹麦、荷兰、加拿大、澳大利亚、巴西、希腊、瑞士、阿根廷、墨西哥、古巴、匈牙利、南斯拉夫、马其顿等国在这一时

期也时常向世界提供有价值的影片,取得让人惊喜的成绩。其中最有代表性的有丹麦的《巴贝特的盛宴》、《征服者佩尔》,荷兰的《袭击》、《性格》,瑞士的《危险的行动》、《希望之旅途》,澳大利亚的《钢琴课》,匈牙利的《摩菲斯特》,南斯拉夫的《地下》,马其顿共和国的《暴雨将至》,古巴的《草莓与巧克力》,巴西的《中央车站》,阿根廷的《官方说法》,其中有不少影片在戛纳、柏林、威尼斯以及奥斯卡等国际电影节上获过重要奖项。

第四节　21世纪世界电影艺术的新进展

进入21世纪后,世界电影艺术又有了新的发展。好莱坞在上世纪形成的电影产业机制的基础上,不断吸收新力量、新元素,继续执全球电影之牛耳;欧洲电影在低迷中奋起;而新世纪的亚洲电影也以不可小觑的势头赢得了国际影坛的重视。

一、好莱坞电影继续称霸全球

1990年以来的好莱坞逐渐形成了全球化的电影产业模式以及开放的电影创作机制,进入新世纪以后,这种电影产业模式与电影创作机制越发被强化。在新世纪,好莱坞的全球化战略不仅体现在开发世界市场,也在于吸纳各国电影创作人才,从而让影片在生产环节就具有国际色彩。对新世纪好莱坞电影格局,可以从以下几方面来看。

(1)依靠"票房炸弹(blockbuster)"获得高回报。好莱坞电影不仅对准国内市场,也锁定国际市场,在发行上具有明确的全球市场目标。所谓的"票房炸弹",就是"积极促销的高预算影片,拥有高制作成本、大明星、密集的同步发行模式以及投资不断提高的奇观效果。"①而在制作奇观效果时,迅速发展的数字技术功不可没。而所有这些手段,都需要资金。据统计,"好莱坞每部影片的平均制作成本已经从1990年的2680万美元提高到2000年得5500万美元,此外还要加上2700万美元的平均营销成本。"②对"票房炸弹"另外一个相近的称呼是"高概念(high concept)电影",指的同样是那种具有视听奇观、充分的市场商机以及能够让观众轻易就理解与接受的简单扼要的情节线的影片,高概念电影是好莱坞发展出的电影制作模式,本质上是通过大制作、大营销以及后产品(比

---

① [澳]格雷姆·特纳:《电影作为社会实践》,高红岩译,北京大学出版社2010年版,第4页。
② [澳]格雷姆·特纳:《电影作为社会实践》,高红岩译,北京大学出版社2010年版,第5页。

如DVD、游戏、玩具、服装等)开发来使影片效益最大化的市场化运作。好莱坞在新世纪的"票房炸弹"累出不穷,《纳尼亚传奇》《指环王》系列、《哈利波特》系列、《加勒比海盗》系列等片,都引起观影热潮。而利用3D技术制作的影片《阿凡达》在2010年登陆中国时,也引起很大轰动。

(2) 好莱坞独立制片也成功地开拓出了自己的局面。好莱坞的独立制片是相对于大公司、大制作、大营销而言的,一些资历还不足以引起大公司的重视或者有着独立艺术追求的导演往往会走独立制片的路线。独立制片靠的是独辟蹊径的叙事和独具特色的艺术处理手法。科恩兄弟在1984年仅花80万美元就制作了《血迷宫》,反响很大,成为好莱坞独立制片史上具有里程碑意义的影片。进入新世纪以后,独立制片的作品很多,甚至形成一种潮流,科恩兄弟的许多影片走的都是这条路线。著名导演伍迪·艾伦也以独立制片而著称。独立制片由于创作者在资本面前具有很大的自主权,所以可以充分发挥自己的想象力与艺术创造精神,而这种创造性又给以流水线方式生产的好莱坞类型片提供了活力和能量,于是不少大公司在独立制片创作者成名后立即将目光投向他们,将资金投向那些既让人觉得新奇,又具有市场效益的影片。于是新世纪的好莱坞向世人奉献出了许多让人耳目一新的影片,比如保罗·托马斯·安德森导演的获得2000年柏林电影节金熊奖的《木兰花》、克里斯托弗·诺兰的《记忆碎片》、达伦·阿诺洛夫斯基的《梦之安魂曲》。创作过《低俗小说》的昆汀·塔伦蒂诺在新世纪继续了他的暴力美学风格,以狂放不羁的想象力创作了《杀死比尔》《死亡证明》《无耻混蛋》等,科恩兄弟也以《老无所依》《大地惊雷》等片证明了其旺盛的创造力,《老无所依》还曾获得奥斯卡金像奖。伍迪·艾伦在新世纪也有《时间手杖》《赛末点》《午夜巴黎》等新作面世。

(3) 好莱坞影片在故事取材上不拘一格。只要有故事,有市场潜力,就可以发展成影片。在新世纪,好莱坞生产了大量历史题材、科幻题材、灾难题材、魔幻题材的影片。这类题材的影片适合使用数字特效,从而在大资金的前提下制造视觉奇观,又如《特洛伊》《角斗士》《亚历山大大帝》《2012》《阿凡达》《哈利波特》。也有许多紧跟时代的现实题材,像好莱坞的战争题材电影就大量取材于当下战争,比如取材于索马里维和的《黑鹰坠落》;又如《节选修订》《拆弹部队》《绿区》等,这些影片成为越战题材之后的重要战争电影,2010年,《拆弹部队》还获得了第82届奥斯卡最佳影片、最佳导演等奖项。

(4) 在新世纪,好莱坞继续呈开放之势。在影片取材上放眼世界,比如取材于加勒比地区的《加勒比海盗》、取材于印度的《贫民窟的百万富翁》,还有取材于中国的动画片《花木兰》《功夫熊猫》,等等。在人才上也广纳博收,英国的雷德莱·斯柯特、澳大利亚的彼得·威尔、德国的奥尔夫冈·彼得森,中国台湾的

李安、中国香港的吴宇森等,都奔向好莱坞,使得好莱坞带有国际化、全球化的色彩。电影创作也呈现出题材、风格上的多元化趋势。比如近年来由于不少南美导演进入好莱坞,不少影片带有南美风情,比如在2000年以《爱情是狗娘》蜚声国际影坛的墨西哥导演亚历桑德罗·冈萨雷斯·伊纳里图,在进入好莱坞后拍摄了《21克》、《通天塔》等片,《通天塔》还曾获奥斯卡最佳外语片奖。这些创作,使得好莱坞对其经典的美学传统发扬光大,同时也形成了较为开放的文化体系。在产业机制上则是以全球化发展战略为背景。所有这一切都使得好莱坞电影成为世界电影的主导力量。

二、欧洲电影在低迷中奋起

在电影史上,好莱坞电影常被视作典型的商业电影;而欧洲电影带有更多的艺术气息与个性色彩。从1980年起,好莱坞电影对欧洲电影的压力逐渐增大,在这种情况下,欧洲各国电影人在不断摸索,不少国家的政府也对电影进行了大力扶持,于是欧洲电影逐渐从1990年的普遍低迷中走出,以新的形象出现在人们面前。

法国电影在新世纪之初表现出色。影片《天使爱美丽》(2001)在本国上映后大受观众欢迎,影片连续四周战胜《珍珠港》等美国大片,成为电影票房冠军。该片在"2001年欧洲电影颁奖礼"中获5项奖;还获得英国电影学院颁发的最佳原著剧本奖;获74届奥斯卡最佳外语片提名。该片反映出法国电影在面对好莱坞的压力时巨大的创作潜力。同期,法国的纪录电影赢得了非常好的口碑,市场效益也很不错。雅克·贝汉自1996年推出耗时近20年的《微观世界》后,又于2001年拍摄了堪称经典的纪录电影《迁徙的鸟》,2009年又推出了《海洋》。另一位导演吕克·雅克在2005年拍摄了《帝企鹅日记》,这些纪录片都具有世界性的影响。在新世纪法国电影人还在继承法国独特的喜剧传统的基础上创作了影片《埃及艳后的任务》、《高高卢英雄传之大战奥运会》,以及史诗巨片《漫长的婚约》等。所有这些,都允分地显示了法国电影的实力。

德国在进入1980年后,"新德国电影"所带来的繁荣与辉煌逐渐成为昔日黄花,1982年,"新德国电影"的旗帜法斯宾德英年早逝,加速了德国电影向危机走去。从1980年以来,德国电影已经失去了它在欧洲影坛的重要地位,在全球影坛更是喑哑无声。如同许多国家一样,德国的电影市场在很长时间内被好莱坞影片占据,德国电影生产疲软,产量很低。两德统一后,德国电影进入了一个新的发展阶段。一批出生于五、六十年代的年轻人登上舞台,这些年轻人在电影学院受到过比较专业的训练,在镜头语言上有着敏锐的感觉。他们一方面有着探索精神,另一方面关注现实生活,也不故作深沉和高雅,而是注重影片的故事性和娱乐性。比较有代表性的作品有彼得泽尔的《塞尔维亚姑娘》、汤姆·提克威的《罗拉快跑》、卡罗琳娜·林克的《无处为家》、奥尔夫冈·贝克的《再见，列宁》等。《无处为家》获得了2001年奥斯卡最佳外语片奖，在1980年《铁皮鼓》获得该奖20多年后，德国电影重新走上了奥斯卡领奖台。2003年的《再见列宁》，原名为《民主德国在79平方米房间里的延续》，影片表现的是一位年轻人通过制作假新闻的方式给母亲营造了一个社会主义的民主德国的幻象，这位母亲长期昏迷，醒来时两德已然合并。影片将政治生活的巨大变迁融入轻喜剧之中，产生了很大的反响。德国电影还以非常严肃的态度反思了"二战"历史，这成为近年来德国电影独特的风景，2004年的《帝国的毁灭》与《希特勒的男孩》、2005年的《希望与反抗》、2006年的《窃听风暴》、2008年的《柏林的女人》等影片，都让人看到德国思想观念的革新与严肃的历史反思意识。

俄罗斯政府自20世纪90年代中后期开始对电影产业大力扶持，俄罗斯电影步入了良性发展的轨道。进入新世纪以后，俄罗斯电影赢得了更多的关注，《美国女儿》、《回归》、《守夜人》等影片都引起了很大的反响。2003年，《回归》一片获得了威尼斯电影节金狮奖，该片的叙事风格冷峻而诡异，但整体上却由于表现了父子关系从隔膜到相互理解的过程而具有脉脉温情，让人们眼前一亮。近年来随着俄罗斯经济形势的缓慢好转，俄罗斯电影有崛起之势，电影产业日渐成熟，其中比较重要的体现是类型片创作，这些类型片往往以"大片"的形式出现，比如《胡蝶之吻》、《生死倒计时》、《密码疑云》，以及根据美国同名电影翻拍的《十二怒汉》、根据香港导演杜琪峰同名电影翻拍的《大事件》，都在商业性上很有抱负，体现出俄罗斯电影不可小觑的潜力。

英国电影产业以独立电影为主。由于文化背景的相近，一些英国电影人赴好莱坞发展。尽管如此，英国独立电影仍显示了蓬勃的活力，20世纪90年代的《四个婚礼和一个葬礼》、《猜火车》让英国独立电影引起了世界影坛的关注。新世纪的《这就是英国》、《风吹稻浪》等独立电影也堪称出类拔萃。

意大利电影在新世纪也时有新作面世。意大利一直以文化底蕴深厚而著称，意大利的史诗片、喜剧片以及新现实主义运动都广为人知。进入新世纪后，著名导演托纳托雷完成了"回归三部曲"的最后一部《西西里的美丽传说》（其他两部是《天堂电影院》、《海上钢琴师》）。素有"意大利的伍迪·艾伦"之称的莫莱蒂编、导的影片《儿子的房间》，讲述了一个中年心理医生因为儿子溺水死亡，而陷入思念与自责之中。这部2001年的金棕榈大奖作品简洁而又深沉，真诚兼具高度的艺术成熟性。曾执导过《末代皇帝》的贝纳托鲁奇则完成了《戏梦巴黎》。马可·图利欣·吉欧达纳导演的《意大利教父》就讲述了一个反黑手党主义者被黑手党暗杀、却被警察定性为自杀，20年后终得平反的真实故事。影片继承了意大利电影揭露社会现实的传统。

西班牙电影大师阿尔莫多瓦在新世纪创作了《对她说》、《不良教育》、《回归》等片,以细腻的叙事和唯美的影像风格对人性进行了思考。其他比较优秀的西班牙影片还有《戈雅》、《卡麦隆》、《黑色面包》等。

欧洲其他国家进入新世纪后,电影生产也有一定的起色。丹麦导演拉斯·冯·特里尔在世纪之交完成了"良心三部曲"的最后一部《黑暗中的舞者》(其他两部为《破浪而出》和《白痴》,特里尔是国际知名的导演,他与其他几位导演共同签署了"道格玛95宣言",希望以此鼓励人们重新认识电影艺术的本质),此外,特里尔还于2008年创作了受到争议的影片《反基督者》。在波兰,老导演瓦伊达以81岁高龄创作的历史题材影片《卡廷惨案》,以冷峻的镜像语言还原了卡廷惨案,再次将波兰人的历史记忆化作艺术精品,该片反响极大。波兰新一代导演创作的《艾迪》、《等待审核》、《一切安好》、《圈套》等片以强烈的现实关怀精神受到好评。饱受战争创伤的波黑,推出了优秀的反战主题影片《无主之地》与《格巴维察》。此外,瑞典影片《洁白如雪》、《龙纹身的女孩》、《傻瓜西蒙》也都是新世纪欧洲电影的优秀之作。

三、亚洲电影呈现出崛起之势

进入新世纪后,亚洲电影除了中国影片不断走向国际市场,赢得国际关注和全球性的市场效益外,其他一些国家的电影也有崛起之势。

日本电影在20世纪90年代陷入低迷状态,从20世纪90年代末期开始,日本电影人通过自己的努力,在努力改变这种状态。进入新世纪以后,日本影片不再像黄金时代那样具有相对明显的整体风格,但这更多的是时代使然。题材上的多元与去中心化、文化上的杂糅成为新世纪日本电影的常态。总之,新世纪日本影片以其多元化的主题、细腻而略显残酷的叙事、带有东方韵致的镜像语言不断推出一些优秀作品。2009年,日本影片《入殓师》获得奥斯卡最佳外语片奖,在相隔多年后,日本影片重新引起世界的高度关注。新世纪优秀的日本影片还有《人造天堂》、《谁知赤子心》、《下妻物语》、《血与骨》、《尽管如此我没做过》、《三心两性》等。

韩国电影近年来迅速崛起,在老导演林权泽之后,李沧东、金基德、姜帝圭等年轻导演以不同的创作风格引领韩国电影走向成熟,在国际上频频获奖,让世界对韩国电影刮目相看。在新世纪,李沧东创作有《薄荷糖》、《绿洲》、《密阳》等片;金基德创作有《收件人不明》、《春夏秋冬又一春》、《空房间》、《弓》、《阿里郎》等片。姜帝圭致力于创作商业电影,完成于上世纪末的《生死谍变》取得了极高的票房收入,进入新世纪后,姜帝圭创作有《太极旗飘扬》、《登陆之日》等影片。

进入20世纪90年代以后,伊朗、土耳其等国家的电影佳作在国际电影节上频频获奖;印度、泰国、越南、菲律宾、以色列等国电影的制作水准也在上升,题材日趋多样化。20世纪90年代以来,伊朗电影的崛起成为亚洲影坛最引人瞩目的现象,阿巴斯·吉亚鲁斯塔米是具有国际知名度的大导演,此外马吉德·马吉迪、贾法·潘纳希等人也是伊朗电影的中坚力量,《樱桃的滋味》、《小鞋子》、《天堂的颜色》、《白气球》等片都脍炙人口。新世纪的《赤脚到赫拉特》、《营地中的奥林匹克》、《午后五时》也都具有很大影响。印度影片《季风婚宴》在2001年的威尼斯国际电影节上一举捧得金狮奖杯;2009年拍摄的《三傻大闹宝莱坞》则在全球范围内产生影响。泰国电影近年来以功夫片、恐怖片广为人知,特别是托尼·贾主演的《拳霸》系列动作片,很有市场,托尼·贾也被认为是继李小龙、成龙、李连杰之后最为重要的武打明星。越南具有国际知名度的导演陈英雄,继他的成名影片《青木瓜之味》、《三轮车夫》之后,又执导了《夏天的滋味》(2000)、《伴雨行》(2007)、《挪威的森林》(2010)等影片,显示了个人风格和较强的发展潜力。所有这些,都说明了新世纪亚洲电影发展的良好态势。

思考题

(1) 简述卢米埃尔、梅里爱和格里菲斯对电影艺术的贡献。
(2) 意大利"新现实主义"电影形成原因及代表作有哪些?
(3) 法国电影"新浪潮"的艺术特征表现在哪些方面?
(4) 好莱坞对世界电影的主要影响有哪些?
(5) 简述21世纪世界电影艺术的新进展。

拓展阅读

(1) 焦雄屏:《法国电影新浪潮》,江苏教育出版社2005年版。
(2) 周勇、张希主编:《亚洲电影分析》,中国广播电视出版社2007年版。
(3) [法]安德烈·巴赞:《真实美学——电影现实主义和解放时期的意大利流派》,见《电影是什么?》,崔君衍译,江苏教育出版社2005年版。
(4) [美]克莉丝汀·汤普森、大卫·波德维尔:《世界电影史》,陈旭光、何一薇译,北京大学出版社2004年版。
(5) [美]理查德·麦特白:《好莱坞电影:1891年以来的美国电影工业发展史》,吴菁、何建平、刘辉译,华夏出版社2005年版。

第十四章 中国电影艺术发展脉络

第一节 现代中国电影艺术的发展进程

中国的电影艺术发展史,如果从 1905 年拍摄第一部中国电影算起,至今才 100 余年。以新中国建立的 1949 年为界,此前我们称之为现代中国电影,此后称之为当代中国电影。现代中国电影是在极其困难的境遇下发展起来的。动荡的社会环境和简陋的物质、技术条件,决定了它的发展必定是步履艰难。根据现代中国电影的发展历程,我们可以大体将它划分为三个阶段。从 1905 年拍摄第一部中国电影算起,至 1949 年称之为现代中国电影,此后称之为当代中国电影。现代中国电影可划分为三个阶段。

一、中国电影初创起步阶段(1905—1931)

电影传入中国最初是 1896 年 8 月 11 日,这天在上海徐园的"又一标"茶楼首次放映电影(当时称之为"西洋影戏")。但我国拍摄的第一部电影却到了 1905 年,这就是由北京丰泰照相馆老板任景丰拍摄的由谭鑫培主演的戏曲纪录片《定军山》。1913 年,由郑正秋编导的影片《难夫难妻》是我国第一部故事片。

20 世纪 20 年代,中国电影进入到一个畸形发展阶段。其表现之一是,大批形形式式的影片公司纷纷出现。当时,在全国十多个沿海城市中,大小电影公司达 175 家,仅上海就占有 141 家。在这许多公司中,真正像样的只有 3 家,即"明星影片公司"、"天一影片公司"和"联华影业制片印刷有限公司",形成三足鼎立之势。表现之二是,大批粗制滥造的影片纷纷出笼。本时期生产的影片不下一千部,约占我国解放前全部影片的半数。但其内容而言,基本上是我国半封建半殖民地文化的集中反映。那些神怪武侠和海淫海盗的东西大量充斥影坛,如《黑衣女侠》、《荒村怪侠》、《火烧七星楼》等。

在这个阶段里,电影界也曾出现另一种情况。那就是一批小资产阶级知识分子和进步的戏剧家陆续进入影坛,拍摄了一些具有进步社会意义的影片。如欧阳予倩的《天涯歌女》成功地塑造了一位倍受压迫但不甘屈服的歌女,并通过她的抗婚斗争,无情地鞭挞了反动军阀、劣绅等恶势力危害平民的罪行。洪深的《爱情与黄金》则通过一个小资阶级知识分子向上爬的悲剧,揭露了金钱的罪恶。候曜制作的《弃妇》,提出了妇女解放的问题。田汉摄制的《到民间去》,表现了不满军阀统治、同情人民疾苦,希望改善现存社会的良好愿望。而电影拓荒者之一的郑少秋编导的《孤儿救祖记》、《玉梨魂》、《最后的良心》等,从各个不同的侧面描写了中国妇女的悲惨命运,批判了寡妇守节等封建道德和不合理的社会制度。总之,这些影片都在不同程度上表现了反帝反封建的要求。但是,这些健康的影片在20世纪20年代整个电影文化潮流中,还仅是一股涓涓细流。

二、进步电影的曲折发展阶段(1932—1937)

20世纪30年代初,在整个左翼文艺的大众化运动开展的同时,中国共产党进一步注意到了电影,开始提出了领导电影的纲领和措施,这就是1931年9月"左翼剧联"通过的《最近行动纲领》。1932年初,党在上海的地下组织正式建立了党的电影小组,由夏衍任组长。接着又成立了"中国电影文化协会"。在党的方针指导下,左翼电影工作者们顶住国民党反动派的压力和迫害,进步电影事业便迅速发展起来。在1932年,《十九路军抗日战史》等纪录片、《共赴国难》、《战地历险记》等抗日故事片,以及《火山情血》、《自由之花》等描写社会生活的故事片诞生,标志着中国电影已开始从脱离现实向反映现实的转折。

1933年的中国影坛一扫神怪武侠的陈腐之气,出现了夏衍的《狂流》、《春蚕》,阳翰笙的《铁板红泪录》,田汉的《三个摩登女性》、《母性之光》,洪深的《香草美人》,沈西苓的《女性的呐喊》等优秀左翼影片和郑正秋的《姊妹花》等进步电影。这些影片几乎都以普通人为主人公,写出了他们的不平和痛苦,在一定程度上反映了社会现实,产生了广泛的社会影响。所以电影史上称之为"1933:左翼电影年"。

左翼电影运动的辉煌成就,吓坏了国民党反动派。于是,他们采取了加强审查,肆意删剪进步影片和"蓝色恐怖"等一系列软硬兼施的迫害措施。在反动派的疯狂迫害下,左翼电影从1934始进入了一个曲折发展阶段。夏衍曾用"在泥泞中作战,在荆棘里潜行"来形容当时斗争形势的险恶和艰苦。

然而,绝大多数进步的电影工作者并没有被吓倒。他们继续团结在党的电影小组周围作韧性战斗。从1934年到1937年间,他们一方面采用曲折的表现手法,继续摄制进步的或革命主题的影片。如夏衍的《同仇》,郑伯奇的《到西北去》、沈西苓的《乡愁》、洪深的《劫后桃花》、蔡楚生的《渔光曲》和《新女性》、孙瑜的《大路》以及吴永刚的《神女》等。另一方面，他们高举反帝反封建旗帜，拍摄了一批具有抗日反帝主题和鲜明社会倾向的优秀影片。如《桃李劫》（袁牧之编剧、应云卫导演）、《风云儿女》（田汉、夏衍编剧）、《十字街头》（沈西苓编导）、《马路天使》（袁牧之编导）、《迷途的羔羊》（蔡楚生编导）、《青年进行曲》（田汉编剧，史东山导演）、《凌云壮志》（吴永刚编导）、《狼山喋血记》（沈浮、费穆编导）、《夜半歌声》（马徐维邦编导）、《神女》（吴永刚编导）等。这些影片显示了左翼电影运动的辉煌成就，标明进步的电影事业始终在中国影坛占据着主导地位。

三、进步电影新发展和人民电影兴起阶段（1938—1949）

从1937年抗日战争全面爆发，到1949年全国大解放，我国经历了抗日战争和解放战争两个重大历史阶段。在这一时期内，共产党进一步卓有成效地领导了进步电影事业，在国统区和解放区形成了两条彼此呼应、相互促进的战线，拍摄了一大批具有现实主义传统的优秀影片。

抗日战争时期，国统区的电影工作者共拍摄了十几部抗日宣传的故事片，其中大部分集中在1938年初到1941年底的三年多时间里。这些影片对于揭露日寇的侵略罪行，动员全民族人民投身抗日斗争起到了一定作用。其中如阳翰笙编剧、应云卫导演的《八百壮士》、《塞上风云》，田汉编剧、史东山导演的《胜利进行曲》，沈西苓编导的《中华儿女》等较好的影片，不仅真实表现了人民英勇的抗战精神，而且在艺术上也取得了一定的成绩。抗战后期，国民党政府加强了对电影的控制和对进步电影的抢杀，使国统区的进步电影事业处境艰难。从1942年到1946年间，国统区的电影几乎没什么成就可言。这种局面直到解放战争初期才出现转变。

抗战胜利后，由进步电影工作者作骨干力量组成的"昆仑"、"文华"两大民营电影公司发挥了重要作用。当时影响最广泛的优秀影片基本上都出自这两大公司。"昆仑"公司出品了如《一江春水向东流》、《八千里路云和月》、《万家灯火》、《丽人行》、《三毛流浪记》、《乌鸦和麻雀》等，"文华"公司出品了优秀影片如《小城春秋》等。这些影片真实地反映了时代社会生活，艺术上趋于成熟。从而形成了我国解放前现实主义电影艺术的第二次高峰。

解放区的人民电影事业是在极其困难的情况下从无到有，逐步发展起来的。1938年秋建立的"延安电影团"，拍摄了一大批具有重大史料价值的纪录片，如《延安与八路军》、《白求恩大夫》等。解放战争期间，随着革命形势的胜利发展，先后建立了延安电影制片厂和东北电影制片厂以及华北电影队等。其中东北电影制片厂自1948年开始长故事片的拍摄。次年间,《桥》、《中华儿女》、《白衣战士》、《无形的战线》等影片相继问世,为新中国的电影开创了一个崭新的局面。

第二节　当代中国电影近三十年的发展

随着新中国的诞生,中国电影也迈入了一个崭新的历史时期。当代中国电影在继承20世纪三四十年代进步电影和解放区革命文艺两方面传统的基础上,开始了新的发展之路。十七年中国电影艺术的发展特点是:艰难曲折,潮起潮落。在这十七年中,中国电影艺术发展出现过三次发展高潮,也出现过三次低潮。

中国电影艺术发展的第一次高潮是在建国初期。为了适应新中国飞速发展的形势,新政权诞生后不久国家很快建立了国营电影生产体系(继"东影"厂后,相继建立了北平电影制片厂、上海电影制片厂和八一电影制片厂等,还有各新闻片厂、科教片厂、美术片厂等),建立了国营电影工业体系和国营电影发行放映体系。电影事业得到前所未有的大发展。1951年3月在全国26个大城市同时举行"国营电影厂出品新片展览月",标志着建国初期电影创作的第一次发展高潮。展览月展映了《新儿女英雄传》、《中华女儿》、《白毛女》、《翠岗红旗》、《上饶集中营》、《民主青年进行曲》、《陕北牧歌》、《人民战士》等20部故事片,还有《中国人民大团结》等6部新闻纪录片。这次电影高潮还包括解放初期私营厂生产的优秀影片,如《我这一辈子》、《腐蚀》、《我们夫妇之间》、《关连长》等。

1951年5月在全国开展对电影《武训传》的批判及其后来的文艺整风运动,使建国初期电影第一次蓬勃发展的高潮很快结束。

电影艺术发展的第二次高潮,经历了较长时间的酝酿,在1956年前后出现。1952年至1954年的3年间拍摄较好的影片只有《南征北战》、《智取华山》、《梁山伯与祝英台》、《鸡毛信》等少数几部。而到1956年前后(包括1955年和1957年反右之前)出现了一批优秀影片。如反映革命战争题材的影片《董存瑞》、《平原游击队》、《上甘岭》、《铁道游击队》、《南岛风云》、《柳堡的故事》等,在塑造英雄人物和表现革命战争中人性方面有新的突破;现实题材的影片《新局长到来之前》、《上海姑娘》、《女篮五号》等,在表现生活的深度方面有较大开掘。另外,名著改编的影片有《祝福》、《家》等,惊险样式影片有《神秘的侣伴》、《边塞烽火》、《羊城暗哨》等,戏曲艺术片有《天仙配》等。总之,题材丰富,风格多样,呈现一派生机。可惜这种好局面很快被接踵而来的反右斗争和康生的所谓"拔白旗"运动枪杀了。

电影艺术发展的第三次高潮从1959年一直延续到20世纪60年代初期。为迎接建国10周年、建党40周年,党中央主要领导亲自抓重点影片建设。1959年共拍摄约70部影片,其中有近30部是作为向国庆10周年献礼的优秀影片。如《老兵新传》、《万水千山》、《我们村里的年轻人》、《林则徐》、《林家铺子》、《风景》、《青春之歌》、《聂耳》、《五朵金花》、《战火中的青春》、《回民支队》、《战上海》、《冰上姐妹》等。这批影片不仅题材广阔、风格新颖、形式多样,而且人物形象塑造得更为丰满生动,在思想上、艺术上以及技术上都突破了过去的水准。

1959年之后虽然国家遇到了三年自然灾害,国家经济紧缩,进口胶片受限制,自1961年始每年拍摄影片的总产量不多,但艺术质量却较高。因此说20世纪60年代初期仍然是电影艺术创作的丰收期。其标志是这时期涌现了一大批高质量的影片。如《暴风骤雨》、《红色娘子军》、《洪湖赤卫队》、《枯木逢春》、《达吉和她的父亲》、《甲午风云》、《李双双》、《早春二月》、《小兵张嘎》、《烈火中的永生》、《红日》、《冰山上的来客》、《北国江南》、《野火春风斗古城》、《兵临城下》、《英雄儿女》、《阿诗玛》等。这些影片充分显示了中国电影正在走向成熟。

然而,这阶段中国电影艺术发展的良好局面不久就遭受到了左倾思潮的严重冲击。1964年6月,在北京举办的全国京剧现代戏观摩大会上,康生突然点名攻击《早春二月》、《舞台姐妹》、《北国江南》等影片;同年12月,江青在中宣部一次会上,又把《林家铺子》、《不夜城》、《兵临城下》等影片定为"毒草",下令进行全国性批判。这场批判运动越演越烈,一直发展到"文化大革命"。电影事业受到了致命的扼杀和打击,电影艺术发展跌入了最低谷。

"文化大革命"时期(1966年至1976年)是一个极其特殊的时期。从电影艺术发展的角度看,"文革电影"是反艺术的,中国电影艺术几乎遭遇毁灭性的打击。整个"文革"十年左右,包括舞台艺术片在内只生产93部电影作品。而1966年到1972年间,故事片电影创作是空白,只有8部"样板戏"电影(如革命现代京剧《智取威虎山》、《红灯记》、《沙家浜》、《红色娘子军》等。1973年到1976年9月,是"文革电影"时期,产生了不同形态的电影约80多部。"这里的'文革电影'是指:①样板戏电影多部;②重拍故事片,包括《南征北战》、《渡江侦察记》、《平原游击队》等若干部;③斗争故事片,包括凤毛麟角的艺术尚存的影片如《创业》、《闪闪的红星》等,以及大量反映阶级斗争的影片《青松岭》、《艳阳天》、《火红的年代》等;④一些舞台艺术片。总体而言,'文革'故事电影的关键问题,一是电影艺术规律遭到践踏,违反艺术规律的所谓原则严重束缚、损害了艺术创造力。二是现实主义被歪曲,无限夸张、虚假的情节充斥屏幕,电影艺术本质受到根本性的损害。"①

总的来说，从1949年至1976年的前17年里，我国的电影艺术发展取得了很大的成绩。"长春"、"北京"、"上海"、"八一"等电影制片厂共摄制了650多部故事片。与此同时，中国还与苏联、法国等友好国家联合摄制了《风从东方来》、《风筝》等有国际影响的影片。影片《白毛女》、《祝福》、《女篮五号》、《老兵新传》、《红色娘子军》等还先后在"卡罗维·发利"、"墨西哥"、"莫斯科"等国际电影节上获奖，在世界电影史上留下了一行行光荣的记载。当然，这17年的电影历程也充满了风雨坎坷。"左"的干扰和封建主义思想，常使一些艺术和思想性颇为创新的作品倍受磨难。从《武训传》开始，《早春二月》、《兵临城下》、《舞台姐妹》……不断受到批判和指责，致使中国电影艺术发展走了不少"弯路"、"小路"，潮涨潮落。而此后10年的"文革"时期，却成了电影的"大劫难期"与反电影艺术的时期。中国电影艺术受劫后的恢复花费了多年时间努力，其发展的较大高潮一直到十多年后才得以掀起。

第三节　新时期电影艺术的复兴

经过十年动乱的劫难，自1977年开始中国历史进入了新的时期，中国电影也开始了前所未有的新时期。在新时期的最初二年多时间里，电影表现的内容主要集中于鞭挞"四人帮"的丑恶和揭露"左"的灾害，讴歌党和人民斗争的两个主要方面。但在艺术上却难以摆脱原有的创作原则和创作模式。随着党的十一届三中全会"实事求是，解放思想"方针的确立，"双百"方针的重提，还由于电影艺术家对历史反思和对艺术的努力探求创新，电影蹒跚的脚步在1979年开始变得坚实起来。

1979年是中国电影的重大转折之年。这一年影坛出现了冲破"三突出"原则和陈旧创作观念束缚，带有艺术创作个性的影片。革命历史题材的优秀影片有《曙光》、《从奴隶到将军》、《吉鸿昌》、《归心似箭》、《小花》等，歌颂知识分子的影片有《李四光》、《海外赤子》，反映现实生活和表现人性、人情的优秀影片有《瞧这一家子》、《甜蜜的事业》、《苦恼人的笑》、《泪痕》、《生活的颤音》等。这些影片在题材的大胆拓展，人物形象塑造，艺术手法创新，艺术结构组织，电影语言使用等方面，都较前有明显的深化和发展，从而构成了新时期电影第一次的创作浪潮。中国电影终于完成了艰难的助跑，踏上了20世纪80年代的腾飞之路。

---

① 周星主编：《影视艺术概论》，高等教育出版社2007年版，281页。

在新时期电影腾飞之路上,老中青三代导演精神振奋,勇于开拓,各自作出了应有的贡献,放射出独特的光彩。被称为老导演的,是活跃于20世纪五六十年代影坛的,像水华、成荫、汤晓丹、崔嵬、凌子风、谢晋等人。按在中国电影史上执导年代排列,他们又被称为"第三代导演"。他们老当益壮,20世纪80年代初集中推出了一批力作。如汤晓丹导演的《南昌起义》,成荫导演的《西安事变》,水华导演的《伤逝》,王炎导演的《许茂和他的女儿们》,凌子风导演的《骆驼祥子》等。在老导演中谢晋是艺术成就最为突出的一位。他导演的优秀影片一部接一部地涌现,而且不断在国内外获奖。他1979年导演拍摄了《啊!摇篮》(荣获1980年文化部优秀影片奖),1980年导演拍摄了《天云山传奇》(荣获第一届"金鸡奖"最佳故事片),1982年导演拍摄了《牧马人》(荣获第6届"百花奖"最佳故事片,1983年文化部优秀影片奖),1983年导演拍摄了《秋瑾》,1985年导演了《高山下的花环》(荣获第八届"百花奖"最佳故事片),1986年导演了故事片《芙蓉镇》(荣获1987年"金鸡奖"最佳故事片),1989年导演拍摄了《最后的贵族》;20世纪90年代他又执导了《清凉寺的钟声》、《鸦片战争》等电影佳作。谢晋导演的影片,受到了国内外观众的欢迎和喜爱。

20世纪80年代初活跃于影坛的中年导演,大多数毕业于文革前的电影院校,其中包括吴贻弓、杨延晋、张暖忻、谢飞、滕文骥、吴天明、丁荫楠、黄蜀芹、郑洞天、胡柄榴、赵焕章等人。他们长期给老导演当助手,直到粉碎"四人帮"后才有了独立拍片的机会,显示艺术才华。他们被称为"第四代导演"。在艺术上,他们自觉扬弃"三突出"等创作模式,大力倡导巴赞、克拉考尔的纪实美学、长镜头理论,决心尽快革新中国的电影语言,使中国电影赶上世界电影的先进水平。《沙鸥》、《邻居》、《巴山夜雨》、《乡情》、《喜盈门》等影片令人耳目一新。特别是1982年,吴贻弓执导的影片《城南旧事》不仅在国内受到好评,而且在马尼拉国际电影节上获金鹰大奖。这是新时期中国电影第一次叩开世界电影节获奖的大门,紧接着"第四代导演"们又陆续拍摄了《青春祭》(张暖忻),《乡音》(胡炳榴),《人到中年》(王启明、孙羽),《良家妇女》(黄建中),《海滩》(滕文骥),《人生》、《老井》(吴天明),《红衣少女》(陆小雅),《野山》(颜学恕),《孙中山》(丁荫楠)等一大批优秀影片,使中国电影的艺术准大大提高。

1984年前后,一批年轻的导演——有人把他们称之为中国"第五代电影导演"(主要是北京电影学院82届毕业生)。他们以"初生牛犊不畏虎、敢作敢为闯新路"的姿态,举着"探索片"的旗帜,勇敢地登上了新时期电影的大舞台。他们先后导演拍摄了:《一个和八个》(张军钊),《黄土地》、《大阅兵》、《孩子王》(陈凯歌),《猎场扎撒》、《盗马贼》(田壮壮),《喋血黑谷》、《晚钟》(吴子牛),《黑炮事件》、《错位》(黄建新),《女儿楼》(胡玫、李小军),《红高粱》(张艺谋)

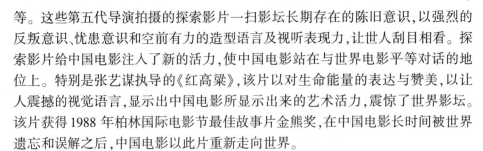

等。这些第五代导演拍摄的探索影片一扫影坛长期存在的陈旧意识,以强烈的反叛意识、忧患意识和空前有力的造型语言及视听表现力,让世人刮目相看。探索影片给中国电影注入了新的活力,使中国电影站在与世界电影平等对话的地位上。特别是张艺谋执导的《红高粱》,该片以对生命能量的表达与赞美,以让人震撼的视觉语言,显示出中国电影所显示出来的艺术活力,震惊了世界影坛。该片获得1988年柏林国际电影节最佳故事片金熊奖,在中国电影长时间被世界遗忘和误解之后,中国电影以此片重新走向世界。

总的来看,由个人经历(如经历"文化大革命",上山下乡,当兵入伍,改革开放后进入高校学习)反思历史,通过电影折射民族心理,成为第五代导演共同的创作追求和第五代导演作品中显著的思想文化特征。与此同时,在电影美学风格上,第五代导演有着明确的现代意识。从张军钊导演的《一个与八个》、陈凯歌导演的《黄土地》开始到张艺谋的《红高粱》,第五代导演就极为重视电影的视觉语言——造型、画面、构图等。特别是第五代导演比较倾向于将电影的视觉语言象征化、寓意化,这种艺术处理手法与第五代导演对中国历史文化与民族心理结构的兴趣是一致的。在这种情况下,第五代导演形成了较为鲜明的艺术风格。

第五代导演的第一批作品问世后,引起了整个中国影坛的震动,老年导演特别是中年导演从年轻一代的电影作品得到了一些启发,也开始新的探索。与此同时,鉴于中国国情,第五代导演也在考虑如何使影片为更多的观众所赏识。1986年以后,老中青三代导演各有自己的艺术追求,中国影坛上出现了多元化发展的局面。1987年全国共生产故事片146部。其中反映现实生活的题材占70%左右,优秀影片有《解放》、《老井》、《女人国的污染报告》、《太阳雨》等。其中《人·鬼·情》(黄蜀芹)、《一个死者对生者的访问》(黄建中)、《鸳鸯楼》(郑洞天)、《孩子王》(陈凯歌)、《原野》(凌子)等影片在艺术上都有独特追求。《最后的疯狂》、《闪电行动》等娱乐片达到了观赏性和艺术性很好地结合。特别值得提出的是《老井》、《红高粱》等影片在国际上连续获大奖,它标志着中国电影走向世界的良好开端。1988年我国共生产故事片158部,思想性和艺术性较好的影片有《共和国不会忘记》、《巍巍昆仑》、《多梦的时节》、《村路带我回家》、《春桃》、《寡妇村》等。观赏性和娱乐性较强的影片有《疯狂的代价》、《霹雳行动》、《顽主》、《一半是海水,一半是火焰》等。1989我国年共生产故事片136部,虽然数量比1988年有所下降,但质量却有所提高。这一年最突出的是《开国大典》和《百色起义》为代表反映重大革命历史的宏篇巨制影片的完成,在思想性与艺术性方面达到了完美的结合。

20世纪90年代后,电影界佳作新人不断涌现。不仅像《焦裕禄》、《烛光里的微笑》、《大决战》(《辽沈战役》、《淮海战役》、《渡江战役》)、《周恩来》、《开天辟地》、《重庆谈判》、《蒋筑英》、《凤凰琴》、《被告山杠爷》、《吴二哥请神》、《孔繁森》、《较量》等一大批优秀影片荣获了历年的"百花奖"、"金鸡奖"、"政府奖",而且如《香魂女》、《秋菊打官司》、《霸王别姬》、《大红灯笼高高挂》、《一个都不能少》、《活着》等许多影片还在国际竞争激烈的柏林、戛纳、威尼斯等世界A级电影节上捧回了金杯银杯。1997年拍摄的史诗巨片《鸦片战争》、《大转折》以艺术化的手法再现历史的真实,让观众叹服;《离开雷锋的日子》不仅再现和深化了30年前家喻户晓、老幼皆知的全国性群众性活动,而且在观众人数和票房收入方面创造了新的纪录;《红河谷》的收视效果超过了当年引进的以巨额投资的好莱坞大片。冯小刚在1998年导演的贺岁片《甲方乙方》把中国电影的寓教于乐的功能带入了一个新的天地。1999年拍摄的《男妇女主任》、《一个都不能少》等影片因思想性与艺术性的较完美结合而受到国内观众的好评。另外,在这几年,随着《红樱桃》、《阳光灿烂的日子》、《苏州河》、《那山、那人、那狗》、《十七岁的单车》、《小武》等影片在国际国内获奖,"第六代导演"执导的影片也成了热点话题。"第六代导演"是我国影坛的新生力量,对我国未来电影艺术的发展起着重要的作用。

　　回顾新时期20多年电影艺术发展,其变化是巨大的。电影艺术不仅挣脱了"帮文艺"的桎梏,恢复了中国进步电影的现实主义传统,而且大胆借鉴世界各国文艺和电影中一切有价值的东西,努力探索具有中国特色的社会主义电影的道路。影片生产从"文化大革命"前每年五六十部提高到一百四五十部,影片质量较前也有很大的提高。据统计,从1977年—1999年的20多年间,我国共生产各类故事片2500多部,其中有119部在187次国际电影节上获奖(包括戛纳、柏林、威尼斯三大电影节)。张艺谋、陈凯歌、巩俐都已经作为国际性电影艺术家成为各电影节的评委,各种电影专业杂志介绍的热点人物,甚至成为国际大众娱乐杂志的封面形象。一些获国际大奖的中国大陆影片还作为电影百年的经典进入了各欧美大学的影视课堂,而且在许多国家的商业性电影录像租赁点里也能找到中国大陆电影的目录。新时期影坛群星灿烂,电影创作成就辉煌。

第四节　21世纪中国电影艺术的新进展

　　进入21世纪后,中国电影改革力度加大,电影产业调整与促进措施不断出台,从而对新世纪影视艺术发展产生了至关深远的影响。比较重要的改革措施有电影企业集团的建立、民营影业公司的准入、院线制的形成,以及电影在发行上的积极营销策略等,这使得中国电影的商业环境逐步走向成熟。

在市场化的背景下,中国电影的产业结构以及相应的艺术态势,从20世纪90年代初期开始逐步清晰起来,并在进入新世纪以后最终形成。这种产业结构与艺术态势大体由三部分构成:一是主旋律电影在市场化语境中的探索;二是商业电影创作,其中国产大片在新世纪的迅速崛起备受关注;三是艺术电影创作,其中以第六代导演为主体的个体化创作占据着艺术电影创作的主体位置。三者基本上形成了"三足鼎立"的态势,都在不断摸索自己的发展路径,也都逐渐走向成熟。同时,也露出融合的迹象。

一、主旋律电影在不断艺术调整中发展

所谓主旋律电影是指能充分体现主流意识形态的革命历史重大题材影片和与普通观众生活相贴近的现实主义题材、弘扬主流价值观、讴歌人性人生的影片。由于主旋律电影承载着社会主义核心价值观念,反映出当下社会亟需建构的德,从伦理道德对社会文化有着正面的导向作用,政府相关部门对主旋律电影也采取积极的扶持政策。进入新世纪以后,主旋律电影在创作上非常活跃,影片受众面越来越广,许多主旋律影片取得了不俗的票房业绩,从而与商业电影、艺术电影形成鼎足之势。在商业语境中,主旋律电影不断地进行艺术调整,以面对观众和市场。一些革命战争类主旋律影片努力以大投资、大制作和精品意识进行创作,从而带有"大片"的色彩,比如《建国大业》、《建党伟业》、以及2011年为纪念辛亥革命一百周年而拍摄的《辛亥革命》等影片;一些弘扬英雄人物、模范人物的主旋律影片则以情动人,主打情感戏,也深受观众喜爱,比如《香巴拉信使》、《张思德》等;还有一些主旋律电影选取重大现实题材,这样的影片毫无疑问会受到关注,比如取材于2003年抗击非典的《惊心动魄》、取材于2008年汶川抗震救灾的《惊天动地》。

二、商业电影在新世纪的期待中崛起

国产大片的崛起是非常引人注目的文化现象。2002年末,张艺谋导演的《英雄》上映,创下了票房新高。《英雄》以其产业上的凯旋与艺术上的残缺,拉开了国产大片时代的序幕。民营影业公司的参与、强大的宣传攻势、豪华的明星阵容、精美的电影画面与空洞的思想内涵,视觉大于故事、奇观大于叙事,等等,《英雄》所表现出来的各种特点,在此后的大片中都有所反映。《英雄》之后,国产大片不断推出,张艺谋导演的《十面埋伏》、《满城尽带黄金甲》;陈凯歌导演的《无极》、《赵氏孤儿》;冯小刚导演的《夜宴》、《集结号》、《唐山大地震》,吴宇森导演的《赤壁》(上、下);陈德森导演的《十月围城》;陈可辛、叶伟民导演的《投名状》、姜文导演的《让子弹飞》,等等,都是大投入、大制作、大发行,也都引起观影热潮。在市场化的语境中,这些大片主要以娱乐性、以营造视听震撼为目的。

像好莱坞的大片一样,大场面、高科技的运用是这些大片招徕观众屡试不爽的法宝。当然,我们也应该看到,在近十年的发展中,国产大片也在不断调整和追求,比如《集结号》、《投名状》、《让子弹飞》等片,就在叙事上下了很大功夫。

三、成熟的电影市场环境,积极推动电影的类型化

在新世纪,越来越成熟的电影市场环境,积极推动了类型化电影的创作与发展。对于许多导演来说,类型片创作成为一种自觉的意识;而对于观众来讲,逐步成熟的类型片创作,也让观众能够比较自由地选择不同影片观看,并能不断积累类型片的观赏经验。新世纪的类型片主要有,战争片:比如冯小宁导演的《紫日》、《嘎达梅林》,冯小刚导演的《集结号》等;灾难片:比如张建亚导演的《紧急迫降》、《极地营救》,冯小宁导演的《超强台风》等;恐怖片:比如阿甘导演的《闪灵凶猛》、《凶宅幽灵》、《天黑请闭眼》,张箐导演的《荒村客栈》等。

喜剧片:在市场化语境中,喜剧片是产量非常丰富的一种影片类型。在美学形态上,喜剧片有不同的倾向,有的趋于恶搞,有的趋于狂欢,有的趋于温婉的讽刺等。比如张艺谋导演的《三枪拍案惊奇》,张扬导演的《落叶归根》,宁浩导演的《疯狂的石头》、《疯狂的赛车》,尚敬导演的《武林外传》(电影版),阿甘导演的《大电影》、《高兴》、《魔侠传之唐吉可德》,等等。对于新世纪的喜剧电影,更为重要的还是冯小刚导演的许多"贺岁片",从20世纪90年代开始,冯小刚的"贺岁片"就非常引人关注。在新世纪冯小刚创作的"贺岁片"有《甲方乙方》、《不见不散》、《没完没了》、《一声叹息》、《大腕》、《手机》、《天下无贼》、《非诚勿扰》、《非诚勿扰2》等。冯小刚的喜剧片将镜头对准人们当下的道德困境与精神焦虑,但是由于市场环境、电影审查等方面的原因,冯小刚的喜剧电影往往缺乏批判的力度。在某种程度上,正是温吞水式的批判立场,使得冯小刚的喜剧电影具有极强的娱乐性,从而拥有广泛的受众群。此外,动作片也是新世纪中国类型电影的重要一种,国产大片中有许多就是动作片,比如《英雄》、《十面埋伏》、《满城尽带黄金甲》、《投名状》、《十月围城》、《赤壁》等。

四、艺术电影在艰难跋涉中前行

在新世纪,执着于艺术创作的主要是被称为"第六代"或"新生代"的一批导演。这些导演出生于60年代~70年代,大约在20世纪80年代中后期在北京电影学院、中央戏剧学院等院校接受专业训练。与上一代导演相比,他们更为关注自身的生命体验,同时也由个人生命体验而注目于当下中国社会转型中的底层人群与边缘人群,坚守民间立场。第六代导演往往游离于电影体制之外,但这种情况也不是绝对的,为了获得更多的生存空间,这些年轻导演也会适当地回归

主流话语,争取更多的观众认同。在电影体制之外,这些年轻导演往往会将作品送到国外的电影节上参赛,并借在国外的电影节上获奖的势头争取更多拍摄资金,特别是国外资金。

在第六代导演中,张元是起步最早,影响力也较大。张元在新世纪的电影作品主要有《收养》、《绿茶》、《江姐》、《看上去很美》、《达达》等,其影片中的主人公往往是社会的边缘人,或者是相对于主流意识形态的另类。比如《达达》中饱受继母男友骚扰的达达,就曾有着另类的人生经历。出生于山西汾阳的贾樟柯也是第六代导演中影响较大的一位。与其他书写个人生命体验、表现残酷青春的同辈导演不同,有着农村生活经验的贾樟柯一直关心中国社会转型以及社会转型中底层人物的命运。贾樟柯在新世纪的作品主要有《世界》、《三峡好人》、《二十四城记》等。像他的许多作品一样,这些电影仍然关注社会转型背景下的小人物命运。《世界》表现出全球化背景下底层人物的人生境遇;《二十四城记》则将镜头对准了转型期国有企业中的工人子弟;《三峡好人》以拆迁中的三峡工地为背景,既表现出社会的变迁,又超越了题材的社会内涵,而带有深邃的寓意。该片为贾樟柯赢得威尼斯国际电影节最佳影片金狮奖。第六代导演中的王小帅也具有鲜明的风格,他在新世纪创作有《二弟》、《青红》、《左右》、《日照重庆》等作品。

第六代导演,除了张元、贾樟柯、王小帅,还包括娄烨、管虎、路学长、张扬、施润玖、王全安、章明、陆川等人。这些年轻人经常用影像书写残酷的青春,在共性的基础上,他们也各有自己的艺术追求。一些导演近年来也逐渐融入到主流之中,比如以《寻枪》成名的陆川,他所拍摄的《可可西里》、《南京!南京!》都获得了许多观众的认同和赞赏,票房收入也都比较可观。同样被归为新生代导演的姜文,则一直被观众所关注,他既有在艺术上进行探索的影片《太阳照常升起》,也创作了极其卖座的大片《让子弹飞》。此外,以小成本电影《疯狂的石头》成名的年轻导演宁浩,则更多地受到盖里奇、昆汀·塔伦蒂诺等导演的影响,从而表现出与上述年轻导演迥异的影像风格。

主旋律电影、商业电影、艺术电影三足鼎立的发展态势,在某种程度上说明在市场化的背景下,中国电影正在逐步调整、摸索中走向成熟。电影产业机制、电影创作机制也都在市场的洗礼下逐渐成熟。我们有理由相信,在成熟的电影机制下,中国电影的未来更加值得期待。

第五节 港台电影艺术发展概述

由于近现代历史造成的空间区隔,香港、台湾与祖国大陆在电影艺术上有着各自的路径与特色,但中华文化却是两岸三地电影艺术的共同底蕴,因此,港台电影与祖国大陆有着割不断的血脉联系。

一、香港电影发展概况

1949年以前,香港电影业与大陆有着紧密的联系。中国电影的先驱者黎民伟在1913年自编自导的影片《庄子试妻》成为香港的第一部影片,1923年黎民伟与其兄弟在香港成立民新影片公司,1926年,"民新"迁往上海,可见在中国电影事业发展之初两岸本是连为一体的。而1950年以后在香港影坛占据重要地位的邵氏影业,最早也可追溯到1925年在上海成立的天一影片公司。1930年10月,现代中国电影史上另一著名的影片公司——联华在香港成立。除了1941年12月到1945年8月香港被日本占领使得电影发展陷于停顿外,香港电影一直在坚持发展,战后香港电影迅速复苏,大中华、永华等公司纷纷成立,并拍摄了许多影片。

1949年以后,两岸三地在空间上产生区隔,香港电影与台湾联系较多。从1949年到1979年,影业公司蜂拥而起,在众多的影业公司中,比较重要的有长城、凤凰、新联、邵氏兄弟、电懋、嘉禾等,其中长城、凤凰主要是20世纪40年代中后期从大陆转移至香港的电影力量,而邵氏和电懋则是从新加坡、马来西亚转移至香港的电影力量。不同的影业公司各有其创作特色。邵氏影业出品的影片中比较引人注目的是李翰祥导演的黄梅调戏曲片和古装历史片,以及张彻、胡金铨、楚原等导演拍摄的武侠电影;电懋拍摄的粤语片相对较多;嘉禾公司则以动作片著名。1971年李小龙从美国回到香港,加盟嘉禾影业,由罗维任导演,拍摄了许多轰动一时的功夫片,并在香港掀起功夫片创作热潮,比较有代表性的影片有《唐山大兄》、《精武门》、《猛龙过江》等。

李翰祥不仅在香港,也在台湾拍片,他一生拍摄了大量作品,对中国电影贡献甚巨。他具有很深的中国古典文化修养,这在其创作的影片中有所体现,《貂蝉》、《江山美人》、《梁山伯与祝英台》等黄梅调电影镜像语言成熟,文化内涵丰富,影响很大;而《倾国倾城》、《瀛台泣血》、《火烧圆明园》、《垂帘听政》等历史片则将晚清历史表现得充满悲情,李翰祥其他比较重要的作品还有《武则天》、《西施》、《缇萦》、《扬子江风云》等。在1949年到1979年这一时间段,武侠片与功夫片毫无疑问占据了最为重要的位置,其产量之丰、观影人数之众、影响之大,都使得武侠片与功夫片成为这一期间香港电影最为显目的标志,而邵氏影业所聘请的胡金铨、张彻、楚原等导演则是这股武侠片、功夫片热潮中的中坚力量。像李翰祥一样,胡金铨的影片拍摄活动也兼及香港与台湾。胡金铨对武侠片成为一种电影类型功不可没,在胡金铨之前,武侠电影非常粗糙,经胡金铨之手,武侠电影变得很有艺术质感,他的影片有着阳刚之气与阳刚之美。胡金铨比较有代表性的武侠电影有《大醉侠》、《龙门客栈》、《侠女》、《迎春阁之风波》、《忠烈图》、《空山灵雨》、《山中传奇》、《天下第一》、《笑傲江湖》、《画皮之阴阳法》等。张彻导演的武侠片充满血性,风格较为刚硬,有着浓重的男性情结,主要作品有《断肠剑》、《独臂刀》、《方世玉与洪熙官》、《报仇》、《刺马》等。楚原的武侠电影则与古龙的名字联系在一起,《天涯·明月·刀》、《流星·蝴蝶·剑》、《楚留香》等都改编自古龙的武侠小说,影片带有悬疑和推理的色彩,并在曲折的情节中透露出宿命感与一定程度的哲理性。

在20世纪80年代,由于30多位年轻导演的出现,香港电影开始进入一个短暂的艺术创新时期。尽管只持续了五六年的时间,但这股艺术创新的浪潮给香港电影带来了巨大活力,人们称之为"香港电影新浪潮"。香港电影新浪潮从20世纪70年代末起步,至20世纪80年代中期式微。主要代表人物有严浩、许鞍华、徐克、方育平、谭家明、章国明等,其后还有关锦鹏、张婉婷、陈嘉上、程小东、刘国昌、王家卫等人。这批年轻的导演以敏锐的艺术触觉与前卫的探索精神对电影语言进行了革新与试炼。"新浪潮"的电影革新主要有两种类型,一是关注香港社会现实,坚持平民立场,带有鲜明的人文关怀倾向,比如许鞍华的《胡越的故事》、《投奔怒海》,严浩的《似水流年》,方育平的《父子情》或《半边人》等。另一类是在类型片的框架内锐意革新,从而推动了香港的类型片走向成熟,比如许鞍华导演的惊悚片《疯劫》、徐克导演的武侠片《蝶变》、章国明导演的警匪片《点指兵兵》。

香港电影新浪潮中的年轻导演在电影创新实践中,并没有忽视电影的票房,而是兼顾电影的商业性,因此从一开始,许多年轻导演就将艺术追求与商业诉求很好地结合起来,拍出了一批既有艺术创新精神和个性色彩,又有市场价值的影片。尽管在20世纪80年代中期,"新浪潮"逐渐式微,但"新浪潮"中涌现出来的这些导演,却成为香港电影的中坚力量。香港电影新浪潮对促进香港电影工业、繁荣电影市场、促进香港类型电影的成熟都功不可没。新浪潮之后,香港电影既具有很强的商业性,也不乏现代气息。

从20世纪80年代中期至今,香港类型电影逐渐成熟。类型片的成熟是香港电影商业性的基本保证,许多导演在类型电影的框架内锐意求新,使得类型电影不断保持活力,而这些导演也因此取得了很高的成就。二十多年来,香港电影产业尽管遇到过不少挫折,但最终都能走出低谷,不断创下辉煌。武侠片、功夫片、枪战片、喜剧片、警匪片是香港电影几种主要的类型。值得一提的是,在许多导演的不断摸索与创新过程中,这些类型片表现出融合的趋势,比如杜琪峰导演的一些电影,既是枪战片,也可说是警匪片,还可以说是黑帮片;而周星驰导演的

《功夫》,既可以说是功夫片,也可以说是喜剧片。

武侠片最有代表性的人物是徐克,徐克自1979年执导《蝶变》一举成名,该片以科幻特技开创了武侠电影的新局面;而徐克与李惠民、程小东一起执导的《新龙门客栈》翻拍自胡金铨的《龙门客栈》,但融入了现代视觉元素,特别是武打动作的设计堪称完美,《新龙门客栈》因此被认为是新派武侠电影的开山之作。徐克的作品还有《黄飞鸿》系列、《笑傲江湖》、《满汉全席》、《蜀山传》、《七剑》、《狄仁杰之通天帝国》等,这么多年来,徐克不断将新元素融入武侠电影,2010拍摄的《龙门飞甲》还将3D技术融入其中。

功夫片最有代表性的是成龙的影片,在李小龙之后,成龙将喜剧元素与动作相结合,《蛇形刁手》、《醉拳》等片都产生过很大影响。20世纪80年代中期以后,成龙将喜剧、动作等元素融进警匪片之中,《A计划》、《警察故事》系列、《重案组》、《红番区》、《特务迷城》等警匪片都带有成龙独特的风格,进入新世纪,成龙的动作片风格有所变化,这在《新警察故事》、《宝贝计划》等片中有所体现。

枪战片最具代表性的人物是吴宇森,《英雄本色》将枪战与黑帮题材融在一起,将暴力画面与英雄形象塑造结合,渲染了兄弟之情,《英雄本色》之后,吴宇森还拍有《英雄无泪》、《喋血双雄》、《喋血街头》、《纵横四海》等片,吴宇森后来到好莱坞发展,拍摄了《断箭》、《变脸》、《夺面双雄》、《碟中谍2》、《风语者》等片,此后还回大陆指导拍摄了国产"大片"《赤壁》。

喜剧片最具代表性的人物是周星驰,他以"无厘头"的表演风格成为票房收入的保证,曾主演《唐伯虎点秋香》、《逃学威龙》、《大话西游》、《九品芝麻官》、《审死官》、《武状元苏乞儿》、《食神》等片,还曾自编自导过《喜剧之王》、《少林足球》、《功夫》、《长江七号》等片。

警匪片比较有代表性的人物有杜琪峰与刘伟强。杜琪峰的影片注重情节的可看性,画面的造型感,不少影片的情节出人意料而又在情理之中,影片视觉风格鲜明,比较有代表性的作品有《枪火》、《PTU》、《大块头有大智慧》、《黑社会》、《放逐》、《神探》、《文雀》、《复仇》等。刘伟强则以《无间道》系列影片闻名,在《无间道》系列电影中,刘伟强将警匪之间犬牙交错的形势集中在卧底身上,影片情节曲折迷离,并包含着一种悲悯情怀,《无间道》一片被美国著名导演马丁·斯科塞斯翻拍,并获得奥斯卡奖。此外,恐怖片、赌片也都是香港重要的类型片。

除了商业类型片,香港也有一些文艺片,比较有代表性的导演是王家卫与陈果,王家卫以迷离、恍惚的影像风格,表达出现代人在喧嚣中的孤独,在人群中的冷漠与无助,带有现代主义色彩,代表性作品有《旺角卡门》、《阿飞正传》、《东邪西毒》、《堕落天使》、《春光乍泄》、《重庆森林》、《花样年华》、《2046》等。王家卫的影片注重用影像表达现代人的感觉,尽管非常"文艺",却不乏受众,因此王家卫成名后拍摄的一些影片票房收入还是不错的。相对于王家卫的"小资情调",陈果更为关注底层生活,影像风格粗粝但非常有质感;其作品投资少,票房也很少成功,但却常在国际上获奖,代表作品有《香港制作》、《去年烟花特别多》、《细路祥》、《榴莲飘飘》、《香港有个好莱坞》、《人民公厕》等。

总的来看,在商业性的背景下,香港导演仍对叙事、视听语言不断进行尝试与革新。近年来,大陆与香港的合作越来越多,边界正在模糊、消失,像《投名状》、《十月围城》等国产"大片"都是聘请香港导演指导拍摄的。

二、台湾电影发展概述

自1895年被清廷割让给日本,至1945年光复,台湾经历了半个世纪的日据时期。1901年电影传入台湾,但在日据时期,台湾主要放映日本影片;影片的拍摄活动也主要是在日本势力控制或渗透下进行的。1945年台湾光复,日本在台的制片机构被国民政权接收,在此基础上成立"台湾省电影摄影场",1957年改名为"台湾省电影制片厂"("台制");1948年,大陆的"中国电影制片厂"("中制")由南京迁台。"台制"与"中制"都拍摄了许多服务于政治和军事的纪录片,此外也拍摄故事片。但致力于拍摄故事电影并取得很大成就的是1954年由台湾农业教育电影公司与台湾电影事业股份有限公司合并成立的"中央电影事业股份有限公司"("中影")。

大约自1955年起,至1962止,台湾电影进入了台语片时期,在1957年左右,台语片拍摄达到高潮。台语片主要取材于歌仔戏、民间故事、民间歌谣与若干历史事件。进入20世纪60年代,以李行导演的《街头巷尾》为契机,"中影"开始大力提倡"健康写实主义"。"健康写实主义"路线培养出李行、白景瑞、宋存寿等导演,主要作品有李行导演的《蚵女》、《养鸭人家》,杨文淦导演的《梨山春晓》、《小镇春回》等。在当时,台湾电影政治性很强,教化的色彩也很浓,"健康写实主义"路线下的影片将镜头朝向街头巷尾的凡俗生活、朝向美丽的田野乡村,影片的画面、故事与风格都是非常淳朴的,这给当时的影坛带来了清新的气息。但这些电影所谓的"写实"是非常可疑的,因为要"写实"就要真实地反映社会现实,但这一点又与政府所宣传的"健康"相冲突。正因为担心"写实"必定会触碰社会问题,所以"健康写实"很快被"健康综艺"所取代,"中影"鼓励创作者从多方面挖掘题材,于是产生了《哑女情深》、《婉君表妹》等爱情片、《貂蝉与吕布》、《玉观音》等古装片以及《情关》、《青衫客》等武侠片。

在20世纪六七十年代的台湾电影创作中,言情片——特别是根据琼瑶小说改编的言情片——占据了很重要的一块。从第一部改编电影《婉君表妹》到最后一部改编电影《昨夜之灯》,"琼瑶戏"的改编热潮长达二十年。李行是始作俑者,其后很多导演都参与过这一改编热潮,有代表性的作品除了《婉君表妹》,还有《彩云飞》、《烟雨蒙蒙》、《庭院深深》、《窗外》、《在水一方》、《彩霞满天》、《心有千千结》等。

　　进入20世纪80年代,台湾电影终于迎来了新的气象。在1982年到1986年期间,随着一批年轻的、充满创作自觉意识的电影人登上舞台,"台湾新电影运动"蓬勃展开。这批关怀现实、渴望革新电影观念与电影语言的年轻电影人包括侯孝贤、杨德昌、陈坤厚、张毅、曾壮祥、柯一正、王童、万仁、小野、吴念真等人,以及一些小说家,比如黄春明、朱天文等人。"台湾新电影运动"的发生有其特定的背景。当时的台湾文化宣传部门对电影的管制渐渐放松,同时对电影产业也予以一定程度的扶持,从而营造了良好的氛围。更为重要的是,发生于1978年的"乡土文学论战",使得思想界、文化界把目光投向本土、投向底层。在长时间的风花雪月之后,台湾电影也遭遇了发展的瓶颈。在此情况下,"中影"总经理明骥力排众议,大胆启用新人,小野、吴念真就是在这时被任命为制片部企划组组长和编审的,两人负责提出策划案,并参与编剧。同时还启用陶德辰、杨德昌、柯一正和张毅为导演,这四位导演在1982年以每人一段的方式创作了四段式电影《光阴的故事》,正式拉开了台湾新电影运动的序幕。这部影片关注现实,风格清新自然,取得了不错的票房成绩,也鼓励了制片方对"新电影"的导演们给予更多的创作机会,其他制片公司也纷纷聘请年轻导演们拍片。许多优秀的作品在这一时期涌现出来,比较有代表性的有《小毕的故事》、《海滩的一天》、《台上台下》、《搭错车》、《看海的日子》、《儿子的大玩偶》、《风柜来的人》、《油麻菜籽》、《我爱玛莉》、《嫁妆一牛车》、《冬冬的假期》、《童年往事》等。这些"新电影"有着大体一致的美学诉求,它们或是从自我的体验与记忆出发,表达时代的变迁与人世的沧桑;或是关心底层,表现底层生活的艰难。在影像风格上,则具有"作者电影"的特征,巴赞所提出的一些写实理论——比如景深镜头与长镜头——在这些电影中都有所体现,充分说明了"新电影"的写实风格。

　　"台湾新电影运动"虽然时间短暂,但其影响却非常深远。从电影艺术的角度来说,台湾新电影运动使得台湾电影的影像风格具有了现代气息,这是一次深刻的艺术转轨过程;从人才培养的角度来说,一些关心现实、具有创造精神的导演在此次运动中涌现出来,并在此后发挥了重要作用,其中具有代表性的是侯孝贤、杨德昌、王童等导演,他们都是台湾重量级的导演,在世界影坛上也都具有知名度。

　　侯孝贤的主要作品有《风归来的人》、《冬冬的假期》、《童年往事》、《恋恋风尘》、《悲情城市》、《戏梦人生》、《好男好女》、《再见南国,再见》、《海上花》、《千禧曼波》等。侯孝贤以善用长镜头和全景镜头著称,其镜头干净、洗练,写实性强,带有悲悯的精神。除了从自我的记忆出发关注成长主题与台湾社会外,侯孝贤的影片还表现出历史的悲情。《悲情城市》、《好男好女》等片都以"二二八"事件作为背景展开叙事,《悲情城市》还于1989年获得了威尼斯电影节最佳影片金狮奖。

杨德昌具有代表性的作品有《海滩的一天》、《青梅竹马》、《恐怖分子》、《牯岭街少年杀人事件》、《独立时代》、《麻将》、《一一》等片。杨德昌的影片有着细腻的心理剖析,在时代的背景下表现出人物命运的悲剧性。《恐怖分子》剧情复杂、头绪纷繁,但通过精密的剪辑有条不紊地结构成影片,对都市文化进行了批判性反思。《牯岭街少年杀人事件》则在四个小时的长度内耐心地讲述了牯岭街的少年杀人事件,并将杀人事件放在特定的历史时代,从而对台湾的历史与社会进行了思考。《一一》被法国媒体称为是"生命的诗篇",在该片中杨德昌对一个家庭中每一个人的生命体验都进行了反映,无论是叙事,还是镜头处理,都充满悲悯情怀,该片获得戛纳国际电影节最佳导演奖。

王童以《稻草人》、《香蕉天堂》、《无言的山丘》构成的台湾近代史三部曲奠定了自己在台湾电影史上的重要地位,影片充满反讽与悲情,比如在以日据时期为背景的《稻草人》中,就将幽默与辛酸融在一起,给人以独特的观影感受。

进入20世纪90年代后,一批更为年轻的导演进入人们的视野中。比起"新电影"导演,这些更年轻的导演所拍摄的影片被称为"台湾新新电影"。这些更年轻的导演包括蔡明亮、李安、张作骥、林正盛、陈国富、赖声川、何平、张志勇等人。如果说"新电影"尚有较为一致的艺术风格,那么"新新电影"则难以归为一体。这也正体现出进入20世纪90年代后台湾电影的多元化发展趋势。蔡明亮的作品具有代表性的有《青少年哪吒》、《爱情万岁》、《河流》、《洞》、《你那边几点了》、《天边一朵云》、《脸》等。同样是成长主题,与"新电影"导演相比,蔡明亮等人影片中的成长就充满了迷惘,反映出在欲望化的时代人们精神的无所归依;对同性恋的关注,也是蔡明亮电影的特色之一。出生于台湾的李安如今已经成为世界著名的导演,他导演的《卧虎藏龙》曾获得奥斯卡最佳外语片奖,《断臂山》则获得过奥斯卡最佳导演奖。李安具有中国传统文化背景,又对西方文化谙熟于心,文化的混杂与冲突在其影片中有所体现,而理智与情感的冲突则是李安塑造人物性格,并以此推动影片情节发展的重要动力。李安导演的作品还有《推手》、《喜宴》、《饮食男女》、《理智与情感》以及产生过争议的《色戒》等。

20世纪90年代以来,台湾影片经常在国际上获奖,但从电影产业的角度来说,却在较长时期处于低谷。从1988年起,台湾电影事业发展基金会设立了"国片制作辅导基金","辅导金"对20世纪90年代以来的台湾电影生产起着重要的促进作用。杨德昌的《牯岭街少年杀人事件》,李安的《推手》、《喜宴》、《饮食男女》等片,蔡明亮的《青少年哪吒》都是靠此拍摄而成,尽管如此,台湾电影产业依然疲软不振。近年来,随着《海角七号》(魏德圣导演,2008)、《艋舺》(钮承泽导演,2010)等片的艺术成就与票房胜利,人们重新看到了台湾电影的希望。

思考题

(1) 简述中国现代电影艺术的发展概况。
(2) 简述中国当代电影艺术的成就与教训。
(3) 概述中国"第五代电影导演"及其他们的代表作。
(4) 概述新世纪中国电影的格局。
(5) 简述香港电影艺术的发展历程。
(6) 简述台湾电影艺术的发展历程。

拓展阅读

(1) 程季华等主编:《中国电影发展史》,中国电影出版社1963年版。
(2) 李少白主编:《中国电影史》,高等教育出版社2006年版。
(3) 刘树生:《中国第五代电影》,中国广播电视出版社1992年版。
(4) 石琪:《香港电影新浪潮》,复旦大学出版社2006年版。
(5) 赵卫防:《香港电影史(1897—2006)》,中国广播电视出版社2007年版。
(6) 陈飞宝:《台湾电影史话》(修订本),中国电影出版社2008年版。
(7) 孙慰川:《当代台湾电影(1949—2007)》,中国广播电视出版社2008年版。

第十五章 中外电视剧艺术发展简述

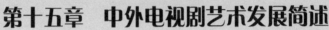

第一节 世界电视剧艺术诞生与发展

从 1930 年世界第一部电视剧《口含鲜花的勇士》播出至今已有 80 多年的历史。可以说世界电视剧艺术的发展是紧随电视科学技术和电视工业而发展的。就它成长历程来看,大体上经历了以下几个历史时期。

一、从 20 世纪 30 年代至 50 年代初,是电视剧的诞生和成长期

世界电视剧诞生之初,由于电视录像设备尚未问世,录音设备也不够完善,因而电视剧只能通过电视台即演即播,无法表现自然景观,场面不大,人物有限。本阶段电视剧创作和演出的特点,就是向舞台剧模仿式借鉴,舞台剧气味很浓,有的甚至就是广播剧的画面化。质量一般都不高,剧情都比较单一,场面变换较少,画面呆板,而且大多是在作一次性直播后,未作一种音像资料保留下来。

在这一阶段的早期,英国电视剧创作处在霸主地位。1936 年,英国 BBC 正式开通电视传播,并提出"每天一戏"的口号,创作了一批有一定价值的电视艺术作品,如比赛尔·托马斯的《地铁谋杀案》、阿加诺·克里斯蒂的《黄蜂窝》、雷诺德的《拐弯》等戏剧色彩较浓的作品。也许由于英国有着悠久的戏剧传统,有着从莎士比亚到肖伯纳许多影响巨大的戏剧大师等原因,到 20 世纪 40 年代中期,英国出现了改编舞台剧的热潮,如《晚餐来客》、《威尼斯商人》、《平民百姓》、《以爱报爱》等优秀舞台剧被改成电视剧。在第二次世界大战期间,整个电视业的发展受到影响,电视剧艺术的发展也同样停滞不前。战后,美、苏等国的电视业受政府重视、扶持而得到较快发展,同时人们发现可以利用电影胶片从电视机荧屏上进行拍摄,把节目保存下来,便于流传。于是电视剧便逐渐脱离戏剧而走向了电影怀抱。其发展重心也就自然向美国和苏联这两个电影大国倾斜。

二、从20世纪50年代中期到60年代中期,是电视剧艺术发展期

1954年彩色电视在美国正式开播,1956年世界上第一台磁带录像机问世,彩色电视迅速向全世界推开,从而给电视艺术发展提供了充分的条件。电视剧不仅可以把五光十色、丰富多彩的生活逼真地搬上荧屏,更主要的是使电视剧创作者摆脱直播的束缚,自由地走出演播室,到社会和大自然中去摄取他们所需要的场景和画面,大大地拓展了电视剧反映生活的能力。

这阶段电视剧的创作出现了两种显著趋向:一是摆脱了对舞台剧的依赖,转而向电影借鉴和学习艺术手法;二是在美学追求上,受现实主义电影的影响,崇尚纪实美学,创作者们主张"到日常生活美不胜收的世界去寻找素材","关注普通人的生活命运"。尤其是20世纪60年代初轻便手提式摄像机的出现,使新现实主义的文艺主张在电视剧创作中得以贯彻。如1963年杰里米·桑德福拍摄的《嘉蒂归家》,就因成功地描写了普通人的生活而引起轰动,被推崇为经典之作。

这阶段电视剧创作的数量和质量都较前有很大提高。大量电视剧的创作从影院里争夺了许多观众,开始对电影形成巨大冲击。起初电影制片商们大为光火,采取对立态度,拒绝向电视台提供旧片转播。然而,电视台凭借他们强大的媒体优势,自行摄制了更多的电视剧,吸引了更多的观众。逐渐地,好莱坞等制片商发现影视对抗是一个战略错误,于是他们相继调整策略,一大批电影创作人员纷纷加盟电视剧创作队伍,并用他们固有的电影观念、创作经验和艺术手法,去影响、改造电视剧,从而形成了本时期电视剧鲜明的电影化特色。这对电视剧创作的发展和繁荣是一个巨大的推动。

三、20世纪60年代末到世纪末,是电视剧艺术成熟和普及期

随着电视和电视剧艺术的大发展,电视工作者们自觉地探寻、努力地发掘电视剧自身的特长,探索其规律,不断地丰富电视剧的艺术表现力,使电视逐步展现出作为一种成熟的"独立艺术"的特征,产生巨大的影响。例如20世纪70年代英国广播公司播出的电视连续剧《根》,由于该剧注重电视剧自身的美学特点,大胆突破陈规、勇于创新,从而赢得了大量观众,收视人数达1.3亿人次,超过了电影史上最叫座的《乱世佳人》。

20世纪80年代以后,电视剧艺术日趋成熟,艺术质量不断提高,观众的欣赏水平也日益增强。为了适应观众的需求,并进一步增加与其他艺术的竞争力,从20世纪80年代到90年代末,电视剧艺术创作在以下主要方面作出了努力。

首先,注意反映当代人民的生活现状和对普通人命运的探寻。如美国的

《达拉斯》、《鹰冠庄园》、《我同露西》。由美国ABC公司拍摄的大型情景喜剧片《成长的烦恼》，共7季166集，上海电视台译制部译制，从1990年一直播到1994年。电视剧《六人行》，又名《老友记》，是美国NBC电视台从1994年开播、连续播出了10年的一部幽默情景喜剧，也是美国历史上甚至是全球范围最成功、影响力最大的电视剧之一。日本的《阿信》、《血疑》；墨西哥的《诽谤》；中国的《渴望》、《凡人小事》、《辘轳、女人和井》、《英雄无悔》、《人间正道》、《大雪无痕》、《走过柳源》等电视剧都获得了较大的社会反响，受到了观众的热烈欢迎。

其次，注重对文学名著的改编。如苏联的《战争与和平》、《苦难的历程》、《静静的顿河》、《钢铁是怎样炼成的》；英国的《双城记》、《雾都孤儿》；中国的《红楼梦》、《西游记》、《三国演义》、《围城》等都是成功的艺术品位很高的改编之作，观众收视率很高。

第三，注重观众心理的研究，探求电视艺术特征，拍摄多种风格的电视连续剧和系列剧。例如深受我国广大观众喜爱的《神探亨特》、《加里森敢死队》、《草原小屋》（美国），《阿信》、《血疑》（日本），《卞卡》、《女奴》（墨西哥），《安娜·卡列尼娜》（苏联），《探长德里克》（德国），《霍元甲》、《红楼梦》、《西游记》、《济公》、《三国演义》（中国）等，都是风格各异的连续剧和系列剧。创作连续剧和系列剧，这似乎已成为当代电视剧发展的大趋势，也成了衡量一个国家电视艺术水平的重要标尺。

四、进入21世纪，世界电视剧艺术的新发展

新世纪的世界电视剧艺术在20世纪90年代电视剧创作观念与市场模式的基础上进行了探索。在新的时代语境中，电视剧创作者结合观众审美需求，推出了许多既在艺术上有着明显特色、又能够引起"热播"效应的电视剧作品。自然，不同国家在艺术风格与产业模式上各有特色。新世纪的美国电视剧拍摄依然延续了此前高投入的产业模式，许多引起收视热潮的美剧往往成本不菲。法国《电影手册》认为，制作精良的美国电视剧，其成就甚至堪比好莱坞电影。近年来，美剧通过各种渠道进入中国观众的视野，许多作品受到中国观众的喜爱和赞誉。比较有影响的作品有科幻题材电视剧《生活大爆炸》、《迷失》、《英雄》、《4400》等，医疗题材电视剧《豪斯医生》、《急诊室的故事》、《实习医生格雷》等，犯罪题材电视剧《犯罪现场》、《千谎百计》、《越狱》、《24小时》等，女性题材电视剧《欲望都市》、《绝望主妇》、《丑女贝蒂》、《绯闻女孩》、《女人帮》等。此外，《广告狂人》以对20世纪60年代美国商业竞争的叙述赢得广泛好评，该剧在当前经济危机的形势下很容易引起收视热潮。欧洲电视剧生产也在平稳的创作态势下有所创新，不少国家的电视剧创作都有可圈可点之处，比如在英国，模仿

"真人秀"电视节目形式创作的情景剧《办公室》获得了极大成功,根据同名文学名著改编的《简爱》也以清新的风格受到好评。俄罗斯则将一些文学名著改编为电视剧,比如《日瓦戈医生》、《大师与玛格丽特》等,这些作品既有很高的品位,市场效益也较为可观。

进入新世纪后,亚洲电视剧的创作逐渐形成气候。其中韩剧最为中国观众津津乐道。从2000年流行的《蓝色生死恋》,到2006年引起收视热潮的《大长今》,韩剧在中国观众中可谓风靡。《人鱼小姐》、《宫》、《巴黎恋人》、《浪漫满屋》等韩剧也都获得了很高的收视率。除了韩剧,亚洲其他一些国家的电视剧生产也获得了长足的发展。日本电视剧《14岁的妈妈》、《极道鲜师》、《唯爱》、《求婚大作战》等片。泰国电视剧《爱在暹逻》、《美人计》等片都为不少中国观众所喜爱。

在新世纪,全球化语境、新媒体传播等因素对电视剧创作产生了不可忽视的影响。目前,全球市场日渐成熟,跨文化传播模式也逐渐为人们所熟悉。总的来看,新世纪的世界电视剧创作能够紧跟时代,充分考虑到受众的审美需求,同时将类型化叙事与个性化探索很好地结合起来,因此获得了长足的发展。

第二节 中国电视剧艺术的发展轨迹

与世界上的发达国家相比,中国的电视事业和电视剧起步较晚。中国第一座电视台——北京电视台于1958年5月1日建立。同年6月15日,该台播出第一部电视剧《一口菜饼子》,标志着中国电视剧的诞生。从此,我国电视艺术走上了艰辛、曲折的发展道路。

一、中国电视剧艺术的初创时期(1958—1978)

在这一时期,除北京外,全国其他省市也陆续创作播出了一些电视剧。上海电视台于1958年10月播出该台第一部电视剧《红色的火焰》;广州电视台于1959年底播出该台第一部电视剧《谁是姑爷》;哈尔滨电视台与长春电视台联合制作了第一部电视剧《三月雪》;天津电视台于1964年播出第一部电视剧《搬家》。这个时期电视剧都采取黑白直播方式,没有录像设备,一般局限在二三十分钟,只有少数剧目较长达60分钟。由于受直播和技术条件的限制,镜头和角度不如电影那么自如,其模式基本都是"一条主线(故事),两三个景,四五个人物、七八场戏,三十分钟,一二百个镜头",以内景、近景为主。如电视剧《一口菜饼子》,全剧长度只有20分钟,以一块枣丝糕和一口菜饼子为贯穿线索,进行忆苦思甜和传统教育;剧中仅有四个角色,演播时采取第一人称的串讲方式,姐姐既是剧中人,又是串讲人。这时期的电视剧多为配合当时的政治运动的"宣传品",而非"审美娱乐"的艺术品。树立正面艺术典型的如《李双双》、《我的一家》等;反映青年人积极向上精神面貌的,如《新的一代》、《相亲记》、《战斗在顶天岭上》等;进行革命传统教育的,如《红缨枪》、《送盐》等。这一时期创作的电视剧主要特征是贴近现实生活,歌颂英雄人物。艺术上比较粗糙和幼稚,且带有舞台剧的印迹,其本质上只是对戏剧的转播。当然,我们也应看到,在20世纪50年代末60年代初期,我国的国民经济困难重重,物质技术条件窘困落后。在这种情况下,能拍出这一系列电视剧,老一代的电视工作者们是付出了极其艰辛的努力的。他们通过不间断的艺术实践,为中国电视剧的进一步发展积累了一定的经验。

正当我国电视剧艺术需要积极扶植、蓬勃发展的时候,"文化大革命"开始了。于是,电视剧这朵含苞欲放的艺术之花,同其他艺术的命运一样,遭到狂风暴雨的残酷摧打而凋谢。电视剧在中国的屏幕上消失了。漫长的10年间,我国几乎没有摄制电视剧。在技术方面,这10年国外电视技术突飞猛进,彩色电视机已在全球范围内得到普及。这些为世界电视剧艺术发展起到强有力的推动作用。而我国的电视剧生产却处于停顿状态,制作电视剧部门全被撤销。因此,没能按世界许多国家电视剧正常发展的途径,由直播转入室内录制阶段。直到粉碎"四人帮"以后的1978年,这种状态才得以改变,这一年,原北京电视台正式更名为中央电视台,名副其实地承担着传播国家电视新闻和电视艺术的重担。

二、中国电视剧艺术的复苏和发展期(1978—1983)

1978年,党的十一届三中全会"解放思想,实事求是"的指导方针,春风化雨,带来了我国各行各业的蓬勃生机,同时也促进了电视剧艺术的复苏。中央电视台制作并播出《三家亲》、《窗口》等8部电视剧,受到广大观众的好评。接着1979年、1980年中央电视台和地方电视台都投入了相当的人力、物力和财力,重视电视剧的创作和播出。以中央电视台的《凡人小事》、《有一个青年》,上海电视台的《永不凋谢的红花》、河北电视台的《女友》、广东电视台的《神圣的使命》、浙江电视台的《洞房》等一批电视剧的播出为标志,开始了我国电视剧发展的新纪元。

这一时期的电视剧生产结束了初创期的黑白直播,而改用磁带录制彩色播放。电视剧的主体不再是二三十分钟的短剧,而是50分钟左右的单本剧,情节、人物、场景都较为复杂。同时,这个阶段的单本剧,能够及时迅速地反映现实生活,针砭时弊,具有强烈的时代气息。其中1981年播出并获全国优秀电视剧一等奖的《新岸》特别为人称道,堪称单本剧的优秀代表作。该剧充分发挥了电视剧的特长,具有较强的新闻纪实性,源于生活又不囿于真人真事,并着力揭示人物内心世界,挖掘时代精神。朴实无华,真实感人,产生了强烈的社会反响。从中我们也可以看出,这个时期的电视剧已经由重教化功能转向重审美娱乐功能。逐步摆脱了初创期单纯配合政治运动,不再简单地图解政策,开始注重人物内心世界的审美揭示和时代精神的开掘。

我国电视剧的产量在这一时期,也有很大增加。由开始时中央电视台年度播出量8集上升到400集左右,几乎提高了近50倍,6年共播出945(集)部。而且,在短短几年时间里,电视艺术家不仅掌握了电视单本剧的创作技巧,并且开始向电视连续剧进军。1980年中央电视台作为借鉴,译制、播放了电视连续剧《红与黑》、电视系列片《大西洋底来的人》、日本系列动画片《铁臂阿童木》。1981年中央电视台播放了我国第一部彩色电视连续剧《敌营十八年》,虽然该剧远非成功之作,但它掀开了我国电视连续剧的第一页。此后,《上海屋檐下》、《武松》、《蹉跎岁月》、《赤橙黄绿青蓝紫》、《鲁迅》等优秀电视剧相继播出。它改变了1982年前单本剧当家的状况。1983年,广播电视部决定集中力量,成立专门机构负责电视剧创作,并号召各地电视台把拍摄电视连续剧作为重点,由此拉开了中国电视连续剧大发展的序幕。电视剧在品种、样式、风格上逐渐呈现丰富多彩的局面。这年底,"中国电视剧制作中心"正式成立,该中心聚集了大批优秀创作人才。我国大多数重大题材的电视剧作都出自该中心。到这时,电视刊物也随之大量涌现,电视节目报更是雨后春笋般地在全国各地创办,电视文学剧本也大量出版。一支电视剧专业创作队伍逐渐形成。此外,自1980年开始每年举办一次"全国优秀电视剧奖"评奖活动(自1992年改为"全国电视剧飞天奖",由中国广播电视部主办,为电视类"政府奖"),这有力地促进了电视剧的创作质量的提高。总之,我国电视剧艺术发展终于驰入了快车道,经过勃兴发展而逐步走向成熟。

三、中国电视剧艺术的发展和成熟期(1984—20世纪末)

对于我国电视剧艺术发展而言,1984年是一个转折。1984年也是我国电视剧大发展的一年。在这一年中日电视艺术交流活动中,日方带来了《阿信》等作品。长篇连续剧《阿信》的播出,造成了万人空巷的盛况,这无疑对中国电视剧起到了推动作用。这一年,中国电视剧的年拍摄量已发展到740部(集),中央电视台播出541部(集),其中包括连续剧《今夜有暴风雪》、《少帅传奇》、《花园街五号》、《向警予》、《杨家将》、《故土》、《夜幕下的哈尔滨》,单本剧《走向远方》、《新闻启示录》,儿童剧《插班生》、《强盗的女儿》等。特别是《今夜有暴风雪》、《走向远方》、《新闻启示录》引起了文艺界和广大观众的普遍重视。《走向远方》是由湖南电视台录制的电视单本剧,此剧以现实主义创作方法,塑造了一个具有较高审美价值的改革者形象,揭示出在我们的这个伟大、艰难的历史转折时期中社会生活的某些不和谐状态。这是一部积极的、引人思考的、不同一般的悲剧电视剧。《新闻启示录》是由浙江电视台录制的单本剧。此剧剪辑具有大胆创新的精神。它从纪实性和政论性出发,不拘泥于传统的连贯性的剪辑风格。为我国电视剧开创了一种新颖而独特的形式。这些佳作的出现,使人们对新兴的电视剧艺术的水平刮目相看。

此后,1985 年的《四世同堂》、《寻找回来的世界》、《新星》、《包公》,1986 年的《红楼梦》、《努尔哈赤》、《雪野》、《凯旋在子夜》,1987 年的《西游记》、《严凤英》、《雪城》,1988 年的《师魂》、《末代皇帝》,1989 年的《上海的早晨》、《商界》,直到 20 世纪 90 年代后的《公关小姐》、《围城》、《渴望》、《编辑部的故事》、《北京人在纽约》、《情满珠江》、《三国演义》、《苍天在上》、《过把瘾》、《雍正王朝》、《牵手》、《还珠格格》、《开国领袖毛泽东》、《中国命运的决战》、《钢铁是怎样炼成的》等一大批优秀电视连续剧不断涌现。另外,像《红楼梦》、《西游记》、《济公》、《梁山伯与祝英台》、《三国演义》、《聊斋》等作品相继打入国际市场。这些标志着中国电视剧已跻身于世界电视强国之林,标志着中国电视剧已趋成熟。从中我们也可以看到,这一阶段,各类题材、体裁、风格、模式的电视剧齐头并进,形成中国电视剧创作多元化格局。同时,在电视剧数量逐年增长的情况下,艺术质量也得到了提高。在创作中重视对电视剧艺术规律的探索和对人物性格,尤其是对人物内心世界的刻画。这个时期的优秀电视剧都力求将深奥的人生哲理、尖锐的现实问题、宏伟的历史史诗化解为浅易通俗,老少皆宜的艺术形象在荧屏上表现出来,寓教于乐。《聊斋》的离奇怪诞,《乌龙山剿匪记》的惊险曲折,《北京人在纽约》对当代人心态的反映,《过把瘾》的真情表现,各领风骚,极大地满足了我国电视观众的审美愉悦要求。

进入 20 世纪 90 年代后,我国电视剧制作方向上开始迈向"室内剧"。过去的电视剧制作,无论单本剧或连续剧全部都袭用电影拍摄法,以实景为主,以镜头为单位,单机拍摄,后期合成。这种制作方式速度慢、产量低、耗资大。随着 1990 年我国第一部 50 集室内剧《渴望》在全国引起强烈的反响,我国电视剧开始向"室内剧"拍摄迈进。《爱你没商量》、《编辑部的故事》、《我爱我家》等在这一方面做出了尝试,为我国大型室内剧的拍摄积累了宝贵的经验。在创作数量上,中国电视剧制作能力突飞猛进。到 1999 年,全国年产电视剧已超过一万集,其中大部分是电视连续剧。

四、进入 21 世纪,我国电视剧艺术有了新的进展

进入新世纪以后,中国电视剧创作非常活跃,电视剧艺术得到了蓬勃发展。在电视剧生产环节上,产业结构经过不断调整趋向合理;在电视剧接受上,受众群不断扩大。反映在电视剧艺术上,最明显的特征是题材与风格日趋多样化,这说明中国电视剧在艺术和市场上都相对比较成熟。各种题材门类的电视剧在不断的探索中,逐渐形成了具有特色的美学形态。题材与风格的多样化,满足了不同口味观众的审美需求。

新世纪中国电视剧的题材门类多种多样,创作成就比较突出、美学形态较为成熟的有婚恋题材、军事题材、历史题材、农村题材、谍战题材等。

比较有影响的婚恋题材电视剧有《新结婚时代》、《中国式离婚》、《双面胶》、《女高男低》、《金婚》、《蜗居》、《裸婚时代》等。由于近年来道德的滑坡对婚姻和家庭产生了消极的影响,婚恋题材电视剧创作一时间较为繁盛,这些电视剧由于对现实的道德困境有所揭露而与当下构成了对话关系;同时也在一定程度上表达了人们对道德理想的追求,以及对女性人格独立的期待。

新世纪的军事题材电视剧颇为引人注目,其中包括以当代意识重新叙述革命历史的《激情燃烧的岁月》、《长征》、《八路军》、《新四军》、《历史的天空》、《亮剑》、《解放》、《狼毒花》、《我的团长我的团》、《我的兄弟叫顺溜》、《雪豹》、《人间正道是沧桑》等,以及着眼于新时代中国军队建设与发展的《突出重围》、《DA师》、《沙场点兵》、《士兵突击》等。就重新叙述革命历史的电视剧而言,创作者或是关注以往不太为人注意的历史故事——比如《我的团长我的团》讲述的是滇缅战役的故事;或是用当代的观念与视角审视历史——比如引起收视热潮的《亮剑》就塑造了李云龙这样一个特立独行的英雄形象,而这一形象从审美上来说是具有"陌生化"效果的。就着眼于新时代中国军队建设与发展的电视剧来说,则用新的军事观念或新的价值标准来塑造英雄形象——最典型的是《士兵突击》中的许三多,创作者将这一英雄放在平凡人的位置加以塑造。

历史题材的电视剧在新世纪成为创作热点。在消费语境中,一些历史被"戏说",从而满足了人们的审美需求。最具代表性的是"帝王戏",从 2000 年热播的《康熙帝国》起,很多观众就被这种非常好看的宫廷故事所吸引,这里面有复杂的历史事件、有权力的倾轧、有男女情爱。此类电视剧还有《雍正王朝》、《秦始皇》、《汉武大帝》、《贞观长歌》、《贞观之治》、《越王勾践》、《朱元璋》、《大明王朝 1566》等。虽然人们对这种对"戏说"有所争议,但从电视剧创作的角度来说,创作者尚能兼顾历史事件的真实性与历史叙事的戏剧性,而且像《汉武大帝》等剧,对历史的态度大体上可以说是严肃的。

新世纪农村题材电视剧创作较为活跃,出现了许多受到观众喜爱的作品,比如《刘老根》、《马大帅》、《乡村爱情》、《圣水湖畔》、《喜耕田的故事》、《清凌凌的水,蓝莹莹的天》等。这些作品表现出创作者对乡村的想象,与新农村建设的话语内涵相一致,喜剧色彩较为浓厚;但缺乏深入的现实批判精神。不过也有一些作品在表现农村生活时具有现实主义品格,比如带有悲剧色彩的《天高地厚》。

谍战题材电视剧在新世纪形成了一股创作热潮。谍战剧由于包含着大量悬念、情节扑朔迷离,能够吸引许多观众。新世纪谍战剧的热播成为引人注目的当代文化景观。比较有影响的谍战剧有《誓言无声》、《暗算》、《潜伏》、《黎明之前》、《借枪》、《风声》、《旗袍》、《风语》、《黎明前的暗战》、《断刺》等。

除了上述题材的电视剧,新世纪还有不少作品都比较有影响,比如新世纪之初引起收视热潮的《大宅门》,以及情景喜剧《家有儿女》、《闲人马大姐》等。这些电视剧都为观众喜闻乐见,也取得了较高的艺术成就。

总而言之,从1958年至今,中国电视剧艺术已经走了60多年的曲折历程,尽管在它的生长过程中遭受过寒潮、风吹雨打,但它已从幼苗成长为浓荫繁花、生机盎然、独立支撑一方艺术天空的大树。它深深根植于中国沸腾的现实生活和深厚悠久的传统文化之中,依托电视媒体的强大传播力,演绎着社会人生百态,传递出时代精神和人民的心声。随着社会的发展,它必将广泛地吸收科技和艺术多方面的滋养,保持着旺盛的艺术生命力。

第三节 电视和电影艺术竞争与合流

一、电影和电视艺术被称"姐妹艺术"

电影从1895年正式诞生至今,已经有一百多年历史;电视从1936年开始进入人们的生活至今才70多年,因此人们往往把电影看成姐姐,把电视看成是妹妹。把电影与电视称为"姐妹艺术",不仅是因为她们诞生先后,更主要的是这两种艺术在声音和画面接受上更为接近,说到底也只是画面大小差别而已,这是艺术表现媒介的相近。此外,就其发展而言,电影和电视艺术的形式和传达内涵也有着基本相似之处。

就画面而言,虽说电影和电视艺术作品的制作工具不一样,传播渠道不同,但其作品却是用同一手法(用光),同一方式(线条),同一创作意识(色彩、构图)而获得的性能上基本相同的画面。对观众来说,只是画面的大与小,是在家中还是在影院观赏的差异而已。在声音上,电影里可以听到的诸如乐曲、歌曲、戏曲、人声、大自然的各种响动等，电视上也可以听到。不仅如此，近代科学又使立体声很快普及，这对观众来说，两种艺术在声音接受上也更为接近。此外，就其发展而言，电视艺术是在电影艺术日趋完善、更加成熟的情况下，借助科技的发展应运而生的现代科技艺术。电影所能表达的内容，今天的电视皆可清楚表达。由于电视艺术无论在哪个方面，其基本制作规律都与电影相仿，而它的艺术规律的形成也是借鉴电影的先行之践。就连最富电视特色的现场直播也要考虑到镜头的衔接、情绪的连贯、声音的组合等。生活中姐姐对妹妹的影响与电影对电视的影响有着许多相似之处。难怪人们称电影与电视为"姐妹艺术"。

二、电影和电视从对抗到融合转变

电视"妹妹"的诞生和成长，曾使电影"姐姐"十分紧张，甚至非常嫉恨。电影曾把电视看作是一个咄咄逼人的魔鬼，以为电视的诞生和成长将威胁和最终取代自己。"生存竞争"的强大内驱力使影视几乎成了冤家。当初，电影曾以全力抑制电视的成长和发展。历史曾记载，20世纪40年代末，当电视在美国出现时，好莱坞各电影制片公司一度非常恐慌。他们不仅拒绝向电视台提供影片播放，而且决不允许好莱坞明星在电视里露面，否则就解雇。

可是，随着电视事业的迅猛发展，电视的强大媒体优势和经济诱惑，使得好莱坞的明星不顾"被开除"的风险，一个个跑进了电视节目里。尽管好莱坞不允许电视播放新影片，但观众的收视率仍在不断提高，电视机像磁铁一样，把无数电影观众吸引到它的身边。影视竞争，使电影越来越面临窘境。电影制作公司不得不采取种种方法来面对来自电视的竞争压力，其中重要的途径是凸显电影优于电视的视听震撼效果，随着电影对视听表现手段的逐渐凸显——包括大规模地拍摄彩色电影、不断投入新技术，制作更能吸引观众的视听效果等，电影的确是逐渐地渡过了难关。

当然，对电影公司来说，凸现电影的视听效果、使电影在电视的媒体优势面前保持发展的动力，只是其产业格局的一个重要组成部分而非其全部。电影公司还通过给电视台制作节目来获取利润，这直接促成了"电视电影"的产生。此外，电影公司还有一个重要的产业模式，即发行影片的录像带和光盘。就美国而言，"20世纪60年代末和70年代初，好莱坞的大制片厂都面临着严峻的经济危机。但是，到了20世纪80年代末，它们重新恢复了经济和财政上的良好状态。这一转变的关键因素是好莱坞大制片厂逐渐适应并开发了新的录像带和收费电视的市场。这些新来源的收入很快就超过了剧场放映的收入。"[①]在这种情况

---

① [英]约翰·希尔：《电视和电视的融合》，陈犀禾译，《世界电影》2002年第2期。

下，影视融合成为大势所趋。无论是电影界，还是电视界，都意识到二者携手所产生的巨大效益。在美国电影艺术与科学学院两次调停下，美国电影界与电视界开始对话、沟通和理解。1965年，ABC广播电视公司用彩色电视通过卫星向全世界传送奥斯卡金像奖的颁奖活动，向世界上3亿观众热情地介绍奥斯卡明星，从而使一年一度的奥斯卡颁奖大会，成了世界影坛中引人注目的新闻。无论是联合国官员，还是非洲腹地的居民，电视节目使奥斯卡明星的名字家喻户晓。为此，电影感谢能量巨大的电视为她扩大了影响，同时电视也感谢电影为她提供了新闻和艺术信息。在美国经历为时十年之久的影视之战中，曾有人断定20世纪80年代将"没有电影"而只有电视称霸。后来人们评价那是"一场错误的战争"，是"迷惘中的、非清醒的"举动。与美国类似，世界各国差不多都经历了由影视对抗到影视融合的过程。许多国家也经常利用电视来报道电影节活动，经常利用电视来直播或转播影片首映礼；电影也借助电视这个传播媒介，更好地宣传了自己，从而让更多的观众走进电影院。自影视结束对抗后，他们便开始了在技术上和人员上双向交流，促成了一个相辅相成的融合发展时期的开始。

三、电影和电视艺术的融合交流

影视艺术的融合交流，首先，电影制片公司为电视台提供一些库存片和刚发行不久的影片，电视台付给电影制片公司或发行公司一定的报酬，在这种情况下，电影制作公司能够让影片获得更多的回报；电视台则利用影院的下线电影充实自己的节目资源库，从而更好地满足电视观众的观看需求。其次，一些电影制片厂或制片公司纷纷成立电视剧制作机构，投入电视剧制作和生产。电视剧制作较电影简单，节奏快、周期短，有利于迅速抓取题材反映现实，而且在艺术形式上也较电影丰富活跃。再次，对电影工业最有现实诱惑力的还在于电视剧制作投资之低，是电影永远无法比拟的。同样长度的节目，电视剧投资仅只是电影的5%或7%。拍一部电影的钱几乎可以拍三四十部（集）电视剧。电视台对每一部播出的电视剧或是以直接投资的方式，或是以购买成品的方式，向提供节目的单位支付资金。因此，电影制片单位投拍电视剧可以解决电影系统开工严重不足、生产力大量浪费、经济困难的局面。反过来，电影制片单位利用自己技术和人才的优势投拍电视剧，又在某种程度上提高了电视剧的制作水平。此外，在电视节目中，越来越多地编排进了电影节目。

当然电视台的节目编排无论如何都不能完全满足观众的多样选择。于是闭路电视和家庭小型录像机就应运而生。这样，人们就可以根据自己的审美口味来选择节目，电影成了这类录像节目的主要来源。据《世界电影动态》报导，美国好莱坞电影中心在20世纪80年代就开始改变观念，努力生产一种新型影片或录像带,为收费电视网和家庭影院提供片源。现在许多国家电视台纷纷开设电影频道。不仅如此,近年来随着互动电视的兴起,电影作品在电视节目资源库中越来越多。这些事实充分说明电影与电视艺术已真正地握手言欢。

以上是从历史发展的角度来看影视艺术的竞争与融合。就当下影视技术的发展来看,影视艺术也存在着融合的趋势。当初,电影在面对电视的竞争压力时,主要是以不断提高视听效果——这些视听效果观众在观看电视时是无法享受到的,来吸引观众的。然而,随着数字技术在影视创作中的广泛应用,电影和电视在拍摄、存储、播映等方面的技术有着趋同的倾向。电视虽然是以磁带为存储介质,但数字摄像机的运用,将会使得画面清晰度逐渐增强,存储介质也将会用硬盘取代磁带,从而使得影像在复制与加工时实现零损耗。目前高清摄像机的制式可以使画面达到1080P,即像素为1080×1920,逐行扫描,这相当于35mm电影胶片机的效果;不仅如此,高清摄像机还设有"伽马(γ)曲线"调节模式,从而使得色彩饱和度接近基于感光技术的电影胶片的效果。这就使得电视画面也可以达到电影画面的效果。当然,电影屏幕面积是电视机荧屏面积所无法相比的,尽管如此,电视机荧屏随着新技术的运用也在变大,特别是如今的电视机荧屏基本上都是宽屏,适应了高清画面(高清画面也是宽屏效果)的播放要求。宽屏、荧屏面积的增加,都将使得电视视听效果越来越好,越来越向电影逼近。

今天人们通过电视机来看电影所获得视听的享受虽然还不及电影院,但二者差距却在急剧缩小。从电影这方面来看,数字摄像机也开始投入前期拍摄,比如拉斯·冯·特里尔导演的《黑暗中的舞者》、张艺谋导演的《三枪拍案惊奇》都利用了数字摄影设备;后期制作也经常利用数字技术,即使前期使用的是胶片机,也会转化为"数字中间片"进入非线性编辑系统进行后期创作。播放时则利用专门的数字播放设备直接播放数字格式的影片。毫无疑问,在数字技术这一共同的平台上,电影艺术与电视艺术的物质媒介取得了基本的一致,这种基本的一致顺理成章地导致了影视艺术的合流。

从受众的角度来说,互联网的快速发展使得网络下载与在线观看成为重要的影视接受方式。事实上,当代的年轻人越来越习惯于通过电脑屏幕观看电影和电视。在这种情况下,电影和电视在屏幕大小方面的差距就在无形中消失了。这也是促使影视艺术走向合流的重要因素。

不过,影视艺术的合流,并不意味着二者的完全同质化。说到底,电影艺术和电视艺术的根本区别还是来自于社会生产状况与人们的社会生活方式。因此,电影艺术和电视艺术肯定会呈现出互渗、融合的趋势,但二者在互渗、融合的趋势中,仍会在基本的属性上有所差异。

总之,电影和电视"姐妹艺术"一方面会有矛盾、竞争和相互制约,另一方面却又彼此的促进、协调、互补和共同繁荣。联合国教科文组织的国家交流问题研究委员会调查报告指出,当今影视"这两种交流工具之间结合越来越亲密"。许多国家成立了电影电视协调组织。当前,数字技术与互联网的快速发展,使得影视传播的速度比以往任何一个时代都更为快捷,影视的"结合"比以往任何一个时代都更为紧密。基于数字技术的虚拟影像促使人们重视思考传统的纪实美学观念,而基于计算机平台的媒介融合趋势则促成了包括电影、电视、电子游戏在内的多种媒介的互相渗透和共同发展。不难预计,未来的影视艺术将会以新的面貌和更为复杂的形态出现在人们面前。

思考题

(1) 世界电视剧艺术发展早期的成就。
(2) 谈谈20世纪80年代到90年代世界电视剧艺术创作的主要特点。
(3) 简述中国电视剧发展的几个阶段及其主要成就。
(4) 简述新世纪中国电视剧艺术的新进展。
(5) 简述电影与电视艺术的融合趋势与特点。

拓展阅读

(1) 苗棣:《美国电视剧》,北京广播学院出版社1999年版。
(2) 高鑫、吴秋雅:《20世纪中国电视剧史论》,学苑出版社2002年版。
(3) 仲呈祥、陈友军:《中国电视剧历史教程》,中国传媒大学出版社2010年版。
(4) 吴宝和:《中国电视剧史教程》,文化艺术出版社2011年版。
(5) 张海潮、张华:《剧领天下:中外电视剧产业发展报告》,湖南文艺出版社2011年版。

参 考 文 献

[1] [德]鲁道夫·阿恩海姆.电影作为艺术[M].邵牧君,译.北京:中国电影出版社,2003.
[2] [德]齐格弗里德·克拉考尔.电影的本性[M].邵牧君,译.南京:江苏教育出版社,2006.
[3] [澳]格雷姆·特纳.电影作为社会实践[M].高红岩,译.北京:北京大学出版社,2010.
[4] [德]马利希·格雷戈尔.世界电影史(3)[M].郑再新,译.北京:中国电影出版社,1987.
[5] [法]安德烈·巴赞.电影是什么[M].崔君衍,译.北京:中国电影出版社,1987.
[6] [法]乔治·萨杜尔.世界电影史[M].徐昭,胡承伟,译.北京:中国电影出版社,1982.
[7] [美]克里斯汀·汤普森,等.世界电影史[M].陈旭光,何一薇,译.北京:北京大学出版社,2004.
[8] [美]大卫·波德维尔,克里斯汀·汤普森.电影艺术:形式与风格[M].彭吉象,等译.北京:北京大学出版社,2003.
[9] [法]马赛尔·马尔丹.电影语言[M].何振淦,译.北京:中国电影出版社,2006.
[10] [匈]巴拉兹·贝拉.电影美学[M].何力,译.北京:中国电影出版社.2003.
[11] [美]罗伯特·艾伦,等.电影史:理论与实践[M].李迅,译.北京:中国电影出版社,2004.
[12] [美]达德利·安德鲁.电影理论概念[M].郝大铮,等译.上海:上海译文出版社,1990.
[13] [美]李·R.波布克.电影的因素[M].伍菡卿,译.北京:中国电影出版社,1986.
[14] [苏]普多夫金.普多夫金论文选集[M].罗慧生,等译.北京:中国电影出版社,1982.
[15] [苏]普多夫金.论电影的编剧、导演和演员.何方,译.北京:中国电影出版社,1957.
[16] [美]尼克·布朗.电影理论史评[M].徐健生,译.北京:中国电影出版社,1994.
[17] [美]斯坦利·梭罗门.电影的观念[M].齐宇,译.北京:中国电影出版社,1983.
[18] [美]路易斯·贾内梯.认识电影[M].焦雄屏,译.北京:世界图书出版公司,2007.
[19] [美]布鲁斯·F.卡温.解读电影[M].李显立,等译.桂林:广西师范大学出版社,2003.
[20] [苏]B·日丹.影片的美学[M].于培才,译.北京:中国电影出版社,1992.
[21] 夏衍.写电影剧本的几个问题[M].北京:中国电影出版社,1980.
[22] 戴锦华.镜与世俗神话[M].北京:中国广播电视出版社,1995.
[23] 高鑫,周文.电视艺术概论[M].北京:北京广播学院出版社,2002.
[24] 郭镇之.中国电视史[M].北京:中国人民大学出版社,1991.
[25] 彭吉象.影视鉴赏[M].北京:高等教育出版社,1998.
[26] 潘秀通,万丽玲.电影艺术新论[M].北京:中国电影出版社,1995.
[27] 舒其惠,钟友循.影视学教程[M].长沙:湖南师范大学出版社,1994.
[28] 邵牧君.西方电影史概论[M].北京:中国电影出版社,1990.
[29] 孙宜君.文艺传播学[M].济南:济南出版社,1993.
[30] 孙宜君.影视艺术鉴赏学[M].北京:中国广播电视出版社,2002.
[31] 王光祖,等.影视艺术教程[M].北京:高等教育出版社,1992.
[32] 颜纯均.电影的读解(修订)[M].北京:中国电影出版社,2006.

[33] 尹鸿.当代电影艺术导论[M].北京:高等教育出版社,2007.
[34] 章柏青,张卫.电影观众学[M].北京:中国电影出版社,1994.
[35] 钟艺兵.中国电视艺术发展史[M].杭州:浙江人民出版社,1994.
[36] 胡智锋.电视美的探寻[M].武汉:华中理工大学出版社,1998.
[37] 胡智锋.电视传播艺术学[M].北京大学出版社,2004.
[38] 胡正荣.中国广播电视发展战略[M].北京:中国传媒大学出版社,2003.
[39] 黄式宪.电影电视走向21世纪[M].北京:中国电影出版社,1997.
[40] 尹鸿.世纪转折时期的中国影视文化[M].北京:北京出版社,1998.
[41] 周星.中国影视艺术理论研究[M].北京:中国电影出版社,2000.
[42] 周星.影视艺术概论[M].北京:高等教育出版社,2007.
[43] 丁亚平.百年中国电影理论文选[M].北京:文化艺术出版社,2002.
[44] 李少白.电影历史及理论[M].北京:文化艺术出版社,2003.
[45] 李幼蒸.当代西方电影美学思想[M].北京:中国社会科学出版社,1986.
[46] 程季华.中国电影发展史[M].北京:中国电影出版社,1980.
[47] 李少白.中国电影史[M].北京:高等教育出版社,2006.
[48] 陈飞宝.台湾电影史话(修订本)[M].北京:中国电影出版社,2008.
[49] 王宜文.世界电影艺术发展史教程[M].北京:北京师范大学出版社,1998.
[50] 贾磊磊.电影语言学导论[M].北京:中国电影出版社,1996.
[51] 刘书亮.影视摄影的艺术境界[M].中国广播电视出版社,2003.
[52] 王志敏.现代电影美学基础[M].中国电影出版社,2000.
[53] 李道新.中国电影文化史[M].北京:北京大学出版社,2005.
[54] 李岚,等.中国电视前沿:关于理念与运作的对话[M].北京:新华出版社,2002.
[55] 中国电影艺术研究中心,等.中国影片大典[M].北京:中国电影出版社,2005.
[56] 吕新雨.纪录中国:当代中国新纪录运动[M].北京:三联书店,2003.
[57] 张文俊.数字时代的影视艺术[M].上海:学林出版社,2003.
[58] 张振华.中国广播电视概要[M].北京:北京广播学院出版社,2003.
[59] 张凤铸.电视声画艺术[M].北京:北京广播学院出版社,1997.
[60] 曾庆瑞.守望电视剧的精神家园[M].北京:中国传媒大学出版社,2006.

后 记

在 10 年前,我曾将多年对影视艺术的研究与教学所思所研所得,凝结成专著《影视艺术鉴赏学》出版。该书得到了同仁与读者的好评,有多名学者发表书评给予了较高的评价。时光如梭,10 多年来,作为传媒的电影电视随着数字技术、互联网技术及现代通信技术飞速发展,已发生了深刻的变化:数字电视、数字电影、电视电影、网络影视、移动影视、IPTV、网络视频等如雨后春笋,丰富了影视家族;同时作为传播对象的影视艺术也扩大了的种群与形式,拓展了人们的艺术视野与审美感官。因此,当我应国防出版社编辑之邀,主编"广播影视新视角丛书"并负责撰写《影视艺术概论》之时。我便想到了"固本求新"这个关键词,而且将它作为写作的基本原则和指导思想。其旨要就是在原有影视艺术研究成果的基础上,进一步探究、求新。着力论述与探讨影视艺术的新现象、新动态,从而形成新认识、新观点和新成果。

本书由我拟定整体架构和具体章节细目,并负责统稿、定稿。大致分工是孙宜君撰写绪论、第二、三、四、五、六、十至十五章,陈家洋撰写第一、七、八、九章,六章中第五节、十四章中四、五节。当然,本书是我们精诚合作的结果,实际上并不能简单地用"分工"来概括,它着实凝聚的是我们的共同的心血和见识。本书是在翻阅了大量已有研究资料的基础上写就,其中参考和引用了国内外专家学者的部分观点与成果,在此一并致谢。但由于交稿时间的紧迫、著者学力所限,书中还会有缺憾和疏漏。恳请专家和读者批评指正,待以后再版时修订与完善。

孙宜君

2012 年 5 月　识于南京